Rüdiger Witzel

**Relationship Marketing in der
Pharmazeutischen Industrie**

WIRTSCHAFTSWISSENSCHAFT

Rüdiger Witzel

Relationship Marketing in der Pharmazeutischen Industrie

Vertrauen und Commitment als Erfolgsfaktoren

Mit einem Geleitwort von Prof. Dr. Ingo Balderjahn

Deutscher Universitäts-Verlag

Bibliografische Information Der Deutschen Bibliothek
Die Deutsche Bibliothek verzeichnet diese Publikation in der Deutschen Nationalbibliografie;
detaillierte bibliografische Daten sind im Internet über <http://dnb.ddb.de> abrufbar.

Dissertation Universität Potsdam, 2006

1. Auflage Juli 2006

Alle Rechte vorbehalten
© Deutscher Universitäts-Verlag | GWV Fachverlage GmbH, Wiesbaden 2006

Lektorat: Ute Wrasmann / Ingrid Walther

Der Deutsche Universitäts-Verlag ist ein Unternehmen von Springer Science+Business Media.
www.duv.de

Das Werk einschließlich aller seiner Teile ist urheberrechtlich geschützt. Jede Verwertung außerhalb der engen Grenzen des Urheberrechtsgesetzes ist ohne Zustimmung des Verlags unzulässig und strafbar. Das gilt insbesondere für Vervielfältigungen, Übersetzungen, Mikroverfilmungen und die Einspeicherung und Verarbeitung in elektronischen Systemen.

Die Wiedergabe von Gebrauchsnamen, Handelsnamen, Warenbezeichnungen usw. in diesem Werk berechtigt auch ohne besondere Kennzeichnung nicht zu der Annahme, dass solche Namen im Sinne der Warenzeichen- und Markenschutz-Gesetzgebung als frei zu betrachten wären und daher von jedermann benutzt werden dürften.

Umschlaggestaltung: Regine Zimmer, Dipl.-Designerin, Frankfurt/Main
Druck und Buchbinder: Rosch-Buch, Scheßlitz
Gedruckt auf säurefreiem und chlorfrei gebleichtem Papier
Printed in Germany

ISBN-10 3-8350-0402-6
ISBN-13 978-3-8350-0402-3

Geleitwort

Die jetzt als Buch vorliegende Dissertation von Herrn Dr. Witzel liefert auf der Basis einer wissenschaftlich außerordentlich niveauvollen theoretischen und methodischen Analyse einen bedeutsamen innovativen und praxisorientierten Beitrag zur Erklärung und Gestaltung von Geschäftsbeziehungen zwischen Ärzten und Pharmaunternehmen. Diese Arbeit stellt einerseits Erklärungen für das Entstehen von dauerhaften Geschäftsbeziehungen zwischen Arzt und pharmazeutischem Unternehmen bereit und andererseits werden die Konsequenzen solcher Pharma-Geschäftsbeziehungen außerordentlich nachvollziehbar aufgezeigt. Geschäftsbeziehungen, das ist ein wesentliches Ergebnis der Arbeit, sind in ihrer Qualität ganz entscheidend vom Relationship Commitment des Arztes und vom Vertrauen, das der Arzt dem Pharmaunternehmen bereit ist entgegenzubringen, abhängig. Weiterhin wird gezeigt, dass hohes Relationship Commitment und Vertrauen des Arztes die Innovations- und die Weiterempfehlungsbereitschaft des Arztes hinsichtlich innovativer neuer Medikamente stark fördern. Die Erkenntnisse dieser Arbeit stützten sich sowohl auf eine sehr umfassende, außerordentlich wissenschaftlich kompetente und innovativ angelegte Theorieauseinandersetzung als auch auf eine sehr professionell geplante und methodisch exzellent durchgeführte empirische Studie, in der die zentralen Fragestellungen der Arbeit überprüft wurden. Die Ergebnisse sind sowohl aus wissenschaftlicher als auch aus praktischer Sicht äußerst innovativ und nützlich, so dass ich allen Personen, die sich mit dieser Thematik beschäftigen, das Buch uneingeschränkt zur Lektüre empfehlen kann. Ich wünsche dem Buch eine hohe Verbreitung und nachhaltige Wirkung.

Univ.- Prof. Dr. Ingo Balderjahn

Vorwort

Die vorliegende Dissertation leistet einen wissenschaftlichen Beitrag zur Erklärung der Entstehungsbedingungen von Geschäftsbeziehungen zwischen Ärzten und Arzneimittelherstellern (Pharma-Geschäftsbeziehungen). In dieser Arbeit wird darüber hinaus untersucht, welcher Einfluss von einer durch Vertrauen und Committment gekennzeichneten Pharma-Geschäftsbeziehung auf Verhaltensabsichten des Arztes ausgeht, die für die Vermarktung verschreibungspflichtiger Arzneimittel von Bedeutung sind. Die Ergebnisse der Untersuchung sollten gleichermaßen für Marketingwissenschaftler und Studierende sowie die Praktiker des Pharma-Marketing von Interesse sein.

Dank gebührt insbesondere meinem Doktorvater, Herrn Univ.-Prof. Dr. Ingo Balderjahn, der mich bei der Bearbeitung der Dissertation stets hilfreich beraten und mit wertvollen Anregungen unterstützt hat. Herrn Univ.-Prof. Dr. Dieter Wagner danke ich für die zügige Erstellung des Zweitgutachtens. Mein Dank gilt weiterhin Herrn Dr. Frank Strelow, der mit seiner langjährigen Erfahrung in der Praxis des Pharma-Marketing durch interessante Diskussionen insbesondere die Konzeptionsphase der Arbeit bereichert hat. Herr Dr. med. Albrecht Scheffler hat durch seine Hilfsbereitschaft und sein Engagement dieses empirische Forschungsvorhaben maßgeblich unterstützt. Ihm sowie den zahlreichen Berliner Ärzten, die sich für Interviews zur Verfügung gestellt haben, möchte ich an dieser Stelle meinen besonderen Dank aussprechen. Schließlich danke ich meiner Familie für ihren immerwährenden Zuspruch.

Diese Arbeit widme ich meinen Eltern.

Rüdiger Witzel

Inhaltsverzeichnis

Abkürzungsverzeichnis XIII

Abbildungsverzeichnis XV

Tabellenverzeichnis XVII

1 Einführung in das Thema 1
1.1 Problemstellung und Ziel der Untersuchung 1
1.2 Relevanz des Themas 8
1.3 Wahl der Untersuchungsperspektive 9
1.4 Gang der Untersuchung 12

2 Ausgangsbedingungen des Pharma-Relationship Marketing - Die Akteure des Pharma-Marktes 17
2.1 Der Arzt 17
    2.1.1 Die Arzneiverordnung als Entscheidung des Arztes 17
    2.1.2 Innovative Arzneimittel als Anspruch des Arztes an das Pharmaunternehmen 19
    2.1.3 Regulatorische Einschränkungen der Arzneimittelwahl 21
2.2 Der Patient 23
2.3 Der Pharmazeutische Einzelhandel – Apotheken 24
2.4 Der Pharmazeutische Großhandel 25
2.5 Das Pharmaunternehmen 26
    2.5.1 Ausgangsüberlegungen zum Kundenfokus des Pharma Marketing 26
    2.5.2 Das Relationship Marketing als Prinzip der arztorientierten Marktbearbeitung 29
        2.5.2.1 Ärzte als Kunden von Pharmaunternehmen 29
        2.5.2.2 Anforderungen der arztgerichteten Kommunikation 33

3 Innovative Arzneimittel als Austauschgegenstand des Pharma Marketing 37

3.1 Die unternehmensstrategische Bedeutung innovativer Arzneimittel 37

3.2 Die Adoption innovativer Arzneimittel 40

    3.2.1 Grundlegende Anmerkungen zur Adoptionsentscheidung 40

    3.2.2 Innovationsdimensionen von Arzneimitteln 48

    3.2.3 Informationsdefizite als Adoptionshemmnisse 54

3.3 Eine informationsökonomische Analyse innovativer Arzneimittel 62

    3.3.1 Die Qualitätsunsicherheit innovativer Arzneimittel 62

    3.3.2 Informationsökonomische Eigenschaften innovativer Arzneimittel 69

3.4 Möglichkeiten der Reduktion der Qualitätsunsicherheit 78

    3.4.1 Informationssubstitution 78

    3.4.2 Gesetze als formale Sanktionsmechanismen 80

    3.4.3 Das Vertrauen des Arztes in das Pharmaunternehmen 82

3.5 Grenzen der Informationsökonomik bei der Erklärung der Vertrauensentstehung 90

4 Ein Modell vertrauensbasierter Pharma-Geschäftsbeziehungen 95

4.1 Die Social Exchange Theory als Bezugsrahmen 95

4.2 Der soziale Austausch in der Pharma-Geschäftsbeziehung 99

4.3 Die Struktur des Modells der Pharma-Geschäftsbeziehung 106

4.4 Die zentralen Beziehungsvariablen – Vertrauen und Relationship-Commitment des Arztes 108

4.5 Einflussgrößen der zentralen Beziehungsvariablen 116

    4.5.1 Die Beziehungszufriedenheit des Arztes 116

    4.5.2 Die ethische Haltung des Pharmaunternehmens 127

    4.5.3 Das Relationship-Commitment des Pharmaunternehmens 139

    4.5.4 Die Expertise des Pharmareferenten 143

    4.5.5 Die Fürsorglichkeit des Pharmareferenten 146

    4.5.6 Der Close Business Attachment Style des Arztes 150

    4.5.7 Der Secure Business Attachment Style des Arztes 155

4.6 Erfolgsgrößen des Pharma-Relationship Marketing 156

    4.6.1 Die Innovationsbereitschaft 156

    4.6.2 Die Weiterempfehlungsbereitschaft 168

4.7 Beziehungsunabhängige Einflussgrößen
der Innovationsbereitschaft 177

    4.7.1 Die wahrgenommene Erschwinglichkeit 177

    4.7.2 Die pharmaspezifische Risikoaversion 180

5 Eine empirische Studie unter Berliner Gynäkologen 187

5.1 Studiendesign – Datenerhebung und Datengrundlage 187

5.2 Operationalisierung der Konstrukte
des Modells der Pharma-Geschäftsbeziehung 195

    5.2.1 Anforderungen an die verwendeten Messinstrumente 195

    5.2.2 Operationalisierung der Konstrukte 199

5.3 Die Kovarianzstrukturanalyse als Methode der
Modellschätzung und -prüfung 205

5.4 Prüfung der Voraussetzungen der Kovarianzstrukturanalyse 209

5.5 Empirische Prüfung des Modells der
Pharma-Geschäftsbeziehung 211

    5.5.1 Prüfung des Pharma-Messmodells 211

        5.5.1.1 Spezifikation des Pharma-Messmodells 211

        5.5.1.2 Parameterschätzung und Modellbeurteilung 214

    5.5.2 Prüfung des Pharma-Kausalmodells 222

        5.5.2.1 Spezifikation des Pharma-Kausalmodells 222

        5.5.2.2 Parameterschätzung und Modellbeurteilung 223

    5.5.3 Prüfung des vereinfachten Pharma-Kausalmodells 226

        5.5.3.1 Spezifikation des vereinfachten
Pharma-Kausalmodells 226

        5.5.3.2 Parameterschätzung und Modellbeurteilung 227

5.6 Datengeleitete Optimierung des Pharma-Kausalmodells 229

    5.6.1 Respezifikation des Pharma-Kausalmodells 229

    5.6.2 Parameterschätzung und Modellbeurteilung 236

6	**Schlussbetrachtung**	**239**
6.1	Implikationen für das Pharma-Relationship Marketing	239
6.2	Zusammenfassung und Forschungsausblick	251

Literaturverzeichnis ... **261**

Anhang 1: Fragebogen der empirischen Untersuchung ... 293

Anhang 2: Parameter der Kausalmodelle ... 299

Anhang 3: Stichproben-Kovarianzmatrix ... 304

Abkürzungsverzeichnis

ACE	Angiotensin Converting Enzyme
AMOS	Analysis of Moment Structures
Anm. d. Verf.	Anmerkung des Verfassers
BCG	Boston Consulting Group
BfArM	Bundesministerium für Arzneimittel und Medizinprodukte
CFI	Comparative Fit Index
CL	Comparison Level
CL_{alt}	Comparison Level of Alternatives
df	Degrees of Freedom (Freiheitsgrade)
EQS	Equation Based Structural Program
ggf.	gegebenenfalls
Herv. d. Verf.	Hervorhebung des Verfassers
HIV	Human Immunodeficieny Virus
Hrsg.	Herausgeber
IMS	Institut für Medizinische Statistik
ML	Maximum Likelihood
NIHCM	National Institute for Health Care Management
NME	New Molecular Entities
o.V.	ohne Verfasser
o.J.	ohne Jahr
PCFI	Parsimonious-Comparative-Fit-Index
PEI	Paul Ehrlich Institut
RMSEA	Root Mean Squared Error of Approximation
SEM	Structural Equation Modeling
SPSS	Superior Performing Software System
TLI	Tucker-Lewis-Index
VFA	Verband Forschender Arzneimittelhersteller e.V.
Vgl.	Vergleiche
Vol.	Volume

Abbildungsverzeichnis

Abb. 1: Mehrstufiger Vertriebsprozess im Pharma Marketing ... 36

Abb. 2: Innovationsdimensionen von Arzneimitteln ... 54

Abb. 3: Asymmetrische Informationsverteilung zwischen Pharmaunternehmen und Arzt ... 67

Abb. 4: Informationsökonomische Leistungsmerkmale innovativer Arzneimittel ... 77

Abb. 5: Möglichkeiten der Reduktion der Qualitätsunsicherheit des Arztes ... 85

Abb. 6: Merkmale des ökonomischen und des sozialen Austauschs ... 105

Abb. 7: Eine vereinfachte Struktur des Modells der Pharma-Geschäftsbeziehung ... 107

Abb. 8: Beurteilung einer Austauschbeziehung aus der Perspektive eines Austauschpartners ... 118

Abb. 9: Das Hypothesensystem des Modells der Pharma-Geschäftsbeziehung ... 186

Abb. 10: Pharma-Kausalmodell ... 225

Abb. 11: Vereinfachtes Pharma-Kausalmodell ... 229

Abb. 12: Respezifiziertes Pharma-Kausalmodell ... 238

Tabellenverzeichnis

Tab. 1: Hypothesen des Modells der Pharma-Geschäftsbeziehung 184

Tab. 2: Konstrukte und Indikatoren des Pharma-Messmodells 213

Tab. 3: Globale Anpassungsmaße des Pharma-Messmodells 216

Tab. 4: Lokale Anpassungsmaße des Pharma-Messmodells 219

Tab. 5: Parameter des Pharma-Messmodells 221

Tab. 6: Globale Anpassungsmaße des Pharma-Kausalmodells 224

Tab. 7: Der Quadrierte Multiple Korrelationskoeffizient (SMC) und die Varianzerklärung der endogenen latenten Variablen des Pharma-Kausalmodells 226

Tab. 8: Globale Anpassungsmaße des vereinfachten Pharma-Kausalmodells 228

Tab. 9: Der Quadrierte Multiple Korrelationskoeffizient (SMC) und die Varianzerklärung der endogenen latenten Variablen des vereinfachten Pharma-Kausalmodells 228

Tab. 10: Globale Anpassungsmaße des respezifizierten Pharma-Kausalmodells 237

Tab. 11: Der Quadrierte Multiple Korrelationskoeffizient (SMC) und die Varianzerklärung der endogenen latenten Variablen des respezifizierten Pharma-Kausalmodells 237

Tab. A.1: Standardisierte Pfadkoeffizienten des Pharma-Kausalmodells 299

Tab. A.2: Standardisierte Pfadkoeffizienten des vereinfachten Pharma-Kausalmodells 300

Tab. A.3: Standardisierte Pfadkoeffizienten des respezifizierten Pharma-Kausalmodells 301

Tab. A.4 : Korrelationskoeffizienten der exogenen Modellkonstrukte des Pharma-Kausalmodells 302

1 Einführung in das Thema

1.1 Problemstellung und Ziel der Untersuchung

Mit einem Anteil von ca. 77% werden die von der Pharmazeutischen Industrie in Deutschland generierten Umsätze überwiegend mit verschreibungspflichtigen Arzneimitteln erwirtschaftet (vgl. BPI 2004, S. 36). Gemäß § 48 Abs. 2 Nr. 1 des Gesetzes über den Verkehr von Arzneimitteln (AMG)[1] gilt die Verschreibungspflicht für:

„(...) Stoffe, Zubereitungen aus Stoffen oder Gegenstände, (...)
(a) die die Gesundheit des Menschen (...) des Tieres oder die Umwelt auch bei bestimmungsgemäßem Gebrauch unmittelbar oder mittelbar gefährden können, wenn sie ohne ärztliche (...) Überwachung angewendet werden, oder
(b) die häufig in erheblichem Umfange nicht bestimmungsgemäß gebraucht werden, wenn dadurch die Gesundheit von Mensch oder Tier unmittelbar oder mittelbar gefährdet werden kann (...)".

Der auf verschreibungspflichtige Arzneimittel ausgerichtete Fokus bildet den produktbezogenen Ausgangspunkt der in der vorliegenden Arbeit durchzuführenden Analyse.[2] Es wird in dieser Arbeit argumentiert, dass unter allen Akteuren des Pharma-Marktes der Arzt den größten Einfluss auf die Entscheidung über die Verschreibung eines Arzneimittels besitzt. Das Verordnungsverhalten der Ärzte entscheidet folglich wesentlich über die Höhe der Produktumsätze der Pharmaunternehmen. Gegenüber den anderen den Vertrieb von Arzneimitteln tangierenden Markt-Akteuren (Patienten, Apotheken etc.) zeichnen sich die Ärzte somit durch eine erhöhte strategische Bedeutung für die Unternehmen aus.

Arzneimittel weisen für Ärzte sowie Patienten einen hohen Komplexitätsgrad auf. Ihre Wirkung beruht z.T. auf pharmakologischen Mechanismen, für deren

---

[1] Gesetz über den Verkehr mit Arzneimitteln (Arzneimittelgesetz – AMG) in der Fassung der Neubekanntmachung vom 09.12.2004, (BGBl. I, S. 3214).
[2] In dieser Arbeit bezieht sich der Begriff „Arzneimittel" auf Fertigarzneimittel im Sinne des § 4 AMG, die der Verschreibungspflicht unterliegen.

detailliertes Verständnis das Medizinstudium nicht das notwendige pharmazeutische Wissen vermitteln kann. Damit verbunden lassen sich Arzneimittel durch eine hohe Erklärungsbedürftigkeit charakterisieren. Dies gilt in besonderem Maße für innovative bzw. neuartige Arzneimittel, mit denen innerhalb der Ärztegemeinde noch keine umfassenden Anwendungserfahrungen gesammelt worden sind. Durch den Neuartigkeitscharakter von innovativen Arzneimitteln ist die wahrgenommene Unsicherheit der Ärzte hinsichtlich des therapeutischen Nutzens und der mit einer längerfristigen Anwendung verbundenen medizinischen Unbedenklichkeit dieser Arzneimittel höher als bei langjährig etablierten Arzneimitteln, mit denen die Ärzte bereits vertraut sind. In Zukunft werden durch neue Behandlungsmethoden wie z.B. die somatische Gentherapie die Komplexität der Arzneimitteltherapien und damit verbunden vermutlich auch die vom Arzt wahrgenommene Unsicherheit weiter ansteigen.

Für das Marketing forschender Pharmaunternehmen stellt die Überwindung dieser wahrgenommenen Unsicherheit eine Herausforderung dar. Konkret besteht diese Herausforderung darin, die Bereitschaft des Arztes zur therapeutischen Verwendung der innovativen Arzneimittel zu steigern. Diese Innovationsbereitschaft wird für die vorliegende Arbeit definiert als die durch den Arzt eingeschätzte Wahrscheinlichkeit, mit der er denjenigen Patienten, bei denen eine Indikation vorliegt, für die das neueste, dem Arzt noch nicht vertraute Arzneimittel eines bestimmten Unternehmens zugelassen ist, dieses Arzneimittel zu verordnen beabsichtigt. Die Innovationsbereitschaft hinsichtlich neuartiger Arzneimittel ist insbesondere deswegen bedeutsam, weil die Ertragspotenziale forschender Pharmaunternehmen in erheblichem Maße auf dem Erfolg der Vermarktung neu zugelassener Arzneimittel beruhen. Diese sind zumindest für die Dauer ihrer Patentlaufzeit gegen den Wettbewerb abgeschirmt und können somit höhere Preise erzielen als Arzneimittel, deren Patentschutz bereits abgelaufen ist (vgl. Harms/Drüner 2003, S. 26). In den Staaten der Europäischen Union ist die Laufzeit eines Patents für Arzneimittel auf 20 Jahre begrenzt.[3] Bereits in einer frühen Phase der ca. acht bis zehn Jahre dauernden Produktentwicklung

---

[3] Ebenso wie für europäische Patente beträgt für nationale deutsche Patente die Patentlaufzeit gemäß § 16 Abs. 1 S. 1 PatG 20 Jahre ab dem Tag der Anmeldung; vgl. Patentgesetz in der Fassung vom 16.12.1980 (BGBl. 1981 I, S. 1).

wird ein Patent auf eine potenziell wirksame Substanz angemeldet (vgl. Gorbauch/de la Haye 2002, S. 165). Daher ist der Zeitraum zwischen der Erstzulassung des Arzneimittels und des Auslaufens des Patentschutzes mit ca. 10-12 Jahren für die Deckung der immer umfangreicheren Forschungs- und Entwicklungskosten, die sich zurzeit auf ca. 800 Mio. € pro Arzneimittel belaufen (vgl. Fink-Anthe 2002a S. I/23), knapp bemessen.[4] Eine hohe Innovationsbereitschaft der Ärzte bezüglich des neuen Arzneimittels erscheint somit als ein vorrangiges strategisches Ziel der Produkteinführung.

Die Einschränkung des unternehmensbezogenen Fokus der vorliegenden Arbeit auf forschende Pharmaunternehmen erschwert zwar deren Anwendbarkeit auf das Marketing von Pharmaunternehmen, die keine eigene Forschung betreiben, sondern ausschließlich Arzneimittel vermarkten, deren Patentschutz bereits abgelaufen ist (sog. Nachahmerpräparate bzw. Generika). Die wissenschaftliche Auseinandersetzung mit den Marketingproblemen forschender Pharmaunternehmen erscheint jedoch auch für den gesamten Pharma-Markt von Bedeutung. Gelingt es den forschenden Firmen nicht, ihre neuartigen Arzneimittel am Markt zu etablieren, so führt dies aufgrund der damit verbundenen Rentabilitätseinbußen langfristig zu einer abnehmenden Innovationsrate der Unternehmen, die sich in einer sinkenden Anzahl von patentgeschützten Neuentwicklungen niederschlägt. Dies wirkt sich langfristig somit auch negativ auf die Ertragsaussichten der Pharmaunternehmen aus, die allein Generika vertreiben. Im Folgenden bezieht sich der Begriff Pharmaunternehmen stets auf solche Unternehmen, die eigene Forschungs- und Entwicklungsaktivitäten betreiben. Im Jahr 2002 entfielen nur ca. 27% der Apothekenumsätze auf Nachahmerpräparate (vgl. VFA 2003, S. 49). Dieser im Vergleich zu den Anbietern von Originalarzneimitteln vergleichsweise geringe Marktanteil liefert eine zusätzliche Rechtfertigung für die Fokussierung auf forschende Pharmaunternehmen.

Aufgrund der mehrjährigen Forschungs- und Entwicklungserfahrung, die ein Pharmaunternehmen im Vorfeld der Zulassung mit einem Arzneimittel gesam-

---

[4] Zu der seit den 1960er Jahren aufgrund zunehmender Entwicklungszeiten abnehmenden Dauer des effektiven Patentschutzes vgl. McIntyre (1999, S. 84f.).

melt hat, zeichnet sich dieses durch einen produktbezogenen Informationsvorsprung gegenüber dem Arzt aus. Dem Pharmaunternehmen bietet sich daher zumindest prinzipiell die Möglichkeit, sich gegenüber dem Arzt opportunistisch zu verhalten. Williamson (1993, S. 458) definiert opportunistisches Verhalten als „(...) self-interest seeking with guile (...)." Ein Beispiel hierfür bestünde darin, dass ein Pharmaunternehmen das Wirkungsprofil eines Arzneimittels in einem übertrieben positiven Licht darstellt, um die Verordnungsbereitschaft des Arztes zu fördern. Aufgrund der gegebenen Informationsasymmetrie bildet das Pharmaunternehmen somit für den Arzt eine potenzielle Quelle der Unsicherheit. Neben dem opportunistischen Verhalten kann auch eine mangelnde fachliche Expertise des Pharmareferenten zu der vom Arzt wahrgenommenen Unsicherheit beitragen, die mit der Verwendung eines neuartigen Arzneimittels verbunden ist.

Ein Ziel dieser Arbeit besteht darin, die Frage zu beantworten, inwieweit angesichts der Problematik der wahrgenommenen Unsicherheit das Vertrauen des Arztes in das Pharmaunternehmen eine wichtige Voraussetzung für die Innovationsbereitschaft hinsichtlich eines bestimmten Arzneimittels darstellt. Darüber hinaus soll ein Beitrag zur Aufklärung der Entstehungsbedingungen des Vertrauens des Arztes in das Pharmaunternehmen geleistet werden. Folgt man einem auch in der Marketingwissenschaft verbreiteten sozialpsychologischen Begriffsverständnis des Vertrauens, so gelangt man zu dem Schluss, dass das Vertrauen eines Nachfragers in einen Anbieter nicht ad hoc entsteht (vgl. Fairholm 1994, S. 127). Es entwickelt sich vielmehr im Zuge von Interaktionsprozessen, die im Kontext einer Geschäftsbeziehung ablaufen (vgl. Dwyer et al. 1987, S. 18). Somit lässt sich die vorliegende Arbeit in das Forschungsgebiet des Relationship Marketing einordnen, das in den letzten Jahren den Stellenwert eines eigenständigen Teilgebiets der Marketingwissenschaft erlangt hat. Das Relationship Marketing, dessen theoretische Grundlagen unter anderem in der Social Exchange Theory angesiedelt sind (vgl. Morgan/Hunt 1994, S. 24), befasst sich seit den 1980er Jahren mit der wissenschaftlichen Untersuchung von Geschäftsbeziehungen. Die früheste Definition des Relationship Marketing liefert Berry (1983, S. 25), der den Begriff für das Dienstleistungsmarketing geprägt hat und ihn wie folgt definiert: „Relationship Marketing is attracting, maintaining and - in multi-service organizations - enhancing customer relationships." Diesem Autor zufolge bilden langfristig angelegte Geschäftsbeziehungen zu den Kunden den Handlungsgegenstand des von einem Anbieter betriebenen Relationship Marketing.

Das Phänomen der Geschäftsbeziehung wird von zahlreichen Autoren als eine Abfolge ökonomischer Einzeltransaktionen zwischen Anbieter und Nachfrager beschrieben, die auch als Episoden bezeichnet werden. Die Episoden folgen nicht zufällig aufeinander, wie dies auf einem anonymen Markt mit untereinander vollständig austauschbaren Transaktionspartnern der Fall wäre. Vielmehr befinden sich die Einzeltransaktionen in einem inneren Zusammenhang, der auf den vorangegangenen positiven Austauscherfahrungen beruht, die die Geschäftsbeziehungspartner miteinander gesammelt haben (vgl. Bitner/Hubbert 1994, S. 76f.; Plinke 1989, S. 307f.).

Der Anwendungs- bzw. Gültigkeitsbereich des Relationship Marketing wurde durch Morgan/Hunt (1994) und Grönroos (1990; 1996) erweitert und geht nun über die von Berry (1983) beschriebene reine Kundenbeziehung hinaus. Diese neueren Autoren der Relationship Marketing-Forschung betrachten prinzipiell alle relevanten Stakeholder bzw. Anspruchsgruppen eines Unternehmens als potenzielle Geschäftsbeziehungspartner und somit als Zielgruppen des Relationship Marketing: „Relationship Marketing is to identify and establish, maintain and enhance relationships with customers and other stakeholders (...)" (Grönroos 1996, S. 11). Meffert (1998, S. 30) definiert Anspruchsgruppen als „(...) Interessengruppen, die aus gesellschaftlichen oder marktbezogenen Ansprüchen mehr oder weniger konkrete Erwartungen an die Unternehmung ableiten und entweder selbst oder durch Dritte auf die Unternehmensziele oder die Art und Weise der Zielerreichung Einfluss ausüben."

Für das Zustandekommen einer Geschäftsbeziehung zwischen einem Unternehmen und einem seiner Stakeholder stellen somit ökonomische Transaktionen im Sinne eines Tausches von Waren gegen Geld keine notwendige Voraussetzung dar. Beispiele für Geschäftsbeziehungen, die der Definition von Grönroos (1996) entsprechen, sind horizontale Vertriebskooperationen zwischen einem Unternehmen und dessen Wettbewerbern sowie Kooperationen mit dem Ziel der gemeinsamen Entwicklung neuartiger Technologien (vgl. Bucklin/Sengupta 1993; Nueno/Oosterveld 1988). Dieser über die rein transaktionale Geschäftsbeziehung zwischen einem Käufer und dessen Verkäufer hinausgehenden Perspektive wird auch in der vorliegenden Arbeit gefolgt. Um die sozialen Austauschprozesse zwischen Geschäftsbeziehungspartnern zu beschreiben, die nicht in einem Käufer-Verkäufer-Verhältnis zueinander stehen, wird der Begriff der ökonomischen Transaktion durch den weiter gefassten Begriff der sozialen Interaktion ersetzt. Zu diesen Interaktionen zählen die zwischen einem Unternehmen und dessen Stakeholdern ablaufenden Kommunikationsvorgänge sowie die auf ein gemeinsames Ziel ausgerichteten Kooperationsprozesse. Anderson/Narus (1990, S. 45) definieren Kooperation als „(...) coordinated actions taken by firms in interdependent relationships to achieve mutual outcomes (...)". Als Beispiel aus dem Pharma Marketing sei eine patientengerichtete Kooperation zwischen einem Pharmaunternehmen und einem Arzt genannt, bei der vom Unternehmen bereitgestellte Informationsmaterialien mit dem beiderseitig angestrebten Ziel der Patientenaufklärung vom Arzt an seine Patienten weitergegeben werden. Die damit verbundenen Interaktionen zwischen Pharmaunternehmen und Arzt können durchaus ökonomisch motiviert sein, ohne dass es jedoch zu einem Tausch von Geld gegen Leistungen kommt.

Anknüpfend an die eingangs erwähnte Definition von Grönroos (1996, S. 11) lautet eine grundlegende Annahme dieser Arbeit, dass den Ärzten aufgrund ihrer weitgehenden Entscheidungsautonomie bei der Verordnung die Rolle des bedeutendsten Stakeholders des Pharmaunternehmens für den Vertrieb verschreibungspflichtiger Arzneimittel zukommt. Angesichts dieser Sonderstellung der Ärzte gegenüber anderen Akteuren des Pharma-Marktes fokussiert diese Arbeit auf die Geschäftsbeziehung zwischen dem Pharmaunternehmen und dem Arzt, die im Weiteren als Pharma-Geschäftsbeziehung bezeichnet wird.

Eine besondere Bedeutung für die analytische Durchdringung dieses Untersuchungsgegenstandes kommt den psychologischen Konstrukten[5] des Vertrauens und des Relationship-Commitment des Arztes zu, deren wichtigste Einflussgrößen in dieser Arbeit identifiziert werden sollen. Basierend auf Morgan/Hunt (1994, S. 23) besteht das Vertrauen des Arztes gegenüber dem Pharmaunternehmen darin, dass sich dieser auf die Zuverlässigkeit und Rechtschaffenheit des Unternehmens verlässt. Das Relationship-Commitment des Arztes beschreibt die vom Arzt wahrgenommene Verbundenheit gegenüber der als Nutzen stiftend eingeschätzten Geschäftsbeziehung zu einem Pharmaunternehmen. Diese Verbundenheit schließt auch die Bereitschaft des Arztes ein, für den Erhalt dieser Pharma-Geschäftsbeziehung einen aktiven Beitrag zu leisten (vgl. Morgan/Hunt 1994, S. 23). Das Relationship-Commitment wird in der vorliegenden Arbeit neben dem Vertrauen als ein wesentlicher Prädiktor der Innovationsbereitschaft betrachtet. Darüber hinaus ist zu untersuchen, in wieweit diese beiden Beziehungsvariablen die Bereitschaft des Arztes fördern, seinen Kollegen das Unternehmen weiter zu empfehlen. Schließlich werden neben dem Vertrauen und dem Relationship-Commitment zwei Konstrukte, die keine Beziehungsvariablen darstellen, in ihrer Wirkung auf die Innovationsbereitschaft untersucht. Es handelt sich hierbei um die durch den Arzt wahrgenommene Erschwinglichkeit eines bestimmten innovativen Arzneimittels sowie die generelle Risikoaversion des Arztes gegenüber Arzneimitteln, die hier als pharmaspezifische Risikoaversion bezeichnet wird. Auf diese Konstrukte wird im Gliederungspunkt 4.7 näher eingegangen.

In einer abschließenden Übersicht stellen sich die zentralen forschungsleitenden Fragen wie folgt dar:

- Unter welchen Bedingungen entstehen Pharma-Geschäftsbeziehungen, die sich durch Vertrauen und Relationship-Commitment des Arztes auszeichnen?

---

[5] Konstrukte sind theoretische Begriffe, die ein in der Realität bestehendes Phänomen beschreiben, das sich einer direkten Beobachtung bzw. Messung entzieht (vgl. Bagozzi/Fornell 1982, S. 24; Balderjahn 2003, S. 130).

- Welchen Einfluss besitzen diese beiden Beziehungsvariablen auf zwei zentrale Erfolgsgrößen des Pharma Marketing: die Innovationsbereitschaft und die Weiterempfehlungsbereitschaft?
- Welche Wirkung geht von der wahrgenommenen Erschwinglichkeit des Arzneimittels sowie der pharmaspezifischen Risikoaversion des Arztes auf dessen Innovationsbereitschaft aus?

1.2 Relevanz des Themas

Die gegenwärtig in der Literatur diskutierten Modelle des Relationship Marketing zeichnen sich entweder durch einen hohen Allgemeinheitsgrad aus oder sie beziehen sich auf klassische Industrie- und Konsumgütermärkte.[6] Aufgrund der in den Kapiteln 2 und 4 zu diskutierenden Unterschiede zwischen der Pharma-Geschäftsbeziehung und den auf Konsum- sowie Industriegütermärkten bestehenden Geschäftsbeziehungen erscheint es angebracht, ein Modell der Pharma-Geschäftsbeziehung zu entwickeln, das den branchenspezifischen Merkmalen dieses Marktes gerecht wird. Auch angesichts eines Gesamtmarktvolumens des deutschen Apothekenmarktes[7] von 20,57 Mrd. € im Jahr 2003, das mit einem Anteil von ca. 77% bzw. 15,78 Mrd. € (vgl. BPI 2004, S. 36) auf verschreibungspflichtige Arzneimittel entfällt, erweist sich eine branchenspezifische Untersuchung als gerechtfertigt. Weltweit belief sich das Volumen des gesamten Pharma-Marktes im Jahr 2003 sogar auf 466,3 Mrd. US $ (vgl. BPI 2004, S.16). Da sich die nationalen Gesetzgebungen, die das Pharma Marketing regulieren, zum Teil erheblich voneinander unterscheiden, bezieht sich die vorliegende Arbeit jedoch allein auf den deutschen Pharma-Markt.

---

[6] Anerkennung auf diesem Gebiet haben unter anderem die Arbeiten von Diller/Kusterer (1988), Doney/Cannon (1997), Grönroos (1994), Iacobucci/Hibbard (1999), Morgan/Hunt (1994) und Peterson (1995) gefunden.

[7] Die Ermittlung der im Apothekenmarkt getätigten Gesamtumsätze erfolgt durch die Erhebung der Großhandelsumsätze sowie des Direktgeschäfts der Pharmaunternehmen mit den Apotheken, bewertet mit Herstellerabgabepreisen. Hierbei werden die Umsätze, die über das Direktgeschäft der Pharmaunternehmen mit Krankenhäusern erwirtschaftet werden, nicht berücksichtigt (vgl. BPI 2004, S. 36).

Die wissenschaftliche Auseinandersetzung mit dem Relationship Marketing als einem Konzept der Marktbearbeitung mit Einzelkundenfokus, dessen Ziel in dem Aufbau vertrauensbasierter Geschäftsbeziehungen besteht, erscheint auch für die Praxis des Pharma Marketing fruchtbar. Wie im Kapitel 2 dargelegt wird, erweist sich der Markt für verschreibungspflichtige Arzneimittel in vielen seiner strukturellen Merkmale für das Relationship Marketing als gut geeignet. Der Beziehungsaspekt wird in der gegenwärtig herrschenden Praxis des Pharma Marketing natürlich nicht gänzlich missachtet. Der Einsatz des Pharmareferenten als einem persönlichen Betreuer der Ärzte belegt, dass in der Unternehmenspraxis bereits Grundzüge eines professionellen Relationship Marketing zu erkennen sind. Zurzeit beruht der Aufbau von persönlichen Beziehungen zum Arzt jedoch in vielen Unternehmen noch zu einem wesentlichen Teil auf dem Talent und dem Erfahrungswissen des Pharmareferenten. Dieser eher als intuitiv zu charakterisierende Ansatz sollte angesichts der großen potenziellen Bedeutung des Relationship Marketing und der hohen Kosten der persönlichen Betreuung - auf die Pharmareferenten entfallen ca. 50-60% des Marketingbudgets (vgl. Gehrig 1992, S. 124) - jedoch auf eine wissenschaftlich fundierte Basis gestellt werden. Hierfür einen Beitrag zu leisten ist das zentrale Anliegen dieser Arbeit.

1.3 Wahl der Untersuchungsperspektive

Wissenschaftliche Arbeiten zum Relationship Marketing lassen sich nach der von ihnen eingenommenen Untersuchungsperspektive in zwei Ansätze gliedern, einen prozeduralen und einen strukturellen Ansatz. Studien, die auf die Prozesse abstellen, die innerhalb einer einzelnen Transaktionsepisode zwischen zwei Geschäftsbeziehungspartnern ablaufen, können dem prozeduralen Ansatz zugeordnet werden. Eine in der Literatur zum Industriegütermarketing verbreitete Definition des Begriffs der Transaktionsepisode geht auf Kirsch/Kutschker (1978, S. 34) zurück.[8] Ihnen zufolge umfasst eine Transaktionsepi-

---

[8] Die Unterscheidung zwischen Episode und Geschäftsbeziehung ist in der Literatur zum Relationship Marketing stark verbreitet, vgl. Anderson (1995) und Liljander/Strandvik (1995).

sode „(...) alle Aktivitäten und Interaktionen sozialer Aktoren, die mit der Anbahnung, Vereinbarung und Realisation der interessierenden Transaktion verbunden sind" (Kirsch/Kutschker 1978, S. 34). Dieser auf eine einzelne Transaktionsepisode bezogene Untersuchungsfokus erscheint für Relationship Marketing-Studien auf solchen Märkten geeignet, auf denen sich Episoden als klar abgrenzbare Projekte mit beobachtbaren, gut dokumentierten Verhandlungsprozessen darstellen lassen. Diese Bedingungen sind in dem hier vorliegenden Kontext der Pharma-Geschäftsbeziehung jedoch nicht im erforderlichen Maße gegeben. Zwischen Arzt und Pharmaunternehmen werden keine ökonomischen Transaktionen durchgeführt, die sich durch den Zeitpunkt eines Kaufaktes klar voneinander abgrenzen bzw. sich durch Vertragsverhandlungen kennzeichnen ließen. Vielmehr wird der vorliegenden Arbeit, wie im Abschnitt 1.1 erwähnt, ein Begriffsverständnis der Transaktions- bzw. Interaktionsepisode zugrunde gelegt, das sämtliche sozialen Interaktionen zwischen Pharmaunternehmen und Arzt einschließt, die einen geschäftlichen bzw. professionellen Charakter besitzen. Nähme man eine prozedurale Perspektive ein, so entspräche jede Interaktionsepisode einem einzelnen Untersuchungsgegenstand. Als Interaktionsepisode ließe sich jede Kommunikation betrachten, die zwischen dem Arzt und den im Kundenkontakt befindlichen Angehörigen des Pharmaunternehmens erfolgt. Mit dieser Vielfalt der Interaktionen wäre eine erhebliche Komplexität verbunden, deren Abbildung in einem Prozessmodell beträchtliche Probleme bei der Modellentwicklung bereiten würde. Darüber hinaus ist mit Blick auf die Datenerhebung, die für die empirische Überprüfung von Modellhypothesen erforderlich ist, darauf hinzuweisen, dass die Wahl einer prozeduralen Perspektive auch dadurch erschwert wird, dass sich die Interaktionsepisoden einer direkten Beobachtung weitgehend entziehen. Es ist anzunehmen, dass ein Arzt z.B. bei seinen Gesprächen mit einem Pharmareferenten die Präsenz eines Forschers aus Gründen der Vertraulichkeit ablehnen würde. Selbst bei Einwilligung des Arztes und des Pharmareferenten wäre ein Methodeneffekt zu erwarten, der sich in Verhaltensänderungen der beobachteten Personen äußern würde. Eine sich angesichts dieser Messproblematik anbietende verdeckte Beobachtung verbietet sich jedoch sowohl aus ethischen als auch aus praktischen Gründen. Neben diesem erhebungsmethodischen Problem weist eine nur auf die isolierte

Episode gerichtete Betrachtung auch ein grundlegendes, konzeptionelles Defizit auf. Wenn man nicht nur den technischen Transaktionsvorgang betrachtet, so lassen sich weder rein ökonomische Transaktions- noch soziale Interaktionsepisoden trennscharf durch einen Anfangs- und einen Endzeitpunkt von ihnen vor- oder nachgelagerten Episoden abgrenzen. Selbst ökonomische Transaktionen sind vielfach in einen Beziehungskontext eingebettet, der durch die in der Vergangenheit zwischen den Marktparteien erfolgten Interaktionen geprägt ist. Insbesondere psychologische Konstrukte wie das Vertrauen, das Relationship-Commitment oder Einstellungen im Allgemeinen, die sich als Folge von Interaktionserfahrungen bilden und mit denen zeitlich relativ stabile Verhaltenstendenzen verbunden sind (vgl. Kuß/Tomczak 2000, S. 46), beeinflussen den Verlauf einer einzelnen Episode, die somit nicht unter Ausschluss dieser strukturellen Beziehungsmerkmale betrachtet werden kann. In diesem Zusammenhang sei auf den Begriff der „Discreteness" hingewiesen, den Macneil (1980, S. 60) verwendet, um den in der Realität praktisch nicht anzutreffenden Idealtyps einer Transaktion zu beschreiben, die frei von jeglicher Art von Beziehungselementen ist: „Discreteness is the separating of a transaction from all else between the participants at the same time and before and after. It is ideal, never achieved in life, occurs when there is nothing else between the parties, never has been, and never will be" (Macneil 1980, S. 60). Im Ergebnis erweist sich eine aus einer rein prozeduralen Sicht durchgeführte Untersuchung als problematisch, da eine die Interaktionsepisode isolierende Perspektive konzeptionelle Defizite mit sich bringt und die Interaktionen sich darüber hinaus einer Betrachtung weitgehend entziehen.

Ein alternativer Untersuchungsansatz, der die genannten Defizite der prozeduralen Perspektive überwindet, stellt auf die Geschäftsbeziehung und die diese näher beschreibenden Strukturvariablen ab, insbesondere das Vertrauen und das Relationship-Commitment des Arztes. Diese Strukturvariablen repräsentieren - ähnlich wie Einstellungen - die Haltung, die der Arzt gegenüber einer bestimmten Pharma-Geschäftsbeziehung einnimmt.[9] Die in dieser Arbeit unter-

---

[9] Der Begriff der Einstellung lässt sich definieren als „(...) a learned predisposition to respond in a consistently favorable or unfavorable manner with respect to a given object" (Fishbein/Ajzen 1975, S. 6).

suchten Konstrukte weisen, wiederum mit Einstellungen vergleichbar, eine gewisse zeitliche Stabilität auf. Die Einnahme dieser strukturellen Perspektive erlaubt es somit, ein Abbild der Pharma-Geschäftsbeziehung zu schaffen, das über die einzelne Interaktionsepisode hinaus Gültigkeit besitzt. Die Mehrheit der Marketingstudien, deren Untersuchungsgegenstand die Geschäftsbeziehung darstellt, ist auf dieser Strukturebene angesiedelt, so auch diese Arbeit.

Im Rahmen der Entwicklung des Modells der Pharma-Geschäftsbeziehung wird ein möglichst hohes Maß an Genauigkeit bei einer überschaubaren und mit empirischen Methoden noch zu vereinbarenden Modell-Komplexität angestrebt. Die im Kapitel 5 beschriebene empirische Untersuchung, die der Überprüfung des Modells der Pharma-Geschäftsbeziehung dient, bezieht sich allein auf Geschäftsbeziehungen zwischen in Berlin niedergelassenen Gynäkologen und den fünf umsatzstärksten forschenden Pharmaunternehmen auf dem Markt für gynäkologische Arzneimittel.[10] Hinsichtlich der Generalisierbarkeit dieses Modells ist daher folgendes festzuhalten: Streng genommen gelten die empirischen Befunde nur für diese Gruppe von Gynäkologen. Das Modell der Pharma-Geschäftsbeziehung erscheint mit all seinen ihm zugrunde liegenden Annahmen jedoch allgemein genug, um seine Übertragung auf andere Teilmärkte des deutschen Marktes für verschreibungspflichtige Arzneimittel zu ermöglichen, in denen Ärzte Geschäftsbeziehungen mit Pharmaunternehmen unterhalten.

1.4 Gang der Untersuchung

Die in dem Abschnitt 1.1 geschilderten Forschungsfragen geben den Gang der Untersuchung bereits vor. Im Kapitel 2 wird anhand einer Analyse der in den Arzneimittelvertrieb eingebundenen Akteure die Annahme argumentativ untermauert, der zufolge Ärzte als Träger der Verordnungsentscheidung die für die Generierung der Produktumsätze von Pharmaunternehmen entscheidenden Akteure darstellen. Das Ziel dieser Argumentation besteht in der Begründung

---

[10] Die Auswahl dieser Facharztpopulation sowie die dabei berücksichtigten Kriterien werden im Abschnitt 5.1 beschrieben.

der Wahl des Betrachtungsfokus dieser Arbeit, der allein auf Ärzte als die zentrale Zielgruppe des Pharma Marketing gerichtet ist.

Darüber hinaus dient das Kapitel 2 der Begründung der Behauptung, dass - anders als das „klassische" Massenmarketing - das Relationship Marketing, welches den Aufbau von Geschäftsbeziehungen zum Inhalt hat, eine besondere Eignung als grundlegendes Prinzip der arztgerichteten Marktbearbeitung besitzt. Die Wahl der Pharma-Geschäftsbeziehung als Untersuchungsgegenstand dieser Arbeit wird somit gerechtfertigt.

Anknüpfend an die im Kapitel 2 getroffene Aussage, der zufolge die Ärzte als Stakeholder der Pharmaunternehmen an diese den Anspruch auf die Entwicklung neuartiger Arzneimittel richten, erfolgt im Kapitel 3 die Darstellung der aus Sicht der Pharmaunternehmen und der Ärzte relevanten Besonderheiten innovativer Arzneimittel. Zunächst wird die Bedeutung dieser Arzneimittel für die Sicherung der Profitabilität forschender Pharmaunternehmen diskutiert. Für den Vermarktungserfolg neuartiger Arzneimittel bildet die Innovationsbereitschaft eine wesentliche Voraussetzung. Im Kern reflektiert dieses Konstrukt eine ärztliche Adoptionsentscheidung.[11] Daher werden im Kapitel 3 Bezüge zu den aus der Adoptionsforschung stammenden Faktoren hergestellt, die die Innovationsbereitschaft tangieren. Um einen Eindruck von der hohen Komplexität zu vermitteln, durch die sich innovative Arzneimittel auszeichnen, werden anschließend verschiedene Innovationsdimensionen dieser Arzneimittel beschrieben. Daran anknüpfend erfolgt die Erörterung des Problems, dass der therapeutische Nutzen sowie die medizinische Unbedenklichkeit trotz umfangreicher klinischer Prüfungen im Vorfeld der Markteinführung innovativer Arzneimittel vom Arzt nicht zweifelsfrei eingeschätzt werden können. Dies löst beim Arzt wahrgenommene Unsicherheit aus. Auf Grundlage der Informationsökonomik wird sodann detailliert analysiert, bei welchen Leistungsmerkmalen innovativer Arzneimittel eine objektive Bewertung durch den Arzt möglich ist und bei welchen nicht. Es wird argumentiert, dass sich die in der Phase der Markteinführung be-

---

[11] Die Adoption wird definiert als „(...) a decision to make full use of an innovation as the best course of action available (...)" (Rogers 1983, S. 21).

sonders ausgeprägte wahrgenommene Unsicherheit des Arztes hemmend auf dessen Innovationsbereitschaft auswirkt. An dieses Problem anknüpfend befasst sich das Kapitel 3 mit einer informationsökonomisch fundierten Diskussion verschiedener Strategien, die der Arzt verfolgen kann, um die wahrgenommene Unsicherheit zu reduzieren. Das Vertrauen des Arztes in das Pharmaunternehmen wird hierbei als eine wirksame Strategie identifiziert. Hierin zeigt sich bereits, dass das Vertrauen als zentrale Strukturvariable der Pharma-Geschäftsbeziehung unter anderem eine Funktion als Prädiktor der Innovationsbereitschaft besitzt.

Aufgrund der eingeschränkten Möglichkeiten, über die Informationsökonomik die Entstehungsbedingungen des Vertrauens und des Relationship-Commitment als der zweiten zentralen Beziehungsvariable zu beleuchten, wird im Kapitel 4 auf die diesbezüglich besser geeignete Social Exchange Theory zurückgegriffen, die in der Relationship Marketing-Literatur bereits Beachtung gefunden hat. Zunächst wird die Eignung dieser in ihren Ursprüngen sozialpsychologischen Theorie für den marketingwissenschaftlichen Untersuchungsgegenstand dieser Arbeit argumentativ belegt. Anschließend wird das Modell der Pharma-Geschäftsbeziehung in seiner grundlegenden Struktur vorgestellt. Den konzeptionellen Kern dieses Modells bilden das Vertrauen und das Relationship-Commitment des Arztes. Unter anderem auf Basis der Social Exchange Theory werden die Einflussfaktoren dieser beiden zentralen Beziehungsvariablen modelliert. Ein weiterer Gegenstand des Kapitels 4 sind die Innovationsbereitschaft und die Weiterempfehlungsbereitschaft, denen eine zentrale Rolle als Erfolgsgrößen des Pharma-Relationship Marketing zukommt, und die maßgeblich von dem Vertrauen und dem Relationship-Commitment des Arztes abhängig sind. Als Konstrukte, die keine Beziehungsvariablen bilden, werden die wahrgenommene Erschwinglichkeit, die pharmaspezifische Risikoaversion sowie die von ihnen auf die Innovationsbereitschaft ausgehenden Effekte gesondert behandelt.

Die empirische Überprüfung der aufgestellten Hypothesen erfolgt im Kapitel 5. Die hierfür erforderliche empirische Datengrundlage liefert eine Erhebung unter in Berlin niedergelassenen Gynäkologen, auf deren Konzeption und Durchführung in einem ersten Schritt eingegangen wird. Hieran schließt sich die Entwicklung der Messinstrumente an. Die in ihren Grundzügen zu schildernde Kovarianzstrukturanalyse bildet die zur Überprüfung des Modells eingesetzte Analysemethode. Gemäß den Empfehlungen von Anderson/Gerbing (1988) wird zunächst das Pharma-Messmodell geschätzt, um speziell die Reliabilität und Validität der Konstruktmessungen zu beurteilen. Anschließend werden das vollständige Pharma-Kausalmodell sowie ein vereinfachtes Pharma-Kausalmodell geschätzt, anhand derer die Prüfung der im Kapitel 4 aufgestellten Hypothesen erfolgt. Die empirischen Befunde werden einer theoriegeleiteten Interpretation unterzogen. Diese bildet die Grundlage eines respezifizierten Pharma-Kausalmodells, das ebenfalls geschätzt und auf seine Güte geprüft wird.

Eine abschließende Betrachtung der Arbeit bildet den Gegenstand des Kapitels 6. Zunächst erfolgen die Bewertung der empirischen Befunde sowie die damit verbundenen Implikationen für das Pharma-Relationship Marketing. Die Arbeit endet mit einer Zusammenfassung und einem Forschungsausblick.

2 Ausgangsbedingungen des Pharma-Relationship Marketing - Die Akteure des Pharma-Marktes

2.1 Der Arzt

2.1.1 Die Arzneiverordnung als Entscheidung des Arztes

Im Gesundheitswesen kommt dem Arzt die Aufgabe eines Produzenten medizinischer Leistungen zu, die vom Patienten nachgefragt werden. Der Erfolg einer Behandlung hängt dabei auch von dem therapiekonformen Verhalten des Patienten ab, dem somit sowohl eine konsumtive als auch eine produktive Funktion zukommt (vgl. Schlander 2004, S. 708; Ulrich 2002, S. 73). Für die Erstellung therapeutischer Leistungsergebnisse (also z.B. die Heilung einer Erkrankung) werden durch den Arzt und seinen Patienten verschiedene Einsatzfaktoren wie z.B. Arzneimittel, ärztliche Leistungen, medizintechnische Leistungen sowie Heil- und Hilfsmittel gemäß einer sog. Gesundheitsproduktionsfunktion miteinander kombiniert (vgl. Fricke 2002, S. 90; Ulrich 2002, S. 69). Es zeigt sich hier bereits, dass der Arzt für die Durchführung von Arzneimitteltherapien auf die forschenden Pharmaunternehmen und die durch sie bereitgestellten Arzneimittel angewiesen ist.

Aus Gründen der Komplexität kann es nicht das Ziel dieser Arbeit sein, die medizinischen Bestimmungsgrößen der produktiven Verwendung der einzelnen Einsatzfaktoren zu ermitteln, welche in die durch den Arzt gesteuerten und unter Mitwirkung des Patienten durchgeführten Leistungserstellungsprozesse eingehen. Vielmehr setzt diese Untersuchung an der Erkenntnis an, dass der Arzt - im Rahmen der Erbringung medizinischer Leistungen für den Patienten - eine hinsichtlich Qualität und Quantität spezifizierte Nachfrage nach den Arzneimitteln eines bestimmten Pharmaunternehmens schafft. Dieser in den folgenden Ausführungen noch näher zu beschreibende Umstand begründet sowohl das wissenschaftliche als auch das praktische Interesse des Pharma Marketing an dem Arzt als Geschäftsbeziehungspartner des Pharmaunternehmens.

§ 48 AMG reguliert die Abgabe verschreibungspflichtiger Arzneimittel an den Konsumenten durch die Auflage, dass diese nur unter Vorlage einer ärztlichen

Verordnung beim Apotheker erfolgen darf. Der für die Generierung der Arzneimittelumsätze des Pharmaunternehmens erforderliche Kaufakt, der vom Patienten in der Apotheke ausgeführt wird, kann also nur mit der schriftlichen Zustimmung des behandelnden Arztes erfolgen. Dieses beim Arzt angesiedelte Entscheidungsmonopol ist durch die überlegene fachliche Kompetenz des Arztes gerechtfertigt. Einschränkend muss erwähnt werden, dass nicht jede Arzneiverordnung zwangsläufig zum Kauf eines Arzneimittels führt, da der Patient sich das Recht vorbehalten kann, dem ärztlichen Rat nicht zu folgen. Dieses Verhalten stellt eine Form von Non-Compliance dar. Hierunter ist eine unzureichende Therapietreue des Patienten zu verstehen (vgl. Fricke 2002, S. 99; Wink 2003, S. 7). Es ist denkbar, dass die mit dem Inkrafttreten des Gesetzes zur Modernisierung der Gesetzlichen Krankenversicherung (GMG)[12] am 01.01.2004 erhöhten Selbstbeteiligungen der Patienten an den Arzneimittelkosten diese Verhaltenstendenz fördern. Angesichts der sich gegenwärtig abzeichnenden deutlichen negativen Wirkung der sog. Praxisgebühr[13] auf die Bereitschaft, die Dienste eines niedergelassenen Arztes in Anspruch zu nehmen, lässt sich jedoch vermuten, dass diejenigen Patienten, die trotz Praxisgebühr den Arzt aufsuchen, dies mit der Absicht tun, die ärztlich verordnete Arzneimitteltherapie auch durchzuführen.

Es ist möglich, dass ein Patient auf die Therapieentscheidung des Arztes Einfluss zu nehmen versucht. Eine vom Patienten gewünschte Verordnung wird jedoch nur dann erfolgen, wenn der Arzt diese für medizinisch vertretbar erachtet. Unter der Annahme, dass der Patient die ihm ausgestellte Verordnung in der Apotheke einlöst, erscheint es gerechtfertigt, den Arzt als den eigentlichen Träger der Kaufentscheidung zu betrachten. Dem Entscheidungsträger eines Kaufes kommt sowohl in der Konsumentenverhaltensforschung als auch in der Marketingpraxis traditionell die größte Aufmerksamkeit zu (vgl. Assael 1987, S. 10). Die Ärzte bilden daher die primäre Zielgruppe, an die sich das Relationship

---

[12] Gesetz zur Modernisierung der Gesetzlichen Krankenversicherung (GMG) vom 14.11.2003, (BGBl. I, S. 2190).
[13] Mit dem Inkrafttreten des GMG hat jeder gesetzlich Krankenversicherte mit dem ersten Arztbesuch im Quartal eine Praxisgebühr in Höhe von 10 € zu entrichten. Dies hat im Jahr 2004 für die Gesamtheit der Ärzte zu einem Fallzahlenrückgang von 8,7% geführt. Bei Gynäkologen belief sich der Fallzahlenrückgang sogar auf 15,1% (vgl. Koch/Brenner 2005, S. 1).

Marketing des Pharmaunternehmens richtet. Wegen der Schlüsselrolle, die der Arzt bei der Therapieentscheidung und der Wahl des zu verordnenden Arzneimittels innehat, stellt das Verhältnis zwischen Arzt und Pharmaunternehmen den Teilausschnitt der Beziehungen der einzelnen Akteure des Gesundheitswesens dar, der in dieser Arbeit im Mittelpunkt der Betrachtung steht.

2.1.2 Innovative Arzneimittel als Anspruch des Arztes an das Pharmaunternehmen

Gegenwärtig sind der Medizin ca. 30.000 Krankheiten bekannt (vgl. Fischer/ Breitenbach 2003, S. 8; VFA 1998, S. 22). Jedoch stehen den Ärzten nur für einen Anteil von ca. einem Drittel dieser Krankheiten wirksame Therapien zur Verfügung.[14] Pschyrembel (1994, S. 824) definiert den Krankheitsbegriff als „(...) Störung der Lebensvorgänge in Organen od. im gesamten Organismus mit der Folge von subjektiv empfundenen bzw. objektiv feststellbaren körperl., geistigen bzw. seelischen Veränderungen (...)." Fasst man den Krankheitsbegriff dieser Definition entsprechend weit, so gehören dazu alle Indikationen, die das körperliche und seelische Wohlbefinden beeinträchtigen. Hierzu zählen unter anderem das Klimakterium bzw. die Wechseljahre, die sich bei ein bis zwei Dritteln der Frauen durch Beschwerden auszeichnen, die als behandlungsbedürftig gelten (vgl. Pschyrembel 1994, S. 784). Letztlich können auch sog. Lifestyle-Indikationen wie erblich bedingter Haarausfall oder Übergewicht unter dem hier verwendeten Krankheitsbegriff subsumiert werden. Die zu der Behandlung dieser Indikationen eingesetzten sog. „Lifestyle Drugs" dienen zwar gemäß der Definition von Ehlers/Igl (2003, S. 836) „(...) überwiegend der Verbesserung der privaten Lebensführung (...)." Aber selbst wenn Lifestyle-Indikationen nicht als Erkrankungen im klassischen Sinne betrachtet werden, können sie jedoch - bleiben sie unbehandelt - je nach seelischer Verfassung des betroffenen Individuums zu psychosomatischen Erkrankungen führen und im Falle des Überge-

---

[14] Diese Angabe beruht auf einem Gespräch mit einem Mitarbeiter des Verbandes Forschender Arzneimittelhersteller e.V. (VFA).

wichts auch physiologische Folgeschäden (z.B. Arteriosklerose) nach sich ziehen.

Die überwiegende Mehrheit der Behandlungsansätze besitzt nur den Charakter einer symptomatischen Therapie. Die eine Krankheit auslösenden Prozesse sind auf eine Vielzahl genetischer und umweltbedingter Faktoren zurückzuführen, deren Zusammenwirken selbst bei den häufig auftretenden Erkrankungen wie der arteriellen Hypertonie, Arteriosklerose sowie degenerativen Skeletterkrankungen noch nicht umfassend erforscht sind. Somit mangelt es derzeit an dem medizinischen Wissen, das für die Entwicklung kausaler Therapien erforderlich ist (vgl. Dengler 1997, S. 27). Der Bedarf der Ärzte nach Arzneimitteln beschränkt sich daher nicht auf die Menge der 8.992 in der Roten Liste vom Jahr 2004 enthaltenen in Deutschland zugelassenen Arzneimittel, bzw. der ca. 54.070 Arzneimittel in ihren verschiedenen Dosierungen und Darreichungsformen (vgl. BPI 2004, S. 44). Vielmehr ist die Medizin stets auf neuartige Arzneimittel angewiesen, die das Ergebnis der Forschungs- und Entwicklungsbemühungen der Pharmaunternehmen darstellen. Dieser Bedarf der Ärzte an innovativen Arzneimitteln, welche den medizinischen Fortschritt vorantreiben, wird in einer Resolution des „Bündnis Gesundheit 2000" artikuliert: „Versorgungsqualität aber kann nur dauerhaft gewährleistet werden, wenn der Patient individuell nach den *Möglichkeiten des Fortschritts* (Herv. d. Verf.) und vor allen Dingen mit dem notwendigen Maß an Menschlichkeit behandelt wird" (o.V. 2004c, S. 1).[15]

Ähnlich lauten die vom Vorstand der Bundesärztekammer formulierten gesundheitspolitischen Grundsätze der deutschen Ärzteschaft: „Eine humane medizinische Patientenversorgung erfordert hingegen Rahmenbedingungen, unter denen Ärzte gute Medizin erbringen können. Dies erfordert eine Anpassung der Finanzierungs- und Versorgungsstrukturen an die veränderten gesellschaftlichen Verhältnisse, die *Fortschritte der Medizin* (Herv. d. Verf.) und die Bedürf-

---

[15] Das „Bündnis Gesundheit 2000" bildet einen Zusammenschluss aus 37 Verbänden und Organisationen des Gesundheitswesens, dem unter anderem auch die Bundesärztekammer und der Verband der niedergelassenen Ärzte Deutschlands (der NAV-Virchow-Bund e.V.) angehören. Die Annahme, dass das „Bündnis Gesundheit 2000" die gemeinsamen Interessen der Gesamtheit der deutschen Ärzte vertritt, erscheint daher gerechtfertigt.

nisse der Patienten" (o.V. 2003b, S. 5). Betrachtet man im Sinne der im Abschnitt 1.1 angegebenen Stakeholder-Definition die Ärzte als Anspruchsgruppe eines Pharmaunternehmens, so geht hieraus hervor, dass der zentrale Anspruch, den diese an das Unternehmen richten, in der Bereitstellung neuartiger Arzneimittel mit einem erhöhten therapeutischen Nutzen besteht. Der in dieser Arbeit auf innovative Arzneimittel gerichtete analytische Fokus erscheint somit nicht nur aus der erwerbswirtschaftlichen Sicht des Unternehmens, sondern auch aus der medizinischen Perspektive der Ärzteschaft gerechtfertigt.

2.1.3 Regulatorische Einschränkungen der Arzneimittelwahl

Zwar entscheidet der Arzt aufgrund seiner medizinischen Expertise über die Diagnose, die Therapie, und die Wahl der Arzneimittel. Der Gesetzgeber nimmt jedoch über Steuerungsinstrumente der Arzneimittelversorgung, die auf die Erhöhung der Kosteneffizienz der Behandlung gesetzlich Krankenversicherter abzielen, zumindest mittelbar einen regulierenden Einfluss auf die Verordnungsentscheidung. So müssen gemäß § 12 des Fünften Buches des Sozialgesetzbuches (SGB V)[16] die Leistungen, die Ärzte mit einer gesetzlichen Krankenversicherung abrechnen, „(...) ausreichend, zweckmäßig und wirtschaftlich sein (...)."

Bis zum Jahr 2001 stellten die sog. Arzneimittelbudgets diejenigen Steuerungsinstrumente dar, die den Arzt bei der Verordnung von Arzneimitteln zu Lasten der gesetzlichen Krankenversicherung am strengsten regulierten. Die Höhe der Arzneimittelbudgets wurde auf der regionalen Ebene der einzelnen Bundesländer durch die Kassenärztlichen Vereinigungen verhandelt. Kassenärztliche Vereinigungen sind Körperschaften des öffentlichen Rechts. Ihre Mitglieder sind alle Ärzte, die gesetzlich Krankenversicherte behandeln (vgl. o.V. 2005a). Im Falle der Überschreitung der Budgets kam es zu einer kollektiven Haftung der Vertragsärzte der jeweiligen Kassenärztlichen Vereinigung. Über sog. Wirtschaft-

---

[16] Sozialgesetzbuch (SGB) Fünftes Buch (V) – Gesetzliche Krankenversicherung – vom 20. Dezember 1988 (BGBl. I S. 2477, 2482) zuletzt geändert durch Artikel 2 des Gesetzes vom 15. Dezember 2004 (BGBl. I S. 3445).

lichkeitsprüfungen der einzelnen Praxen gemäß § 106 SGB V sollte das Ausmaß der individuellen Haftung ermittelt werden. Die Durchführung von Individualregressen, die den einzelnen Arzt trafen, waren aufgrund einer unzureichenden Datenqualität und zeitlicher Verzögerungen bei der Datenlieferung jedoch mit erheblichen Schwierigkeiten behaftet (vgl. Fricke 2002, S. 88). Mit der Verabschiedung des Arzneimittelbudget-Ablösungsgesetzes (ABAG)[17] vom 19.12. 2001 wurde die Globalhaftung bzw. der Kollektivregress zwar abgeschafft, die Sanktionsmechanismen besitzen jedoch weiterhin Gültigkeit (vgl. Rahner 2001, S. VI/124). Faktisch wurde die Bezeichnung Arzneimittelbudget lediglich durch den Begriff des Ausgabenvolumens ersetzt.[18] Kommt es zu einer Unter- bzw. Überschreitung dieser Ausgabenvolumina, so wirkt sich dies positiv bzw. negativ auf die Gesamthonorare der Vertragsärzte aus (vgl. Fricke 2002, S. 88). Über sog. Richtgrößen werden die Ausgabenvolumina auf die Ebene der einzelnen Arztpraxis herunter gebrochen. Die Überschreitung der Richtgrößen löst eine Wirtschaftlichkeitsprüfung gemäß § 106 Abs. 5a SGB V aus.

Aufgrund der mit der Einhaltung der Ausgabenvolumina verbundenen ökonomischen Anreize kann angenommen werden, dass das ABAG bei den Ärzten eine Verhaltenstendenz zugunsten der Verordnung preisgünstiger Generika fördert, welche die Ausgabenvolumina wenig belasten (vgl. Fricke 2002, S. 91). Zur Untermauerung dieser Annahme kann ein Gutachten des VFA und des Sachverständigenrats für die konzertierte Aktion im Gesundheitswesen angeführt werden. Gemäß diesem Gutachten vom August 2001 bestehen erhebliche Defizite bei der Versorgung der Patienten mit innovativen Arzneimitteln, was auf deren relativ hohe Kosten zurückgeführt wird. So erhielten zu dem betrachteten Zeitpunkt z.B. 88% der Alzheimerkranken keine Originalarzneimittel, sondern lediglich Generika (vgl. Fink-Anthe 2001, S. XI/ 220). Diese Generika gelten nicht als innovativ, da sie Nachahmungen von Originalarzneimitteln sind, für die kein Patentschutz mehr besteht und die daher meist über 10 Jahre auf dem Markt befindlich sind.

---

[17] Gesetz zur Ablösung des Arznei- und Heilmittelbudgets (Arzneimittelbudget- Ablösungsgesetz- ABAG) vom 19.12.2001, (BGBl. I, S. 3773).
[18] Die Festlegung der Höhe der Ausgabenvolumina erfolgt jährlich unter Beteiligung der Gesetzlichen Krankenkassen und der Kassenärztlichen Vereinigungen, die als Vertreter der Ärzteschaft auftreten. Vgl. hierzu die Angaben in § 84 SGB V.

Für die Bereitschaft des Arztes, innovative Arzneimittel zu verordnen, erscheint aufgrund deren tendenziell hoher Preise die Frage von Bedeutung, inwieweit der Arzt diese Arzneimittel unter Berücksichtigung seines ihm durch die Ausgabenvolumina eingeräumten finanziellen Handlungsspielraums für erschwinglich erachtet. Die hieraus abzuleitende Forschungsfrage, welchen Einfluss die vom Arzt wahrgenommene Erschwinglichkeit des Arzneimittels auf die Innovationsbereitschaft ausübt, bildet den Gegenstand des Abschnitts 4.7.1.

2.2 Der Patient

Die Patienten sind aufgrund ihrer mangelnden medizinischen Kenntnisse in der Regel nicht dazu in der Lage, aus dem Angebot an verschreibungspflichtigen Arzneimitteln das für ihre medizinischen Bedürfnisse geeignete Arzneimittel selbst auszuwählen. Allein bei Arzneimitteln, die von der Verschreibungspflicht ausgenommen sind, trifft der Patient die Kaufentscheidung selbst, wobei er bei apothekenpflichtigen Arzneimitteln durch den Apotheker beraten wird. Hierin zeigt sich, dass der Pharma-Markt durch ein gesetzlich kodifiziertes geringes Maß an Konsumentensouveränität gekennzeichnet ist. Der direkte Zugang des Patienten zu Arzneimitteln wird im Interesse der Patientengesundheit durch den Arzt und den Apotheker kontrolliert. Als Akteur im Vertrieb verschreibungspflichtiger Arzneimittel und damit als potenzielle Zielgruppe des Relationship Marketing des Pharmaunternehmens ist der Patient daher eher von nachrangiger Bedeutung. In einigen Krankheitsfeldern (insbesondere bei schweren, chronischen Erkrankungen wie Multipler Sklerose oder AIDS) zeichnet sich allerdings ab, dass sich Patienten immer besser informieren und sich aktiv in sog. „Patient Advocacy Groups" organisieren, um Einfluss auf Pharma-Firmen und Gesundheitsbehörden zu nehmen (vgl. Jenkins 1999, S. 33ff.). Im Zuge dieser Entwicklung nimmt auch die Bereitschaft des Patienten zu, sich aktiv an der therapeutischen Entscheidung des Arztes zu beteiligen. Was die Wahl eines bestimmten Arzneimittels betrifft, dürfte dieses Phänomen aber zumindest solange noch von untergeordneter Bedeutung sein, wie der Patient keine Informationen mit werbendem Charakter von Seiten des Pharmaunternehmens erhält, in denen Arzneimittel namentlich erwähnt werden. Diese sog. Laienwerbung ist gemäß § 10

Abs. 1 Heilmittelwerbegesetz (HWG)[19] bei verschreibungspflichtigen Arzneimitteln bis heute nicht erlaubt. Folglich wird ein patientenorientiertes Relationship Marketing durch die in Deutschland derzeit geltenden rechtlichen Rahmenbedingungen weitgehend unterbunden.

2.3 Der Pharmazeutische Einzelhandel – Apotheken

Apotheken verfügen gemäß § 43 AMG über ein Abgabemonopol für den Großteil pharmazeutischer Arzneimittel, so auch für die hier betrachteten verschreibungspflichtigen Arzneimittel. Ursprünglich bestand die zentrale Aufgabe des Apothekers in der Versorgung des Patienten mit dem vom Arzt rezeptierten Arzneimittel. Es herrschte ein „Aut-idem-Verbot"[20], das es - wenn vom Arzt auf dem Rezeptblatt nicht ausdrücklich anders lautend vermerkt - dem Apotheker untersagte, das verordnete Arzneimittel durch ein in der Wirkung identisches Generikum zu substituieren (vgl. Harms/Drüner 2003, S. 60).

Mit dem Inkrafttreten des GMG zum 01.01.2004 haben die Apotheken durch die novellierte Aut-idem-Regelung ein größeres Gewicht erhalten. Es ist nun in § 73 Abs. 5 SGB V vorgesehen, dass der Apotheker das durch den Arzt verordnete Arzneimittel durch ein gleichwertiges, preisgünstiges Arzneimittel ersetzt, sofern diese Aut-Idem-Substitution vom Arzt nicht explizit durch einen schriftlichen Hinweis auf dem Rezeptblatt ausgeschlossen wird. Der Apotheker kann nun das vom Arzt rezeptierte Arzneimittel oder als dessen Substitut eines der drei preisgünstigsten Arzneimittel, die mit dem rezeptierten Arzneimittel vergleichbar sind, an den Patienten abgeben (vgl. § 4 Rahmenvertrag nach § 129 Abs. 2 SGB V[21], der § 73 Abs. 5 SGB V konkretisiert). Als gleichwertige Substitute kommen hiernach diejenigen Arzneimittel in Betracht, die im Bezug auf das rezeptierte Arzneimittel die folgenden Kriterien erfüllen:

---

[19] Heilmittelwerbegesetz (HWG) in der Fassung der Neubekanntmachung vom 19.10.1994 (BGBl. I S. 3068); zuletzt geändert durch Art. 2 des Gesetzes vom 30.07.2004 (BGBl. I S. 2031).
[20] Der lateinische Ausdruck „Aut idem" bedeutet ins Deutsche übersetzt „oder dasselbe".
[21] In der Fassung der Schiedsentscheidung vom 05.04.2004 (Schiedsstelle § 129 Abs. 8 SGB V).

1. Identität der Wirkstärke
2. Identität der Packungsgröße
3. Identische oder austauschbare Darreichungsform
4. Identischer Indikationsbereich

Berücksichtigt man neben dem Wirkprinzip der pharmakologisch aktiven Substanz auch die Darreichungsform, die für die Entfaltung der Arzneiwirkung ebenfalls von Bedeutung ist, so zeichnen sich innovative Arzneimittel durch einzigartige Leistungsmerkmale aus (vgl. Jäkel 2002, S. 666). Die Substitution innovativer Arzneimittel durch preisgünstigere Generika ist für den Apotheker nach der gegenwärtig gültigen Aut-Idem-Regelung somit nicht möglich. Es kann daher festgehalten werden, dass ein Einfluss des Apothekers auf die Arzneimittelwahl bei den hier betrachteten innovativen Arzneimitteln auch in Zukunft nicht gegeben sein wird, sofern keine noch tiefer greifenden Gesetzesänderungen vorgenommen werden. Der Apotheker selbst hat - anders als bei den nahezu vollständig identischen Generika - hier nur einen geringen Entscheidungsspielraum. Seine Möglichkeiten, ein anderes als das verordnete Arzneimittel abzugeben, sind folglich begrenzt. Somit erscheint ein an den Apotheker gerichtetes Relationship Marketing für das forschende Pharmaunternehmen nicht als eine strategisch bedeutsame Handlungsoption.

2.4 Der Pharmazeutische Großhandel

Der Pharmazeutische Großhandel bildet, wie in Abbildung 1 dargestellt, die dem Pharmaunternehmen unmittelbar nachgelagerte Vertriebsstufe, die im Wesentlichen mit solchen logistischen Aufgaben betraut ist, die das Pharmaunternehmen aufgrund der damit verbundenen hohen Distributionskosten nicht zu leisten in der Lage ist. Die Aufgabe der 16 in Deutschland tätigen Pharmazeutischen Großhandelsunternehmen besteht ausschließlich in der Wahrnehmung einer regionalen, quantitativen und zeitlichen Pufferfunktion, um die Belieferung der ca. 21.000 öffentlichen Apotheken (vgl. ABDA 2004) mit den Waren von über 500 Pharmaunternehmen (vgl. BPI 2004, S. 6) und damit die schnelle Versorgung der Bevölkerung mit Arzneimitteln sicherzustellen (vgl. Dambacher/ Schöffski 2002, S. 245; Gehrig 1992, S. 118). Allein bei einigen sehr hochpreisigen Arzneimitteln beliefern die Pharmaunternehmen die Apotheken direkt, da hier die aus der Arzneimittelpreisverordnung[22] resultierende Spanne des Großhandels sehr hoch ist. Dies macht den Direktvertrieb für einige Pharmaunternehmen zu einer ökonomisch sinnvollen Handlungsoption (vgl. Dambacher/ Schöffski 2002, S. 245). Bei der überwiegenden Mehrheit der Arzneimittel erfolgt der Vertrieb jedoch indirekt unter Mitwirkung der Pharmazeutischen Großhandelsunternehmen. Zwar generiert der Pharmazeutische Großhandel durch den Kauf der Arzneimittel beim Pharmaunternehmen Produktumsätze. Jedoch ist er für das Pharma-Relationship Marketing nur von geringem Interesse, da er nicht ursächlich für die Produktnachfrage verantwortlich ist und somit aus einer Marketingperspektive keinen zentralen Stakeholder des Pharmaunternehmens bildet.

2.5 Das Pharmaunternehmen

2.5.1 Ausgangsüberlegungen zum Kundenfokus des Pharma Marketing

Auch wenn der Apotheker gemäß § 13 Abs. 2 Nr. 1 AMG dazu autorisiert ist, Arzneimittel „(...) im Rahmen des üblichen Apothekenbetriebs (...)" herzustellen, wird diese Aufgabe vorwiegend von Pharmaunternehmen übernommen. Die Produktion sowie das Inverkehrbringen von Arzneimitteln sind somit originäre Aufgaben von Pharmaunternehmen. Dieser Umstand erklärt sich über die gesetzlich regulierten, hohen technischen Anforderungen, die mit pharmazeutischen Fertigungsprozessen verbunden sind. Die bei der gewerbsmäßigen Herstellung von Arzneimitteln einzuhaltenden Bestimmungen sind in der Betriebsverordnung für Pharmazeutische Unternehmer kodifiziert.[23]

---

[22] Arzneimittelpreisverordnung in der Fassung vom 14.11.1980 (BGBl. I S. 2147); zuletzt geändert durch Artikel 24 des Gesetzes vom 14.11.2003 (BGBl. I S. 2190, 2254).
[23] Betriebsverordnung für Pharmazeutische Unternehmer in der Fassung vom 08.03.1985 (BGBl. I S. 546).

Ähnlich strenge gesetzliche Rahmenbedingungen prägen das vom Pharmaunternehmen betriebene Marketing verschreibungspflichtiger Arzneimittel. Wie aus dem Abschnitt 2.1.1 hervorgeht, hat der Arzt eine durch das Arzneimittelrecht regulierte Gatekeeper-Position inne, über die er den Fluss von verschreibungspflichtigen Arzneimitteln zwischen Pharmaunternehmen und Patient in erheblichem Umfang kontrolliert. Auch der Transfer von produktspezifischen Arzneimittelinformationen des Anbieters zum Konsumenten unterliegt der Kontrolle des Arztes. § 10 Abs. 1 HWG bestimmt, dass das Pharmaunternehmen für verschreibungspflichtige Arzneimittel „(…) nur bei Ärzten, Zahnärzten, Tierärzten, Apothekern und Personen, die mit diesen Arzneimitteln erlaubterweise Handel treiben (…)" werben darf. Die Weitergabe produktspezifischer Informationen mit werbendem Charakter an den Patienten wird somit durch den Arzt gesteuert. Das in der Literatur zum Handelsmarketing verwendete Konzept des Gatekeepers wurde von Lewin (1963) entwickelt und lässt sich der Channel-Theorie zuordnen. Untersuchungsgegenstand dieser Theorie sind sozioökonomische Kanäle (z.B. Vertriebskanäle), innerhalb derer sich Güter, Informationen und Personen bewegen. Neben neutralen Regeln wie z.B. Gesetzen kontrollieren Gatekeeper diese sozioökonomischen Kanäle. Gatekeeper verfügen über die Macht, den Strom von Gütern, Informationen und Personen in einem Teilabschnitt des Kanals zu steuern und nach Belieben zu unterbinden (vgl. Hansen 1976, S. 56f.). Angesichts der innerhalb des Vertriebssystems verschreibungspflichtiger Arzneimittel zentralen Gatekeeper-Position des Arztes und dem nur geringen Einfluss, den die Patienten, die Apotheken und der Großhandel auf die Umsatzgenerierung bei innovativen Arzneimitteln ausüben, ist es unmittelbar nachvollziehbar, dass sich die Aktivitäten der Marktbearbeitung forschender Pharmaunternehmen schwerpunktmäßig auf die Ärzteschaft ausrichten.

Mit der bis hierher geführten Argumentation lässt sich jedoch noch nicht die in dieser Arbeit vertretene Annahme begründen, der zufolge der Pharma-Markt für eine Marktbearbeitung nach dem Prinzip des Relationship Marketing besser geeignet ist als für den Einsatz eines „klassischen" Massenmarketing. Das auf vielen Konsumgütermärkten vorherrschende Massenmarketing zeichnet sich im

Vergleich zum Relationship Marketing durch einen stärkeren Transaktionsbezug aus. Der damit verbundenen tendenziell kurzfristigeren Zielsetzung der Maximierung der Produktumsätze steht beim Relationship Marketing das Ziel der langfristigen Ausschöpfung der gesamten Wertpotenziale einer auf Jahre angelegten Geschäftsbeziehung gegenüber (vgl. Diller 2002, S. 6). Der einzelne Kunde oder Geschäftsbeziehungspartner erhält im Relationship Marketing somit eine erhöhte strategische Bedeutung. Dies spiegelt sich auch in dem Maß der Individualisierung der Marktbearbeitung wider: So gelangt das Massenmarketing in seinem Differenziertheitsgrad nicht über vermeintlich homogene Kundensegmente hinaus, innerhalb derer zwischen einzelnen Kunden keine Unterscheidungen vorgenommen werden (vgl. Halsch 1995, S. 66). Das Relationship Marketing hingegen betreibt diese Differenzierung bis hin zu der einzelkundenspezifischen Segment-of-One-Strategie (vgl. Bruhn 2001, S. 134). Die erhöhte Bedeutung, die das Relationship Marketing dem einzelnen Kunden zuteil werden lässt, der dem Anbieter bis hin zu seinen individuellen Bedürfnissen und Präferenzen bekannt ist, schlägt sich schließlich auf operativer Ebene in der Ausgestaltung des Kommunikations-Mix nieder. Während die Kommunikationspolitik des Massenmarketing auf Konsumgütermärkten primär durch Werbung in Publikums-Medien, Verkaufsförderung sowie Public Relations gekennzeichnet ist (vgl. Böcker et al. 1984, S. 284), setzt das Relationship Marketing auf eine deutlich interaktiver ausgerichtete Dialogkommunikation, die den individuellen Informationsbedürfnissen des Kunden gerecht wird (vgl. Diller 2002, S. 6).

Die hier vorgenommene Abgrenzung des Relationship Marketing vom Massenmarketing stellt eine vereinfachende Kontrastierung dieser beiden Marketingansätze dar. Das Ziel dieser Darstellung besteht darin, augenfällige Unterscheidungsmerkmale zwischen dem Relationship Marketing und dem Massenmarketing hervorzuheben. Letztlich bedarf aber auch das Relationship Marketing eines gewissen Maßes an Transaktionsorientierung. Diesem Umstand wird auch in den theoretischen Grundlagen des Relationship Marketing Rechnung getragen, welche die Einzeltransaktion bzw. den Austausch als kleinste Handlungseinheit zwischen den Beziehungspartnern berücksichtigen (vgl. Bruhn 2001, S. 3). Anknüpfend an die hier skizzierten Unterschiede zwischen dem

Massenmarketing und dem Relationship Marketing erfolgt im Abschnitt 2.5.2 eine Darstellung spezifischer Merkmale der Ärzte, anhand derer erkennbar wird, dass der über das Relationship Marketing betriebene Aufbau langfristig angelegter Pharma-Geschäftsbeziehungen dem Massenmarketing als Ansatz der Marktbearbeitung vorzuziehen ist.

2.5.2 Das Relationship Marketing als Prinzip der arztorientierten Marktbearbeitung

2.5.2.1 Ärzte als Kunden von Pharmaunternehmen

Aufgrund der sich über mehrere Jahrzehnte erstreckenden beruflichen Tätigkeit der Ärzte verschiedener Facharztgruppen (z.B. der Gynäkologen) zeichnet sich jeder Arzt durch einen kontinuierlichen Bedarf an Arzneimitteln aus. Die Ärzte sind somit langfristig ökonomisch attraktive Kunden des Pharmaunternehmens. Die einzelnen Fachärzte sind dem Pharmaunternehmen nicht nur namentlich bekannt. Die lange Dauer der beruflichen Aktivität des Arztes erlaubt es dem Unternehmen - je nach Häufigkeit, Dauer und Intensität der Kontakte, die zwischen Arzt und Pharmaunternehmen erfolgen - im Zeitverlauf eine große Menge an Kundeninformationen zu sammeln. Diese können sich auf die therapeutischen Präferenzen des Arztes, seine fachgebietsspezifischen Interessen, seine Einstellungen gegenüber der Schul- sowie der Alternativmedizin oder auch auf Merkmale beziehen, die seine Persönlichkeit beschreiben. Hieraus ergibt sich eine umfassende Datengrundlage für eine individualisierte Marktbearbeitung. Fluktuationen in der personellen Zusammensetzung einer Facharztgruppe, die z.B. durch neue Facharztzulassungen sowie die altersbedingte Beendigung des Berufslebens verursacht werden, stellen im Zeitverlauf relativ konstante Faktoren dar. Diese bewirken kurzfristig nur geringfügige Veränderungen in der personellen Struktur der Facharztgruppe. Somit besitzt die Gesamtheit der Ärzte einer jeden Facharztgruppe den Charakter eines nach außen klar abgegrenzten Kundensegments. Die im Massenmarketing der Hersteller von Konsumgütern üblichen Kommunikationskampagnen zur Akquisition von Neukunden besitzen aufgrund der Geschlossenheit des Facharztkollektivs und der sich dem Pharmaunternehmen somit nicht bietenden Möglichkeit, dieses zu erweitern, auf dem Pharma-Markt nur eine begrenzte Effektivität. Neukunden lassen sich nur innerhalb der von den Wettbewerbern stark umworbenen Facharztgruppe gewinnen. Anders als im Konsumgütermarketing gibt es keine Kundensegmente von nennenswerter Größe, die noch völlig unbearbeitet sind, und die das Pharmaunternehmen durch eine Akquisitionskampagne ad hoc erschließen könnte.[24] Eine für das transaktionsorientierte Massenmarketing typische, primär auf die Akquisition von Neukunden ausgerichtete Strategie, die der Pflege bestehender Geschäftsbeziehungen keinen größeren Stellenwert beimisst, sondern eher auf eine sich kurzfristig bemerkbar machende Umsatzwirkung abzielt (vgl. Bruhn 2001, S. 12), erweist sich für den Pharma-Markt somit als ungeeignet.

Vielmehr wird das Relationship Marketing als Prinzip der arztgerichteten Marktbearbeitung den Spezifika des Pharma-Marktes besser gerecht. Die mit dem Relationship Marketing verbundene Hinwendung zu einer Strategie der langfristigen Erschließung der Wertpotenziale einer Geschäftsbeziehung beinhaltet die sowohl konzeptionell als auch hinsichtlich der Datenbeschaffung anspruchsvolle Aufgabe der Bestimmung des Kundenwertes (vgl. Cornelsen 2000, S. 51ff.). Für dessen Quantifizierung in monetären Größen sind Kundendaten erforderlich, deren Qualität und vollständige Verfügbarkeit von der Kooperationsbereitschaft des Kunden abhängen (vgl. Bruhn et al. 2000, S. 184). Die Quantifizierung des ökonomischen Wertes einer einzelnen Pharma-Geschäftsbeziehung ist - wie im Folgenden zu erklären sein wird - aufgrund einer unzureichenden Datenlage jedoch nicht möglich. Aus einer Umsatzperspektive betrachtet zeichnet sich der Pharma-Markt zunächst durch eine hohe Datentransparenz aus. Kommerzielle Marktforschungsinstitute wie das Institut für Medizinische Statistik (IMS) führen Vollerhebungen aller Einkäufe von Arzneimitteln durch, die durch die öffentlichen Apotheken getätigt werden. Somit ließen sich die Produktumsätze im Prinzip regional bis auf die Ebene einzelner Apotheken verfolgen. Damit würden dem Pharmaunternehmen - wenn auch nur in einem unvollkomme-

---

[24] Ein hierfür illustratives Beispiel aus dem Bereich des Massenmarketing liefert die Kosmetikindustrie. Über eine Strategie der verbundenen Diversifikation (vgl. Rumelt 1974, S. 32) bemüht sich Beiersdorf mit Körperpflegeprodukten aus der Markenfamilie Nivea, die für eine männliche Zielgruppe entwickelt wurden, das bisher weitgehend brachliegende Marktpotenzial männlicher Verwender pflegender Kosmetika zu erschließen.

nen Maße - Rückschlüsse bezüglich des Verordnungsvolumens einzelner niedergelassener Ärzte ermöglicht. Die Möglichkeit, aus den apothekenspezifischen IMS-Daten auf das Verschreibungsverhalten eines bestimmten niedergelassenen Arztes zu schließen, beruht auf der - indes nicht uneingeschränkt zutreffenden - Annahme, dass die Patienten nach dem Verlassen der Praxis in der nächstgelegenen Apotheke die Verordnung einlösen. Bei dem Verschreibungsverhalten einzelner Ärzte handelt es sich jedoch um personenbezogene Daten, deren Verarbeitung und Nutzung nach § 4 Abs. 1 Bundesdatenschutzgesetz (BDSG)[25] nur erlaubt ist, wenn dies durch das BDSG oder eine andere Rechtsvorschrift erlaubt wird oder der betroffene Arzt eingewilligt hat. Da diese Voraussetzungen nicht vorliegen, hat das Marktforschungsinstitut IMS Mindestgrößen regionaler Segmente eingeführt, in denen mehrere Apotheken zusammengefasst sind. Somit werden die fein aufgeschlüsselten Daten nachträglich verblindet. Da nun keine Rückschlüsse auf das Verordnungsverhalten einzelner Ärzte mehr möglich sind, handelt es sich nicht um personenbezogene Daten, weshalb ihre Nutzung nicht in den Anwendungsbereich des BDSG fällt.

Das primär für die Beurteilung der Effektivität der Pharmareferenten verwendete Marktforschungsinstrument RPM® (Regionaler Pharmazeutischer Markt) liefert die Umsatzdaten auf einer regionalen Ebene von wahlweise 1.860 oder 2.847 Segmenten auf dem Gebiet der Bundesrepublik, die die Apothekenumsätze in aggregierter Form wiedergeben (vgl. Hartmann 2002, S. 223). Mittlerweile kommen auch andere Informationssysteme des Pharma Marketing (wie z.B. der Xponent MicroMarketer®) zum Einsatz, die das Verordnungsverhalten von verschiedenen Facharztgruppen dokumentieren. Auf Grundlage monatlicher Datenerhebungen werden dabei die zu Lasten der gesetzlichen Krankenversicherung erfolgenden Verordnungen nach Facharztgruppen gegliedert und der jeweiligen Facharztgruppe in dem regionalen Segment zugeordnet, in dem die Verordnung erfolgt ist. In den kleinsten regionalen Segmente werden aber immer noch die Verordnungen von 6 bis 11 Ärzten in einer Facharztgruppe aggregiert erfasst (vgl. Hartmann 2002, S. 225).

---

[25] Bundesdatenschutzgesetz in der Fassung der Neubekanntmachung vom 14.01.2003, (BGBl. I, S. 66).

Im Ergebnis sieht sich das Pharmaunternehmen mit dem Problem konfrontiert, dass es den sich in Verordnungen und damit in Umsatz niederschlagenden Erfolg seiner Marketing-Aktivitäten nicht auf der Ebene des einzelnen Arztes messen kann. Dies ist insbesondere deshalb frustrierend, weil anders als beim Massenmarketing die Instrumente der Dialog-Kommunikation (insbesondere der kostenintensive Pharmareferent) unter nur geringen Streuverlusten bei der Zielgruppe zum Einsatz kommen. Somit kann ein Großteil der Marketing- und Vertriebskosten verursachungsgerecht dem einzelnen Arzt zugeordnet werden. Ließe sich die Wirkung dieser arztspezifischen Marketingmaßnahmen auf die Verordnungen in der einzelnen Praxis messen, dann lägen sowohl die Umsatzdaten als auch die Daten der Marketingkosten praxisbezogen vor. Damit wäre die Grundlage für eine Kundendeckungsbeitragsrechung gegeben, die zumindest einer einperiodigen ökonomischen Bewertung der Pharma-Geschäftsbeziehung entspricht.[26]

Für die vorliegende Arbeit wird aus dieser gesetzlichen Beschränkung die Konsequenz gezogen, dass vorökonomischen Variablen, die als Prädiktoren der nicht erfassbaren ökonomischen Marketingerfolgsgrößen (wie z.B. Umsatz pro Arzt) dienen, eine hohe Bedeutung für das Pharma-Relationship Marketing zukommt.

Ein Ziel der vorliegenden Arbeit wird es sein, Konstrukte zu identifizieren, die unter anderem das Verordnungsverhalten des Arztes zu prognostizieren vermögen. Somit soll ein Verständnis dafür entwickelt werden, welche Faktoren, die sich durch das Pharmaunternehmen zumindest indirekt messen und steuern lassen - wie z.B. das Vertrauen und das Relationship-Commitment des Arztes - einen Einfluss auf das aus Unternehmenssicht ökonomisch relevante Verhalten eines Arztes besitzen. Zwar wird sich die exakte monetäre Quantifizierung des Kundenwertes auch zukünftig nicht realisieren lassen. Über den in dieser Arbeit beschrittenen Weg gelangt man jedoch zu empirischen Befunden, die praxistaugliche Ansätze aufzeigen, wie das in dem Kundenwert gebundene ökonomische Potenzial eines Arztes durch das Unternehmen erschlossen werden kann.

---

[26] Zur Berechnung des Kundendeckungsbeitrags vgl. Köhler (2001).

2.5.2.2 Anforderungen der arztgerichteten Kommunikation

Angesichts der großen Anzahl von Arzneimitteln, die in Deutschland zugelassen sind, und des hohen Komplexitätsgrades insbesondere neuartiger Arzneimittel besteht auf Seiten des Arztes ein großer Informationsbedarf, der durch das Pharmaunternehmen zu decken ist. Speziell die hohe fachliche Komplexität der beim Arzt aufkommenden arzneimittelbezogenen Fragen, verbunden mit den äußerst knapp bemessenen Zeitbudgets der Ärzte (vgl. Kilburg/Rychlik 1997, S. 392; Prounis 2003, S. 12), lassen es aus Sicht des Pharmaunternehmens sinnvoll erscheinen, dem Arzt das umfangreiche Anwendungswissen auf einem möglichst effektiven, kundenorientierten Wege zu vermitteln. Fortbildungsveranstaltungen und der persönlich beim Arzt auftretende Pharmareferent erweisen sich als diesbezüglich adäquate Instrumente der Kommunikationspolitik. Ihre im Vergleich zu rein schriftlichen Arzneimittel-Dokumentationen (wie z.B. Produktmonographien) erhöhte Effektivität bei der Vermittlung komplexer wissenschaftlicher Sachverhalte beruht auf dem hohen Maß an Interaktivität der persönlichen Kommunikation. Die therapeutische Anwendung innovativer Arzneimittel stellt in vielen Fällen Anforderungen an den Arzt, denen dieser nur durch kontinuierliche Weiterbildung gerecht werden kann. Dies ist insbesondere dann der Fall, wenn der Arzt bereits längere Zeit niedergelassen ist und aufgrund des mangelnden Kontakts zu Kliniken mit neuen Behandlungsmethoden nicht vertraut ist. Z.B. kann das für die Applikation einer neuartigen Hormonspirale oder eines Verhütungsimplantats notwendige Wissen durch das Unternehmen im Rahmen von Fortbildungsveranstaltungen besser vermittelt werden als allein durch schriftliche Informationsmaterialien. Dieses interaktionsorientierte Vorgehen der Pharma Marketing-Kommunikation deckt sich mit der Erkenntnis von Weis (1995, S. 21), dass der persönliche Verkauf, der mit dem Pharmareferenten in funktionaler Hinsicht vergleichbar ist, für den Vertrieb von solchen Gütern von großer Bedeutung ist, die sich durch einen hohen Grad von Neuartigkeit und Erklärungsbedürftigkeit auszeichnen, wie es auch speziell bei innovativen Arzneimitteln der Fall ist.[27]

An dieser Stelle wird bereits erkennbar, dass die arztgerichtete Kommunikationspolitik der meisten Pharmaunternehmen in ihren Grundzügen bereits den Charakter der für das Relationship Marketing kennzeichnenden interaktiven Dialog-Kommunikation besitzt. Die vorliegende Arbeit soll dieses bereits seit Jahrzehnten verfolgte Modell der Kommunikation durch den persönlichen Pharmareferenten jedoch theoretisch untermauern und in seiner Wirkung auf Erfolgsgrößen des Pharma Marketing empirisch überprüfen.

Der Pharmareferent stellt den traditionell wichtigsten Funktionsträger der Dialog-Kommunikation dar. Sein hohes akademisches Ausbildungsniveau und seine fachspezifische Qualifikation sind in den §§ 74a, 75 AMG kodifiziert. Zu den durch § 76 AMG geregelten Pflichten des Pharmareferenten gehört es, dem Arzt objektive, arzneimittelbezogene Fachinformationen zu vermitteln, die unter anderem Angaben zu den Indikationsgebieten, Gegenanzeigen und unerwünschten Arzneimittelwirkungen (d.h. Nebenwirkungen) enthalten. Der Begriff der Nebenwirkung wird durch § 4 Abs. 13 AMG definiert als „(...) die beim bestimmungsgemäßen Gebrauch eines Arzneimittels auftretenden schädlichen unbeabsichtigten Reaktionen." Neben dieser als „Detailing" (Krafft 2001, S. 646) bezeichneten Aufklärungsfunktion hat der Pharmareferent wichtige Mitteilungen der Ärzte bezüglich der mit dem Produkt gesammelten Anwendungserfahrungen dem Pharmaunternehmen schriftlich zu übermitteln. Dieser beidseitige Informationstransfer wird durch die Vergabe von Arzneimittelmustern der in der Regel potenzialträchtigsten Arzneimittel ergänzt, um dem Arzt erste Erfahrungen in der Anwendung der besprochenen Arzneimittel auch ohne Verordnung zu ermöglichen. Der Pharmareferent weist in seiner Bedeutung und Funktion für das Pharma Marketing Parallelen zu dem im Industriegütermarketing überragend wichtigen Kommunikationsinstrument des persönlichen Verkaufs auf.[28] Es besteht jedoch insofern ein entscheidender Unterschied, als dass der Pharmareferent in Deutschland keine direkten Verkaufsabschlüsse tätigt. Aufgrund die-

---

[27] Der hier angesprochene besondere Informationscharakter von Arzneimitteln wird im Kapitel 3 einer detaillierteren Analyse unterzogen.
[28] Auch wenn Albers (1989, S. 22) den persönlichen Verkauf als Bindeglied zwischen dem Distributions- und dem Kommunikations-Mix auffasst, lässt er sich gemäß Meffert (1998, S. 819) der Kommunikationspolitik zuordnen.

ser Besonderheit bezeichnet man die Aktivitäten des persönlichen Verkaufs im Pharma Marketing auch als „Missionary Selling" (Krafft 2001, S. 646; Oakes 1990, S. 671), das einen rein persuasiven Charakter ohne direkten ökonomischen Transaktionsbezug hat.

Mit einer geschätzten Gesamtzahl von 30.000 bis 40.000 Pharmareferenten (vgl. Krafft 2001, S. 648) in Deutschland und ca. 304.000 Ärzten, die im Jahr 2003 in der Bundesrepublik tätig waren (vgl. StBA 2005), von denen etwa 124.000 als niedergelassen gelten, verfügt die Pharmazeutische Industrie über die personellen Ressourcen, die für eine fachlich qualifizierte, intensive persönliche Betreuung ihrer Kunden erforderlich sind. Aus dem Blickwinkel des Relationship Marketing betrachtet ist der Pharmareferent somit dafür prädestiniert, eine zentrale Rolle als Beziehungsmanager wahrzunehmen.[29]

Hiermit ist die Betrachtung aller in den Arzneimittelvertrieb eingebundenen Akteure, einschließlich der ihnen durch das Arzneimittelrecht zugebilligten Einflüsse auf die Generierung von Arzneimittelumsätzen, abgeschlossen. Die funktionalen Beziehungen der Akteure des Pharma-Marktes und die zwischen ihnen bestehenden Abhängigkeiten werden in Abbildung 1 in einem Flussdiagramm des mehrstufigen Vertriebsprozesses von Arzneimitteln dargestellt. Die in diesem Diagramm vom Pharmaunternehmen sowie dem Pharmareferenten zum Arzt führenden Pfeile verdeutlichen, dass sich die unternehmensseitigen Marketing-Aktivitäten auf den Träger der Verordnungsentscheidung konzentrieren. Zwischen diesen in der Graphik grau unterlegten Akteuren spielt sich das in der vorliegenden Arbeit betrachtete Pharma-Relationship Marketing ab. Die übrigen Pfeile beschreiben die Waren- und Informationsströme sowie die Transaktionsvorgänge, die letztlich in den Kauf des Arzneimittels durch den Patienten münden.

---

[29] Im Kontext des Konsumgütermarketing sieht Kotler (1988, S. 696) den persönlichen Verkauf als diejenige Unternehmensfunktion, die für die Pflege der Geschäftsbeziehung am besten geeignet ist.

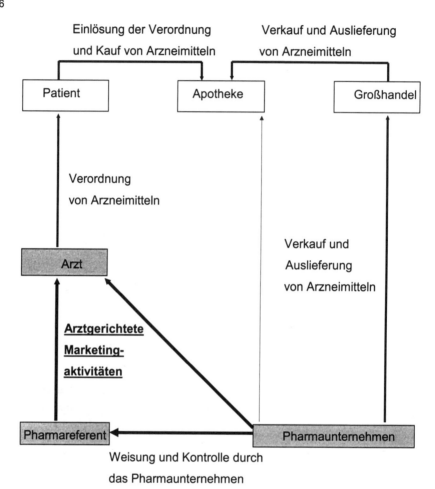

Abb. 1: Mehrstufiger Vertriebsprozess im Pharma Marketing
Quelle: eigene Darstellung

3 Innovative Arzneimittel als Austauschgegenstand des Pharma Marketing

3.1 Die unternehmensstrategische Bedeutung innovativer Arzneimittel

Das Kapitel 2 diente der Begründung der Annahme, dass die Geschäftsbeziehung zwischen Arzt und Pharmaunternehmen den entscheidenden Untersuchungsgegenstand des Pharma-Relationship Marketing bildet. Diese auf die Markt-Akteure abstellende Perspektive wird nun durch eine produktbezogene Sicht ergänzt. Hierbei wird der Schwerpunkt der Betrachtung auf innovative Arzneimittel gelegt, welche aufgrund ihrer hohen wirtschaftlichen Ertragspotenziale und ihres therapeutischen Nutzens sowohl für das Pharmaunternehmen als auch für den Arzt den bedeutendsten Austauschgegenstand innerhalb der Pharma-Geschäftsbeziehung darstellen. Im Abschnitt 2.1.2 wurde der in den gesundheitspolitischen Grundsätzen der deutschen Ärzteschaft verankerte Anspruch der Ärzte beschrieben, ihre Patienten mit möglichst fortschrittlichen Methoden zu behandeln. Diese auch von den Patienten mehrheitlich unterstützte Zielsetzung konkretisiert sich in dem an die Pharmaunternehmen gerichteten Bedarf der Ärzte nach innovativen Arzneimitteln. Um den gesamtgesellschaftlich erwünschten pharmazeutischen Fortschritt zu fördern, sieht der Gesetzgeber für patentgeschützte erstattungsfähige Arzneimittel, die sich durch einen therapeutischen Vorteil auszeichnen, gemäß § 35 SGB V keine Einschränkung bei der Preissetzung durch sog. Festbeträge vor. Festbeträge nach § 35 SGB V repräsentieren Erstattungshöchstbeträge für Arzneimittel, deren Kosten durch die gesetzliche Krankenversicherung erstattet werden. Seit dem Inkrafttreten des Gesundheits-Reformgesetzes[30] am 01.01.1989 werden Festbeträge für Gruppen von Arzneimitteln gebildet. Hierbei werden die Arzneimittel auf drei Festbetragsstufen zu homogenen Festbetragsgruppen zusammengefasst. Man unterscheidet die folgenden drei Festbetragsstufen:

---

[30] Gesundheits-Reformgesetz in der Fassung vom 20.12.1988 (BGBl. I S. 2477).

1. Stufe: Arzneimittel mit denselben Wirkstoffen
2. Stufe: Arzneimittel mit pharmakologisch-therapeutisch vergleichbaren Wirkstoffen
3. Stufe: Arzneimittel mit therapeutisch vergleichbarer Wirkung

Seit dem Inkrafttreten des GMG am 01.01.2004 ist der Gemeinsame Bundesausschuss[31] zur Bildung von Festbetragsgruppen autorisiert. Nach erfolgter Bildung der Festbetragsgruppen definieren die Spitzenverbände der gesetzlichen Krankenversicherung die Höhe der Festbeträge, wobei diese im unteren Preisdrittel der jeweiligen Gruppe liegen soll (vgl. Fricke 2002, S. 93; VFA 2004b). Von den Arzneimittelgruppen, für die Festbeträge beschlossen werden, sind gemäß § 35 Abs. 1a SGB V „(...) Arzneimittel mit patentgeschützten Wirkstoffen, deren Wirkungsweise neuartig ist und die eine therapeutische Verbesserung, auch wegen geringerer Nebenwirkungen, bedeuten (...)" ausgenommen.[32] Eine Ausnahme besteht diesbezüglich zum gegenwärtigen Zeitpunkt (Juni 2005) allein bei patentgeschützten Arzneimitteln, die den vier Klassen der Statine, der Protonenpumpenhemmer, der Fluorchinolone und der Makrolide zugeordnet werden. Mit dem Inkrafttreten des GMG hat der Gemeinsame Bundesausschuss für Arzneimittel im Einzelfall zu entscheiden, ob eine „therapeutische Verbesserung" gegeben ist. So wurde z.B. für die Klasse der Statine im Jahr 2004 von diesem Gremium festgelegt, dass alle zu dieser Klasse gehörenden Arzneimittel (innovative Originalarzneimittel ebenso wie Nachahmerpräparate) gleichermaßen zur Senkung des Risikos von Herzinfarkten und Schlaganfällen geeignet seien. Dies bedeutet, dass der Gemeinsame Bundesausschuss bei den neu zugelassenen Arzneimitteln in dieser Gruppe keine nennenswerte „therapeutische Verbesserung" gegenüber dem bestehenden Produktangebot sieht. Dementsprechend wurde eine Festbetragsgruppe der Stufe 2 gebildet, die sowohl innovative Originalarzneimittel als auch ältere Generika

---

[31] Zu den Aufgaben des Gemeinsamen Bundesausschusses, in dem unter anderem die gesetzlichen Krankenkassen und die Erbringer medizinischer Leistungen vertreten sind, vgl. § 91 Abs. 2 SGB V.
[32] Diese Ausnahme zugunsten patentgeschützter Arzneimittel mit einem therapeutischen Vorteil gilt erst seit dem 01.01.2005. Bis dahin waren alle patentgeschützten Arzneimittel von der Festbetragsregelung ausgeschlossen.

enthält. Für diese sog. Jumbogruppe wurde von den Spitzenverbänden der gesetzlichen Krankenversicherung gemäß § 35 Abs. 5 SGB V zum 01.01.2005 ein einheitlicher Festbetrag beschlossen (o.V. 2005c, S. 3; VFA 2004b). Dieser Festbetrag orientiert sich in seiner Höhe an den Generikapreisen. Somit wird es für die Pharmaunternehmen faktisch unmöglich, für ihre innovativen Statine am Markt hohe Preise zu erzielen, da deren Erstattung durch die Gesetzliche Krankenversicherung nur bis zur Höhe des Festbetrags gewährleistet ist (vgl. Schuler/Dilger 2004, S. 712). Zum gegenwärtigen Zeitpunkt sind Jumbogruppen ausschließlich auf Statine, Protonenpumpenhemmer, Fluorchinolone und Makrolide beschränkt.[33] Dies bedeutet, dass der Spielraum des Pharmaunternehmens bei der Preisbildung dieser Arzneimittel faktisch gesetzlich reglementiert ist. Bei Arzneimitteln, deren Preis den Festbetrag überschreitet, muss der Patient die von der Gesetzlichen Krankenversicherung nicht erstatteten Arzneimittel-Mehrkosten selber tragen. Um dies zu vermeiden, weichen die Ärzte daher häufig auf Arzneimittel aus, deren Preise unterhalb der Festbetragsgrenze liegen (vgl. Ehlers/Weizel 2001, S. 930). Anbieter, die bei der Preisbildung die Festbeträge überschreiten, erleiden in der Regel deutliche Umsatzrückgänge, sodass die Festbeträge faktisch Preisobergrenzen bilden (vgl. Gehrig 1992, S. 103f.).

Die innovativen gynäkologischen Arzneimittel der in dieser Arbeit betrachteten Pharmaunternehmen sind von der Festbetragsregelung jedoch nicht betroffen, da sie keiner der bestehenden Jumbogruppen zugeordnet sind. Über die somit weiterhin gewährte vollständige Autonomie in der Preisbildung erhalten die im Fokus dieser Arbeit stehenden Unternehmen einen Anreiz, kostenintensive Forschung zu betreiben. In der Regel schlägt sich diese Autonomie bei der Preisbildung in einer Skimming-Strategie mit einem hohen Einführungspreis nieder (vgl. Krafft 2001, S. 640). Auf Konsumgütermärkten bildet neben der Skimming-Strategie die Penetrations-Strategie eine grundlegende strategische Option einer dynamischen Preisbildung bei neuen Produkten (vgl. Diller 1991, S. 191ff.) Bei der Penetrations-Strategie wird in der Phase der Markteinführung

---

[33] Diese Angabe beruht auf einem Gespräch mit einem Mitarbeiter des Verbandes Forschender Arzneimittelhersteller e.V. (VFA) vom 16.06.2005.

ein niedriger Produktpreis gewählt, um möglichst rasch einen hohen Marktanteil zu erzielen. Ein idealtypischer Verlauf sieht im Anschluss an die Einführungsphase eine mittelfristige Anhebung des Produktpreises vor, wobei sich diese in Abhängigkeit der Wettbewerbssituation nicht immer realisieren lässt. Eine derartige dynamische Preisbildung, die auf eine sukzessive Preiserhöhung abzielt, verträgt sich nicht mit den Ansprüchen, die in einem zunehmend auf Kosteneffizienz ausgerichteten Gesundheitssystem an die Pharmaunternehmen gerichtet werden und wäre auch gegenüber den Ärzten nur schwer zu rechtfertigen. Daher sind bei innovativen Arzneimitteln Skimming-Strategien mit hohen Einführungspreisen ohne Preisvariationen während der Patentlaufzeit die Regel (vgl. Krafft 2001, S. 640; McIntyre 1999, S. 122). Die Spielräume für Preissenkungen werden insbesondere dann genutzt, wenn nach dem Ablaufen des Patentschutzes Generika-Anbieter mit Preisabschlägen von 30-50% gegenüber dem Originalarzneimittel auf den Markt drängen (vgl. Gehrig 1992, S. 104; McIntyre 1999, S. 89; Pirk 2002, S. 200).

Es bleibt festzuhalten, dass innovative Arzneimittel eine wesentliche Quelle der Prosperität eines forschenden Pharmaunternehmens darstellen. Ihr Vermarktungserfolg bildet für das Unternehmen eine strategische Zielsetzung von überragender Bedeutung. So entfallen ca. 50% der Umsätze pharmazeutischer Unternehmen auf neuartige Arzneimittel, die sich seit weniger als 10 Jahren auf dem Markt befinden (vgl. Basset 2001, zit. nach Harms/Drüner 2002, S. 1217).

3.2 Die Adoption innovativer Arzneimittel

3.2.1 Grundlegende Anmerkungen zur Adoptionsentscheidung

Die möglichst rasche und umfassende Eroberung von Marktanteilen mit dem patentgeschützten innovativen Arzneimittel ist für ein forschendes Pharmaunternehmen wegen des zeitlich begrenzten Patentschutzes, innerhalb dessen eine Hochpreisstrategie verfolgt werden kann, von hoher Priorität. Nimmt man diese auf den Gesamtmarkt gerichtete makroskopische Perspektive ein, so stellt sich der ex ante unbekannte Verlauf der Durchdringung des Marktes als ein Untersuchungsgegenstand der sog. Diffusionsforschung dar. Die vielfältigen, interdisziplinären Beiträge dieses Wissenschaftsgebiets sind insbesondere in den Arbeiten von Rogers (1983, 1995) zu einer Theorie der Diffusion von Innovationen zusammengefasst worden. Die Diffusion entspricht dem Prozess, innerhalb dessen sich eine Innovation zwischen den Mitgliedern eines sozialen Systems verbreitet (vgl. Rogers 1983, S. 5). In marketingwissenschaftlichen Anwendungen wird über Diffusionsmodelle der zeitliche Verlauf der Verbreitung eines innovativen Absatzobjekts (in der Regel einer Produktinnovation) innerhalb eines Marktes beschrieben (vgl. Mahajan/Muller 1979). Die makroskopische Perspektive der Diffusionsforschung wird durch die Adoptionsforschung ergänzt. Diese untersucht auf einer mikroskopischen Ebene die individuelle Adoptionsentscheidung des potenziellen Adopters bzw. Käufers. Dies entspricht einer analytischen Zerlegung des Diffusionsprozesses auf der Ebene des Individuums. Rogers (1983) bezeichnet die Übernahme einer Innovation als Adoption. Er definiert die Adoption als „(...) a decision to make full use of an innovation as the best course of action available" (Rogers 1983, S. 172). Im Rahmen der vorliegenden Arbeit entspricht die Adoption im Sinne Rogers (1983) weitgehend der ärztlichen Innovationsbereitschaft. Einschränkend ist hierbei jedoch zu erwähnen, dass Adoptionsstudien mehrheitlich die Adoptionsentscheidung als eine dichotome Entscheidung betrachten, bei der ein bestehendes Produkt oder eine Technologie durch eine innovative Problemlösung substituiert wird.[34] Dies entspricht auch der Definition des Adoptionsbegriffs von Rogers (1983).

Auf dem Pharma-Markt trifft der Arzt vollständige Substitutionsentscheidungen jedoch nur in Fällen radikaler Innovationen, die in sämtlichen Aspekten allen bestehenden therapeutischen Alternativen überlegen sind. In der Realität ist dies aufgrund der Heterogenität der Patienten und deren Bedürfnisse oft nicht gegeben. So gibt es innovative Arzneimittel, die nur für einen Teil der Patienten einen nennenswerten therapeutischen Fortschritt bedeuten, z.B. durch geringere Wechselwirkungen mit anderen Arzneimitteln. Daher entspricht eine hohe In-

---

[34] Vgl. z.B. die Arbeiten von Oren/Schwartz (1988), Feder/O´Mara (1982) sowie Stoneman (1981). Eine Ausnahme stellt die Arbeit von Hiebert (1974) dar, in dessen Modellierung der Adoptionsentscheidung die Möglichkeit einer nur partiellen Adoption einer Innovation berücksichtigt wird.

novationsbereitschaft anders als die Adoption im Sinne Rogers (1983) nicht der vollständigen Substitution der bisher verwendeten Arzneimittel durch das betrachtete innovative Arzneimittel. Vielmehr beschreibt eine hohe Innovationsbereitschaft den Umstand, dass der betrachtete Arzt das neue Arzneimittel in die Menge von Arzneimitteln aufgenommen hat, die er für die Behandlung einer bestimmten Indikation als grundsätzlich geeignet erachtet und die er für diese Indikation zu verordnen beabsichtigt. Eine tiefer gehende Diskussion des Konstrukts Innovationsbereitschaft erfolgt im Abschnitt 4.6.1.

Durch die Wahl der Pharma-Geschäftsbeziehung als Untersuchungsgegenstand dieser Arbeit wird eine Perspektive eingenommen, die der mikroskopischen Sichtweise der Adoptionsforschung entspricht, wobei dem Arzt die Rolle des Adopters zukommt. Die nun folgenden Ausführungen dienen nicht der umfassenden Darstellung des Erkenntnisstandes der Adoptionsforschung. Es soll vielmehr erläutert werden, auf welche Einflussfaktoren der Adoption bzw. der Innovationsbereitschaft die vorliegende Arbeit abstellt, und wie sich die in dieser Arbeit gewählte Perspektive gegenüber der „klassischen" Adoptionsforschung einordnen lässt.

Helm (2001) nimmt eine Unterteilung der Adoptionsforschung in zwei Bereiche vor: die prozessorientierte sowie die ergebnisorientierte Adoptionsforschung. Die prozessorientierte Adoptionsforschung bildet den individuellen Entscheidungsprozess über ein mehrstufiges Phasenmodell ab, von dem verschiedene Varianten in der Literatur besprochen werden, die jedoch überwiegend deutliche inhaltliche Gemeinsamkeiten mit dem im Folgenden zu skizzierenden Fünf-Phasen-Modell von Rogers (1995, S. 162ff.) aufweisen. In der Phase des Bewusstseins (Knowledge Stage) wird das Individuum der Innovation erstmalig gewahr. In der darauf folgenden Phase der Meinungsbildung (Persuasion Stage) versucht das Individuum eine informationsgestützte Einschätzung von Nutzen und Kosten der Innovation vorzunehmen, die im Falle eines positiven Urteils zu deren Erprobung führt. Auf Grundlage der im Zuge der Erprobung mit der Innovation gemachten Erfahrungen entscheidet sich das Individuum in der Entscheidungsphase (Decision Stage) für die Adoption der Innovation oder deren Ablehnung. Im Rahmen der Implementierung (Implementation Stage) wird die Innovation in vollem Umfang verwendet. In der darauf folgenden Phase der Bestätigung (Confirmation Stage) kann der Adopter auf Grundlage der von ihm gemachten Erfahrungen und anhand zusätzlicher von ihm gesammelter Informationen darüber entscheiden, die Adoption rückgängig zu machen oder sie zu bekräftigen. Untersucht man die Innovationsbereitschaft aus der Perspektive eines idealtypischen Entscheidungsprozesses wie dem hier dargestellten fünfphasigen Prozess, so böte sich für die rigorose empirische Überprüfung des tatsächlichen Vorliegens der theoretisch postulierten Phasen eine Längsschnittstudie an. Über diese könnte man - anders als bei einer Querschnittsuntersuchung - durch kontinuierliche oder zumindest wiederholte Messungen den Phasenverlauf des beim Arzt ablaufenden Entscheidungsprozesses nachweisen. Aufgrund der begrenzten Zeitbudgets der Ärzte bestünde jedoch die Gefahr, dass diese aus einer Längsschnittuntersuchung vorzeitig ausscheiden. Somit erscheint dieses Forschungsdesign für die Untersuchung an Ärzten ungeeignet. Die in dieser Arbeit durchgeführte empirische Datenerhebung erfolgt stattdessen im Rahmen einer Querschnittsuntersuchung, für die eine erhöhte Teilnahmebereitschaft zu erwarten ist.

Quasi als Gegenstück zu den Adoptionsmodellen mit Prozesscharakter beschreibt Helm (2001) Ansätze der ergebnisorientierten Adoptionsforschung. Das Untersuchungsziel dieser Ansätze besteht in der Identifikation von Prädiktoren der Adoptionsentscheidung. Zu diesen Einflussgrößen der Adoption gehören adopter-, umwelt-, und produktspezifische Faktoren (vgl. Helm 2001, S. 109). Es wird hierbei auf die Modellierung eines mehrphasigen Adoptionsprozesses verzichtet. Eine Längsschnittuntersuchung ist somit nicht erforderlich. Diejenigen Forschungsfragen, die sich in der vorliegenden Arbeit auf die Einflussgrößen der Innovationsbereitschaft beziehen, lassen sich der ergebnisorientierten Adoptionsforschung zuordnen.

In der Adoptionsforschung wird eine Vielzahl adopterspezifischer Faktoren untersucht. Hierzu zählen zunächst soziodemographische Variablen wie Alter, Geschlecht, Bildungsniveau und Einkommen. Diese Daten sind relativ leicht zu beschaffen. In ihrer Bedeutung als Prädiktoren der Adoptionsentscheidung sind sie jedoch den psychographischen Größen (z.B. Persönlichkeitsmerkmalen des Adopters) unterlegen, deren valide Messung allerdings mit größeren Schwierigkeiten verbunden ist (vgl. Weiber 1992, S. 7). Zu diesen Variablen zählen Einstellungen, kognitive Fähigkeiten oder auch die persönliche Risikoaversion gegenüber einer Produktkategorie, der sich das zu übernehmende innovative Produkt zuordnen lässt. Daneben existieren umweltspezifische Determinanten der Adoption, die aus der wirtschaftlichen, technischen, sozialen und politisch/rechtlichen Umwelt des Adopters stammen (vgl. Backhaus 1990, S. 347 ff.). Als erklärenden Größen der Adoptionsentscheidung kommt den subjektiv wahrgenommenen produktspezifischen Faktoren in der Adoptionsforschung eine herausragende Stellung zu. Es wird hierbei zwischen den folgenden produktspezifischen Faktoren unterschieden, die auf Rogers (1983, S. 210 ff.) zurückgehen:

- Relativer Vorteil einer Innovation

Der relative Vorteil („Relative Advantage") entspricht dem Ausmaß, in dem die durch die Innovation geleistete Bedürfnisbefriedigung bzw. der gestiftete Nutzen höher ausfällt als der Nutzen, welcher durch die bisher verwendeten Produkte bzw. Leistungen gestiftet worden ist. Unabhängig vom Branchenkontext sind verschiedene Arten des relativen Vorteils denkbar. Diese können sich auf ökonomische, psychologische oder soziale Nutzendimensionen beziehen. Im Pharma-Kontext sind die in ihrer Bedeutung vorrangigen relativen Vorteile eines innovativen Arzneimittels medizinischer Natur. Sie beziehen sich auf die Fortschritte in der medikamentösen Behandlung einer bestimmten Indikation, die ein neuartiges Arzneimittel gegenüber den ursprünglich eingesetzten älteren Arzneimitteln ermöglicht. Wesentliche Quellen relativer Vorteile werden im Gliederungspunkt 3.2.2 in einer Typologie der Innovationsdimensionen von Arzneimitteln vorgestellt.

- Komplexität einer Innovation

Die Komplexität („Complexity") einer Innovation bezieht sich allgemein auf den wahrgenommenen Grad der Schwierigkeit, die mit deren korrekter Verwendung durch den Adopter verbunden ist. Im Vergleich zu einer Vielzahl von Konsumgütern weisen innovative Arzneimittel ein hohes Komplexitätsniveau auf (vgl. Weiber/Adler 1995b, S. 99ff.). Das Ausmaß der Komplexität wird zum einen durch den Neuartigkeitsgrad eines innovativen Arzneimittels beeinflusst. Die Komplexität einer ärztlichen Verordnungsentscheidung wird darüber hinaus durch die große Vielfalt des Arzneimittelangebots gesteigert, aus dem eine geeignete Alternative auszuwählen ist. Eine umfassende Würdigung sämtlicher Quellen der Komplexität, mit der innovative Arzneimittel verbunden sind, würde den Rahmen dieser Arbeit sprengen. Wesentliche Facetten dieser Komplexität lassen sich jedoch bereits aus der im Abschnitt 3.2.2 vorgestellten Typologie der Innovationsdimensionen von Arzneimitteln erschließen.

- Kompatibilität einer Innovation

Die Kompatibilität („Compatibility") einer Innovation stellt deren Vereinbarkeit mit den bisher bestehenden Einstellungen und Werten des potenziellen Adopters und den von ihm gegenwärtig verwendeten Produkten bzw. Technologien dar. Auf den Pharma-Kontext übertragen bezieht sich die Kompatibilität eines innovativen Arzneimittels auf das eventuelle Auftreten von unerwünschten Wechselwirkungen mit den übrigen Arzneimitteln, die ein Patient in einem gegebenen Behandlungszeitraum verwendet. Die Frage der Kompatibilität vermag der Arzt somit nicht generell, sondern nur für den einzelnen Patienten zu beantworten.

- Erprobbarkeit einer Innovation

Die Erprobbarkeit („Trialability") einer Innovation bezieht sich auf die dem potenziellen Adopter gebotene Möglichkeit, seine Unsicherheit bezüglich der Leistungsmerkmale einer Innovation bereits vor der endgültigen Adoption durch eine partielle oder zeitlich begrenzte Adoption zu reduzieren. Die Möglichkeit, ein neues Arzneimittel auszuprobieren, ist zwar prinzipiell gegeben. Durch eine einmalige Anwendung bei einem Patienten lassen sich die Wirkungs- und Nebenwirkungscharakteristika jedoch nicht vollständig aufdecken. Nebenwirkungen treten nicht bei allen Patienten auf und äußern sich vielfach erst nach einem längeren Anwendungszeitraum. Hierauf wird im Abschnitt 3.2.3 detaillierter eingegangen. Innovative Arzneimittel sind somit zumindest kurzfristig nur in eingeschränktem Maße erprobbar. In jedem Fall birgt die Erprobung eines innovativen Arzneimittels Unsicherheiten für den Arzt, da sich die möglicherweise auftretenden Nebenwirkungen oder ein hinter den Erwartungen zurückbleibender Therapieerfolg unmittelbar negativ auf die Zufriedenheit der Patienten mit der ärztlichen Behandlung niederschlagen dürften.

- Wahrnehmbarkeit einer Innovation

Die Wahrnehmbarkeit („Observability") einer Innovation ist zum einen von den Möglichkeiten abhängig, die sich dem Nachfrager bieten, um die Leistungsmerkmale der Innovation sichtbar bzw. messbar zu machen. Daneben ist die Wahrnehmbarkeit der Innovation davon abhängig, ob der Anbieter dem Nachfrager diese Leistungsmerkmale eindeutig kommunizieren kann. Die Wahrnehmbarkeit eines innovativen Arzneimittels ist erheblich eingeschränkt, wenn sich dieses durch einen hohen Anteil Eigenschaften auszeichnet, die sich zumindest kurzfristig einer genauen Beurteilung entziehen. Auch die bereits angesprochene Komplexität wirkt sich negativ auf die Wahrnehmbarkeit von innovativen Arzneimitteln aus. Die Problematik der begrenzten Wahrnehmbarkeit von innovativen Arzneimitteln wird im Gliederungspunkt 3.3 auf Grundlage der Informationsökonomik thematisiert.

Um die Vielzahl der die Adoptionsentscheidung bedingenden Faktoren auf ein beherrschbares Maß zu begrenzen, werden im Folgenden adopterspezifische und umweltspezifische Faktoren außer Betracht gelassen. Fokussiert man allein auf die hier dargestellten produktspezifischen Faktoren eines innovativen Arzneimittels, so ist die Wahrscheinlichkeit einer positiven Adoptionsentscheidung gemäß der Argumentation Rogers (1983, S. 238ff.) umso höher, je geringer die Komplexität des innovativen Arzneimittels ist und je stärker der relative Vorteil, die Kompatibilität, die Erprobbarkeit sowie die Wahrnehmbarkeit des innovativen Arzneimittels ausgeprägt sind.

Bezogen auf die von Rogers (1983) beschriebenen produktspezifischen Faktoren der Adoptionsforschung lässt sich festhalten, dass sich ein innovatives Arzneimittel durch eine hohe Komplexität, eine nur eingeschränkte Möglichkeit der kurzfristigen Erprobung sowie eine unvollständige Wahrnehmbarkeit auszeichnet. Damit verbunden ist die mangelnde Möglichkeit des Arztes, die Kompatibilität sowie insbesondere den relativen Vorteil der Innovation im Vorfeld der Adoption eindeutig zu beurteilen. Die daraus resultierende wahrgenommene Unsicherheit des Arztes wirkt sich negativ auf dessen Innovationsbereitschaft aus.

In den folgenden Abschnitten des Kapitels 3 wird diese Behauptung argumentativ untermauert, wobei den Spezifika innovativer Arzneimittel umfassender als an dieser Stelle Rechnung getragen wird. Das Ziel dieser Argumentation besteht darin, einen Zusammenhang zwischen der durch den Arzt wahrgenommenen Unsicherheit und dem gegenüber dem Pharmaunternehmen bestehenden Vertrauen des Arztes aufzuzeigen, das diese Unsicherheit neutralisiert.

Abschließend bleibt festzuhalten, dass die vorliegende Arbeit keine „klassische" Adoptionsstudie darstellt, deren Ziel darin besteht, eine möglichst umfassende Modellierung von produkt-, adopter- und umweltspezifischen Faktoren als Prädiktoren der Adoptionsentscheidung zu leisten. Vielmehr wird bei dem hier verfolgten Ansatz bei der Suche nach Einflussgrößen der Adoption ein engerer Fokus auf die Konstrukte Vertrauen und Relationship-Commitment gerichtet, welche die Pharma-Geschäftsbeziehung in ihrer Struktur beschreiben. In der Adoptionsforschung wurden diese Konstrukte bisher wenig beachtet. Eine Ausnahme bilden Hausman/Stock (2003), die das Vertrauen des potenziellen Adopters in den Anbieter einer Innovation als Prädiktor der Adoptionsentscheidung modellieren. Eine der wenigen aus der Adoptionsforschung gewonnenen Erkenntnisse, die auf die Bedeutung des Relationship Marketing als einer Sozialtechnik zur Förderung der Innovationsbereitschaft hindeuten, besteht in der als weitgehend gesichert geltenden Hypothese, derzufolge Individuen, die zu den frühen Adoptern einer Innovation gehören, eine höhere Kontakthäufigkeit zu sog. „Change Agents" aufweisen als die späten Adopter (vgl. Rogers 1995, S. 280). Die Aufgabe des „Change Agent" besteht in der Regel darin, den potenziellen Adopter in seinem Entscheidungsprozess zu unterstützen, um eine beschleunigte Adoption herbeizuführen. Je nach Art der Innovation kann die Rolle des „Change Agent" laut Rogers (1995) von Entwicklungshelfern, Lehrern aber auch von Verkäufern wahrgenommen werden. Der Verkäufer stellt einen zentralen Akteur des Relationship Marketing dar, dem die Rolle eines Beziehungsmanagers zukommt. Der von Rogers (1995) beschriebene Zusammenhang zwischen der Kontaktintensität zwischen Verkäufer und Kunde und dem Zeitpunkt der Adoption lässt sich dahingehend interpretieren, dass der Beziehung zwischen Verkäufer und Kunde bei der Adoptionsentscheidung eine Bedeutung zukommt. Für die vorliegende Arbeit liefern die Adoptions- und die Diffusionsforschung jedoch nicht die geeignete theoretische Grundlage, da sie bei der Untersuchung der Wirkung des „Change Agent" auf das Verhalten des Adopters ausschließlich auf den sog. „Change Agent Success" - also dessen positiven Einfluss auf die Adoptionsentscheidung - abstellen. Dabei werden Merkmale des „Change Agent", wie dessen Kundenorientierung, direkt in Bezug zu dem „Change Agent Success" gesetzt (vgl. Rogers 1995, S. 339ff.). Diese Betrachtungsweise erlaubt keinen differenzierten Blick auf die Beziehung zwischen „Change Agent" und Adopter bzw. Anbieter und Nachfrager, deren Struktur durch Konstrukte wie Vertrauen und Relationship-Commitment beschrieben wird. Für eine auf der Beziehungsebene angesiedelte Modellbildung erscheinen die im Gliederungspunkt 3.3 sowie insbesondere die im Kapitel 4 vorzustellenden Theorien geeigneter als die Ansätze der Adoptions- und Diffusionsforschung.

3.2.2 Innovationsdimensionen von Arzneimitteln

In diesem Abschnitt wird eine Typologie vorgestellt, über die sich innovative Arzneimittel anhand von vier Dimensionen systematisieren lassen. Die daran geknüpfte Argumentation dient der Sensibilisierung des Lesers für den besonderen Charakter von Innovationen auf dem Pharma-Markt, der sich durch einen hohen Anteil lediglich inkrementeller Innovationen auszeichnet, mit denen jedoch durchaus medizinische Fortschritte im Sinne des § 35 SGB V verbunden sind. Es wird auf die hohe Komplexität von Arzneimitteln eingegangen, die sich - auch wenn sie der gleichen Substanzklasse angehören - in ihrer therapeutischen Anwendbarkeit deutlich voneinander unterscheiden können. Für die Arzneimittelwahl des Arztes sind solche Unterschiede besonders deshalb von Bedeutung, weil dieser die therapeutischen Bedürfnisse verschiedener Patientenpopulationen (z.b. Kinder, Ältere, Diabetiker, Allergiker) zu berücksichtigen hat. Diese Patienten können sich in ihren physiologischen Reaktionen auf ein Arzneimittel unterscheiden, auch bedingt durch die übrigen Arzneimittel, die sie verwenden.

Neubert (1997, S. 85) definiert Innovationen auf dem Gebiet der Medizin wie folgt: „Pharmazeutische Produkte und medizinische Verfahren, die neue Therapiemöglichkeiten (oder auch eine verbesserte Diagnostik) eröffnen oder vorhandene verbessern." Aus dieser Begriffsbestimmung lässt sich ableiten, dass sich innovative Arzneimittel durch das Ausmaß ihres Neuartigkeitscharakters voneinander unterscheiden. In einer vereinfachten Typologie kann eine Differenzierung zwischen zwei Arten von innovativen Arzneimitteln vorgenommen werden: Grundlegend neue Substanzklassen, sog. „New Molecular Entities" (NME), bilden hierbei einen Innovationstyp, der aufgrund seines neuartigen Wirkprinzips oft völlig neue Behandlungsmöglichkeiten eröffnet. Davon abzugrenzen sind inkrementelle Innovationen, die auch als „Incrementally Modified Drugs" bezeichnet werden und eine schrittweise Verbesserung der bestehenden Substanzen darstellen (vgl. NIHCM 2002, S. 2).

Gemäß einer Studie des „National Institute for Health Care Management" begründen ca. 35% der in den Jahren 1989-2000 auf dem US-Markt eingeführten Arzneimittel eine bisher unbekannte Substanzklasse und sind daher als NME zu klassifizieren (vgl. NIHCM 2002, S. 3). Der mit einem neuartigen Molekül verbundene erheblich gesteigerte therapeutische Nutzen für den Patienten erhöht die Wahrscheinlichkeit des Markterfolgs dieser auch als „Breakthrough"-Innovationen bezeichneten Arzneimittel. Beispiele für derartige Innovationen bilden die Protease-Inhibitoren, die bei der Behandlung von HIV-Patienten eingesetzt werden und deren Lebensqualität erheblich verbessern (vgl. Palella et al. 1998, S. 853). Eine neue Substanzklasse besitzt oft den Charakter einer Sprunginnovation, die sich durch eine höhere und vielfach auch spezifischere

Aktivität auszeichnet. Dies ist darauf zurückzuführen, dass der Wirkmechanismus an einem anderen Target bzw. Zielort im Organismus ansetzt, als dies bei den bekannten Substanzklassen der Fall ist (vgl. VFA 1998, S. 19). Gemäß dem in der Medizin gültigen Grundsatz „Keine Wirkung ohne Nebenwirkung" bedingt eine höhere Wirksamkeit jedoch in der Regel auch deutlicher ausgeprägte Nebenwirkungen. Der relative Vorteil bzw. die Überlegenheit gegenüber dem bestehenden Angebot an bereits etablierten Arzneimitteln lässt sich auch bei Sprung-Innovationen somit selbst durch die Zulassungsbehörden nicht immer eindeutig ex ante ermitteln. Sie kann vielmehr erst in der längerfristigen Verwendung an einer großen Patientenzahl und durch direkte Vergleichsstudien zwischen Arzneimitteln sicher bestimmt werden (vgl. Dengler 1997, S. 28; Neubert 1997, S. 88).

Inkrementelle Innovationen machen ca. 54% der in den Jahren 1989-2000 in den USA erfolgten Zulassungen aus. Die restlichen 11% bilden Arzneimittel, deren Wirkstoffe es schon in anderen auf dem Markt befindlichen Arzneimitteln gibt (NIHCM 2002, S.11). Diese sog. Analogpräparate stellen das Ergebnis von Parallelforschung konkurrierender Unternehmen dar. Der für den wissenschaftlichen Fortschritt notwendige umfangreiche Austausch zwischen Wissenschaftlern in der Grundlagen- und Anwendungsforschung führt zwangsläufig dazu, dass mehrere Pharmaunternehmen (oft in kurzer zeitlicher Abfolge) annähernd wirkstoffgleiche Arzneimittel zur Zulassung einreichen. Um auch für zukünftige Forschungsbemühungen einen Anreiz zu Schaffen, erhält nicht nur das Unternehmen, das als erstes den neuen Wirkstoff entwickelt hat die Zulassung, sondern auch die Konkurrenten, zumal dies auch zu einer Senkung der Marktpreise führt (vgl. Fink-Anthe 2002c, S. 146ff.). Vollständig identisch sind jedoch auch wirkstoffgleiche Arzneimittel nicht. Vielmehr können sich die Analogpräparate z.B. in der Darreichungsform - und damit auch in ihren therapeutischen Eigenschaften - voneinander unterscheiden.

Zwar liegen den inkrementellen Innovationen, die wie oben erwähnt 54% der von 1989-2000 in den USA erfolgten Zulassungen ausmachen, keine grundlegend neuartigen Wirkprinzipien zu Grunde. Dennoch tragen sie z.B. durch ein günstigeres Nebenwirkungsprofil zu einer Verbesserung der therapeutischen Anwendbarkeit bei (vgl. Dengler 1997, S. 18). Die im Folgenden vorzustellenden unterschiedlichen Arten inkrementeller Arzneimittel-Innovationen gehen auf eine Typologie der Boston Consulting Group (BCG) zurück (vgl. BCG 1998, S. 50ff.). Diese Typologie zeigt, dass sich innovative Arzneimittel in vielerlei Hinsicht von älteren Arzneimitteln unterscheiden können. Diese unterschiedlichen Innovationsdimensionen bedingen eine hohe Komplexität, der sich der Arzt bei dem Versuch der Bewertung innovativer Arzneimittel gegenübergestellt sieht.

a) Verbesserte Wirkstoffe

Das erste Arzneimittel einer neuen Substanzklasse weist vielfach noch ein ungünstiges Nebenwirkungsprofil auf. Die inkrementellen Verbesserungen, die durch nachfolgende Arzneimittel in derselben Substanzklasse erzielt werden, können sich auf eine erhöhte Verträglichkeit oder pharmakologische Merkmale wie eine gesteigerte Bioverfügbarkeit[35] beziehen. Das volle Potenzial einer neuen Substanzklasse wird in der Regel erst durch diese inkrementellen Innovationen erschlossen. Selbst wenn es sich hierbei nur um geringfügige Modifikationen der molekularen Konfiguration der ursprünglichen Wirksubstanz handelt, können diese zu einer erheblichen Verbesserung der Verträglichkeit führen. Ein hierfür illustratives Beispiel bildet eine neuartige Variante eines ACE-Hemmers, bei deren Anwendung sich die für ACE-Hemmer sonst charakteristische Nebenwirkung eines trockenen Hustens signifikant seltener einstellt (vgl. Stock 1997, S. 71).[36] Auch die Veränderung der Resorptionsrate, die zu einer verbesserten Aufnahme des Wirkstoffs und damit bei gleichbleibendem Wirkprinzip zu einer optimierten therapeutischen Anwendung führt, lässt sich durch Strukturmodifikationen der Substanz erreichen (vgl. Neubert 1997, S. 95).

---

[35] Pschyrembel (1994, S. 187) definiert die Bioverfügbarkeit als „(...) Geschwindigkeit u. Ausmaß, in denen der therap. wirksame Anteil eines Arzneimittels aus den jeweiligen Arzneiformen freigesetzt u. resorbiert bzw. am Wirkort verfügbar wird (...)."

[36] ACE-Hemmer werden zur Behandlung von kardiovaskulären Erkrankungen eingesetzt (vgl. NIHCM 2002, S. 2).

b) Neue Herstellverfahren

Die Gewinnung von Wirkstoffen aus organischem Material zeichnet sich durch eine Reihe von Nachteilen aus, die durch innovative Verfahren überwunden werden können. So erfolgte die Gewinnung des für die Behandlung von Menopausebeschwerden verwendeten weiblichen Sexualhormons Östron ursprünglich durch Extraktion aus dem Harn schwangerer Frauen, später dann aus dem Harn trächtiger Stuten (vgl. Fieser/Fieser 1959, S. 444ff.). Nach Aufklärung der chemischen Struktur des Östrons wurde durch chemische Veränderung daraus das Östradiol hergestellt und als das eigentliche, in den Ovarien gebildete, östrogene Hormon erkannt. Schließlich gelang die chemische Synthese von Östradiol aus Cholesterin. Damit verbunden war eine deutliche Senkung der Kosten für die Herstellung dieses Hormons (vgl. Fieser/Fieser 1959, S. 479f.). Durch veränderte Herstellverfahren lassen sich auch Infektionsrisiken beseitigen. Als Quelle menschlichen Wachstumshormons, das für die Behandlung von Zwergwüchsigkeit verwendet wird, dienten bis in die 1980er Jahre die Hypophysen Verstorbener. Als sich herausstellte, dass die therapeutische Anwendung dieses Hormons mit dem Risiko einer Infektion mit dem Erreger der Creutzfeldt-Jakob-Krankheit verbunden ist, kam ein diesbezüglich risikofreies gentechnisches Verfahren zum Einsatz (BCG 1998, S. 56).

Neue Herstellverfahren, bei denen der Wirkstoff in größerer Reinheit gewonnen wird, senken nicht nur die Produktionskosten oder Infektionsrisiken. Sie können auch die Wirksamkeit und Verträglichkeit des Arzneimittels verbessern (vgl. NIHCM 2002, S. 5). Ein Beispiel hierfür sind Arzneimittel, bei deren Synthese sog. Racemate entstehen. Dabei handelt es sich um 1:1-Gemische von pharmakologisch wirksamen und unwirksamen Molekülen, deren räumliche Struktur dem Spiegelbild des eigentlichen Wirkstoffs entspricht, vergleichbar der Form einer linken und einer rechten Hand. Verbesserte Produktionsprozesse können die Bildung dieser wirkungslosen „Spiegelbild-Moleküle" verhindern und liefern ausschließlich die pharmakologisch wirksame Substanz. Damit wird eine Halbierung der Dosis ermöglicht und bei gleicher Wirksamkeit eine Verminderung etwaiger Nebenwirkungen erreicht (vgl. Rufer et al. 1967).

c) Neue Darreichungsformen

Über Veränderungen der Galenik - also der Darreichungsform eines Arzneimittels - wird die gezielte Beeinflussung der pharmakodynamischen,[37] pharmakokinetischen[38] und therapeutischen Eigenschaften eines Wirkstoffs ermöglicht. Eine für die Patienten verträglichere Art der Anwendung fördert deren Compliance signifikant. Insbesondere bei chronischen Krankheitsbildern wie Diabetes mellitus vom Typ 1, der die regelmäßige subkutane Injektion von Humaninsulin erforderlich macht, könnte eine inhalative Darreichungsform die Lebensqualität positiv beeinflussen. Ein Beispiel aus der Gynäkologie sind sog. transdermale Hormonpräparate. Diese ermöglichen - in Form eines Pflasters auf der Haut appliziert - eine Hormonersatztherapie mit einer verbesserten Bioverfügbarkeit des Wirkstoffs. Durch eine kontinuierliche Freisetzung der im Pflaster enthaltenen Hormone lassen sich Konzentrationsspitzen im Blut vermeiden und Nebenwirkungen (z.B. Brustspannung) reduzieren (vgl. Mueck/Lippert 1997, S. 495f.).

d) Neue Therapieschemata

Durch die Modifikation bestehender Schemata in der Anwendung von Arzneimitteln sowie durch einen kombinierten Einsatz verschiedener Arzneimittel lassen sich die Lebensqualität der Patienten verbessern sowie Behandlungskosten senken, z.B. durch die Vermeidung langer Krankenhausaufenthalte. Während ursprünglich bei der Therapierung von Brustkrebs mit Taxanen Infusionsbehandlungen im Krankenhaus vorgenommen wurden, sind heute Kurzinfusionen möglich, die sich ambulant verabreichen lassen (vgl. Seidman et al. 1997, S. 1772f.).

---

[37] Die pharmakodynamischen Eigenschaften eines Arzneimittels beschreiben den Einfluss, der von dem Wirkstoff auf den Organismus ausgeht. Zu diesen Merkmalen des Arzneimittels zählen die empfohlene Dosis, der Wirkungsmechanismus, Wirkungsbeziehungen sowie Nebenwirkungen und Toxikologie (vgl. Pschyrembel 1994, S. 1182).

[38] Die pharmakokinetischen Eigenschaften eines Arzneimittels beziehen sich auf die Einflüsse, die der Organismus nach erfolgter Verabreichung des Arzneimittels auf den Wirkstoff ausübt. Hierzu gehören die Resorption des Wirkstoffs, dessen Verteilung im Körper, die Verstoffwechselung und die Ausscheidung der Arzneisubstanz (vgl. Pschyrembel, 1994, S. 1182).

In der Abbildung 2 sind die verschiedenen Innovationsdimensionen von Arzneimitteln und die mit ihnen verbundenen therapierelevanten Nutzenvorteile graphisch dargestellt.

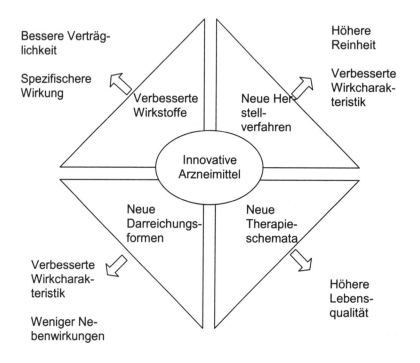

Abb. 2: Innovationsdimensionen von Arzneimitteln
Quelle: in Anlehnung an BCG (1998, S. 52)

3.2.3 Informationsdefizite als Adoptionshemmnisse

Wie im vorigen Abschnitt dargestellt worden ist, kann ein neuartiges Arzneimittel gegenüber älteren Arzneimitteln in mehreren Dimensionen therapeutisch relevante Unterschiede aufweisen. Die Komplexität der bei der Bewertung der relativen Vor- und Nachteile eines innovativen Arzneimittels zu berücksichtigenden Informationen ist somit sehr hoch. Der Arzt ist bei dieser Bewertung daher auf die Unterstützung durch das Pharmaunternehmen angewiesen, das ein neuartiges Arzneimittel anbietet. Diese essentielle Aufgabe der Bereitstellung von möglichst aktuellen, wissenschaftlich belegbaren Informationen zu den Leistungsmerkmalen eines innovativen Arzneimittels nimmt das Unternehmen über den gesamten Produktlebenszyklus hinweg wahr. Die systematische Sammlung und Analyse aller Informationen zu Qualität, Wirksamkeit und Sicherheit beginnt für das Pharmaunternehmen jedoch bereits lange vor der Marktreife im Rahmen der ersten Forschungs- und Entwicklungsaktivitäten.

Der Prozess der Entwicklung eines Arzneimittels lässt sich in mehrere Stufen unterteilen, die in dieser Arbeit nur kurz skizziert werden sollen. Es wird hierbei ein Überblick über die wesentlichen Aufgaben vermittelt, die das Pharmaunternehmen für den Erhalt der Zulassung durch das Bundesministerium für Arzneimittel und Medizinprodukte (BfArM)[39] nach § 21ff. AMG zu bewältigen hat. Die folgende Darstellung der klinischen Entwicklung lehnt sich an Gorbauch/de la Haye (2002, S. 165ff.) an. Nach dem Abschluss der präklinischen Entwicklung, bei der viel versprechende Leitsubstanzen identifiziert werden und erste toxikologische Untersuchungen am Tiermodell erfolgen, beginnt die klinische Entwicklung. Zu Beginn der Phase I der klinischen Entwicklung sind von den ursprünglich 8000 Substanzen, die in der präklinischen Entwicklung geprüft wurden, im Durchschnitt nur noch etwa 5 als aussichtsreich eingeschätzte Wirkstoffkandidaten übrig. Geleitet durch das internationale Vorschriftenwerk der sog. „Guten Klinischen Praxis"[40] und unter Hinzuziehung einer durch § 40 Abs. 1 Satz 2 AMG vorgeschriebenen unabhängigen Ethikkommission erfolgt in der Phase I die erste Anwendung an einem kleinen Sample von 60 bis 80 freiwilligen, gesunden Probanden. Hierbei werden erste Hinweise zur Wirkung sowie zur Sicherheit und Verträglichkeit der zu prüfenden Substanzen gewonnen. In der Phase II werden mit den durchschnittlich 3,4 verbleibenden Substanzen Pilot-

---

[39] Neben dem BfArM existiert eine zweite Zulassungsbehörde, das Paul Ehrlich Institut (PEI). Das PEI ist allein für Impfstoffe, Seren, Blutzubereitungen, Testantigene, - allergene und - seren zuständig (vgl. VFA 2004a, S. 10).
[40] Bei der „Guten Klinischen Praxis" (Good Clinical Practices) handelt es sich um einen Leitfaden, der von der International Conference of Harmonization herausgegeben wird (vgl. Ehlers/Weizel 2002, S. 15).

studien sowie kontrollierte Studien an Patienten in der relevanten Indikation durchgeführt. Die Samplegrößen der explorativen Pilotstudien der Phase IIa liegen bei 100 bis 150 Patienten. Bei positiven Ergebnissen zu Wirksamkeit und Verträglichkeit wird in der Phase IIb in Studien mit bis zu 800 Patienten die optimale Dosis ermittelt. Nach dem „Doppel-Blind-Verfahren" werden sowohl der eigentliche Test-Wirkstoff als auch ein Placebo ohne pharmakologische Wirkung an zwei zufällig generierten (randomisierten) Probandengruppen getestet. Dabei wissen weder die in die Durchführung eingebundenen Ärzte noch die Patienten, welcher Proband in die Kontrollgruppe aufgenommen wird und somit bloß ein Placebo erhält (vgl. VFA 2004c, S. 13). Die Wirkung der durchschnittlich 1,8 verbleibenden Substanzen wird in der Phase III an größeren Patientenkollektiven (n = 1500 bis 4000) untersucht. Damit in diesen in verschiedenen Kliniken durchgeführten sog. multizentrischen Studien möglichst die Bedingungen der Praxis nachempfunden werden, schließt man nun Ältere, Kinder und bestimmte Ethnien in die Untersuchung ein.

Nach Abschluss dieser Studien wird das Zulassungsdossier beim BfArM eingereicht. Um nach §§ 21ff. AMG in Deutschland die Zulassung - d.h. „(...) die behördliche Freigabe des Arzneimittels zur Vermarktung (...)" (VFA 2004c, S. 14) - durch das BfArM zu erlangen oder auf dem Wege der europäischen Zulassungsverfahren der European Medicines Agency zu erhalten, hat das Pharmaunternehmen Unterlagen bereitzustellen, die Angaben zu der Qualität (z.B. Reinheit des Wirkstoffs), der Wirksamkeit sowie der Unbedenklichkeit bzw. Sicherheit des zu prüfenden Arzneimittels enthalten. Diese drei Merkmale stellen die sog. drei Hürden der Zulassung dar (vgl. Ehlers 2003, S. 9). Während sich die Qualität und die Wirksamkeit in der Regel mit dem Abschluss der Phase III der klinischen Prüfung eindeutig bestimmen lassen, ist die Feststellung der Unbedenklichkeit eines Arzneimittels angesichts der begrenzten Probandenzahlen nicht mit vollständiger Sicherheit möglich. Sog. seltene Nebenwirkungen, die mit einer Wahrscheinlichkeit von unter 0,1% auftreten, liegen unterhalb der Nachweisgrenze der für den Erhalt der Zulassung notwendigen Studien (vgl. Wink 2003, S. 5). Da die Wirksamkeit des zu prüfenden Arzneimittels jedoch gut belegt ist, wird die Zulassung als Folge einer Nutzen-Risiko-Abwägung erteilt, um den potenziellen Anwendern den therapeutischen Nutzen nicht vorzuenthalten (vgl. VFA 2004c, S. 15). Den sich vom Erhalt der Zulassung bis zum Ende des Produktlebenszyklus des Arzneimittels erstreckenden Zeitraum bezeichnet man als Phase IV (vgl. Gorbauch/de la Haye 2002, S. 174).

Angesichts der bei Innovationen nicht vollständig gewährleisteten Sicherheit kommt dem Pharmaunternehmen insbesondere in den ersten Jahren nach der Markteinführung eine zentrale Aufgabe bei der Erfassung und Minimierung möglicher Arzneimittelrisiken zu. Dieser Überwachungsprozess wird als Pharmakovigilanz bezeichnet (vgl. VFA 2004c, S. 16). Die folgenden Ausführungen dienen der inhaltlichen Beschreibung der dem Pharmaunternehmen bei der Pharmakovigilanz zukommenden Aufgaben und den damit verbundenen Implikationen für die Innovationsbereitschaft des Arztes.

In zahlreichen Fällen erfolgt die Zulassung eines Arzneimittels nur unter der Auflage, dass das Pharmaunternehmen zusätzliche Anwendungsbeobachtungen durchführt. Gemäß § 67 Abs. 6 AMG sind Anwendungsbeobachtungen Untersuchungen, deren Zweck in der Sammlung von Erkenntnissen bei der Anwendung zugelassener oder registrierter Arzneimittel besteht. Diese Beobachtungsstudien stellen nach der Definition des § 4 Abs. 23 Satz 2 AMG keine klinischen Prüfungen dar. Methodisch gesehen bilden sie prospektive Kohortenstudien, die nicht nach dem Prinzip des „Doppelten Blindversuchs" („Double-Blinded Study") mit einer Kontrollgruppe ablaufen (vgl. Wink 2003, S. 4). Anwendungsbeobachtungen sind anders als klinische Studien nicht intervenierend, d.h. Einflussnahmen seitens des Pharmaunternehmens auf die durch den Arzt gewählte Therapie und das Arzneimittel sind nicht zulässig. So darf der Arzt das betreffende Arzneimittel nur für die zugelassene Indikation verwenden. Im Verlauf der Anwendungsbeobachtungen dokumentiert der Arzt die Diagnose, die gewählte Therapie und den Therapieerfolg und stellt die gesammelten Daten anschließend dem Unternehmen in anonymisierter Form zur Verfügung. Das Pharmaunternehmen kontrolliert - anders als in klinischen Prüfungen - somit nicht den Studienverlauf, sondern sieht dem Arzt bei seiner Praxistätigkeit quasi nur über die Schulter (vgl. Gorbauch/de la Haye 2002, S. 175). Mit diesen

Beobachtungsstudien können die folgenden Untersuchungsziele angestrebt werden, die allgemein dem übergeordneten Ziel der Erhöhung der Arzneimittelsicherheit dienen (vgl. Wink 2003, S. 5):

(i) Überprüfung der in der Zulassung erteilten Dosierungsempfehlung,

(ii) Identifikation nicht-indizierter (unvorhergesehener) Wirkungen des Arzneimittels, die aufgrund ihrer Seltenheit nicht an den Patientenpopulationen der Phasen I bis III der klinischen Prüfung entdeckt worden sind,

(iii) Untersuchung von Patientenpopulationen, die in den bisherigen klinischen Studien nicht ausreichend berücksichtigt worden sind, z.b. multimorbide Patienten, Schwangere, Kinder, ältere Patienten (vgl. Gorbauch/de la Haye 2002, S. 175)

(iv) Erweiterung des Verständnisses der Wirksamkeit sowie Identifikation und Charakterisierung von Respondern und Non-Respondern, also Verwendern, die unterschiedlich gut auf das Arzneimittel ansprechen (vgl. Bertsch 2002, S. 307).

Klinische Prüfungen weisen einen methodenbedingten Nachteil auf, der sich durch die Anwendungsbeobachtungen ausgleichen lässt. Alle Studien der klinischen Prüfung werden in Krankenhäusern durchgeführt und verlaufen somit unter den dort herrschenden Behandlungsbedingungen. Die praktische Anwendung der meisten Arzneimittel findet jedoch nicht bzw. nicht nur in Kliniken statt. Die vom niedergelassenen Arzt verordneten Arzneimittel nehmen die Patienten weitgehend autonom ein. Dabei können z.B. Compliance-Probleme auftreten. Die Ursache dafür liegt oft in den Anforderungen einer sachgemäßen Einnahme, denen die Patienten nicht immer gerecht werden. Es lässt sich festhalten, dass die in den Anwendungsbeobachtungen aufgedeckten Nebenwirkungen aufgrund der realistischen Bedingungen der Arzneimittelanwendung aus medizinischer Sicht relevanter sind als die Nebenwirkungen, die in klinischen Studien zutage treten (vgl. Wink 2003, S. 7).

Neben den Anwendungsbeobachtungen erfolgen in der Phase IV auf Initiative des Pharmaunternehmens weitere Studien, deren Durchführung durch die für die klinische Forschung zuständigen Unternehmensfunktionen erfolgt und die somit nicht als Anwendungsbeobachtungen gelten (vgl. Bertsch 2002, S. 296). Ein Beispiel hierfür sind die sog. Vergleichsstudien, die einen festen Bestandteil des wissenschaftlichen Marketing bilden, mit dem das Pharmaunternehmen die Überlegenheit seiner Arzneimittel gegenüber anderen Arzneimitteln, die für die selbe Indikation zugelassen sind, zu belegen beabsichtigt. Ebenfalls vom Pharmaunternehmen untersucht werden gesundheitsökonomische Effekte des Einsatzes bestimmter Arzneimitteltherapien. Hierbei werden die Behandlungskosten verschiedener Therapien einander gegenübergestellt und in Beziehung zu anderen gesundheitsökonomischen bzw. gesamtwirtschaftlich relevanten Größen gesetzt, die durch die Therapie beeinflusst werden (vgl. Gorbauch/de la Haye 2002, S. 174). So stellen z.B. die Dauer der stationären Behandlung sowie die Dauer der krankheitsbedingten Arbeitsunfähigkeit Größen dar, die durch innovative Arzneimittel z.T. erheblich positiv beeinflusst werden können. In „Outcome-Studies", die der objektiven Ermittlung der Ergebnisqualität der Therapie dienen, wird der Einfluss eines Arzneimittels auf sog. Endpunktparameter wie Mortalität, Morbidität und wahrgenommene Lebensqualität der Behandelten in großen Patientenkollektiven ermittelt (vgl. Bertsch 2002, S. 296; Stoffel 2002, S. 249).

All die hier genannten Aspekte zeigen, dass eine Vielzahl von Informationen bezüglich bestimmter Eigenschaften des Arzneimittels, die für die Verordnungsentscheidung des Arztes relevant sind, sich erst nach der Erteilung der Zulassung im Zuge der praktischen Anwendung unter mehreren zehntausend Patienten sammeln lassen (vgl. Wink 2003, S. 6). Hierbei handelt es sich z.B. um Informationen betreffend die Nebenwirkungen einer Innovation, aber auch um wissenschaftlich gesicherte Erkenntnisse bezüglich der Höhe des relativen Vorteils der Innovation gegenüber anderen Arzneimitteln. Nicht zuletzt dank seiner eigenen einschlägigen Anwendungserfahrungen verfügt der Arzt hinsichtlich älterer Arzneimittel über eine breitere Informationsbasis als bei einem Arzneimittel neueren Zulassungsdatums. Auf die Innovationsbereitschaft bzw. die Adoptionsentscheidung dürften sich diese vom Arzt wahrgenommenen Informationsdefizite hemmend auswirken.

Für die Überwindung dieser Informationsdefizite erfüllt das Pharmaunternehmen eine wichtige Funktion als Informationslieferant, die auch gesetzlich geregelt ist. So gehört die sog. „Post Authorisation Surveillance" im Rahmen der Pharmakovigilanz zu einer wichtigen Aufgabe des Pharmaunternehmens (vgl. Bußhoff/Müller-Gerharz 2002, S. 1008). Gemäß § 29 AMG ist das Pharmaunternehmen dazu verpflichtet, das Nutzen-Risiko-Verhältnis des Arzneimittels kontinuierlich auf Veränderungen zu überprüfen. Die dafür erforderliche Datenbasis erhält das Unternehmen unter anderem aus sog. Spontanmeldungen. Diese stammen von Vertretern der Heilberufe (Ärzte, Krankenschwestern etc.) sowie Patienten, die dazu angehalten sind, dem Pharmaunternehmen Verdachtsfälle von Nebenwirkungen oder Wechselwirkungen mit anderen Arzneimitteln zu melden. Solche Mitteilungen können auch an die Arzneimittelkommission der deutschen Ärzteschaft, einem wissenschaftlichen Fachausschuss der Bundesärztekammer sowie direkt an das BfArM gerichtet werden, dem die zentrale Sammlung dieser Informationen als Aufgabe zufällt. Im Jahr 2002 wurden durch das BfArM über 210.000 Spontanmeldungen registriert, die sich auf etwa 100.000 Nebenwirkungsmeldungen bezogen (vgl. VFA 2004a, S. 17). Das Pharmaunternehmen hat die bei ihm eingehenden Spontanmeldungen an das BfArM weiterzuleiten. Darüber hinaus sind die im Unternehmen tätigen Experten für Arzneimittelsicherheit gemäß § 29 AMG dazu verpflichtet, die Spontanmeldungen wissenschaftlich zu beurteilen, das Ergebnis dieser Bewertung dem BfArM[41] zu übermitteln und auf etwaige Veränderungen im Nutzen-Risiko-Verhältnis des Arzneimittels hinzuweisen (vgl. VFA 2004c, S. 18).[42] Diese Veränderungen führen dann in Abstimmung zwischen dem Pharmaunternehmen

---

[41] Im Falle von Blutzubereitungen, Impfstoffen, Seren, Testantigenen, -allergenen und -seren ist nicht das BfArM, sondern das Paul Ehrlich Institut (PEI) zu informieren.

[42] Liegt ein Verdachtsfall einer schwerwiegenden Neben- oder Wechselwirkung vor, so hat das Pharmaunternehmen diesen der Zulassungsbehörde gemäß § 29 AMG binnen 15 Tagen mitzuteilen.

und der Zulassungsbehörde zu einer Anpassung der Gebrauchsinformationen (d.h. des Beipackzettels). Eine weitere Informationsquelle, die dem Pharmaunternehmen im Rahmen der Pharmakovigilanz zur Verfügung steht, bilden pharmakoepidemiologische Datenbanken. Diese enthalten in anonymisierter Form vollständige Krankheitsgeschichten von Patienten ausgewählter Ärzte inklusive deren Medikation. Diese zehntausende Einzelfälle unterstützen das Pharmaunternehmen bei der wissenschaftlichen Bewertung der Spontanmeldungen.

Die zentralen Ergebnisse dieses Abschnitts lassen sich wie folgt zusammenfassen: Die Informationsdefizite hinsichtlich der Unbedenklichkeit sind bei einem innovativen Arzneimittel höher als bei bereits langjährig etablierten Arzneimitteln. Dies wird auch unmittelbar aus dem Umstand erkennbar, dass gemäß § 63b Abs. 5 Satz 1 AMG die Zulassungsbehörde, welche die Berichte des Pharmaunternehmens bezüglich der Verdachtsfälle von Neben- und Wechselwirkungen prüft, diese Berichte im ersten Jahr nach dem Erhalt der Zulassung halbjährlich anfordert. In den darauf folgenden zwei Jahren haben die Berichte nur im jährlichen Turnus einzugehen. Danach muss nur noch alle fünf Jahre ein Bericht vom Pharmaunternehmen vorgelegt werden. Ähnliche, wenn auch weniger gravierende Informationsdefizite bestehen hinsichtlich der Wirksamkeit der innovativen Arzneimittel. Zwar lässt sich die Wirksamkeit in klinischen Studien belegen. Eine mangelnde Wirksamkeit in bestimmten Sub-Populationen bzw. bei Non-Respondern lässt sich jedoch erst im Zuge von Anwendungsbeobachtungen vollständig aufdecken. Bei älteren, im Markt langjährig etablierten Arzneimitteln sind diese Non-Responder hingegen bereits wesentlich genauer beschrieben. Die für innovative Arzneimittel charakteristischen Informationsdefizite verursachen beim Arzt wahrgenommene Unsicherheit in Bezug auf deren Leistungsmerkmale und bilden somit ein Hemmnis für die ärztliche Innovationsbereitschaft bzw. für eine Adoption. Für die wissenschaftliche Begründung dieser Annahme werden im Gliederungspunkt 3.3 theoretische Grundlagen gelegt.

3.3 Eine informationsökonomische Analyse innovativer Arzneimittel

3.3.1 Die Qualitätsunsicherheit innovativer Arzneimittel

Wie im vorigen Abschnitt beschrieben, kommt dem Pharmaunternehmen eine wichtige Rolle bei der Generierung und Verbreitung von arzneimittelspezifischen Informationen zu, die auch das BfArM nicht allein bewältigen kann. Die damit verbundene Abhängigkeit des Arztes von dem Informationsverhalten des Unternehmens birgt Unsicherheiten für den Arzt, die im Folgenden näher betrachtet werden. Schrader et al. (1993, S. 75f.) stellen in ihrer vergleichenden Betrachtung verschiedener Definitionen der Unsicherheit fest, dass Unsicherheit stets auf einem Informationsmangel beruht. Ein ähnliches Verständnis des Unsicherheitsbegriffs besitzt Holzheu (1987, S. 16): „Uncertainty is the expression of an information shortfall." Analog zu Ripperger (1998) und Helm (2001) ist der Begriff der Unsicherheit in der vorliegenden Arbeit synonym zum Begriff des Risikos zu verstehen. Hierbei wird dieser Arbeit ein subjektives Verständnis des Unsicherheitsbegriffs zugrundegelegt. Die auf ein neuartiges Arzneimittel bezogene Unsicherheit des Arztes stellt also kein objektiv bestimmbares Merkmal einer gegebenen Situation dar, sondern wird in ihrem Ausmaß durch dessen subjektive Wahrnehmung bestimmt. Damit wird der zunehmend verhaltenswissenschaftlichen Behandlung des Phänomens der Unsicherheit gefolgt, die sich bereits in den Arbeiten von Bauer (1960), Cox (1967) und Cunningham (1967) findet. Für eine objektive Einschätzung der Unsicherheit durch den Arzt wäre es notwendig, dass dieser die objektiven Eintrittswahrscheinlichkeiten bestimmter auf das Präparat zurückzuführender Behandlungsergebnisse ermitteln kann (vgl. Ripperger 1998, S. 15f.). Dies erscheint jedoch angesichts der unvollständigen Informationen, die dem Arzt zur Verfügung stehen, unrealistisch.

Die Unsicherheit des Arztes hinsichtlich der Leistungsmerkmale eines neuartigen Arzneimittels lässt sich entsprechend der eingangs vorgestellten Definition von Holzheu (1987, S. 16) auf die bereits im Abschnitt 3.2.3 erörterten Informationsdefizite zurückführen, die mit innovativen Arzneimitteln verbunden sind. Um die für die subjektiv wahrgenommene Unsicherheit des Arztes verantwortlichen Informationsdefizite in Beziehung zum Informationsverhalten des Pharmaunternehmens zu setzen, ist eine weitergehende Differenzierung zwischen der sog. exogenen und der endogenen Unsicherheit notwendig. Die exogene Unsicherheit eines Nachfragers bezieht sich auf Zustände, die durch exogene Faktoren verursacht werden, welche sich von dem an einer Transaktion beteiligten Nachfrager und Anbieter nicht beeinflussen lassen (vgl. Plötner 1993, S. 6). In der vorliegenden Arbeit resultiert die exogene Unsicherheit des Arztes aus den für die Leistung des innovativen Arzneimittels relevanten Faktoren, welche sich sowohl der Einflusssphäre des Arztes als auch der des Pharmaunternehmens entziehen. Für die exogene Unsicherheit wird in der informationsökonomisch orientierten Marketingliteratur auch der Begriff der Ereignisunsicherheit verwendet (vgl. Hirshleifer/Riley 1979, S. 1377; Kaas 1990, S. 541). Beispiele für Faktoren, die die exogene Unsicherheit bedingen, sind Umweltfaktoren wie eine besondere körperliche Verfassung der mit dem Arzneimittel behandelten Patienten oder genetische Besonderheiten dieser Patienten. Diese sind für keinen Akteur des Gesundheitswesens vorhersehbar. Ebenso wenig lassen sie sich beeinflussen. Diese Faktoren können trotz der Einhaltung der gesetzlich vorgeschriebenen methodischen Sorgfalt bei der Durchführung der klinischen Prüfung noch Jahre nach dem Erhalt der Zulassung zum Auftreten von Nebenwirkungen führen. Z.B. wurde erst in den 1980er Jahren festgestellt, dass durch die Einnahme von Aspirin zur Linderung der Symptome von viralen Infekten Kinder und Jugendliche an dem lebensbedrohlichen Reye-Syndrom erkranken können (vgl. McLaren et al. 1991, S. 696f.).

Von der exogenen Unsicherheit abzugrenzen ist die endogene Unsicherheit, die nicht durch unwägbare Umweltfaktoren, sondern durch ökonomisch relevante Entscheidungen des Anbieters und des Nachfragers sowie dem daraus resultierenden Verhalten bedingt wird (vgl. Plötner 1993, S. 6). Da sich die vorliegende Arbeit mit der Pharma-Geschäftsbeziehung und ihren Akteuren befasst, erscheint es aus der Perspektive des Relationship Marketing sinnvoll, das Hauptaugenmerk der Untersuchung auf die endogene Unsicherheit zu richten, da diese - anders als die exogene Unsicherheit - der Kontrolle durch das Verhalten des Pharmaunternehmens unterliegt. Eine vergleichbare Auffassung wird von Ripperger (1998, S. 17) und Spremann (1990, S. 562) vertreten. Für die endogene Unsicherheit soll im Weiteren der Begriff der Qualitätsunsicherheit verwendet werden. Auf Stigler (1961) aufbauend prägt Spremann (1990) diesen Begriff, der sich in der informationsökonomisch ausgerichteten Marketingforschung auf sog. „Hidden Characteristics" bezieht. Bei den „Hidden Characteristics" handelt es sich um Eigenschaften eines Leistungsgegenstandes, die bereits im Vorfeld der Transaktion festgelegt sind (wie z.B. die Leistungsmerkmale eines Arzneimittels), die dem Nachfrager jedoch erst ex post (d.h. nach der therapeutischen Verwendung) bekannt werden (vgl. Spremann 1990, S. 566). Für die vorliegende Arbeit soll der Begriff der Qualitätsunsicherheit dahingehend erweitert werden, dass er sich auch auf solche Leistungsmerkmale des Arzneimittels bezieht, die dem Nachfrager sogar ex post auf Dauer verborgen bleiben. Es ist zu betonen, dass die Qualitätsunsicherheit nicht allein die herstellungsbezogene Qualität (wie z.B. die Reinheit des Wirkstoffs) betrifft. Vielmehr bezieht sich die Qualitätsunsicherheit auf sämtliche verordnungsrelevanten Eigenschaften, einschließlich der Wirksamkeit sowie des Nebenwirkungsprofils des Arzneimittels.

Die informationsökonomisch geprägte Marketingliteratur unterscheidet zwei Quellen der Qualitätsunsicherheit, die für den Nachfrager (hier den Arzt) von Bedeutung sind: Den mangelnden Leistungswillen (Opportunismus) und die mangelnde Leistungsfähigkeit des Anbieters (hier des Pharmaunternehmens) (vgl. Kaas 1992, S. 894). Die Bedingungen, unter denen diese auf das Informationsverhalten des Pharmaunternehmens zurückzuführenden Quellen der Qualitätsunsicherheit zumindest potenziell auftreten können, werden im Folgenden auf Basis einer informationsökonomischen Analyse vorgestellt. Zunächst sei auf die theoretischen Grundlagen der Informationsökonomik eingegangen: Auf die Fragestellungen des Marketing bezogen befasst sich die Informationsökonomik mit der Unvollständigkeit von Informationen in ökonomischen Systemen (z.B. Märkten) und insbesondere mit dem Problem der zwischen Anbieter und Nachfrager bestehenden asymmetrischen Informationsverteilung (vgl. Plötner 1993, S. 1). Die Informationsökonomik beruht dabei auf realistischeren Modellannahmen als die neoklassische Mikroökonomik, die in ihrem Menschenbild bzw. Modell des „Homo Oeconomicus" vollkommene Rationalität aller Markt-Akteure unterstellt, welche somit stets nutzenmaximierende Entscheidungen treffen. Sowohl hinsichtlich der Verfügbarkeit von Informationen als auch bezüglich der kognitiven Fähigkeiten für deren Verarbeitung werden in der neoklassischen Mikroökonomik keine Restriktionen formuliert. Der „Homo Oeconomicus" vermag demzufolge alle zukünftigen Ereignisse in Abhängigkeit von den auf dem Markt getroffenen Entscheidungen korrekt zu prognostizieren (vgl. Wiesenthal 1987, S. 8ff.). Diese unrealistische Annahme wird in der Informationsökonomik aufgehoben und durch die Prämisse der begrenzten Rationalität ersetzt. Zwar wird weiterhin unterstellt, dass die Akteure intendiert rational handeln. Angesichts einer physiologisch bedingten begrenzten Informationsverarbeitungskapazität des Individuums und aufgrund des Vorhandenseins von Informationskosten ist es z.B. für einen Nachfrager jedoch faktisch unmöglich, den gleichen Informationsstand zu den Produkten eines Anbieters zu erlangen, über den der Anbieter selbst verfügt (vgl. Kaas 1990, S. 542). Es liegt somit zwischen Anbieter und Nachfrager eine asymmetrische Informationsverteilung vor (vgl. Weiber/Adler 1995a, S. 52). Dieses Informationsdefizit des Nachfragers macht dessen vollkommen rationales Verhalten unmöglich (vgl. Wiesenthal 1987, S. 8f.). Aufgrund der unüberschaubaren Menge und Komplexität der verordnungsrelevanten Arzneimittelinformationen wird in dieser Arbeit die Annahme vertreten, dass der Arzt mit dem Problem der begrenzten Rationalität konfrontiert ist. Es ist ihm nicht möglich, hinsichtlich der Arzneimittel eines Pharmaunternehmens denselben Kenntnisstand wie das Unternehmen zu erwerben.

Aber auch auf Seiten des Pharmaunternehmens liegt trotz dessen Informationsvorsprungs keine vollkommene Rationalität vor. So erkennt die Informationsökonomik explizit an, dass die asymmetrische Informationsverteilung nicht dadurch gekennzeichnet ist, dass eine Marktpartei über vollkommene Informationen verfügt, die andere Marktpartei hingegen nicht. Vielmehr charakterisiert man die asymmetrische Informationsverteilung durch einen relativen Informationsvorsprung einer Marktpartei (hier das Pharmaunternehmen) gegenüber der anderen Marktpartei (hier der Arzt) (vgl. Dahlke 2001, S. 85). Die begrenzte Rationalität des Pharmaunternehmens äussert sich - wie im Abschnitt 3.2.3 erläutert - z.B. in der mangelnden Kenntnis von Non-Respondern sowie seltenen Nebenwirkungen, die sich erst im Zuge umfassender Anwendungsbeobachtungen aufdecken lassen.

Auch der einzelne Pharmareferent, der auf Seiten des Pharmaunternehmens den Hauptinformationslieferanten des Arztes darstellt, verfügt ggf. nicht über die nötige fachliche Expertise, um den Arzt über die Gesamtheit der Vor- und Nachteile einer Innovation sowie die für bestimmte Patientengruppen spezifischen Anwendungshinweise aufzuklären, die den Mitarbeitern anderer Funktionsbereiche des Pharmaunternehmens (z.B. der medizinisch-wissenschaftlichen Abteilung) bereits bekannt sind. Diese unzureichende fachliche Expertise des Pharmareferenten, die für den Arzt eine Quelle der Qualitätsunsicherheit hinsichtlich eines bestimmten Arzneimittels darstellt, entspricht der in diesem Abschnitt bereits erwähnten mangelnden Leistungsfähigkeit (vgl. Kaas 1992, S. 894).

Die zwischen dem Pharmaunternehmen und dem Arzt bestehende asymmetrische Verteilung von Informationen wird durch die Abbildung 3 veranschaulicht. Es wurde darauf verzichtet, in dieser Graphik die asymmetrischen Informationsverteilungen darzustellen, die evtl. innerhalb des Pharmaunternehmens bestehen (z.B. zwischen den Pharmareferenten, den Produktmanagern und den Mitarbeitern der medizinisch-wissenschaftlichen Abteilung). Der hier interessierende Informationsnachteil des Arztes gegenüber dem Pharmaunternehmen besteht nämlich grundsätzlich auch unabhängig von diesen unternehmensinternen Informationsasymmetrien.

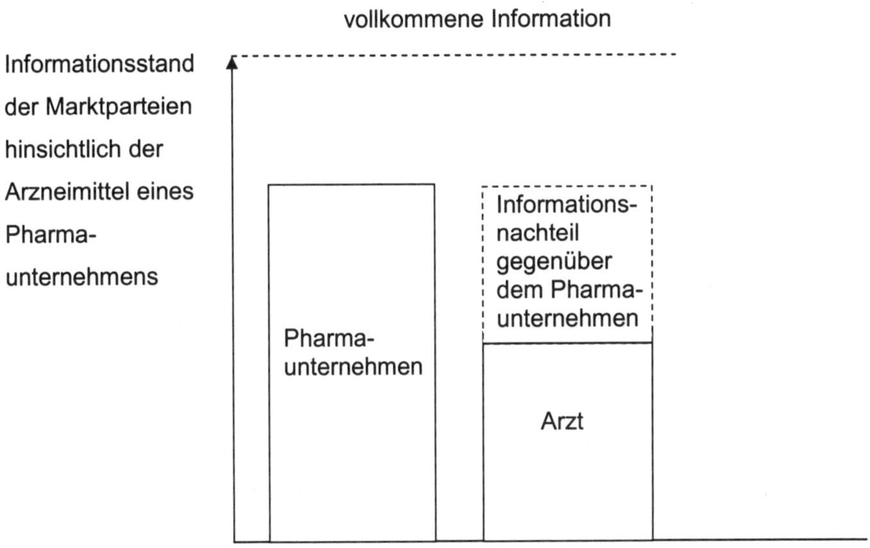

Abb. 3: Asymmetrische Informationsverteilung zwischen Pharmaunternehmen und Arzt
Quelle: eigene Darstellung

In einem engen Zusammenhang zu der Annahme begrenzter Rationalität steht die in der Informationsökonomik geltende Prämisse der potenziellen Gefahr opportunistischen Verhaltens, welches - wie im Abschnitt 1.1 erwähnt - von Williamson (1993, S. 458) als „(...) self-interest seeking with guile (...)" definiert wird.[43] Die durch die asymmetrische Informationsverteilung begrenzte Rationalität des Arztes macht es für diesen unmöglich, die Güte der vom Pharmaunternehmen kommunizierten Arzneimittelinformationen exakt zu beurteilen. Dies eröffnet dem Unternehmen die Möglichkeit, unter opportunistischer Ausnutzung seines Informationsvorsprungs (z.B. durch die übertrieben positive Darstellung des eigenen Produktangebots) seine erwerbswirtschaftlichen Interessen auf Kosten des Arztes und der Patienten zu verfolgen (vgl. Kaas 1995, S. 25). Das Bewusstsein des Arztes hinsichtlich der Möglichkeit opportunistischen Verhaltens trägt zu dessen Qualitätsunsicherheit bei. Diese

Quelle der Qualitätsunsicherheit, die nicht auf mangelnder fachlicher Expertise des Pharmareferenten, sondern auf den potenziell opportunistischen Absichten des Pharmaunternehmens, beruht, entspricht dem bereits erwähnten mangelnden Leistungswillen des Anbieters (vgl. Kaas 1992, S. 894).

Die Prämissen der begrenzten Rationalität von Arzt und Pharmaunternehmen, des relativen Informationsvorsprungs des Unternehmens sowie der vom Pharmaunternehmen ausgehenden potenziellen Opportunismusgefahr erscheinen für den Pharma-Markt realistisch. Diese Annahmen implizieren jedoch nicht, dass sich alle Markt-Akteure gegenseitig ständig und massiv täuschen. Auch Williamson (1987) charakterisiert die Gefahr des Opportunismus als subtiler und weniger durch drastische Formen des Betrugs gekennzeichnet: „Opportunism more often involves subtle forms of deceit" (Williamson 1987, S. 47). Es liegen zunehmend empirische Hinweise dafür vor, dass der Opportunismus im Sinne eines unkooperativen bzw. „machiavellistischen" Verhaltens der Markt-Akteure kein allgegenwärtiges Phänomen darstellt. Dies lässt sich nicht zuletzt darauf zurückführen, dass Markttransaktionen im Kontext von Geschäftsbeziehungen abgewickelt werden, in denen nur solche Akteure langfristig geduldet werden, die sich nicht opportunistisch verhalten (vgl. De Wulf/Odekerken-Schröder 2001, S. 81; Morgan/Hunt 1994).

Dennoch bleibt auch auf dem Pharma-Markt die potenzielle Gefahr des Opportunismus weiterhin bestehen, da der Arzt nicht über die Möglichkeit verfügt, opportunistische Absichten eines Pharmaunternehmens durch eine informationsbasierte Kontrolle mit Sicherheit auszuschließen (vgl. Rindfleisch/Heide 1997, S. 30ff.). So verfügt das Pharmaunternehmen aufgrund der von ihm durchgeführten Anwendungsbeobachtungen, der klinischen Studien der Phase IV sowie der von ihm im Rahmen der Pharmakovigilanz ausgeübten Überwachungsfunktionen (vgl. Abschnitt 3.2.3) grundsätzlich über die Möglichkeit, sich bis über den Zeitpunkt des Erhalts der Zulassung hinaus einen Informationsvorsprung gegenüber dem BfArM sowie insbesondere dem einzelnen Arzt zu sichern. Die

---

[43] Die Opportunismusannahme wird von zahlreichen Autoren vertreten: vgl. z.B. Coase (1984), Dietl (1993), Knight (1992), Milgrom/Roberts (1992), North (1990) sowie Williamson (1987).

opportunistische Ausnutzung dieses Informationsvorsprungs liegt zumindest innerhalb des Rahmens des Möglichen. Somit lässt sich festhalten, dass aufgrund des potenziellen Vorliegens mangelnder fachlicher Expertise des Pharmareferenten und mangelnden Leistungswillens des Pharmaunternehmens auf Seiten des Arztes Qualitätsunsicherheit entsteht.

Es wird in dieser Arbeit argumentiert, dass sich diese Qualitätsunsicherheit hemmend auf die Innovationsbereitschaft des Arztes auswirkt, die sich auf das zuletzt zugelassene Arzneimittel des Unternehmens bezieht. Dies gilt insbesondere dann, wenn - wie es in der Gynäkologie vielfach der Fall ist - bereits ältere Arzneimittel existieren, die (wenn auch nur in unvollkommenem Maße) als Substitute des neuen Arzneimittels in Betracht kommen und deren therapeutische Eigenschaften dem Arzt aus der eigenen langjährigen Anwendungserfahrung vertraut sind.

Im folgenden Abschnitt wird dargelegt, dass der Arzt hinsichtlich eines beträchtlichen Anteils der therapeutisch relevanten Leistungsmerkmale innovativer Arzneimittel Qualitätsunsicherheiten wahrnimmt, die zum Teil dauerhaft bestehen. Die umfassende Thematisierung des Unsicherheitsaspekts erscheint in dieser Arbeit somit gerechtfertigt.

3.3.2 Informationsökonomische Eigenschaften innovativer Arzneimittel

Es wurde im Abschnitt 3.3.1 darauf hingewiesen, dass der Arzt mit einem innovativen Arzneimittel Qualitätsunsicherheiten assoziiert, die auf den z.T. nur schwer nachprüfbaren produktbezogenen Angaben des Pharmaunternehmens beruhen. Für die detaillierte Identifikation derjenigen Leistungsmerkmale, deren Ausprägung der Arzt nicht eindeutig beurteilen kann und die daher mit Qualitätsunsicherheiten behaftet sind, liefert eine auf Nelson (1970) und Darby/Karni (1973) zurückgehende Typologie der informationsökonomischen Eigenschaften von Transaktionsobjekten eine geeignete analytische Grundlage. Diese Typologie greift die im vorigen Abschnitt dargestellte zentrale Prämisse der Informationsökonomik auf, nämlich die Existenz von Informationsunsicherheiten auf

Märkten (vgl. Bruhn 2001, S. 22). Die Typologie ermöglicht es, die Leistungsmerkmale von Gütern danach zu unterscheiden, ob sie im Vorfeld der Kaufentscheidung - also ex ante - dem Nachfrager bekannt sind oder ob sie sich ihm erst im Zuge der Anwendung - ex post - offenbaren. Darüber hinaus werden in dieser Typologie auch Leistungsmerkmale berücksichtigt, die sich dauerhaft einer Beurteilung durch den Nachfrager entziehen. Auf den Pharma-Kontext übertragen erlaubt diese Typologie eine Einschätzung des Ausmaßes der Qualitätsunsicherheit, mit der ein Arzt im Vorfeld der Entscheidung, ein neu zugelassenes Arzneimittel zu verordnen (ex ante), konfrontiert wird. Im Folgenden wird das Gut „innovatives Arzneimittel" anhand von drei informationsökonomischen Leistungsmerkmalen, den sog. Such-, Erfahrungs- und Vertrauenseigenschaften, beschrieben.

Gemäß Nelson (1970, S. 312) zeichnen sich Sucheigenschaften („Search Qualities") eines Gutes dadurch aus, dass der Nachfrager sie durch Inspektion bzw. Inaugenscheinnahme bereits vor der Kaufentscheidung vollständig und korrekt beurteilen kann. Hierbei entstehen keine nennenswerten Informationskosten (vgl. Kaas 1995, S. 29; Nelson 1970, S. 312). Bei Arzneimitteln beschränken sich die Informationskosten im Wesentlichen auf die Opportunitätskosten der Zeit, die für deren Inaugenscheinnahme sowie für die Beschaffung und Beurteilung der Produktinformationen durch den Arzt aufgewendet wird (vgl. Kaas 1990, S. 543). Die Informationsökonomik unterscheidet zwei Wege der Informationsübertragung, die der Offenlegung der Sucheigenschaften dienen, und die sich über ihren Ursprung voneinander abgrenzen lassen: Signaling und Screening. Das Signaling stellt diejenige Form der Übertragung von Informationen bzw. Signalen dar, die gezielt von Seiten der besser informierten Marktpartei (hier dem Pharmaunternehmen) im Rahmen der sog. Leistungsbegründung vorgenommen wird.[44] Zu diesen Signalen gehören im Wesentlichen die dem Arzt vom Pharmaunternehmen aktiv bereitgestellten Gebrauchs- und Fachinformationen sowie die vom Pharmareferenten vorgenommenen Produktpräsentationen. Das Gegenstück zum Signaling bildet das Screening,

---

[44] Die Leistungsbegründung umfasst alle Maßnahmen eines Unternehmens, die der Präsentation des eigenen Leistungsangebots dienen (vgl. Kaas 1995, S. 22).

welches von der schlechter informierten Marktseite (hier dem Arzt) aktiv durchgeführt wird (vgl. Stiglitz 1974, S. 29). Beispiele für Screening-Aktivitäten sind aktive Recherchen des Arztes in der unabhängigen wissenschaftlichen Fachliteratur, aber auch in Informationsangeboten des Pharmaunternehmens (z.B. der Firmen-Website). Signaling und Screening stehen in einem sich wechselseitig ergänzenden Verhältnis zueinander. Diejenigen Informationen, die von der schlechter informierten Marktpartei nachgefragt werden, hat die besser informierte Marktpartei bereitzustellen (vgl. Adler 1994, S. 31ff.). Sowohl das Screening des Arztes als auch das Signaling des Pharmaunternehmens stellen eine Option dar, einen Beitrag zur Überwindung der asymmetrischen Informationsverteilung zwischen den Marktparteien zu leisten.

Bei den Sucheigenschaften bietet sich dem Arzt die Möglichkeit, durch das Screening die Authentizität sämtlicher Signale des Pharmaunternehmens zu überprüfen. Für den Bereich der Sucheigenschaften eines innovativen Arzneimittels lässt sich das Informationsdefizit des Arztes somit vollständig kompensieren. Als Beispiele für Sucheigenschaften, die durch die Inspektion seitens des Arztes bereits vor der ersten Verordnung (ex ante) aufgedeckt werden können, lassen sich bei einer strengen Auslegung der Definition von Sucheigenschaften eines innovativen Arzneimittels nur wenige Merkmale nennen, so z.B. der Preis, der Name des Pharmaunternehmens, die Darreichungsform und der mengenmäßige Inhalt der Packung (d.h. die Anzahl der Tabletten etc.). Ebenfalls als Sucheigenschaften einzustufen sind qualitative Informationen wie die durch das BfArM in der Zulassung vorgeschriebenen Indikationen und Kontraindikationen. Therapierelevante Leistungsmerkmale wie die Wirksamkeit und insbesondere die Arten und Auftrittshäufigkeiten von Neben- und Wechselwirkungen sind hingegen durch die Inspektion des Arzneimittels für den Arzt nicht auf direktem Wege zu erfassen. Sie liegen nur in Form von Fachinformationen sowie Gebrauchsinformationen vor, die auf den Angaben des Pharmaunternehmens beruhen. Erst wenn das Arzneimittel längere Zeit auf dem Markt befindlich ist, mehren sich Studien, die nicht allein vom Pharmaunternehmen, sondern von unabhängigen Wissenschaftlern durchgeführt worden sind.

Wesentliche Eigenschaften, die der Arzt bei der Beurteilung der therapeutischen Anwendbarkeit eines neuen Arzneimittels berücksichtigen muss, entziehen sich somit dessen unmittelbarer Bewertung bzw. Überprüfung. Diese sog. Erfahrungs- sowie die Vertrauenseigenschaften werden in den folgenden Absätzen beschrieben.

Erfahrungseigenschaften („Experience Qualities") eines Gutes zeichnen sich dadurch aus, dass der Nachfrager sie erst im Anschluss an den Kauf durch die Verwendung exakt beurteilen kann (vgl. Nelson 1970, S. 312). Der sich nach dem Kauf bis zur vollständigen Aufdeckung dieser Eigenschaften erstreckende Zeitraum kann je nach Komplexität des Gutes sowie der Zahl der Produktalternativen unterschiedlich lang sein. Die Höhe der Informationskosten hängt dabei von Faktoren wie der Komplexität und der grundsätzlichen Überprüfbarkeit des Angebots sowie der Zahl der Angebote ab (vgl. Kaas 1990, S. 543).[45] Inwieweit ein für eine dauerhafte Anwendung bestimmtes neuartiges Arzneimittel (wie z.B. ein Arzneimittel der Hormonersatztherapie) den bestehenden Produktalternativen in einer bestimmten Indikation hinsichtlich des Nebenwirkungsprofils langfristig überlegen ist, stellt sich oft erst nach Jahren heraus. Vergleichsstudien werden meist erst mehrere Jahre nach dem Erhalt der Zulassung durchgeführt. Zwar bildet eine im Vergleich zu älteren Arzneimitteln innovative niedrigere Wirkstoffdosierung einen Indikator dafür, dass das neue Arzneimittel weniger stark ausgeprägte Nebenwirkungen verursacht. Ein Beispiel hierfür ist die geringere Dosierung des Sexualhormons Östradiol bei der transdermalen Hormonersatztherapie. Durch den Pharmareferenten hergestellte Produktvergleiche bezüglich des Nebenwirkungsprofils, die sich auf diesen Indikator stützen, können jedoch durch den Arzt erst nach längerfristigem Gebrauch der Innovation auf ihre Korrektheit hin überprüft werden. Dieses Beispiel illustriert den Umstand, dass der Arzt in erheblichem Umfang auf ausgewogene unternehmensseitige Informationen (bzw. Signale) angewiesen ist, um sich über die Erfahrungseigenschaften eines Arzneimittels korrekt zu informieren. Für den Arzt entsteht nun das Problem, dass er die Signale des

---

[45] Die Problematik der Komplexität der Angebotssituation wird auch von Helm (2001, S. 118) und Plötner (1993, S. 19) thematisiert.

Pharmaunternehmens durch eigenes Screening zumindest ex ante nicht auf deren Authentizität zu prüfen vermag.

Als alternative Quellen von Produktinformationen, die nicht vom Pharmaunternehmen stammen und die der Arzt für Screening-Aktivitäten nutzen kann, kommen im Wesentlichen neutrale wissenschaftliche Publikationen oder die Anwendungserfahrungen medizinischer Kollegen in Betracht. Der Arzt wird derartige Informationsquellen grundsätzlich bevorzugt nutzen, da er sie aufgrund der Abwesenheit opportunistischer Motive bei unabhängigen Wissenschaftlern sowie medizinischen Kollegen als glaubwürdig einschätzt (vgl. Huston 1993, S. 52; Prounis 2003, S. 14). Unabhängig von dem Maß an Glaubwürdigkeit, das der Arzt diesen unterschiedlichen Informationsquellen beimisst, unterliegen diese jedoch gleichermaßen der Einschränkung, dass sie nur ein unvollständiges Bild des neuen Arzneimittels liefern können. Beim Kontakt zu medizinischen Kollegen und dem Studium der Fachliteratur, die den Wissensstand aus den klinischen Prüfungen der Phasen I bis III wiedergibt, kann zwar aufgrund der Neutralität dieser Quellen deren mangelnder Leistungswillen (d.h. die Opportunismusgefahr) nahezu ausgeschlossen werden. Wegen der Neuartigkeit und Komplexität der Innovation kennt jedoch selbst die Zulassungsbehörde nur die Sucheigenschaften und die bis zum gegenwärtigen Zeitpunkt aufgedeckten und ihr vom Pharmaunternehmen mitgeteilten Erfahrungseigenschaften. Die Informationsasymmetrie bleibt somit in diesem Bereich der Erfahrungseigenschaften selbst bei umfassenden Screening-Aktivitäten des Arztes erhalten. Daraus resultiert die zumindest potenziell gegebene Gefahr von Opportunismus und mangelnder Leistungsfähigkeit bzw. Expertise auf Seiten des Pharmaunternehmens, die den Informationswert von dessen Signaling-Aktivitäten negativ beeinträchtigen. Der Pharmareferent kann z.B. auf vermeintlich herausragende Nutzenaspekte hinweisen, ohne dabei zu erwähnen, dass sich diese jedoch tatsächlich nur bei einem kleinen Anteil der in den Anwendungsbeobachtungen oder klinischen Studien beobachteten Patienten eingestellt haben.

Vertrauenseigenschaften („Credence Qualities") stellen Merkmale eines Produktes dar, die zu keinem Zeitpunkt - oder nur zu prohibitiv hohen Kosten - vom

Nachfrager aufgedeckt werden können (vgl. Darby/Karni 1973, S. 69; Kaas 1990, S. 543).[46] Zu diesen Kosten gehören auch Opportunitätskosten der Zeit, die durch den zeitlichen Aufwand verursacht werden, der mit der Aufdeckung der Vertrauenseigenschaften verbunden ist (vgl. Weiber/Adler 1995a, S. 54). Es ist darauf hinzuweisen, dass sich nicht in jedem Fall eine eindeutige Abgrenzung zwischen Vertrauens- und Erfahrungseigenschaften vornehmen lässt. Dies gilt insbesondere dann, wenn die Offenlegung einer Erfahrungseigenschaft durch den Nachfrager erst nach einem langen Zeitraum ab der ersten Verwendung möglich ist (vgl. Darby/Karni 1973, S. 69). Ein Beispiel, das in den Grenzbereich zwischen Erfahrungs- und Vertrauenseigenschaften fällt, bildet die sich für den Arzt und den Patienten nur langfristig bemerkbar machende erwünschte präventive Wirkung von Arzneimitteln der Hormonersatztherapie auf den Verlauf der postmenopausalen Osteoporose.

Wie im Abschnitt 3.2.3 erwähnt, ist das Pharmaunternehmen gemäß § 29 AMG dazu verpflichtet, die Zulassungsbehörde z.B. über vermutete Arzneimittelrisiken zu unterrichten. Die zumindest prinzipiell gegebene Möglichkeit des Unternehmens, seiner Informationspflicht nicht im notwendigen Umfang oder erst mit zeitlicher Verzögerung nachzukommen, bildet wie bei den Erfahrungseigenschaften auch bei den Vertrauenseigenschaften eine Quelle der Qualitätsunsicherheit. Das gleiche gilt für die potenzielle Gefahr, dass der Pharmareferent aufgrund fehlender fachlicher Kompetenz etwaige Veränderungen des Kenntnisstandes des Unternehmens dem Arzt nicht korrekt mitteilt. Im Abschnitt 3.4.2 wird auf gesetzliche Regelungen eingegangen, die dieser Qualitätsunsicherheit entgegenwirken.

Wenngleich die Abgrenzung zwischen Erfahrungs- und Vertrauenseigenschaften streng genommen erst ex post möglich ist, weist eine im Rahmen einer empirischen Untersuchung von Weiber/Adler (1995b) durchgeführte Befragung darauf hin, dass Arzneimittel tatsächlich als Vertrauensgüter wahrgenommen

---

[46] Für den Begriff der Vertrauenseigenschaften („Credence Qualities") wird in der Literatur auch die Bezeichnung „Veiled Qualities" synonym verwendet (vgl. Adler 1996, S. 64; Weiber/Adler 1995a, S. 57).

werden.[47] Die an der Befragung teilnehmenden Personen gaben an, die sog. „Qualitätseigenschaften" (Weiber/Adler 1995b, S. 106) von Arzneimitteln weder vor noch nach dem Gebrauch objektiv einschätzen zu können. Einschränkend ist bezüglich dieser Studie zu erwähnen, dass die darin vorgenommene Klassifikation auf der Beurteilung durch Arzneimittelkonsumenten beruht, die sich im Vergleich zu Ärzten durch mangelnde medizinische Kenntnisse auszeichnen und daher zur objektiven Beurteilung der Leistungsmerkmale von Arzneimitteln weniger befähigt sein dürften als Ärzte. Dem Autor sind keine wissenschaftlichen Publikationen bekannt, welche die subjektive Beurteilung von Arzneimitteln hinsichtlich Such-, Erfahrungs- und Vertrauenseigenschaften aus der Perspektive des Arztes zum Gegenstand haben. Aufgrund der vorangegangenen Argumentation erscheint es jedoch plausibel, dass insbesondere innovative Arzneimittel auch in der Einschätzung von Ärzten einen beträchtlichen Anteil Vertrauenseigenschaften aufweisen.

Bereits Darby/Karni (1973) stellen fest, dass es bei der Klassifikation der einzelnen Leistungsmerkmale eines Gutes als Such-, Erfahrungs-, oder Vertrauenseigenschaft interindividuelle Unterschiede zwischen den Nachfragern gibt. So diskutieren die Autoren sog. „Expert Buyers" und „Non-Expert Buyers", die sich aufgrund ihres Informationsstandes in ihrer Fähigkeit, Leistungsmerkmale objektiv zu beurteilen, voneinander unterscheiden (vgl. Darby/Karni 1973, S. 70). Welchen Anteil der Leistungsmerkmale eines Arzneimittels der Arzt als Sucheigenschaften bezeichnet, ließe sich streng genommen somit nur in einer Einzelfallbetrachtung klären, die den fachlichen Kenntnisstand jedes Arztes gesondert berücksichtigt. Vor dem Hintergrund der hohen Homogenität der in dieser Arbeit untersuchten Ärzte (alle gehören derselben Facharztgruppe an) erscheint eine Vernachlässigung interindividueller Unterschiede bei der Bewertung der Leistungsmerkmale eines innovativen Arzneimittels jedoch gerechtfertigt. Bei der Terminologie von Darby/Karni (1973) bleibend ist

---

[47] Durch die Vorgabe einer globalen Fragestellung, die sich auf die Qualitätseigenschaften als Ganzes bezogen, erlaubte die Untersuchung von Weiber/Adler (1995b) keine differenzierte Betrachtung einzelner Such-, Erfahrungs- oder Vertrauenseigenschaften. Stattdessen ließen sich die in der Studie betrachteten Güter nur als Such-, Erfahrungs- oder Vertrauensgüter klassifizieren.

anzunehmen, dass die befragten Ärzte nicht in Gruppen von „Expert Buyers" und „Non-Expert Buyers" unterteilt werden können. Auch wenn z.b. ältere Ärzte einen größeren Erfahrungsschatz besitzen, erscheint es plausibel, dass angesichts eines bis dato weitgehend unbekannten innovativen Arzneimittels alle Ärzte diesbezüglich über ein annähernd gleiches Maß an Expertenwissen verfügen. Hinsichtlich innovativer Arzneimittel verfügen ggf. die in Universitätskliniken tätigen forschenden Ärzte über ein Maß an Expertenwissen, das das Wissen der übrigen Ärzte übertrifft. In der im Kapitel 5 geschilderten empirischen Studie wurden jedoch ausschließlich niedergelassene Ärzte (Gynäkologen) untersucht. Diese dürften sich hinsichtlich ihres Expertenwissens nicht deutlich voneinander unterscheiden.

Die Abbildung 4 verdeutlicht den Umstand, dass sich jedem Austauschgegenstand (so auch innovativen Arzneimitteln) eine Kombination von Such-, Erfahrungs- und Vertrauenseigenschaften zuordnen lässt (vgl. Darby/Karni 1973, S. 69). Aufgrund der Komplementarität dieser drei informationsökonomischen Leistungsmerkmale lässt sich jeder Austauschgegenstand durch einen Punkt in der zwischen den drei Eckpunkten aufgespannten Ebene darstellen, die in der folgenden Graphik innerhalb des Koordinatensystems der Such-, Erfahrungs- und Vertrauenseigenschaften abgebildet ist.

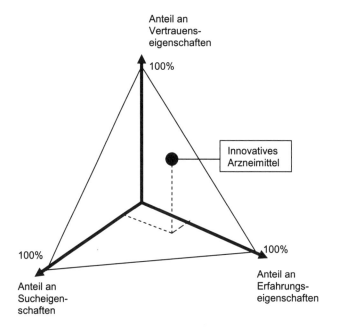

Abb. 4: Informationsökonomische Leistungsmerkmale innovativer Arzneimittel
Quelle: in Anlehnung an Adler (1994, S. 52)

An dieser Stelle erscheint ein Zwischenfazit der bisherigen Analyse angebracht: Der hohe Anteil von Erfahrungs- und Vertrauenseigenschaften bei innovativen Arzneimitteln macht es dem Arzt unmöglich, seine Informationsdefizite allein durch Screening-Aktivitäten abzubauen. Er ist daher auf Informationen bzw. Signale des Pharmaunternehmens angewiesen, um das Arzneimittel zu beurteilen. Diese Signale zeichnen sich jedoch durch ein Glaubwürdigkeitsproblem aus. Dieses besteht darin, dass - wie in Abschnitt 3.2.3 beschrieben - die Auswertungen von klinischen Prüfungen und Anwendungsbeobachtungen, auf denen die vom Pharmaunternehmen an die Zulassungsbehörde und die Ärzte kommunizierten Produktinformationen beruhen, weitgehend unter der Kontrolle des Unternehmens ablaufen. Sie sind daher für den Arzt wenig transparent.

Selbst wenn diese unternehmensinternen Prozesse dem Arzt vollständig transparent gemacht würden und somit den Charakter von Sucheigenschaften annähmen, wären die Möglichkeiten des Arztes, diese „Process Search Qualities" (Plötner 1993, S. 19) zu beurteilen, jedoch begrenzt. Neben der statistischen und pharmazeutischen Expertise, die der Arzt benötigen würde, um beurteilen zu können, ob die klinischen Studien und die Anwendungsbeobachtungen fachgerecht durchgeführt werden, fehlt dem Arzt schlichtweg die Zeit, um sich auch nur mit einer einzelnen klinischen Studie intensiv zu befassen.

Informationsökonomisch betrachtet bedingt somit die mangelnde Möglichkeit der vollständigen Überprüfung der Signale des Pharmaunternehmens die Qualitätsunsicherheit des Arztes (vgl. Kaas 1990, S. 542). Die Qualitätsunsicherheit birgt für den Arzt in seiner Rolle als Verordner die „(...) Gefahr einer falschen Entscheidung (...)" (Wittmann 1959, S. 189). Nimmt der Arzt die Verordnung des neuen Arzneimittels im Vergleich zur Verordnung ihm besser bekannter älterer Arzneimittel daher als risikobehaftet wahr, so bedeutet dies, dass der Arzt tendenziell auf die Verordnung der Innovation zugunsten der in der Ärztegemeinde bereits etablierten Arzneimittel verzichten wird, um die auf den therapeutischen Erfolg bezogene Unsicherheit zu minimieren.

3.4 Möglichkeiten der Reduktion der Qualitätsunsicherheit

3.4.1 Informationssubstitution

Da die Beschaffung von Produktinformationen und die Überprüfung von Signalen des Unternehmens durch Screening-Aktivitäten des Arztes nicht dazu geeignet sind, die von ihm wahrgenommene Qualitätsunsicherheit vollständig zu neutralisieren, benötigt der Arzt hierzu ergänzende Möglichkeiten der Reduktion der Qualitätsunsicherheit.

Alternativ zur Suche und Bewertung von Produktinformationen lassen sich auch sog. Surrogatinformationen zu Rate ziehen, um die Qualität eines Leistungsangebots zu beurteilen. Diese Art von Informationen bezieht sich nur mittelbar auf das eigentlich interessierende Austauschobjekt bzw. Produkt. Die auf sie gestützte Beurteilung des Anbieters wird als indirekte Kontrolle sowie als Informationssubstitution bezeichnet, da die Surrogatinformationen als Substitute für die dem Nachfrager unbekannten produktspezifischen Informationen betrachtet werden (vgl. Kupsch/Hufschmied 1979, S. 239). In Anlehnung an Weiss (1992, S. 55) konzeptualisiert Plötner (1993, S. 21) die Surrogatinformationen als „(...) alle Informationen über das Verhalten des Anbieters bzw. die entsprechenden Verhaltensergebnisse (...), die sich nicht aus einer unmittelbaren Kontrolle der anzuschaffenden Problemlösung ergeben." Hierunter lassen sich alle Informationen subsumieren, die Aufschluss über die grundsätzliche Leistungsfähigkeit und den Leistungswillen des Pharmaunternehmens erbringen. Konkrete Beispiele für Surrogatinformationen bilden die Größe eines Unternehmens sowie das Image einer Marke (vgl. Rosenstiel/Ewald 1979, S. 101). Hierbei handelt es sich quasi um Sucheigenschaften des Anbieters, aus denen der Nachfrager auf die Ausprägung der Vertrauenseigenschaften des betrachteten Produkts schließt. Über Surrogatinformationen lassen sich letztlich jedoch auch Vertrauenseigenschaften eines Austauschobjekts wie z.B. eines innovativen Arzneimittels nicht aufdecken. Darüber hinaus kann argumentiert werden, dass die vom Nachfrager vorgenommene Inferenz von den Surrogatinformationen auf die unbekannten Leistungseigenschaften im Kern eine Vertrauenshandlung des Nachfragers darstellt. Die Informationssubstitution wird daher in dieser Arbeit nicht als eine eigenständige Methode der Überwindung von Qualitätsunsicherheit betrachtet. Vielmehr ist sie inhaltlich eng mit dem Vertrauen in den Anbieter verwandt.

Im Folgenden werden zunächst Gesetze als formale Sanktionsmechanismen und im anschließenden Abschnitt das Vertrauen des Arztes in das Pharmaunternehmen diskutiert. Hierbei handelt es sich um zwei auf dem Pharma-Markt wirksame soziale Mechanismen, die der Reduktion der durch den Arzt wahrgenommenen Qualitätsunsicherheit dienen.

3.4.2 Gesetze als formale Sanktionsmechanismen

Die folgende Argumentation stützt sich auf Wirth (2002, S. 329ff.). Das deutsche Arzneimittelhaftungssystem ist durch eine erhebliche Beweiserleichterung für den durch Arzneimitteleinnahme geschädigten Patienten gekennzeichnet. Die Schadensersatzpflicht des Pharmaunternehmens wird durch § 84 AMG und § 823 Abs. 1 Bürgerliches Gesetzbuch (BGB)[48] geregelt. Tritt im Rahmen einer Arzneimitteltherapie bei einem Patienten ein Schadensfall ein, so kann dieser Ansprüche gegen seinen behandelnden Arzt und das Pharmaunternehmen geltend machen. Die Haftung des Pharmaunternehmens aus § 84 AMG ist verschuldensunabhängig. Die daneben mögliche Haftung aus § 823 BGB Abs. 1 (Körperverletzung) des Arztes und des Pharmaunternehmens setzt den Nachweis der Fahrlässigkeit voraus.

Der Arzt, der zugelassene Arzneimittel bestimmungsgemäß, insbesondere unter Beachtung der Gebrauchs- und Fachinformationen einsetzt, hat wegen eines arzneimittelbedingten Schadens seines Patienten keine juristischen Konsequenzen zu fürchten. Jedoch versucht der Arzt solche Schadensfälle grundsätzlich zu vermeiden, nicht zuletzt deshalb, weil - selbst wenn die Schuld dem Unternehmen zugesprochen worden ist - sich auf Seiten des Patienten Unzufriedenheit mit der ärztlichen Behandlung einstellt. Daher werden an dieser Stelle diejenigen Gesetze betrachtet, die sicherstellen sollen, dass der Arzt vom Pharmaunternehmen stets nach dem neuesten wissenschaftlichen Kenntnisstand mit Informationen versorgt wird, damit das Eintreten unerwünschter Behandlungsfolgen bereits im Vorfeld einer Therapie vermieden wird.

Das Arzneimittelrecht reguliert die Informationspolitik des Pharmaunternehmens umfassend. So hat dieses bereits vor der Markteinführung des innovativen Arzneimittels eine vollständige Dokumentation aller klinischen Prüfungen mit dem Zulassungsdossier beim BfArM einzureichen. Die Zurückhaltung relevanter Informationen ist somit nicht zulässig. Der exakte Wortlaut der Gebrauchs- und

---

[48] Bürgerliches Gesetzbuch (BGB) In der Fassung der Neubekanntmachung vom 2.1.2002 (BGBl. I S. 42, ber. S. 2909, 2003 S. 738); zuletzt geändert durch Gesetz vom 6.2.2005 (BGBl. I S. 203).

Fachinformationen, deren inhaltliche und formale Anforderungen durch § 10f. AMG geregelt sind, wird mit der Zulassung durch das BfArM festgelegt. Änderungen der Gebrauchs- und Fachinformationen darf das Pharmaunternehmen gemäß § 29 Abs. 2a AMG nur mit Zustimmung des BfArM vornehmen. Auch in der anschließenden Phase IV sind gemäß § 63b Abs. 2 AMG alle dem Pharmaunternehmen zukommenden Informationen, die eine Veränderung des Nutzen-Risiko-Profils des Arzneimittels zur Folge haben, dem BfArM mitzuteilen und in den Gebrauchs- und Fachinformationen zu vermerken. Darüber hinaus untersagt § 3 HWG irreführende Werbung. In den §§ 75 und 76 AMG werden die Anforderungen an die Sachkenntnis des Pharmareferenten und dessen Pflichten geregelt, um dem Problem mangelnder Expertise des Pharmareferenten entgegenzuwirken.

Es bleibt dennoch festzuhalten, dass der Auffassung der informationsökonomischen Marketingliteratur zufolge niemand dazu in der Lage ist, alle Eventualitäten, die sich in einem Austauschverhältnis ergeben können, zu antizipieren und eindeutig vertraglich zu regeln und darüber hinaus über die Einhaltung dieser Verträge zu wachen (vgl. Shapiro 1987, S. 633). Ebenso wenig wie Verträge sind die Gesetze dazu in der Lage, die Interessen des Verbrauchers perfekt zu schützen (vgl. Williamson 1990, S. 23). Dies gilt auch für die Gewährleistung der wissenschaftlichen Vollständigkeit, Authentizität und Aktualität der dem Arzt von Seiten des Pharmaunternehmens kommunizierten Arzneimittelinformationen durch das deutsche Arzneimittelrecht. Da somit trotz eines hohen Grades gesetzlicher Regulierung die vom Arzt wahrgenommene Qualitätsunsicherheit durch das Arzneimittelrecht nicht vollständig ausgeräumt werden kann, wird im Folgenden das Vertrauen des Arztes in das Pharmaunternehmen eingehender betrachtet. Dieses Konstrukt dient der Überwindung der stets verbleibenden „Rest-Unsicherheit", die sich weder durch Produkt- und Surrogatinformationen noch durch Rechtsvorschriften neutralisieren lässt.

3.4.3 Das Vertrauen des Arztes in das Pharmaunternehmen

Ausgangspunkt der Konzeptualisierung des Vertrauenskonstrukts bildet die sich im allgemeinen Gebrauch des Vertrauensbegriffs niederschlagende Vorstellung, dass sich das Vertrauen eines Individuums (des Vertrauensgebers) auf eine Vielzahl unterschiedlicher Objekte (die Vertrauensnehmer) wie z.B. Personen, Organisationen und gesellschaftliche Institutionen beziehen kann (vgl. Seifert 2001, S.18). Hieraus wird ersichtlich, dass es sich bei diesem Phänomen um einen zentralen Bestandteil der menschlichen Gesellschaft handelt, der sich durch eine breite Anwendbarkeit in einer Vielzahl von Lebensbereichen auszeichnet. Entsprechend interdisziplinär gestaltet sich die wissenschaftliche Auseinandersetzung mit dem Vertrauen, die insbesondere auf Gebieten wie der Psychologie, den Sozialwissenschaften und der Philosophie geführt wird (vgl. Mayer et al. 1995, S. 709). Hierbei fällt eine relativ ausgeprägte Heterogenität der Definitionen des Vertrauenskonstrukts auf (vgl. Hosmer 1995, S. 381). Dieser Facettenreichtum der Ansätze zur Begriffsbestimmung spiegelt die Vielfalt der den unterschiedlichen wissenschaftlichen Fachrichtungen zugrunde liegenden Theorien und Fragestellungen wider, zu deren Beantwortung dieses Konstrukt beiträgt (vgl. McDonald et al. 1972, S. 143f.).

Im Sinne einer Systematisierung dieser heterogenen Definitionslandschaft wird im Folgenden - ohne Anspruch auf Vollständigkeit erheben zu können - ein konzises Bild dreier wichtiger theoretischer Geltungsbereiche des Vertrauens skizziert. Diese auf verschiedene Wissenschaftsgebiete zurückgehenden Geltungsbereiche weisen aufgrund ihres spezifischen und untereinander weitgehend überschneidungsfreien Begriffsverständnisses des Vertrauenskonzepts eine hohe analytische Trennschärfe auf. Für die Operationalisierung wissenschaftlicher Fragestellungen in Gestalt formaler Hypothesen ist eine derartige begriffliche Präzision unerlässlich. Im Anschluss wird die dieser Arbeit zugrunde gelegte Vertrauensdefinition vorgestellt und einem der drei Geltungsbereiche zugeordnet.

- Generalisiertes Vertrauen als stabiles Persönlichkeitsmerkmal

Im Kontext der aus der Psychologie stammenden Theorie des sozialen Lernens wird das Vertrauen definiert als „(...) a generalized expectancy held by an individual that the word, promise, oral or written statement of another individual or group can be relied on" (Rotter 1967, S. 651). Dieses generalisierte Vertrauen entspricht einer grundsätzlichen Vertrauensdisposition einer Person gegenüber Individuen bzw. Gruppen, die der Person nicht näher bekannt sind. Diese vertrauensvolle oder misstrauische Verhaltenstendenz ist das Ergebnis der Verallgemeinerung (bzw. Generalisierung) der Erfahrungen, die eine Person in der Vergangenheit mit anderen Personen gemacht hat. Generalisiertes Vertrauen besitzt den Charakter eines relativ stabilen Persönlichkeitsmerkmals, welches unabhängig von Eigenschaften der Personen ist, denen Vertrauen oder Misstrauen entgegengebracht wird. Dennoch unterliegt es aufgrund neuer Eindrücke stets einer gewissen Veränderung (vgl. Rotter 1980, S. 1).

- Vertrauen in Systeme

Während das generalisierte Vertrauen einem Individuum oder einer Gruppe entgegengebracht wird, löst sich das Konzept des Vertrauens in Systeme von dieser personenbezogenen Betrachtungsebene. Ein von Shapiro (1987, S. 628f.) erwähntes Beispiel des Vertrauens von Individuen in die ordnungsgemäße Abwicklung von Warentermingeschäften an der Börse verdeutlicht, dass nicht einzelne Personen, sondern institutionalisierte Systeme die Vertrauensnehmer darstellen. Ein vergleichbares Beispiel bildet die freie Presse eines demokratischen Staates. Hierbei richtet der Leser sein Vertrauen nicht auf einzelne Personen, sondern auf die Presse als unabhängige Institution. Diese stellt ein Expertensystem dar, zu dem nicht notwendigerweise direkte Kontakte bestehen (vgl. Shapiro 1987, S. 628f.). Dieser makroskopische Geltungsbereich des Vertrauens spiegelt den soziologischen Hintergrund dieser Begriffsbestimmung wider. In modernen, westlichen Industriegesellschaften lässt sich ein von Giddens (1990, S. 21) als „Disembedding" bezeichnetes Phänomen beobachten. „Disembedding" bezeichnet den Umstand, dass das menschliche Handeln in zunehmendem Maße über ein durch persönliche Bekanntschaften gekennzeichnetes Beziehungsgeflecht hinausreicht. Das Leben des Einzelnen wird vermehrt durch Institutionen bestimmt, die ihm nicht persönlich vertraut sind (vgl. Giddens 1990, S. 21ff.). Das Vertrauen in Systeme stellt ein Konzept dar, um den Umgang der Individuen mit diesen Institutionen zu erklären.

- Vertrauen als Beziehungsvariable

Bei der im Folgenden betrachteten Konzeptualisierung des Vertrauens steht das Verhältnis des Vertrauensgebers (d.h. dem Vertrauenden) zu einem konkreten Vertrauensnehmer, einem sog. „Specific Other" (vgl. Butler 1991, S. 643) im Vordergrund, weshalb hierfür auch die Bezeichnung „spezifisches Vertrauen" Anwendung findet. Im Gegensatz zu dem Begriffsverständnis des generalisierten Vertrauens und des Systemvertrauens existiert hier ein eindeutig identifizierbarer Akteur, der sich in einem direkten Interaktionsverhältnis mit dem Vertrauensgeber befindet. Dieser sich auf eine dyadische Betrachtungsebene beziehende Geltungsbereich des Vertrauens eröffnet diesem Konstrukt Anwendungsmöglichkeiten für die Beantwortung sozialpsychologischer Fragestellungen. So besitzt das Vertrauen eine große Bedeutung als Ausgangsbedingung kooperativer Interaktionen zwischen Individuen. Golembiewski/McConkie (1975, S. 131) weisen gar explizit darauf hin, dass es keine Variable gibt, die das Verhalten in Dyaden und größeren Gruppen so maßgeblich beeinflusst, wie das Vertrauen. Auch die informationsökonomische Marketingliteratur (vgl. Kaas 1992, S. 896) sowie insbesondere die Autoren des Relationship Marketing bedienen sich dieses dyadischen Ansatzes der Konzeptualisierung des Vertrauens.[49]

Im Folgenden wird das Vertrauen in das Pharmaunternehmen in seiner Funktion als eine vom Arzt verfolgte Strategie zur Überwindung der mit der Verordnung innovativer Arzneimittel verbundenen Qualitätsunsicherheit betrachtet. Auch Ripperger (1998) betont diese Funktion des Vertrauens als Mittel zur Bewältigung der von einem Austauschpartner ausgehenden Unsicherheit.

---

[49] Vgl. hierzu die folgenden, dem Relationship Marketing zuzuordnenden Publikationen: Andaleeb (1992), Anderson/Narus (1990), Anderson/Weitz (1990), Dwyer et al. (1987), Moorman et al. (1992) sowie Morgan/Hunt (1994).

Das Vertrauen des Nachfragers in den Anbieter dient laut Plötner (1993, S. 43) der vollständigen Reduktion der endogenen bzw. Qualitätsunsicherheit, die vom Anbieter ausgeht: „Wenn der Nachfrager dem Anbieter vertraut, empfindet er jedoch hinsichtlich endogener Schadensursachen *keine* (Herv. d. Verf.) Unsicherheit (...)." Diese Argumentation von Plötner (1993) stützt sich auf Luhmann (1989, S. 8), demzufolge eine vertrauende Person so handelt, „(...) als ob die Zukunft sicher wäre."[50] Eine vergleichbare Argumentation findet sich bei Ganesan (1994, S. 14). Hierin wird erkennbar, dass das Vertrauen dazu geeignet ist, die Qualitätsunsicherheit des Arztes zu neutralisieren, die auch nach der vollen Ausschöpfung der ärztlichen Screening-Aktivitäten und dem durch das Arzneimittelrecht gewährleisteten Schutz zum Trotz verbleibt. Die Gesamtheit der Möglichkeiten, die sich dem Arzt zur Bewältigung der Qualitätsunsicherheit anbieten, ist in Abbildung 5 dargestellt:

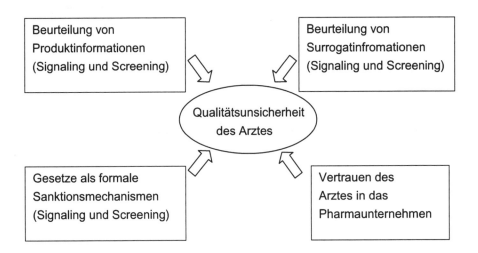

Abb. 5: Möglichkeiten der Reduktion der Qualitätsunsicherheit des Arztes
Quelle: eigene Darstellung

---

[50] Die Arbeiten von Luhmann beruhen nicht auf dem Theoriegebäude der Informationsökonomik. Vielmehr lassen sie sich verschiedenen Forschungsfeldern wie der soziologischen Systemtheorie, der Lerntheorie und der Attributionstheorie zuordnen. Die Informationsökonomik bedient sich jedoch der von Luhmann geprägten Vorstellung des Vertrauens als einem Mechanismus zur Komplexitäts- bzw. Unsicherheitsreduktion (vgl. Plötner 1993, S. 8).

Da in der vorliegenden Arbeit die Annahme vertreten wird, dass die Qualitätsunsicherheit die ärztliche Innovationsbereitschaft hemmt, kann das Vertrauen, welches diese Unsicherheit gemäß Plötner (1993, S. 43) vollständig neutralisiert, als ein Faktor aufgefasst werden, der die Innovationsbereitschaft fördert. Auf welchem Weg das Vertrauen die Innovationsbereitschaft beeinflusst, wird im Abschnitt 4.6.1 diskutiert.

Das in dieser Arbeit verwendete dyadische Begriffsverständnis des Vertrauens als Beziehungsvariable findet sich in der Definition von Morgan/Hunt (1994) wieder. Vertrauen gegenüber einem Austauschpartner gilt dann als gegeben, wenn „(...) one party has confidence in an exchange partner´s reliability and integrity" (Morgan/Hunt 1994, S. 23). Wenngleich nicht explizit im Wortlaut der Definition erwähnt, lässt sich der Argumentation von Morgan/Hunt (1994, S. 23f.) entnehmen, dass die zumindest latent verhaltenswirksame Bereitschaft, sich auf den Anbieter zu verlassen („to rely"), in die Konzeptualisierung des Vertrauens eingeschlossen wird. Mit dieser Handlungsabsicht geht das Begriffsverständnis der Autoren über die bloße Einschätzung der Vertrauenswürdigkeit eines Austauschpartners durch den anderen Austauschpartner hinaus. Eine im Folgenden vorzunehmende inhaltliche Analyse der von Morgan/Hunt (1994) verwendeten Definitionskerne dient der näheren Bestimmung der konstitutiven Merkmale des Vertrauens. Empfindet der Nachfrager gegenüber dem Anbieter Vertrauen bzw. Zutrauen („Confidence"), so ist darunter eine positive Erwartung hinsichtlich des gegenwärtigen und zukünftigen Verhaltens des Anbieters zu verstehen. Aufgrund der zwangsläufig gegebenen Unvollständigkeit der Informationen ist diese Erwartung mit einer objektiven Unsicherheit belegt. In dem „(...) firm belief, that the trustworthy party is reliable and has high integrity (...)" (Morgan/Hunt 1994, S. 23) kommt jedoch die subjektiv empfundene Gewissheit („Firm Belief") des Nachfragers bezüglich des Vorhandenseins von Eigenschaften des Anbieters zum Ausdruck, die diesen als vertrauenswürdig ausweisen. Das einem vertrauenswürdigen Anbieter zugeschriebene Merkmal der Rechtschaffenheit bzw. Aufrichtigkeit („Integrity") weist darauf hin, dass der Vertrauensgeber objektiv betrachtet stets dem potenziellen Risiko opportunistischer Ausnutzung durch den Vertrauensnehmer ausgesetzt ist. Diese Sicht deckt sich mit den Vorstellungen von Luhmann (1968, S. 22) sowie Rempel et al. (1985, S. 96), denen zufolge ein konstitutives Merkmal eines Vertrauensverhältnisses darin besteht, dass für den Vertrauensnehmer die Möglichkeit und ein wie auch immer gearteter Anreiz gegeben ist, das in ihn gesetzte Vertrauen zu missbrauchen. Diese Annahme fügt sich gut in die bereits vorgestellte informationsökonomische Modellprämisse der Opportunismusgefahr ein. Schätzt der Nachfrager den Anbieter als aufrichtig bzw. rechtschaffen ein, so leitet sich daraus die Erwartung ab, dass dieser die Möglichkeit der opportunistischen Ausnutzung trotz eventuell existierender Anreize nicht wahrnimmt bzw. wahrnehmen wird. Diese subjektive Erwartungshaltung des Nachfragers entspricht dessen Vertrauen in den Anbieter. Daneben bezieht sich das Vertrauen des Nachfragers auch auf die Verlässlichkeit („Reliability") des Anbieters. Morgan/Hunt (1994, S. 23) verstehen die Verlässlichkeit nicht als eine von der Rechtschaffenheit unabhängige Vertrauensdimension. Daher liefern sie auch keine explizite Definition des Konzepts der Verlässlichkeit. Aus ihrer Argumentation lässt sich jedoch ableiten, dass die Verlässlichkeit des Anbieters, dem Vertrauen entgegengebracht wird, unter anderem auf dessen kontinuierlich gegebener Leistungsfähigkeit bzw. Kompetenz beruht (vgl. Morgan/Hunt 1994, S. 23). Auch Deutsch (1960), Doney/Cannon (1997, S. 37), Price/Arnould (1999, S. 44), Barber (1983, S. 165) sowie Sitkin/Roth (1993, S. 373) beschränken das Vertrauen nicht auf die Abwesenheit opportunistischer Absichten des Vertrauensnehmers, sondern beziehen es auch auf dessen Fähigkeiten bzw. fachliche Kompetenz. Nimmt der Nachfrager den Anbieter als kompetent bzw. leistungsfähig wahr, so wird er ihn als verlässlich einschätzen und ihm somit Vertrauen entgegenbringen. Diese Leistungsfähigkeit des Anbieters stellt im Kontext der Pharma-Geschäftsbeziehung die in dieser Arbeit bereits erwähnte fachliche Expertise des Pharmareferenten dar.

Hiermit begibt man sich bereits in die Bestimmung der Einflussgrößen des Vertrauens. Diese Aufgabe wird ausführlich im Gliederungspunkt 4.5 bearbeitet. Letztlich handelt es sich bei den Merkmalen des Pharmaunternehmens, anhand derer der Arzt dessen Vertrauenswürdigkeit beurteilt (z.B. die Expertise des Pharmareferenten), um Surrogatinformationen. Das Vertrauen in den Anbieter als Strategie des Arztes zur Reduktion der Qualitätsunsicherheit weist somit Überschneidungen zu dem in Abschnitt 3.4.1 angesprochenen Konzept der Informationssubstitution auf.

Während die Rechtschaffenheit („Integrity") eines vertrauenswürdigen Anbieters in dessen aufrichtigen Absichten begründet liegt, beruht die Verlässlichkeit („Reliability") insbesondere auf den durch den Nachfrager wahrgenommenen Fähigkeiten des Anbieters. Diese beiden Attribute des Vertrauensnehmers - seine aufrichtigen Absichten und seine Fähigkeiten - stellen die Gegenstücke zu den in der informationsökonomischen Analyse des Abschnitts 3.3.1 betrachteten Quellen der Qualitätsunsicherheit des Pharmaunternehmens dar: dem mangelnden Leistungswillen und der mangelnden Leistungsfähigkeit. Ist Vertrauen gegeben, so schließt der Nachfrager diese beiden Quellen der Qualitätsunsicherheit aus. Die von Morgan/Hunt (1994) entwickelte Konzeptualisierung des Vertrauenskonstrukts lässt sich somit gut mit der oben erwähnten Annahme von Plötner (1993, S. 43) vereinbaren, der zufolge bei Vorliegen von Vertrauen keine Qualitätsunsicherheit gegeben ist. Der vertrauende Arzt projiziert eine subjektive Sicherheit auf das Austauschverhältnis, in dem er sich mit dem Pharmaunternehmen befindet.

An dieser Stelle erfolgt eine nähere begriffliche Spezifizierung des Vertrauensnehmers. Morgan/Hunt (1994) nehmen in ihrer Definition keine Unterscheidung zwischen dem Vertrauen in ein Individuum oder ein Unternehmen vor. In ihrer empirischen Untersuchung beziehen sie sich jedoch auf das Vertrauen, das die an einer Befragung teilnehmenden Auskunftspersonen einem Unternehmen entgegenbringen. In Analogie zu diesem Vorgehen kommt in dieser Arbeit nicht dem Pharmareferenten oder anderen im Kundenkontakt befindlichen Individuen, sondern dem Pharmaunternehmen als einer organisatorischen Einheit die Rolle des Vertrauensnehmers des Arztes zu. Diese die individuelle Betrachtungsebene (Arzt als Vertrauensgeber) und die organisationale Betrachtungsebene (Unternehmen als Vertrauensnehmer) verbindende Konzeptualisierung des Vertrauens findet sich auch bei Zaheer et al. (1998). Das interorganisationale Vertrauen ist nicht mit dem in diesem Abschnitt bereits beschriebenen

Konzept des Systemvertrauens gleichzusetzen, zumal persönliche Interaktionen zwischen Arzt und Unternehmensangehörigen stattfinden. Der in dieser Arbeit gewählte Verzicht auf eine Differenzierung einzelner Vertrauensnehmer auf Seiten des Pharmaunternehmens stellt keinen reinen Pragmatismus dar, dessen Zweck allein in der Begrenzung der Modellkomplexität besteht. Vielmehr lassen sich hierfür die folgenden sachlogischen Gründe anführen: Pharmaunternehmen besitzen unter anderem aufgrund der Koordination ihrer Kommunikationsmaßnahmen in der Wahrnehmung der Ärzte eine eigenständige Unternehmensidentität bzw. Corporate Identity.[51] Die Ergebnisse qualitativer Interviews, die vom Autor zum Zweck der Hypothesengenerierung unter fünf Berliner Ärzten durchgeführt wurden, unterstützen die Annahme, dass die Pharmaunternehmen als eigenständige Unternehmenspersönlichkeiten wahrgenommen werden. Diese in der Außenwirkung konsistente Persönlichkeit jedes Pharmaunternehmens wird besonders deutlich durch das firmenspezifische medizinische Ethos vermittelt, welches in Gestalt eines Unternehmenscredos sowohl den Ärzten als auch der Öffentlichkeit kommuniziert wird. In einigen Fällen wird das Unternehmenscredo in inhaltlich stark verdichteter Form als Slogan in die visuelle Gestaltung des Firmenlogos aufgenommen. Als Beispiel sei die Schering AG genannt, deren Unternehmens-Slogan „Making Medicine Work" in der Kommunikationspolitik stets gemeinsam mit dem Firmennamen eingesetzt wird, der die Funktion einer Orientierungsmarke erfüllt.[52] Somit schlägt sich das Unternehmenscredo über einen prägnanten Slogan in dem vom Arzt wahrgenommenen Leitbild der Orientierungsmarke Schering nieder. Dies gelingt auch ohne eine intensive Auseinandersetzung mit dem Unternehmenscredo in seiner vollen Länge, für die viele Ärzte nicht die erforderliche Zeit aufbringen dürften.

Auch die Pharmareferenten besitzen wie alle Unternehmensangehörigen - trotz naturgegebener interindividueller Unterschiede - die Prägung einer spezifischen Unternehmenskultur (vgl. Weßling 1992, S. 25). Auf ihre grundsätzliche Kompatibilität mit den im Unternehmen geltenden Verhaltensnormen lässt sich bereits bei der Mitarbeiterauswahl achten. Die von jedem Pharmaunternehmen an das

---

[51] Zum Konzept der Corporate Identity vgl. unter anderem Meffert (1991).
[52] Zum Konzept der Orientierungsmarke vgl. Kotler/Bliemel (1999, S. 706).

Verhalten der Pharmareferenten gerichteten spezifischen Erwartungen spiegeln sich in deren Stellenbeschreibungen und den unternehmensinternen Schulungen wider. Daher nimmt der Arzt auch im direkten Kontakt mit dem Pharmareferenten die dessen Verhalten prägende Persönlichkeit des Unternehmens wahr. Insofern erscheint die Vorstellung plausibel, dass der Arzt sein Vertrauen auf das Unternehmen bezieht. Abschließend ist für diese Arbeit die Einschränkung zu erwähnen, dass die Vertrauensentstehung aus der unilateralen Perspektive des Arztes als Vertrauensgeber untersucht wird. Der Frage, ob das Pharmaunternehmen bzw. der Pharmareferent dem Arzt gegenüber Vertrauen entwickeln, wird nicht nachgegangen. Damit wird der instrumentellen Perspektive des Relationship Marketing gefolgt, dessen Ziel in der Förderung des Kundenvertrauens im Hinblick auf die Generierung von Umsätzen besteht.[53] Der Prozess eines wechselseitigen Vertrauensaufbaus ließe sich nur über ein Untersuchungsdesign abbilden, in dem sowohl die Ärzte als auch die Vertreter des Pharmaunternehmens befragt würden.

Das Vertrauen des Arztes in das BfArM wird in dieser Arbeit nicht betrachtet, zumal der Fokus der Untersuchung auf die Pharma-Geschäftsbeziehung gerichtet ist. Mangelnde fachliche Kompetenz auf Seiten des BfArM ist zwar nicht vollkommen auszuschließen. Da es auf Seiten des BfArM aber keine ökonomischen Anreize für opportunistisches Verhalten gegenüber dem Arzt gibt, ist anzunehmen, dass die vom BfArM ausgehende Unsicherheit in der Wahrnehmung des Arztes kein großes Gewicht hat.

3.5 Grenzen der Informationsökonomik bei der Erklärung der Vertrauensentstehung

Durch ihren eng auf das entscheidungstheoretische Problem des Handelns unter Unsicherheit ausgerichteten Fokus erlaubt die Informationsökonomik die Formulierung normativer Aussagen. Diese dienen der Beantwortung der Frage,

---

[53] Die instrumentelle Sicht des Vertrauens des Kunden in den Anbieter als einer Quelle von letztlich umsatzrelevanten Wettbewerbsvorteilen wird auch von Licharz (2002, S. 21) vertreten.

welche Strategie der Bewältigung von Qualitätsunsicherheit sich mit Blick auf Kosten und Nutzen der Informationssuche und -verarbeitung für den Nachfrager als optimal erweist und von diesem daher gewählt werden sollte (vgl. Adler 1996, S. 135). Bei Gütern mit einem hohen Anteil von Sucheigenschaften stiftet eine leistungsbezogene Informationssuche, also die ex ante vorzunehmende Kontrolle der Eigenschaften des Austauschgegenstandes, einen hohen Nettonutzen, da nur in geringem Umfang Suchkosten entstehen. Je höher hingegen der Anteil von Erfahrungs- und Vertrauenseigenschaften ist, desto geringer fällt aufgrund der hohen Suchkosten der Nettonutzen der Informationssuche aus. Den höchsten Nettonutzen hinsichtlich der Unsicherheitsreduktion stiftet hier eine Strategie, bei der sich der Nachfrager auf Austausche mit denjenigen Anbietern beschränkt, denen er Vertrauen entgegenbringt.

Für die vorliegende Arbeit besitzt die Informationsökonomik einen bedeutenden analytischen Wert. Sie liefert eine schlüssige Erklärung dafür, dass das Vertrauen in den Anbieter Kaufentscheidungen des Nachfragers fördert, welche sich auf Produkte beziehen, die durch einen hohen Anteil Erfahrungs- und Vertrauenseigenschaften gekennzeichnet sind. Diese Eigenschaften sind in besonderem Maße bei neuartigen Arzneimitteln gegeben. Auf den Kontext des Pharma Marketing übertragen bedeutet dies, dass das Vertrauen des Arztes in das Pharmaunternehmen die wahrgenommene Qualitätsunsicherheit des Arztes hinsichtlich der innovativen Arzneimittel dieses Unternehmens neutralisiert und somit dessen Bereitschaft zur Verordnung dieser Arzneimittel fördert. Die Informationsökonomik erlaubt die Identifikation des Vertrauens als einem zentralen Element der Beziehung zwischen Arzt und Pharmaunternehmen. So argumentiert Kleinaltenkamp (1992, S. 820), dass ein Nachfrager bei einem Anbieter, dem er vertraut, weniger risikoreduzierende Maßnahmen (z.B. Screening) durchführt als bei einem Anbieter, dem er kein Vertrauen entgegenbringt. Daher kann das Vertrauen als ein Nutzen stiftendes Merkmal einer Geschäftsbeziehung verstanden werden, das Such- und Kontrollkosten einsparen hilft. Dieser aus der Reduktion der Qualitätsunsicherheit entstehende Nutzen bildet ein utilitaristisches Motiv[54] des Arztes für das Eingehen von Pharma-Geschäftsbeziehungen mit Unternehmen, die als vertrauenswürdig eingeschätzt werden. Somit bietet die Informationsökonomik eine Erklärung dafür, dass auch die Ärzte Pharma-Geschäftsbeziehungen als wertvoll betrachten.

Es stellt sich nun die Frage, unter welchen Bedingungen, die zumindest partiell durch das Pharmaunternehmen beeinflusst werden können, der Arzt gegenüber dem Unternehmen Vertrauen entwickelt. Auf Grundlage von v. Weizsäcker (1980, S. 72ff.) lässt sich die Entstehung des Vertrauens des Arztes als Extrapolation der mit dem Pharmaunternehmen gesammelten Erfahrungen erklären. Verfügt der Arzt noch nicht über hierfür ausreichende Erfahrungen, so kann das Pharmaunternehmen versuchen, auf dem Wege des Signaling seine Leistungsfähigkeit und seinen Leistungswillen glaubhaft zu demonstrieren. Diese Signale gelten dann als glaubwürdig, wenn sie für ein leistungsunfähiges und -unwilliges Pharmaunternehmen langfristig zu teuer wären. Spence (1976, S. 595) prägt hierfür den Begriff der exogenen kostenintensiven Signale („Exogenously Costly Signals"). Hierbei handelt es sich um leistungsübergreifende Surrogatinformationen (vgl. Adler 1996, S. 135), die vom Pharmaunternehmen stammen, sich jedoch nicht unmittelbar auf das betrachtete Arzneimittel beziehen. Ein Beispiel für diese Signale stellen alle Unternehmensaktivitäten dar, die dem Aufbau einer guten Reputation im Markt dienen. Die für die Reputationsbildung erforderlichen Maßnahmen sind z.B. umfangreiche F&E-Aktivitäten sowie eine regelmäßige Betreuung durch Pharmareferenten. Die hiermit verbundenen Investitionen zeigen erst langfristig Wirkung und erweisen sich als kostenintensiv. Würde das Pharmaunternehmen seine mühsam erworbene Reputation durch opportunistisches oder fachlich nicht kompetentes Verhalten leichtfertig aufs Spiel setzen, so gingen diese Investitionen verloren. Je größer der Umfang dieser Investitionen (d.h. je kostenintensiver die Signale des Pharmaunternehmens sind), desto eher kann sich der Arzt darauf verlassen, dass auf Seiten des Unternehmens tatsächlich Leistungsfähigkeit und Leistungswillen vorliegen und das Pharmaunternehmen somit vertrauenswürdig ist (vgl. Klee 2000, S. 65;

---

[54] Assael (1987, S. 32) definiert Motive als: „(...) general predispositions that direct behavior toward attaining certain desired objectives."

Spremann 1988, S. 620). Der hier skizzierte Erklärungsansatz, den die Informationsökonomik für die Entstehung des Vertrauens des Arztes in das Pharmaunternehmen liefert, erscheint aufgrund des hohen Abstraktionsgrades dieser Theorie in seinen Aussagen recht allgemein und wird dem vielschichtigen Charakter des psychologischen Konstrukts Vertrauen nach Auffassung des Autors daher nicht vollständig gerecht. So liefert z.B. Kaas (1992, S. 895ff.) eine sehr abstrakte informationsökonomische Erklärung der Vertrauensentstehung, die auf der glaubhaften Demonstration des Leistungswillens und der Leistungsfähigkeit beruht. Dieser Ansatz weist deutliche Parallelen zu Spence (1976) auf.

Trotz ihres analytischen Beitrags zu dieser Arbeit erweist sich die Informationsökonomik nicht als geeignet, die Ebene der Austauschbeziehung, in deren dyadischem Kontext sich das Vertrauen des Arztes gegenüber dem Pharmaunternehmen entwickelt, genauer zu beleuchten. Als ein hypothetisches Konstrukt, das in der Psyche des Arztes verankert ist, stellt das Vertrauen das Ergebnis zumindest teilweise kognitiv gesteuerter Urteilsbildungsprozesse des Arztes dar. Um die Frage zu beantworten, wie sich das Vertrauen des Arztes in der Austauschbeziehung zum Pharmaunternehmen entwickelt, bedarf es daher einer Theorie, die die psychischen Prozesse abbildet, welche für die Vertrauensentstehung relevant sind.

Wegen ihres analytischen Bezugs auf einzelne Transaktionsentscheidungen (z.B. den Kauf von Vertrauensgütern) erweist sich die Informationsökonomik bei der Modellierung dieser kognitiven Urteilsbildungsprozesse als wenig geeignet. Hier wird ein grundlegendes Defizit aller ökonomischen Theorien erkennbar, deren Anspruch seit jeher darin besteht, das Funktionieren anonymer Märkte weitgehend unabhängig von intra- oder interpersonellen Merkmalen der Markt-Akteure zu erklären. Norden (1990, S. 12) spricht in diesem Zusammenhang von dem „(...) Mangel einer noch nicht entwickelten Subjekttheorie der Ökonomik (...)", der auch bei der Informationsökonomik herrscht.

Für weiterführende Untersuchungen, die sich mit der Vertrauensentstehung befassen, bildet die im folgenden Kapitel vorzustellende Social Exchange Theory

(SET) eine besser geeignete theoretische Grundlage. Dieses der Sozialpsychologie zuzuordnende Theoriegebäude nimmt eine interaktionistische Perspektive ein und bereichert die Modellierung des Wirkungszusammenhangs zwischen dem Vertrauen des Arztes in das Pharmaunternehmen und der Innovationsbereitschaft. Zwar bildet wie schon bei der Informationsökonomik die Transaktion bzw. der soziale Austausch auch bei der SET die elementare Handlungseinheit. Durch ihren über den einzelnen Austausch hinausgehenden Beziehungsfokus überwindet die SET jedoch den der Informationsökonomik immanenten statischen Transaktionsbezug.

Das Ziel der in dem folgenden Kapitel vorzunehmenden Modellbildung besteht darin, die für die Pharma-Geschäftsbeziehung relevanten Konstrukte und deren Wirkungsbeziehungen zu erfassen. Dabei wurden in Ergänzung zu einem auf dem Literaturstudium der SET basierenden theoriegeleiteten Ansatz der Modellentwicklung qualitative Interviews mit fünf Ärzten geführt. Dieses explorative Vorgehen diente der Identifikation von Konstrukten, bei denen sich ein hoher Erklärungsbeitrag für die Erfolgsgrößen des Pharma-Relationship Marketing erwarten lässt. Da nicht alle auf diesem Wege in das Modell der Pharma-Geschäftsbeziehung integrierten Konstrukte aus der SET stammen, ist dieses Modell als eklektisch zu bezeichnen.

4 Ein Modell vertrauensbasierter Pharma-Geschäftsbeziehungen

4.1 Die Social Exchange Theory als Bezugsrahmen

Die SET beruht in ihren Grundlagen auf Arbeiten von Soziologen wie Homans (1958; 1961; 1974) und Blau (1960; 1964) sowie auf Beiträgen von Sozialpsychologen wie Thibaut/Kelley (1959; 1991). Auch wenn diese soziale Interaktionstheorie ihrem Ursprung nach keine marketingwissenschaftliche Theorie darstellt, wurde ihre Übertragbarkeit auf die Forschung im Marketing und speziell im Relationship Marketing von zahlreichen Autoren wie Dwyer et al. (1987), Ganesan (1994), Morgan/Hunt (1994) und Ramaswami/Singh (2003) belegt.[55] Als erster Autor charakterisiert Homans (1958) soziales Verhalten über das Konzept des interpersonellen Austauschs von tangiblen sowie intangiblen Ressourcen. Diese Vorstellung liegt allen späteren Publikationen zur SET zugrunde (vgl. Lambe et al. 2001, S. 4). Homans (1961, S. 31f.) beschreibt die aus zwei Interaktionspartnern bestehende Dyade, innerhalb derer interpersonelle Austausche stattfinden, als den Kern aller sozialen Beziehungen. Auch Thibaut/Kelley (1959) vertreten diese dyadische Modellierung. Aus einer soziologischen Perspektive betrachtet wird mit dem Konzept der Dyade bewusst eine enge analytische Fokussierung auf die Mikro-Ebene sozialen Verhaltens vorgenommen. Somit erscheint es sinnvoll, den Erklärungshorizont der SET - speziell in seinen Anwendungen auf Fragestellungen der Marketingwissenschaft - in seiner Reichweite auf Vorgänge in der Dyade zu begrenzen.[56] Dies stellt jedoch kein Defizit der Theorie dar, zumal sich die ebenfalls dyadische Pharma-Geschäftsbeziehung, die sich aus einem Arzt und einem Pharmaunternehmen zusammensetzt, innerhalb dieses Erklärungshorizontes befindet.

---

[55] Eine Übersicht der marketingwissenschaftlichen Arbeiten, deren konzeptionelle Basis die SET darstellt, bieten Lambe et al. (2001).

[56] Blau (1964) beschreibt indirekte soziale Austausche, die über das soziale Handlungssystem der Dyade hinausgehen. Somit ist die SET prinzipiell auch auf makroskopische Untersuchungsgegenstände wie größere Gruppen anwendbar. Die Modellierung derartiger indirekter Austausche ist jedoch deutlich komplexer als die Modellierung dyadischer Austauschbeziehungen.

Die Pharma-Geschäftsbeziehung definiert sich nicht allein über einen Austausch, der zu einem bestimmten Zeitpunkt innerhalb der Dyade zwischen Arzt und Pharmaunternehmen stattfindet. Eine Geschäftsbeziehung zeichnet sich zusätzlich dadurch aus, dass die Beziehungspartner zukünftige Austausche antizipieren. Diese Komponente der erwarteten Beziehungskontinuität wird von der SET explizit berücksichtigt. So versteht Emerson (1976, S. 33) die soziale Austauschbeziehung als eine „(...) series of reciprocating benefits extending into the experienced past and the anticipated future."

Diese Definition weist darauf hin, dass die Akteure aus ihren in der Vergangenheit gesammelten positiven Interaktionserfahrungen die Erwartung ableiten, dass sich auch in Zukunft Nutzen stiftende Austausche mit dem anderen Akteur ereignen werden. Diese von beiden Seiten erwartete Kontinuität bedingt die zeitliche Stabilität der Austauschbeziehung. Hierin zeigt sich die Übereinstimmung mit der im Abschnitt 1.1 vorgestellten Definition der Geschäftsbeziehung, der zufolge die Transaktionen zwischen zwei Geschäftsbeziehungspartnern in einem inneren, nicht zufälligen Zusammenhang stehen (vgl. Plinke 1989, S. 307f.). Es lässt sich festhalten, dass die wissenschaftliche Domäne der SET die aus zwei Akteuren bestehende Dyade darstellt, welche durch Verhaltensinterdependenzen der beiden Austauschpartner gekennzeichnet ist. Wissenschaftstheoretisch kann man die SET daher in die Disziplin der Sozialpsychologie einordnen (vgl. Chadwick-Jones 1976, S. 4).

Trotz dieses dyadischen Untersuchungsgegenstandes lässt sich die SET - bezieht man sie auf den Kontext des Pharma Marketing - auch als Erklärungsansatz für die Kognitionen und Einstellungen des einzelnen Arztes innerhalb der Pharma-Geschäftsbeziehung verwenden. Diese den Arzt isolierende Betrachtung wird dadurch ermöglicht, dass die SET auf einem System von Prämissen beruht, welche die Motive beschreiben, die das Interaktionsverhalten des einzelnen Individuums antreiben. Insbesondere Blau (1964) sowie Thibaut/Kelley (1959) stützen sich hierbei auf Annahmen der aus der Psychologie stammenden kognitiven Lerntheorie (vgl. Chadwick-Jones 1976, S. 3). Ihre Argumentationen weisen auch Ähnlichkeiten zu dem aus der Käuferverhaltensforschung stammenden Motivationsprozess des Konsumenten auf.[57] So besteht eine grundlegende Annahme der SET darin, dass Individuen einen sozialen Austausch mit der Erwartung vornehmen, dass ihnen daraus eine Belohnung erwächst. Ein weiterer konzeptioneller Vorzug der SET besteht in ihrer Fähigkeit, die Prozesse aufzuzeigen, welche die Entstehung von Vertrauen und Relationship-Commitment in der Austauschbeziehung zu erklären vermögen. Hierauf wird in den Gliederungspunkten 4.4 und 4.5 detailliert eingegangen.

Ein derartiger, auf das Individuum, seine Verhaltensmotive und Einstellungen gegenüber seinem Interaktionspartner bezogener Blickwinkel wird auch in dem in dieser Arbeit zu entwickelnden Modell der Pharma-Geschäftsbeziehung eingenommen, das auf dem konzeptionellen Fundament der SET und der mit ihr kompatiblen Theorien ruht. Hierbei bleibt die Geschäftsbeziehung zwischen Arzt und Pharmaunternehmen prinzipiell als Untersuchungsgegenstand erhalten. Die Analyse der die Geschäftsbeziehung beschreibenden Merkmale erfolgt jedoch allein aus der subjektiven Sicht des in den Beziehungskontext eingebetteten Arztes. In der SET-Literatur wird dieser Ansatz der Betrachtung eines sozialpsychologischen Phänomens aus einem psychologischen Blickwinkel bereits von Homans (1961) gewählt. Dieser Ansatz erlaubt es, die folgenden für die Theorie und Praxis des Pharma-Relationship Marketing relevanten Fragen zu beleuchten: Wie beurteilt der Arzt eine bestehende Pharma-Geschäftsbeziehung und welchen Einfluss hat dieses Urteil auf die Bereitschaft des Arztes, die Pharma-Geschäftsbeziehung fortzuführen?

Obwohl ursprünglich für den interpersonellen Kontext entwickelt, lässt sich die SET gemäß De Wulf/Odekerken-Schröder (2001, S. 87) auch auf den Kontext der Interaktionen zwischen Personen und Organisationen übertragen. Der Argumentation dieser Autoren zufolge sind Interaktionen zwischen einzelnen Konsumenten und Unternehmen einer auf der SET basierenden Analyse durchaus zugänglich. Insofern erscheint es im Hinblick auf die Anwendbarkeit der SET auf die Fragestellungen dieser Arbeit unproblematisch, dass das zu entwickeln-

---

[57] Zu dem Modell des Motivationsprozesses vgl. unter anderem Schiffman/Kanuk (1997, S. 83).

de Modell eine „Person-to-Firm"-Geschäftsbeziehung zwischen Arzt und Pharmaunternehmen zum Gegenstand hat. Zu einem vergleichbaren Urteil gelangt man, wenn man der Argumentation von Iacobucci/Ostrom (1996) folgt. Diese Autoren betonen, dass sog. „Mixed Dyads", bei denen einzelne Individuen (z.B. Kunden) Beziehungen zu Organisationen unterhalten, große Ähnlichkeiten zu interpersonellen Dyaden aufweisen, da die Interaktionen auf beiden Seiten von Menschen durchgeführt werden (vgl. Iacobucci/Ostrom 1996, S. 57). Ein ähnliches Beziehungsverständnis liegt bei Whitener (2001) vor, die die SET auf die Beziehung zwischen einem Unternehmen und dessen Mitarbeitern anwendet.

Die Tatsache, dass die SET nicht auf einen einzelnen Autor oder eine klar abgegrenzte wissenschaftliche Schule zurückgeführt werden kann, sondern vielmehr interdisziplinären Ursprungs ist, hat Chadwick-Jones (1976) dazu veranlasst, eine inhaltliche Gemeinsamkeit aller Arbeiten zu definieren, die einen Forschungsbeitrag zur SET leisten. Diesem Autor zufolge zeichnen sich alle diese Arbeiten dadurch aus, dass ihr zentrales Interesse interpersonellen Beziehungen und den in diesen Beziehungen ablaufenden Prozessen sozialen Verhaltens gilt (vgl. Chadwick-Jones 1976, S. 2). Aufgrund der hohen Allgemeingültigkeit der grundlegenden Prämissen der SET zeichnet sich diese Theorie durch eine große konzeptionelle Offenheit aus. Dieser Umstand ermöglicht es, bei der Entwicklung eines Modells der Pharma-Geschäftsbeziehung die theoretische Basis um solche Konstrukte zu erweitern, die als Prädiktoren des Vertrauens und des Relationship-Commitment des Arztes den Besonderheiten des Pharma-Marktes Rechnung tragen. Bevor die Anwendung der SET auf den Kontext des Management von Pharma-Geschäftsbeziehungen erfolgt, werden im Folgenden die Basisprämissen und die Funktionsmechanismen dieses Ansatzes näher beschrieben. An dieser Stelle lässt sich bereits festhalten, dass die Informationsökonomik und die SET hinsichtlich der Grundannahmen ihres Menschenbildes miteinander vereinbar sind. Weder Homans (1961) noch Blau (1964) unterstellen eine homogene Verteilung vollständiger Informationen zwischen den Akteuren und damit verbunden vollkommene Rationalität (vgl. Chadwick-Jones 1976, S. 280). Somit ist durch die sich ergänzende Anwendung beider Theorien im Rahmen dieser Arbeit nicht die Gefahr eines inneren Widerspruchs der Gesamtargumentation gegeben.

4.2 Der soziale Austausch in der Pharma-Geschäftsbeziehung

Um die in einer Pharma-Geschäftsbeziehung ablaufenden Austausche zu charakterisieren, bietet sich zunächst eine Gegenüberstellung zweier konzeptionell verschiedener Austauschformen an: der ökonomische Austausch und der soziale Austausch. Blau (1964, S. 93ff.) grenzt den ökonomischen Austausch vom sozialen Austausch wie folgt ab: Bei einem ökonomischen Austausch werden von beiden Seiten Leistungen erbracht, die eindeutig quantifizierbar und monetär bewertbar sind. Es liegt eine reziproke Leistungsverpflichtung vor. Das bedeutet, dass der ökonomische Austausch nicht von einem Akteur einseitig initiiert wird, ohne dass der andere Akteur eine verbindliche Zusage zu einer von ihm zu erbringenden Gegenleistung macht. Die Austauschmodalitäten werden mit dem Einverständnis beider Transaktionspartner vertraglich festgelegt, wobei dies jedoch nicht notwendigerweise in schriftlicher Form erfolgen muss. Somit sind die wechselseitigen Leistungsverpflichtungen und die daraus erwachsenden Ansprüche der am Austausch Beteiligten klar spezifiziert. Der ökonomische Austausch weist deutliche Gemeinsamkeiten zu den in der Informationsökonomik beschriebenen Transaktionen auf, die sich auf eindeutig bewertbare Leistungen mit einem dominierenden Anteil Sucheigenschaften beziehen.

Soziale Austausche, die einen wesentlichen Untersuchungsgegenstand der SET darstellen, beziehen sich hingegen nicht zwangsläufig auf Leistungen, die sich hinsichtlich Menge und Wert eindeutig spezifizieren lassen. Die ausgetauschten Leistungsgegenstände bzw. Werte können zwar durchaus einen ökonomischen Charakter besitzen (vgl. Blau 1964, S. 94). Der soziale Austausch umfasst jedoch auch solche Formen des Austauschs, bei denen ein Individuum einem anderen einen Gefallen erweist, oder ihm im Gegenzug für eine bestimmte Handlung Respekt zollt. Für diese sozialen Handlungen lässt sich kein ökonomischer Wert bestimmen (vgl. Blau 1968, S. 455). Dies bedeutet, dass für die Austauschobjekte nicht immer ein Preis gebildet werden kann, der für ökonomische Markttransaktionen im klassischen Sinne Voraussetzung ist.

Ein weiteres allein den sozialen Austausch beschreibendes Merkmal besteht in der Abwesenheit verbindlicher, gegenseitiger Leistungsverpflichtungen. Es werden keine vertraglichen Übereinkünfte getroffen, um die Reziprozität des Austauschs zu garantieren. Vielmehr stiftet ein Interaktionspartner A zunächst in einer einseitig initiierten Handlung durch sein Verhalten dem Akteur B einen Nutzen. Wie in diesem Gliederungspunkt noch näher erläutert wird, ist dieser zunächst einseitige Austausch durch die - allerdings mit Unsicherheiten behaftete - Erwartung des Akteurs A motiviert, eine Nutzen stiftende Gegenleistung vom Akteur B zu erhalten. Auf die Art (und damit auch auf den Wert) dieser vom Akteur A antizipierten Gegenleistung sowie den Zeitpunkt, zu dem diese erbracht wird, besitzt der Akteur A keinen Einfluss. Das heißt, der Akteur B besitzt bei der Wahl der Gegenleistung einen Handlungsspielraum. Die an den Akteur B gerichteten Erwartungen des Akteurs A beziehen sich anders als bei ökonomischen Transaktionen somit nicht auf eine im Vorfeld zwischen den beiden ausgehandelte, eindeutig spezifizierte Gegenleistung. Blau (1964, S. 93) bezeichnet diese unkonkrete, nicht einklagbare Verpflichtung des Akteurs B zur Gegenleistung als „Unspecified Obligation". Hierfür soll der Begriff „unspezifische Verpflichtung" verwendet werden.

Die mangelnde ex-ante Spezifizierung der Gegenleistung macht es erforderlich, dass der Akteur A dem Akteur B Vertrauen entgegenbringt (vgl. Blau 1964, S. 94). Das Vertrauen bezieht sich auf die Leistungsfähigkeit und den Leistungswillen des Akteurs B, den Erwartungen des Akteurs A zu entsprechen. Ist dieses Vertrauen in den Akteur B nicht gegeben, so hemmt dies die Bereitschaft des Akteurs A, den sozialen Austausch durch seine eigene einseitige Vorleistung zu eröffnen.

Die Unterscheidung zwischen ökonomischen Austauschen und den sozialen Austauschen, auf die sich die SET primär bezieht, liegt in dem sozialpsychologischen Hintergrund dieser Theorie begründet, der die Beantwortung von Fragestellungen, die sich auf ökonomische Transaktionen beziehen, nicht vorsieht. Dies bedeutet jedoch nicht, dass die SET als theoretischer Bezugsrahmen für ein Modell der Pharma-Geschäftsbeziehung, die von dem Arzt und dem Unternehmen primär aus professionellen bzw. ökonomischen Beweggründen unterhalten wird, ungeeignet wäre. Bereits bevor diese Theorie in der Marketingliteratur Beachtung gefunden hat, wurde von Blau (1964) festgestellt, dass Transaktionen auf Märkten für komplexe Dienstleistungen - z.b. „Professional Services" (Blau 1964, S. 93) - eine größere konzeptionelle Nähe zu dem sozialen Austausch aufweisen als Transaktionen auf Märkten für „Commodities", welche rein ökonomischen Austauschen entsprechen (vgl. Blau 1964, S. 93). Aus der Warte der Informationsökonomik betrachtet lässt sich diese von Blau (1964) getroffene Annahme damit begründen, dass sich insbesondere komplexe Dienstleistungen im Vorfeld der Transaktion hinsichtlich ihrer Qualitätsmerkmale nicht exakt spezifizieren lassen. Die Nachfrage nach komplexen Dienstleistungen löst somit auf Seiten des Anbieters „unspezifische Verpflichtungen" gegenüber dem Nachfrager aus, denen der Anbieter nachzukommen hat (vgl. Blau 1964, S. 93). Diese mangelnde Möglichkeit der Ex-ante-Spezifikation ist nicht nur für komplexe Dienstleistungen charakteristisch, sondern für alle Leistungen bzw. Leistungsbündel, die einen hohen Anteil Erfahrungs- und Vertrauenseigenschaften aufweisen. Da diese Eigenschaften in beträchtlichem Maße bei innovativen Arzneimitteln sowie den diese Produkte erklärenden Informationsdienstleistungen des Pharmareferenten gegeben sind, stehen die Modellannahmen der SET deren Anwendung auf Pharma-Geschäftsbeziehungen nicht entgegen.

Die Bereitschaft des Arztes, ein neuartiges Arzneimittel des Unternehmens in einer entsprechenden Indikation zu verordnen, kann durch das Konzept des sozialen Austauschs gut erfasst werden. So stiftet die ärztliche Innovationsbereitschaft dem Unternehmen einen ökonomischen Nutzen, sobald sie sich in dem Verordnungsverhalten des Arztes konkretisiert. Hierbei handelt es sich um einen sozialen Austausch, da die an die Wirksamkeit und andere Nutzendimensionen des Arzneimittels gerichteten Erwartungen des Arztes - wie im Gliederungspunkt 3.3.1 dargelegt - mit Unsicherheiten behaftet sind. Auf Seiten des Pharmaunternehmens bestehen somit „unspezifische Verpflichtungen" gegenüber dem Arzt, da es - ungeachtet der vom Pharmareferenten in der Produktpräsentation evtl. gemachten Leistungsversprechen - grundsätzlich nicht möglich ist, den durch das Arzneimittel gestifteten Nutzen ex ante genau zu spezifizieren. Damit der Arzt die Bereitschaft entwickelt, dieses neue Arzneimittel zu verordnen, muss er dem Unternehmen dahingehend vertrauen, dass dieses seinen „unspezifischen Verpflichtungen", die aus der Verordnung resultieren, nachkommt. Dies bedeutet, dass der Arzt dem Pharmaunternehmen dahingehend vertraut, dass von Seiten des Unternehmens ex ante keine Leistungsversprechen gemacht werden, die das Produkt ex post nicht einhält.

Auch wenn der Innovationsbereitschaft im Kontext dieser Arbeit eine hohe Bedeutung zukommt, beschränkt sich die Anwendbarkeit des Konzepts des sozialen Austauschs nicht auf dieses Konstrukt. Wie die folgenden Schilderungen zeigen sollen, besitzt vielmehr die Gesamtheit der zwischen Arzt und Pharmaunternehmen ablaufenden Interaktionen den Charakter sozialer Austausche. Als Beispiel eines einseitig durch ein Unternehmen initiierten sozialen Austauschs sei die Einladung eines Arztes zur Teilnahme an einer durch ein Pharmaunternehmen ausgerichteten Fortbildungsveranstaltung genannt. Die für die Teilnahme an der Veranstaltung von dem Arzt zu erbringende Gegenleistung kann unter anderem aufgrund der mangelnden Spezifizierbarkeit der Austauschgegenstände nicht zwischen dem Unternehmen und dem Arzt verbindlich ausgehandelt werden. Selbst wenn das Pharmaunternehmen - unter Missachtung des Arzneimittelrechts und der in der Pharmazeutischen Industrie gültigen ethischen Grundsätze[58] - den Arzt zu einer Zusage bewegen könnte, bestimmte Arzneimittel vermehrt zu verordnen, ließe sich die Einhaltung dieser Zusage durch das Unternehmen nicht kontrollieren. Dies liegt an den im Gliederungspunkt 2.5.2.1 genannten Datenschutzbestimmungen. Aus Sicht des Pharmaunternehmens liegen also beim Arzt „unspezifische Verpflichtungen" gegenüber dem Unternehmen vor. Ein Arzt, der die Einladung auf eine Fortbildungsveranstaltung wahrnimmt, kann somit frei entscheiden, welche für das Pharmaunternehmen wertvolle Handlung er in das soziale Austauschverhältnis einbringt. So könnte er sich z.B. für die unentgeltliche Teilnahme an einer Expertenbefragung

---

[58] Vgl. hierzu die Schilderungen im Gliederungspunkt 4.5.2.

der Marktforschungsabteilung zur Verfügung stellen oder zukünftig mehr Informationsmaterialien des betrachteten Unternehmens in seinem Wartezimmer auslegen.

Dieses durch Handlungsspielräume der Austauschpartner gekennzeichnete Verhältnis besitzt einen reziproken Charakter. Empfängt der Arzt den Pharmareferenten, so entstehen beim Arzt Opportunitätskosten, da die Gesprächszeit von der Arbeitszeit des Arztes abgezogen wird, ohne dass eine Aufwandsentschädigung gezahlt wird. Hierin verdeutlicht sich der sowohl Nutzen als auch Kosten verursachende Charakter des sozialen Austauschs, auf den bereits Homans (1961) hinweist. Er definiert den sozialen Austausch als „(...) an exchange of activity, tangible or intangible, and more or less *rewarding or costly* (Herv. d. Verf.), between at least two persons" (Homans 1961, S. 13). Die Bereitschaft des Arztes, den Pharmareferenten zu empfangen, stiftet letzterem einen Nutzen, da er dazu in die Lage versetzt wird, die vertrieblichen Aufgaben wahrzunehmen, mit denen ihn sein Arbeitgeber betraut hat. Der Arzt ist sich dieses Umstands bewusst. Hieraus erwächst dessen Erwartung, dass die Produktinformationen, die er durch den Pharmareferenten erhält, ihm seinerseits einen Nutzen stiften, der die bei ihm anfallenden Opportunitätskosten der Zeit übertrifft. Da jedoch zwischen den beiden Akteuren keine verbindliche Vereinbarung hinsichtlich der Qualität und Menge der Informationsdienstleistungen des Pharmarefererenten getroffen wurde, liegen auch auf Seiten des Pharmareferenten nur „unspezifische Verpflichtungen" gegenüber dem Arzt vor. Ein anderes Beispiel besteht darin, dass ein Arzt - ungeachtet der ethischen und gesetzlichen Hindernisse - nicht dadurch, dass er die Arzneimittel eines bestimmten Unternehmens verordnet, einen Anspruch gegen das Pharmaunternehmen geltend machen kann, auf eine Fortbildungsveranstaltung eingeladen zu werden. Es zeigt sich somit, dass sämtliche Austauschsituationen in der Pharma-Geschäftbeziehung den Charakter sozialer Austausche mit wechselseitigen Handlungsspielräumen besitzen.

Eine elementare Modellannahme, die die SET mit ökonomischen Theorien wie z.B. der Informationsökonomik teilt, besteht in dem zumindest intendiert rationalen Verhalten der Individuen (vgl. Emerson 1976, S. 31). Soziale Austausche erfolgen wie auch ökonomische Austausche stets vor dem Hintergrund eines durch die Handlung angestrebten Nutzens: „'Social exchange', as the term is used here, refers to voluntary actions of individuals that are motivated by the returns they are expected to bring and typically do in fact bring from others" (Blau 1964, S. 91). Das Motiv, also die das Verhalten antreibende Kraft, die die Akteure zum Eingehen und auch zur Aufrechterhaltung einer Austauschbeziehung bewegt, besteht in der Erwartung einer Belohnung, die aus dem Austausch hervorgeht (vgl. Blau 1964; Homans 1958; Thibaut/Kelley 1959).

Wie sich Homans' (1961, S. 13) Definition des sozialen Austauschs entnehmen lässt, ist die SET hinsichtlich der Natur der Austauschgegenstände offen konzeptualisiert. Sie trifft also keine Annahmen darüber, welcher Art die Austauschobjekte sind, die den Transaktionspartnern Nutzen stiften. Blau (1964, S. 95) schließt explizit solche durch Interaktionen ausgetauschten Belohnungen in sein Modell ein, die sich nicht monetär bewerten lassen. Für die meisten zwischen Pharmaunternehmen und Arzt unentgeltlich ausgetauschten Güter bzw. Werte (z.B. produktspezifische Arzneimittelinformationen, Gesprächszeit des Pharmareferenten beim Arzt) existiert kein Markt, sodass es auch nicht möglich ist, einen Preis für diese Austauschgegenstände zu ermitteln. Für ökonomische Austausche wäre dies hingegen eine Voraussetzung. Frei von der in wirtschaftswissenschaftlichen Ansätzen wie der Mikroökonomik geltenden Einschränkung, dass die Objekte des Austauschs einer monetären Bewertung zugänglich sein müssen, spricht die SET nur von Ressourcen, die die Akteure mit dem Ziel einer Belohnung austauschen (vgl. Roloff 1987, S. 12). Diese im Zuge des Austauschs erhaltenen Belohnungen können unterschiedlichster Art sein. Blau (1964, S. 19) spricht in diesem Zusammenhang von „(...) various kinds of rewards (...)." Wie für den sozialen Austausch charakteristisch, sind neben ökonomischen Belohnungen wie z.B. Geld oder monetär bewertbaren Gütern, die sich von der Beziehung analytisch trennen lassen, auch intangible bzw. immaterielle Güter als Quellen der Belohnung vorstellbar. Diese immateriellen Güter, wie zum Beispiel Respekt, Freundschaft und Wohlwollen besitzen einen nicht-monetären Wert, der aus der Austauschbeziehung an sich herrührt. Blau

(1964) bezeichnet diese immateriellen Austauschobjekte, die nicht auf anonymen Märkten zu einem einheitlichen Preis gehandelt werden können, deren Wert vielmehr von der Beziehung zu der Person abhängt, von der diese Austauschobjekte stammen, als intrinsische Belohnungen. Anders als ökonomische Austausche zeichnen sich soziale Austausche somit durch einen Beziehungsaspekt aus, der neben den extrinsischen, beziehungsunabhängigen Belohnungen auch intrinsische Belohnungen einschließt (vgl. Blau 1964, S. 112). Die zentralen Unterscheidungsmerkmale des ökonomischen und des sozialen Austauschs finden sich zu einer Übersicht zusammengefasst in der folgenden Darstellung wieder.

Merkmale des ökonomischen Austauschs	Merkmale des sozialen Austauschs
<ul><li>Austauschobjekte sind hinsichtlich deren Menge und deren Eigenschaften eindeutig bestimmt.</li><li>Austauschobjekte sind eindeutig ökonomisch bewertbar.</li><li>Zwischen den Austauschpartnern bestehen verbindliche, spezifische Verpflichtungen hinsichtlich Leistung und Gegenleistung.</li><li>Der Wert der Austauschobjekte ist beziehungsunabhängig bzw. extrinsisch.</li></ul>	<ul><li>Nicht alle Austauschobjekte sind hinsichtlich deren Menge und deren Eigenschaften eindeutig bestimmt.</li><li>Nicht alle Austauschobjekte sind ökonomisch bewertbar (z.B. Anerkennung).</li><li>Zwischen den Austauschpartnern bestehen „unspezifische Verpflichtungen". Die Erwartung hinsichtlich deren Erfüllung beruht auf dem Vertrauen in den Austauschpartner.</li><li>Austauschobjekte können sowohl einen beziehungsabhängigen (intrinsischen) als auch einen beziehungsunabhängigen (extrinsischen) Wert besitzen.</li></ul>

Abb. 6: Merkmale des ökonomischen und des sozialen Austauschs
Quelle: eigene Darstellung

Mit dem Konzept des sozialen Austauschs leistet die SET eine Integration von ökonomischen und sozialen Verhaltensanreizen (vgl. Lambe et al. 2001, S. 5f.). Diese konzeptionelle Flexibilität der SET ermöglicht ihre Anwendung bei der Untersuchung verschiedenster Austauschbeziehungen. So erlaubt es die SET zum einen, das Verhalten von solchen Individuen zu beschreiben, die sich vorwiegend motiviert durch soziale Anreize mit intrinsischem Belohnungscharakter (z.b. Anerkennung) in Austauschbeziehungen begeben. Zum anderen kann das Verhalten von Individuen beschrieben werden, die überwiegend aufgrund ökonomischer Anreize mit extrinsischem Belohnungscharakter (z.B. Geld) Austauschbeziehungen eingehen.

Es bleibt festzuhalten, dass die SET eine hohe Eignung für die Analyse von Pharma-Geschäftsbeziehungen besitzt, da diese - wie für soziale Austausche typisch - durch wechselseitige „unspezifische Verpflichtungen" gekennzeichnet sind. Pharmaunternehmen und Arzt nehmen keine ökonomischen Austausche im Sinne von Käufen von ex ante eindeutig spezifizierbaren Gütern oder Dienstleistungen vor. Es finden zwischen beiden Akteuren keine Verhandlungen bezüglich der Preise und Mengen der Arzneimittel und der sie begleitenden Produktinformationen statt. Auch unterhalten beide Akteure die gemeinsame Austauschbeziehung aus ökonomischen sowie aus sozialen Motiven wie z.B. gegenseitiger Anerkennung oder freundschaftlicher Wertschätzung. In der Gesamtschau besehen bleibt der eigentliche Grund der Existenz der Pharma-Geschäftsbeziehung jedoch professioneller Natur, sodass ökonomische Motive auf beiden Seiten überwiegen.

4.3 Die Struktur des Modells der Pharma-Geschäftsbeziehung

Im Folgenden wird ein Modell der Pharma-Geschäftsbeziehung vorgestellt, das auf der SET und den mit ihr kompatiblen Theorien beruht. Dieses Modell besteht aus 13 Konstrukten und den zwischen ihnen postulierten Abhängigkeitsbeziehungen, deren theoriegeleitete Entwicklung den Gegenstand der Kapitel 4.4 bis 4.7 bildet. Entsprechend ihrer Stellung im Modell und ihrer damit verbundenen Erklärungsfunktion lassen sich diese Konstrukte in vier Gruppen zusammenfassen, die in Abbildung 7 zu einem in seiner Struktur vereinfachten Modellschema angeordnet sind.

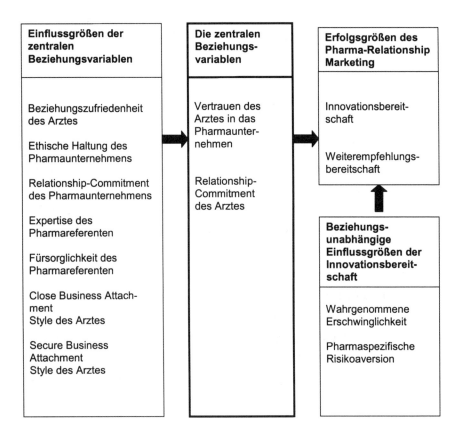

Abb. 7: Eine vereinfachte Struktur des Modells der Pharma-Geschäftsbeziehung
Quelle: eigene Darstellung

In dem Modell kommt der Gruppe der sog. zentralen Beziehungsvariablen eine Schlüsselstellung zu. Hierzu zählen das Vertrauen des Arztes in das Pharmaunternehmen (im Folgenden auch Vertrauen genannt) sowie das Relationship-Commitment des Arztes. Beide Konstrukte besitzen in der Relationship Marketing-Forschung eine vorrangige Bedeutung. Sie stellen Merkmale der aus Sicht des Kunden (hier des Arztes) subjektiv wahrgenommenen Stabilität einer Geschäftsbeziehung dar.

Eine zweite in die vereinfachte Modellstruktur eingefügte Gruppe enthält die für das Pharma-Relationship Marketing als relevant erachteten Einflussgrößen der zentralen Beziehungsvariablen. Die in diesen beiden Gruppen enthaltenen neun Variablen zeichnen ein in der subjektiven Wahrnehmung des Arztes bestehendes Bild von dem gegenwärtigen Zustand, in dem sich eine bestimmte Pharma-Geschäftsbeziehung befindet.

Eine vorrangige Fragestellung dieser Arbeit besteht in der Messung des Einflusses, der von den zentralen Beziehungsvariablen auf zwei bedeutende Zielgrößen des Pharma Marketing - die Innovationsbereitschaft und die Weiterempfehlungsbereitschaft - ausgeht. Diese Zielgrößen werden hier als Erfolgsgrößen des Pharma-Relationship Marketing bezeichnet und zu einer dritten Gruppe zusammengefasst.

Die vierte Variablengruppe enthält zwei weitere Konstrukte, für die eine Wirkung auf die Innovationsbereitschaft postuliert wird: die wahrgenommene Erschwinglichkeit sowie die Pharmaspezifische Risikoaversion. Da diese Konstrukte keine Merkmale einer konkreten Pharma-Geschäftsbeziehung repräsentieren, werden sie zu einer Gruppe beziehungsunabhängiger Einflussgrößen der Innovationsbereitschaft zusammengefasst.

4.4 Die zentralen Beziehungsvariablen –
Vertrauen und Relationship-Commitment des Arztes

Der folgende Abschnitt befasst sich mit den zwei zentralen Beziehungsvariablen sowie dem zwischen ihnen bestehenden Abhängigkeitsverhältnis. Bereits im Abschnitt 3.4.3 ist das Vertrauen als eine zentrale Strukturvariable der Pharma-Geschäftsbeziehung identifiziert worden. Auf Basis der SET lässt sich nun die Bedeutung des Relationship-Commitment des Arztes als einem weiteren wichtigen Beziehungskonstrukt begründen. Aus dem im Abschnitt 4.2 erläuterten Motiv der Nutzengenerierung, das Individuen dazu antreibt, soziale Austausche vorzunehmen, lässt sich folgendes ableiten: Der Arzt trifft seine Entscheidung über den Abbruch oder den Fortbestand der Pharma-Geschäftsbeziehung und damit verbunden die Antizipation zukünftiger Austausche in Abhängigkeit davon, ob er den ihm in der bestehenden Beziehung gestifteten Nutzen als zufriedenstellend empfindet. Hiermit verbindet die SET die vergangenheitsbezogene Ebene der ganzheitlichen Bewertung der bis dato vorgenommenen Austausche mit der zukunftsbezogenen Ebene der Bereitschaft des Arztes, in der Pharma-Geschäftsbeziehung zu verbleiben. Diese Konzeption spiegelt die zeitliche Dimension der Pharma-Geschäftsbeziehung im Sinne von Emerson (1976) wider, dessen Definition der Austauschbeziehung bereits im Abschnitt 4.1 vorgestellt worden ist.

Die SET beschreibt somit den Umstand, dass der Arzt auf Grundlage der in einer Pharma-Geschäftsbeziehung in der Vergangenheit als Nutzen stiftend wahrgenommenen Austausche die Erwartung entwickelt, dass in derselben Pharma-Geschäftsbeziehung auch in Zukunft Nutzen stiftende Austausche stattfinden werden. Diese positive Erwartung veranlasst den Arzt dazu, die bestehende Pharma-Geschäftsbeziehung nicht aufzulösen, sondern ihre Fortführung aktiv zu unterstützen. Somit entwickelt sich eine partnerschaftliche Bindung zwischen zwei ursprünglich vollständig unabhängigen bzw. unverbundenen Markt-Akteuren. Blau (1964, S. 89) spricht in diesem Zusammenhang von einer Funktion des sozialen Austauschs, die darin besteht, freundschaftliche Bindungen aufzubauen „(...) to establish bonds of friendship." Die Analogie der freundschaftlichen Bindung dürfte den Charakter einer Pharma-Geschäftsbeziehung zwar nur in Ausnahmefällen exakt wiedergeben. Letztlich dient die Zusammenarbeit in der Dyade den professionellen Zielen des Arztes sowie den ökonomischen Zielen des Unternehmens. Die Übertragung der grundsätzlichen Argumentation von Blau (1964, S. 89ff.), der zufolge die von den Interaktionspartnern als Nutzen stiftend wahrgenommenen sozialen Austausche den Aufbau einer freiwillig eingegangenen partnerschaftlichen Bindung fördern, die frei von ökonomischen Zwängen zum Verbleib in der Beziehung ist, erscheint jedoch plausibel. Die SET stellt somit nicht allein auf den isolierten Austauschvorgang ab, der zu einem gegebenen Zeitpunkt stattfindet. Sie erlaubt vielmehr die Einnahme einer zeitraumbezogenen Perspektive, welche die partnerschaftliche Bindung des Arztes an das Pharmaunternehmen als ein zeitlich stabiles Beziehungselement sieht, das unabhängig von den situativen Bedingungen existiert, unter denen ein einzelner Austausch zu einem bestimmten Zeitpunkt erfolgt. Hierüber qualifiziert sich die SET als ein theoretischer Bezugsrahmen, anhand dessen sich die Entstehungsbedingungen der partnerschaftlichen Bindung des Arztes gegenüber dem Pharmaunternehmen untersuchen lassen, welche der Pharma-Geschäftsbeziehung Stabilität verleiht.

Sowohl in der SET als auch in der auf ihr beruhenden Relationship Marketing-Literatur bildet das Commitment allgemein dasjenige psychologische Konstrukt, welches die partnerschaftliche Bindung eines Akteurs gegenüber seinem Beziehungspartner repräsentiert. Die Frage nach der Anzahl der Dimensionen bzw. Komponenten, die das Commitment umfasst, kann in der Marketingwissenschaft gegenwärtig nicht als geklärt betrachtet werden. In der Marketing-Channel-Literatur nehmen einige Autoren eine Unterscheidung zwischen zwei Formen des Commitment vor, denen zwei verschiedene Bindungsarten zugrunde liegen.[59] Die erste Form des Commitment wird als „Calculative Commitment" bezeichnet und wie folgt definiert: „(...) the extent to which channel members perceive the need to maintain a relationship given the significant anticipated termination or switching costs associated with leaving" (Geyskens et al. 1996, S. 304). Die Bereitschaft eines Akteurs, eine Bindung zu einem Geschäftsbeziehungspartner aufrechtzuerhalten, resultiert aus einer ökonomischen Bewertung des entgangenen Nutzens sowie der Kosten, die mit der Auflösung dieser Beziehung verbunden wären (vgl. Geyskens et al. 1996, S. 304). Die Geschäftsbeziehung besitzt für die sich bindenden Akteure allein eine deren ökonomischen Nutzen maximierende, instrumentelle Funktion.

---

[59] Vgl. hierzu die Arbeiten von Brown et al. (1995), Geyskens et al. (1996) sowie Gilliland/Bello (2002).

Von dem „Calculative Commitment" zu unterscheiden ist das „Loyalty Commitment". Dieses wird definiert als „(...) the state of attachment to a partner experienced as a feeling of allegiance and faithfulness" (vgl. Gilliland/Bello 2002, S. 28). Das „Loyalty Commitment" stellt nicht das Ergebnis eines ökonomischen Kalküls dar, sondern beruht auf einer positiven Einstellung gegenüber der Geschäftsbeziehung. Diese ist verbunden mit einem Gefühl der Treue hinsichtlich des Geschäftsbeziehungspartners, bzw. mit der empfundenen Verpflichtung, die bestehende Geschäftsbeziehung fortzuführen.

Es erscheint fraglich, ob die „Calculative Commitment"-Komponente geeignet ist, um die Kognitionen eines Arztes zu erfassen, die dessen Bereitschaft zugrunde liegen, eine Pharma-Geschäftsbeziehung fortzuführen. Insbesondere ist zu beachten, dass die Autoren der Marketing-Channel-Literatur bei dieser zweidimensionalen Konzeptualisierung des Commitment den spezifischen Bedingungen der Geschäftsbeziehungen zwischen Unternehmen des Groß- und Einzelhandels Rechnung getragen haben. Durch die für den Handelssektor typischen, von beiden Seiten getätigten kapitalintensiven Beziehungsinvestitionen kommt dem „Calculative Commitment" in dieser Branche eine große Bedeutung zu. Es ist z.B. denkbar, dass trotz eines schwachen „Loyalty Commitment" eine starke Bindung eines Einzelhandelsunternehmens gegenüber einem Großhändler besteht. Diese Bindung könnte ausschließlich auf dem „Calculative Commitment" beruhen, das in seiner Höhe durch die monetären Wechselkosten bestimmt wird, die bei dem Einzelhandelsunternehmen im Falle eines Wechsels des Großhändlers anfallen würden. In so einem Fall verbirgt sich hinter diesem extrinsisch motivierten „Calculative Commitment" im Wesentlichen eine ungleiche Verteilung ökonomischer Macht zu Lasten des einen Beziehungspartners. Diese Form der auf einer ökonomischen Abhängigkeit beruhenden Geschäftsbeziehung wird auch als „Constraint-Based Relationship" bezeichnet (vgl. Bendapudi/Berry 1997, S. 18). Hiervon abzugrenzen ist die „Dedication-Based Relationship", die auf einer positiven Einstellung gegenüber dem Beziehungspartner beruht (vgl. Bendapudi/Berry 1997, S. 19). Besteht zwischen zwei Akteuren ein Vertrag, so bildet diese vertragliche Bindung die Grundlage der Abhängigkeit. Letztlich kann diese ebenfalls als ökonomische Abhängigkeit im Sinne einer „Constraint-Based Relationship" betrachtet werden, da sich die rechtlichen Konsequenzen eines Vertragsbruchs (z.B. Konventionalstrafen) monetär quantifizieren lassen.

Die Pharma-Geschäftsbeziehung dürfte zumindest für den Arzt keine ökonomischen, rechtlichen und auch keine nennenswerten technisch-funktionalen Abhängigkeiten beinhalten, wie sie für den Handelssektor vielfach charakteristisch sind. Daher kommt dem „Calculative Commitment" hier keine Bedeutung zu. Insbesondere ist anzunehmen, dass die Überlegungen des Arztes, die zu dem Aufbau von Commitment führen, sich von den ökonomisch fundierten, strategischen Entscheidungsprozessen eines Handelsunternehmens unterscheiden, wie sie durch das „Calculative Commitment" repräsentiert werden. Dies liegt in der Natur der Austausche zwischen Arzt und Pharmaunternehmen begründet. So lassen sich die ökonomischen Konsequenzen einer aufgelösten Pharma-Geschäftsbeziehung für den Arzt weniger präzise quantifizieren als z.B. die Wirkung auf Umsatz und Kosten, die aus einer mit einem Anbieterwechsel verbundenen Sortimentsumstellung eines Einzelhandelsunternehmens resultiert. Die "Calculative Commitment"-Komponente erscheint somit nicht geeignet, die sich auf das Commitment beziehenden kognitiven Prozesse des Arztes realistisch abzubilden. Die Notwendigkeit einer zweidimensionalen Konzeptualisierung des Commitment, wie sie bei Brown et al. (1995), Geyskens et al. (1996) und Gilliland/Bello (2002) vorliegt, ist aus diesem Grund in dieser Arbeit nicht gegeben.

Für die Untersuchung der Pharma-Geschäftsbeziehung erweist sich eine auf Morgan/Hunt (1994) zurückgehende eindimensionale Konzeptualisierung des Commitment daher als besser geeignet. Die hier verwendete Definition des von diesen Autoren als Relationship-Commitment bezeichneten Konstrukts lautet "(...) an exchange partner believing that an ongoing relationship with another is so important as to warrant maximum efforts at maintaining it (...)" (Morgan/Hunt 1994, S. 23). Wie aus dieser Begriffsbestimmung hervorgeht, handelt es sich bei dem Konstrukt um eine Einstellung des Geschäftsbeziehungspartners (hier des Arztes), was durch den Begriff des „Attitudinal Commitment" verdeutlicht wird, mit dem Gilliland/Bello (2002, S. 25) die von Morgan/Hunt (1994) verwendete Konzeptualisierung des Relationship-Commitment belegen. Diese Einstellung bezieht sich auf die subjektiv wahrgenommene Wichtigkeit einer Pharma-Geschäftsbeziehung und ist für den Arzt mit der Verhaltensabsicht verbunden, sich aktiv für den Erhalt dieser Beziehung einzusetzen: „(...) a committed partner wants the relationship to endure indefinitely and is willing to work at maintaining it" (Morgan/Hunt 1994, S. 23). Diese Bereitschaft ist auch dann gegeben, wenn damit z.B. psychische Kosten verbunden sind. Ein Beispiel für diese nicht-monetären Opportunitätskosten stellt ein Beratungsgespräch mit einem Pharmareferenten dar. Dieser wird auch dann empfangen, wenn der Arzt die ihm in seiner Sprechstunde zur Verfügung stehende Zeit aufgrund situativer Faktoren (wie z.B. einem großen Patientenandrang) Nutzen stiftender einsetzen könnte. Diese Kosten werden jedoch langfristig durch den Nutzen überkompensiert, der dem Arzt vom Pharmaunternehmen über den gesamten Beziehungsverlauf hinweg gestiftet wird. Der Arzt nimmt diese Kosten daher bewusst in Kauf. Auch die unentgeltliche Teilnahme an Fokusgruppen-Interviews oder anderen der unternehmensseitigen Marktforschung zuzuordnenden Aktivitäten sind Beispiele für das kooperative Verhalten des Arztes, der sich der Beziehung zu dem Unternehmen verpflichtet fühlt.

Nachdem das Relationship-Commitment neben dem Vertrauen als die zweite zentrale Beziehungsvariable konzeptualisiert worden ist, wird ein zwischen diesen Konstrukten vermuteter Wirkungszusammenhang betrachtet. Die SET und die auf ihr beruhenden Theorien des Relationship Marketing räumen dem Vertrauen eine zentrale Rolle als einem die Austauschbeziehung stabilisierenden Faktor ein (vgl. Blau 1964, S. 99). Ihnen zufolge ist das Vertrauen in den Austauschpartner eine wesentliche Voraussetzung für die Bereitschaft eines Individuums, eine Geschäftsbeziehung einzugehen und diese zu vertiefen (vgl. Morgan/Hunt 1994, S. 24). McDonald (1981, S. 834) betrachtet das Vertrauen als einen direkten Prädiktor des Relationship-Commitment. Er argumentiert, ähnlich wie die Informationsökonomik, dass ein Akteur auf der Grundlage des Vertrauens in seinen Beziehungspartner die Unsicherheiten, die von diesem Beziehungspartner ausgehen, als deutlich reduziert wahrnimmt. Ohne dieses Vertrauen wäre das Interaktionsverhalten in der Beziehung auf Austausche begrenzt, deren Nutzen sich bereits kurzfristig einstellt. Derartige Austausche sind vergleichbar mit Spot-Markt-Transaktionen von Commodity-Gütern, welche weitgehend frei von Risiken sind (vgl. Brealey/Myers 1996, S. 711; Gundlach/Murphy 1993, S. 36). Bringt ein Akteur seinem Austauschpartner jedoch Vertrauen entgegen, so wird er gewillt sein, Ressourcen für den Erhalt der Geschäftsbeziehung aufzubringen, ohne dafür Gegenleistungen zu erwarten, die sofort wirksam werden. Dies entspricht der in der Relationship Marketing-Literatur verbreiteten Vorstellung, der zufolge das Commitment die Bereitschaft darstellt, in einer Geschäftsbeziehung kurzfristige Opfer mit dem Ziel langfristigen Nutzens zu erbringen (vgl. Dwyer et al. 1987, S. 19). Der zeitliche Horizont der Geschäftsbeziehung erhält durch das Relationship-Commitment eine langfristige Orientierung. Der auf wechselseitigen Nutzen ausgerichtete Charakter des Austauschs bleibt in der Geschäftsbeziehung auch weiterhin erhalten. Durch sein Relationship-Commitment signalisiert ein Akteur jedoch, dass er bereit ist, einseitig Austausche zu initiieren, für die er erst auf längere Frist eine äquivalente Gegenleistung erhält. Diese von Gundlach et al. (1995, S. 80) als „Long-Term Investment Intentions" bezeichnete Verhaltensdisposition birgt für den vertrauenden Akteur objektiv betrachtet stets ein Risiko. So setzt sich dieser der Gefahr aus, für den Nutzen, den er seinem Partner durch sein eigenes Relationship-Commitment stiftet, nicht honoriert zu werden. Durch eine Leistung, die ein Akteur A als Ausdruck seines Relationship-Commitment gegenüber dem Akteur B erbringt, entstehen keine vertraglich abgesicherten Ansprüche auf eine gleichwertige Gegenleistung. Vielmehr entstehen auf Seiten des Leistungsempfängers (Akteur B) nur „unspezifische Verpflichtungen". Diese machen auf Seiten des Akteurs A ein Vertrauen in den Akteur B nötig. Ist dieses gegeben, so wird der Akteur A erwarten, dass sein Austauschpartner die ihm angesichts der „unspezifischen Verpflichtungen" gegebenen Handlungsspielräume nicht entgegen der Interessen des Akteurs A ausnutzen wird. Lambe et al. (2001, S. 10) fassen dies wie folgt zusammen: „When providing another with a benefit, one must trust that the other will return the benefit in time, or that the other will reciprocate."

Diese mit dem Relationship-Commitment verbundenen objektiv gegebenen Unsicherheiten gelten auch im Kontext des Pharma-Relationship Marketing. Als verhaltenswirksame Folge der Bereitschaft des Arztes, einen Beitrag zum Erhalt der Geschäftsbeziehung zu leisten, sind mit dessen Relationship-Commitment beziehungsspezifische Investitionen verbunden (vgl. Dwyer et al. 1987, S. 19). Im Praxisalltag eines niedergelassenen Arztes zählen hierzu unter anderem die mit einem Pharmareferenten geführten Beratungsgespräche sowie das Einverständnis, Informationsbroschüren eines Unternehmens im Wartezimmer auszulegen. Auch die Einwilligung des Arztes gegenüber einer fachlichen Betreuung, die über ein Call Center erfolgt, ist Ausdruck des Relationship-Commitment des Arztes. Dies gilt insbesondere dann, wenn der mit der Call Center-Betreuung verbundene Nutzen für den Arzt geringer ausfällt als bei der konventionellen persönlichen Betreuung. Der Arzt kommt somit einem von ihm als wertvoller Partner betrachteten Unternehmen entgegen, welches die Call Center-Betreuung im Zuge einer Restrukturierung des Vertriebs einführt, die dem Unternehmen aus Gründen der Rentabilitätssicherung notwendig erscheint. Mit all den hier geschilderten Beziehungsinvestitionen setzt sich der Arzt der potenziellen Gefahr opportunistischer Ausnutzung durch das Pharmaunternehmen aus. Diese könnte darin bestehen, dass der Arzt für seine Bereitschaft, auf die persönliche Betreuung zugunsten der für das Pharmaunternehmen kostengünstigeren telefonischen Betreuung zu verzichten, nicht in der von ihm erwarteten Form belohnt wird. Stellen sich z.B. die Call Center Agenten in ihrer fachlichen Qualifikation oder ihrer Leistungsbereitschaft nicht wie vom Unternehmen versprochen als gleichwertig zum Pharmareferenten heraus, so entspricht dies einer opportunistischen Ausnutzung der aus dem Relationship-Commitment des Arztes erwachsenden Bereitschaft, dem Unternehmen entgegenzukommen. Daher wird die Bereitschaft des Arztes, durch sein Relationship-Commitment eine Bindung zu diesem Pharmaunternehmen einzugehen, von der Höhe des Vertrauens abhängen.

Eine vergleichbare Begründung für den Wirkungszusammenhang zwischen dem Vertrauen in den Austauschpartner und dem Relationship-Commitment führen Achrol (1991), Anderson/Narus (1990), Anderson/Weitz (1992) und Morgan/Hunt (1994) an. Aryee et al. (2002) sowie Ramaswami/Singh (2003) untermauern mit ihren empirischen Studien diesen Zusammenhang im intraorganisationalen Kontext der Forschung zum „Organizational Commitment". In dem für das Marketing wichtigeren Kontext von Anbieter-Nachfrager-Beziehungen liefern Kalafatis/Miller (1997), La Bahn (1999), Moorman et al. (1992), Morgan/ Hunt (1994), Spake et al. (2003) und Wang (2002) empirische Belege zur Stützung dieser Hypothese. Ergänzend lässt sich das auf Berry (1995) und Hallén et al. (1991) zurückgehende Argument anführen, demzufolge ein Kunde der Beziehung zu einem vertrauenswürdigen Anbieter einen hohen Wert beimisst. Je höher nämlich das Vertrauen des Nachfragers ist, desto geringer fallen die Kosten der gegenüber dem Anbieter ausgeübten Kontrollaktivitäten aus, die bei Transaktionen mit anderen Anbietern von unbekannter Vertrauenswürdigkeit durchzuführen wären (vgl. Geyskens et al. 1996, S. 308; Kleinaltenkamp 1992, S. 820). Hieraus resultiert das Bestreben des Nachfragers, sich diesen aus dem Vertrauen erwachsenden Wert durch eine enge Bindung an den Anbieter dauerhaft zu sichern.

Die hier vorgebrachten Argumente zusammenfassend lässt sich die folgende Hypothese formulieren:

H 1: Je höher das Vertrauen des Arztes in das Pharmaunternehmen, desto höher ist das Relationship-Commitment des Arztes.

4.5 Einflussgrößen der zentralen Beziehungsvariablen

4.5.1 Die Beziehungszufriedenheit des Arztes

Im Abschnitt 4.4 wurde aus dem von Blau (1964) und Emerson (1976) in die SET eingeführten Motiv der Nutzengenerierung, das den sozialen Austauschen zugrunde liegt, die Annahme abgeleitet, dass ein Akteur eine soziale Austauschbeziehung in Abhängigkeit davon fortführt, ob ihn der aus der Beziehung erwachsende Nutzen zufrieden stellt. Für die Beantwortung der Frage, auf welchem Wege die Austauschpartner (hier insbesondere der Arzt) zu dem Urteil gelangen, ob sie eine bestehende Austauschbeziehung als zufrieden stellend beurteilen, liefern die Sozialpsychologen Thibaut/Kelley (1959) einen Ansatz, der in der SET von vielen Autoren aufgegriffen worden ist.[60] Im Mittelpunkt dieses Konzepts stehen der „Comparison Level" (CL) und der „Comparison Level of Alternatives" (CL_{alt}). Der CL entspricht im Verständnis der beiden Autoren der Summe allen ökonomischen und sozialen Nutzens, der einem Austauschpartner seiner eigenen Auffassung nach in der Austauschbeziehung rechtmäßig zusteht (vgl. Thibaut/Kelley 1959, S. 21). Smith (1968, S. 297f.) entwickelt das Konzept weiter. Ihm zufolge ergibt sich der Wert des CL als Durchschnitt der „Outcomes", die in der Beziehung realistischerweise zu erwarten sind. Unter „Outcomes" versteht man die Nutzen stiftenden Ergebnisse einzelner Transaktionsepisoden in einer Austauschbeziehung.[61] Darüber hinaus nehmen auch frühere Austauscherfahrungen des Akteurs Einfluss auf die Höhe seines CL (vgl. Chadwick-Jones 1976, S. 95). Diese Konzeptualisierung des Zustandekommens des CL-Niveaus zeigt deutliche Parallelen zu dem Konstrukt der Leistungserwartung (vgl. Stauss/Seidel 2002, S. 56), das aus der Zufriedenheitsforschung stammt. Der CL dient als eine individuelle interne Referenzgröße, die der Akteur mit den „Outcomes" vergleicht, die sich für ihn in einer konkreten Beziehung ergeben. Diejenigen Beziehungen, bei denen der Nutzen der „Outcomes" den CL des betrachteten Austauschpartners (hier der Arzt) übertrifft, gelten für diesen Austauschpartner als zufrieden stellend und attraktiv (vgl. Thibaut/Kelley 1959, S. 21). Für diese aus der SET-Literatur stammende Hypothese konnten in einer marketingwissenschaftlichen Studie empirische Belege erbracht werden (vgl. Anderson/Narus 1990, S. 53).

Die Abbildung 8 dient der Veranschaulichung der von Thibaut/Kelley (1959, S. 21) beschriebenen Urteilsbildung.

---

[60] Vgl. hierzu die Arbeiten von Messick/Thorngate (1967), Smith (1968), Smith/Emmons (1969) sowie Wyer (1968).
[61] Emerson (1976, S. 31f.) verwendet die Begriffe „Utility" (Nutzen) und „Outcomes" synonym. Er ordnet den Begriff „Utility" der Ökonomie zu, während der Begriff „Outcomes" der Terminologie der Sozialpsychologie zuzuordnen ist.

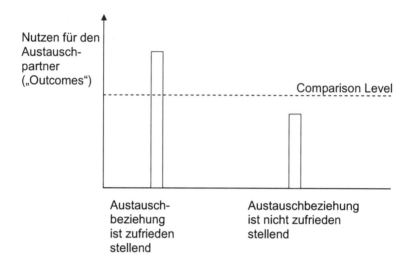

Abb. 8: Beurteilung einer Austauschbeziehung aus der Perspektive eines Austauschpartners
Quelle: eigene Darstellung

Es wird in dieser Arbeit vorausgesetzt, dass der Pharmareferent - in Erfüllung seiner durch die Vertriebsleitung formulierten Vorgaben - weitgehend unabhängig von dem Nutzen, der ihm aus den Interaktionen mit dem Arzt erwächst, eine stabile Pharma-Geschäftsbeziehung zum Arzt anstrebt. Anders als dem Arzt fehlt dem Pharmareferenten faktisch die Entscheidungsautonomie, für oder gegen die Fortsetzung der Interaktionen mit dem Arzt zu optieren. Zwar kann auf der Ebene der Marketingleitung beschlossen werden, die mit der Betreuung kleinerer Arztpraxen verbundenen Kosten zu senken. Diese unternehmensinternen Entscheidungsprozesse entziehen sich jedoch aus wettbewerbsstrategischen Gründen weitgehend einer sozialwissenschaftlichen Untersuchung. Darüber hinaus führen nach dem Wissen des Autors derartige auf die Steigerung der Effizienz des Marketing ausgerichtete Maßnahmen nur in wenigen Fällen zu einer vollkommenen Aufgabe der an den Arzt gerichteten Betreuungsaktivitäten. Von Unternehmensseite vorgenommene Abbrüche der Geschäftsbeziehung sind somit selten. Daher wird die Zufriedenheit mit der Geschäftsbeziehung nur aus der Sicht des Arztes betrachtet.

Die Logik des CL als subjektivem Bewertungsmaßstab für die im Rahmen einer Geschäftsbeziehung erhaltenen Leistungen weist eine deutliche Verwandtschaft zu dem Diskonfirmations-Paradigma der Kundenzufriedenheitsforschung auf.[62] Dieses gedankliche Konzept modelliert das Zustandekommen eines Zufriedenheitsurteils wie folgt: Der Konsument nimmt einen Vergleich zwischen seiner Leistungserwartung und der wahrgenommenen Leistung vor. Liegt eine hohe positive Diskrepanz vor, so stellt sich Zufriedenheit ein. Entsprechen die Leistungserwartungen in etwa der wahrgenommenen Leistung, so ist der Kunde indifferent. Eine negative Diskrepanz führt hingegen zu Unzufriedenheit (vgl. Berry/Parasuraman 1991, S. 58). Die Leistungserwartungen des Kunden ähneln in ihrer Funktion als intrapsychischer Bewertungsmaßstab dem CL. Die wahrgenommene Leistung ist den „Outcomes" inhaltlich eng verwandt. Auch die zum Werturteil führende Vergleichsoperation findet in beiden Ansätzen statt (vgl. Klee 2000, S. 38). Diese hohe konzeptionelle Übereinstimmung zwischen dem Modell von Thibaut/Kelley (1959) und dem Diskonfirmations-Paradigma der Kundenzufriedenheitsforschung belegt, dass sich das im Marketing zentrale Konstrukt der Kundenzufriedenheit in das Theoriegebäude der SET einfügen lässt. In dieser Arbeit wird keine getrennte Konzeptualisierung der zwei von Thibaut/Kelley (1959) entwickelten Konstrukte - nämlich des CL des Arztes und der durch ihn wahrgenommenen „Outcomes" der Pharma-Geschäftsbeziehung - vorgenommen. Stattdessen wird die Zufriedenheit des Arztes mit der bestehenden Pharma-Geschäftsbeziehung durch ein einzelnes Konstrukt erfasst, das auf Ganesan (1994) zurückgeht. Auf den Arbeiten von Thibaut/Kelley (1959) aufbauend bezeichnet Ganesan (1994, S. 2) dieses Konstrukt als „Satisfaction with Previous Outcomes". Definiert wird es als „(...) positive affective state based on the outcomes obtained from the relationship" (Ganesan 1994, S. 4). Dieses Konstrukt bezieht sich auf die Zufriedenheit eines Transaktionspartners mit einer bestehenden Austauschbeziehung. Konkret wird die Gesamtzufriedenheit gemessen, welche sich auf die Austausche der letzten 12 Monate bezieht und nicht allein auf den zuletzt erfolgten Austausch. Das Konstrukt „Satisfaction with Previous Outcomes" wird in der vorliegenden Arbeit als Beziehungszufriedenheit bezeichnet.

---

[62] Vgl. zum Diskonfirmations-Paradigma z.B. Swan/Trawick (1981).

Diese konzeptionelle Vereinfachung gegenüber dem Ansatz von Thibaut/Kelley (1959) lässt sich damit begründen, dass bei einer strengen analytischen Zerlegung des psychischen Beurteilungsprozesses in „Outcomes" und CL im Rahmen einer empirischen Untersuchung unter Ärzten die Gefahr bestünde, die Ärzte kognitiv zu überfordern oder zumindest zu verwirren.[63] Um dies zu vermeiden, wird die Beziehungszufriedenheit direkt gemessen. Dabei wird in Anlehnung an Ganesan (1994) davon ausgegangen, dass die befragten Ärzte ihren CL als intrapsychische Referenzgröße sowie die Bewertung der „Outcomes" der betrachteten Pharma-Geschäftsbeziehung zumindest unbewusst in ihr Urteil hinsichtlich der Beziehungszufriedenheit einfließen lassen. Das Konstrukt Beziehungszufriedenheit stellt somit eine Operationalisierung der fundamentalen Prämisse der SET dar, der zufolge die Interaktionspartner die „Outcomes" der sozialen Austausche an einem internen psychischen Standard bewerten.

Aus Gründen der Modellkomplexität wird darauf verzichtet, eine Unterscheidung der Beziehungszufriedenheit dahingehend vorzunehmen, ob der wahrgenommene Nutzen, der in die Bildung des Zufriedenheitsurteils eingeht, auf extrinsischen oder intrinsischen Belohnungen im Sinne der Terminologie von Blau (1964) beruht. Bei den zwischen Arzt und Pharmaunternehmen ablaufenden sozialen Austauschen erhalten die Akteure sowohl extrinsische als auch intrinsische Belohnungen. Ein Beispiel bildet die Zusammenarbeit eines Pharmaunternehmens mit Klinikärzten und niedergelassenen Ärzten bei der Entwicklung von Arzneimitteln oder neuen Anwendungsmöglichkeiten. Durch diese Kooperation erhält z.B. ein Arzt, der in die Durchführung von Anwendungsbeobachtungen eingebunden wird, einerseits eine extrinsische Belohnung in Form einer Aufwandsentschädigung (vgl. Wink 2003, S. 42). Damit verbunden wird dem Arzt auch eine fachliche Anerkennung durch das Unternehmen sowie ggf. durch seine medizinischen Kollegen zuteil. Speziell die Zusammenarbeit mit einem Pharmaunternehmen, dem die medizinische Fachwelt eine hohe Expertise im

---

[63] Zu den psychometrischen Schwierigkeiten, die mit einer getrennten Erfassung der Komponenten Leistungserwartung und Leistungswahrnehmung verbunden sind vgl. Babakus/Boller (1992, S. 255ff.).

Bereich Forschung und Entwicklung bescheinigt, besitzt für den Arzt den Charakter einer intrinsischen Belohnung. Ungeachtet des analytischen Werts dieser differenzierten Sicht auf die Quellen des Nutzens ist es jedoch fragwürdig, ob ein Arzt bei der subjektiven Bewertung des Nutzens, der ihm aus einem einzelnen sozialen Austausch bzw. der gesamten Pharma-Geschäftsbeziehung erwächst, zwischen extrinsischen und intrinsischen Belohnungen klar zu unterscheiden vermag (vgl. Chadwick-Jones 1976, S. 295). Es erscheint daher sinnvoll, die aus den beiden genannten Arten der Belohnung resultierende Zufriedenheit des Arztes über das eindimensionale Konstrukt Beziehungszufriedenheit abzubilden.

Neben dem CL enthält das Modell von Thibaut/Kelley (1959) mit dem „Comparison Level of Alternatives" (CL_{alt}) eine zweite interne Referenzgröße. Über den CL_{alt} lassen sich die einem Akteur (hier dem Arzt) verfügbaren Beziehungsalternativen untereinander vergleichen. Konkret gibt der CL_{alt} die Höhe des Beziehungsnutzens an, den der Austauschpartner in der besten ihm zugänglichen alternativen Austauschbeziehung erhalten könnte. Fallen der Nutzen bzw. die „Outcomes" in der aktuellen Beziehung geringer aus als der CL_{alt}, so wird der Akteur die bestehende Beziehung zugunsten der anderen (attraktiveren) Beziehung auflösen. Dies gilt selbst dann, wenn die bestehende Beziehung das CL-Niveau übersteigt und somit für den Akteur als zufrieden stellend gilt. Die durch den CL_{alt} hinsichtlich des Nutzens quantifizierte attraktivste Handlungsoption kann auch in der Alternative eines vollständigen Verzichts auf das Eingehen jeglicher Austauschbeziehungen bestehen. Wenn der Nutzen, den der Akteur durch das „Alleinebleiben" erhält, höher ist als der Nutzen aller anderen denkbaren Austauschbeziehungen, dann wird ein rational handelnder Akteur es vorziehen, die bestehende Beziehung aufzulösen und keine neue Beziehung einzugehen (vgl. Thibaut/Kelley 1959, S. 22).

Dieser Fall des vollständigen Beziehungsverzichts scheint auf dem Pharma-Markt keine verbreitete Handlungsalternative darzustellen. Dies dürfte nicht zuletzt daran liegen, dass die Ärzte regelmäßig mit kostenlosen Arzneimittelmustern versorgt werden, die sie nicht erhalten würden, wenn sie auf sämtliche

Pharma-Geschäftsbeziehungen verzichteten. Daher dürfte der Nutzen der meisten Pharma-Geschäftsbeziehungen für den Arzt höher ausfallen als der Nutzen der Alternative „keine Pharma-Geschäftsbeziehung", die somit weniger attraktiv erscheint. Alle Ärzte, die im Rahmen der im Kapitel 5 besprochenen empirischen Untersuchung befragt wurden, befanden sich ihren Angaben zufolge zum Zeitpunkt der Untersuchung in einer oder in mehreren Pharma-Geschäftsbeziehungen. Keiner der Ärzte lehnte die Betreuung durch die in der Untersuchung betrachteten Unternehmen ab. Dies erhärtet die Annahme, dass Ärzte mehrheitlich die Variante „Pharma-Geschäftsbeziehung" als Nutzen stiftender betrachten als die Variante „keine Pharma-Geschäftsbeziehung". Dies bedeutet jedoch nicht, dass ein Arzt alle Pharma-Geschäftsbeziehungen, die er unterhält, gleich positiv bewertet. Je nach Umfang der Betreuungsleistung des Pharmaunternehmens kann der Nutzen verschiedener Pharma-Geschäftsbeziehungen in seiner Höhe deutlich variieren. Wie in diesem Abschnitt noch zu begründen sein wird, wirkt sich dies auf die Höhe des Relationship-Commitment bzw. auf das Ausmaß der Bereitschaft des Arztes aus, einen aktiven Beitrag für den Erhalt einer bestimmten Beziehung zu leisten. Insofern bestehen in der Wahrnehmung des Arztes durchaus verhaltensrelevante Unterschiede zwischen den einzelnen Pharma-Geschäftsbeziehungen.

In einem Punkt weicht das dieser Arbeit zugrunde liegende Entscheidungskalkül des Arztes von der Argumentation von Thibaut/Kelley (1959) ab: Diesen Autoren zufolge löst ein Akteur eine Beziehung zu dem Transaktionspartner A dann auf, wenn eine alternative Beziehung zu einem Transaktionspartner B als attraktiver eingeschätzt wird. Selbst wenn die Beziehung mit dem Transaktionspartner A zufrieden stellend ist (die „Outcomes" also oberhalb des CL-Niveaus liegen), würde gemäß dem Konzept des CL_{alt} diese Beziehung aufgelöst werden, um die noch attraktivere Beziehung zu dem Transaktionspartner B eingehen zu können (vgl. Thibaut/Kelley 1959, S. 22f.). Ein derartiger Ausschluss aller übrigen Geschäftsbeziehungen zugunsten einer einzigen nutzenmaximalen Geschäftsbeziehung erscheint ausschließlich auf solchen Märkten realistisch, auf denen die Möglichkeiten, gleichzeitig zu mehreren Kunden oder Anbietern Austauschbeziehungen zu unterhalten, z.B. aus Kapazitätsgründen stark begrenzt sind. Dwyer et al. (1987, S. 14) nennen als Beispiel einen Industriebetrieb, der einen großen Teil seiner Produktionskapazitäten für einen Auftrag eines Kunden bindet. In dem von diesen Autoren beschriebenen Szenario wird der Industriebetrieb versuchen, einen Kunden zu gewinnen, dessen Auftrag im Vergleich zu anderen potenziellen Kunden mit einer möglichst hohen Gewinnmarge verbunden ist. Dies bedeutet, dass ein Anbieter, der bei einem Auftrag seine gesamten Produktionskapazitäten bindet, gemäß dem Konzept des CL_{alt} nur zu demjenigen Kunden eine Geschäftsbeziehung eingehen wird, der die höchste Gewinnmarge verspricht.

Zwar unterliegt auch der Arzt aufgrund knapper Ressourcen gewissen Einschränkungen hinsichtlich seiner Möglichkeiten, Nutzen stiftende Geschäftsbeziehungen einzugehen und zu unterhalten. Als kritischer Engpassfaktor ist diesbezüglich die bei Ärzten knapp bemessene Zeit zu beachten, die für Beratungsgespräche zur Verfügung steht. Da die Ärzte jedoch den Verlauf und die Dauer dieser Gespräche mit den Pharmareferenten steuern können, scheinen knappe Zeitbudgets das parallele Unterhalten mehrerer Pharma-Geschäftsbeziehungen nicht grundsätzlich in Frage zu stellen. Daher erscheint ein Verzicht des Arztes auf zufrieden stellende Pharma-Geschäftsbeziehungen zugunsten einer einzelnen nutzenmaximalen Pharma-Geschäftsbeziehung nicht realistisch. Das CL_{alt}-Konzept wird somit in dieser Arbeit nicht näher betrachtet. Es wird vielmehr davon ausgegangen, dass ein Arzt solche Pharma-Geschäftsbeziehungen fortzuführen beabsichtigt, die Beziehungszufriedenheit stiften, deren „Outcomes" also in der „Beziehungs-Algebra" von Thibaut/Kelley (1959) das CL-Niveau übertreffen. Die Annahme, dass sich durch einen wahrgenommenen Nutzen, der das CL-Niveau übersteigt, Beziehungszufriedenheit einstellt, wird explizit von Lambe et al. (2001, S. 9) getroffen. Diese Beziehungen verdienen es aus der Sicht des Arztes, auch in Zukunft fortgeführt zu werden.

Die SET postuliert einen positiven Zusammenhang zwischen der Zufriedenheit eines Akteurs mit der Austauschbeziehung und dessen Relationship-Commitment (vgl. Lambe et al. 2001, S. 11). Analog dazu stellt Blau (1964, S. 166) einen kausalen Zusammenhang zwischen dem Nutzen einer Beziehung und ihrer langfristigen Anziehungskraft auf die Beziehungspartner her. In der Relationship Marketing-Literatur wird diesen Argumentationen gefolgt. Gemäß Sheth/Parvatiyar (1995) erhöhen Erfahrungen mit einem Anbieter, die in Zufriedenheit münden, die Bereitschaft des Kunden, eine Geschäftsbeziehung einzugehen. Auch Dwyer et al. (1987, S. 19) postulieren einen ursächlichen Zusammenhang zwischen der mit den Austauschprozessen verbundenen Zufriedenheit und dem Relationship-Commitment. Empirische Belege für diese vermutete Wirkungsbeziehung liefern verschiedene betriebswirtschaftliche Studien. Auf dem Gebiet zwischenbetrieblicher Kooperationen gelingt es Cullen et al. (1995, S. 105) sowie Sarkar et al. (1997, S. 259), diesen Zusammenhang empirisch zu untermauern.[64] Auch die Relationship Marketing-Forschung liefert entsprechende empirische Befunde, wenngleich die untersuchten Konstrukte nicht exakt den in dieser Arbeit verwendeten Konstrukten entsprechen und somit die Interpretation der Ergebnisse dieser Studien stets mit einer gewissen Unschärfe verbunden ist. Ganesan (1994) gelingt es im Rahmen einer Untersuchung der Geschäftsbeziehungen zwischen Einzelhändlern und deren Lieferanten die Hypothese zu erhärten, der zufolge die Beziehungszufriedenheit einen Prädiktor der sog. „Long-Term Orientation" darstellt. Dieses Konstrukt weist eine hohe inhaltliche Entsprechung zu dem Relationship-Commitment auf. In einer im Einzelhandelsmarketing angesiedelten Studie über die Beziehung zwischen Verkäufern und Kunden ermitteln Reynolds/Beatty (1999) einen positiven Effekt, der von der Zufriedenheit mit dem Anbieter auf die Kundentreue ausgeht. Lapiere/ Deslandes (1997, S. 86) können einen positiven Effekt feststellen, der von der Zufriedenheit mit der Geschäftsbeziehung auf das sog. „Long Term Commitment" hinsichtlich dieser Beziehung ausgeht. In einer Untersuchung von Geschäftsbeziehungen im Dienstleistungs-Sektor ermitteln Spake et al. (2003, S. 326) einen signifikanten Effekt von der Beziehungszufriedenheit auf das Relationship-Commitment. Ebenfalls in einer Studie zum Service-Marketing gelingt es Crosby et al. (1990), empirische Belege für einen kausal interpretierbaren Zusammenhang zwischen der Beziehungsqualität und der Antizipation zukünftiger Interaktionen zu erbringen. Die Beziehungsqualität stellt bei diesen Auto-

---

[64] Einschränkend ist darauf hinzuweisen, dass Sarkar et al. (1997) in ihrer Studie nicht das Konstrukt Beziehungszufriedenheit, sondern das inhaltlich eng verwandte Konstrukt „Relationship Benefits" verwenden.

ren ein Konstrukt dar, das sich aus einem Kundenzufriedenheits- und einem Vertrauensindex zusammensetzt.

Vor dem Hintergrund der hier aufgeführten empirischen Befunde lässt sich die folgende Hypothese aufstellen:

> H 2: Je höher die Beziehungszufriedenheit des Arztes, desto höher ist das Relationship-Commitment des Arztes.

Diese Hypothese beinhaltet die Annahme, dass der Arzt sein Relationship-Commitment nicht allein von seiner Zufriedenheit mit dem zuletzt erfolgten Austausch abhängig macht. Vielmehr ist das Relationship-Commitment von der Beziehungszufriedenheit abhängig, die einer auf einen längeren Zeitraum bezogene Globalzufriedenheit entspricht. Die Hypothese beschreibt also die Vermutung, dass ein Arzt sein Relationship-Commitment von dem Wert der gesamten Pharma-Geschäftsbeziehung abhängig macht. Der Arzt ist somit im Interesse des Erhalts der Beziehung durchaus bereit, einen in einer einzelnen Interaktion entstehenden kurzfristigen Nachteil hinzunehmen.

Im Folgenden wird die vermutete Wirkung der Beziehungszufriedenheit auf das Vertrauen des Arztes in das Pharmaunternehmen diskutiert. Allgemein formuliert beschreibt die SET das Vertrauen als das Ergebnis der Erfahrungen, die die Austauschpartner im Rahmen der innerhalb der Beziehung ablaufenden Austausche miteinander sammeln (vgl. Blau 1964, S. 315; Scanzoni 1979, S. 77). Dies entspricht auch der Argumentation von Dwyer et al. (1987) und Houston/Gassenheimer (1987). Letztgenannte stellen an die marketingwissenschaftlichen Arbeiten von Swan/Nolan (1985) und Swan et al. (1985) anknüpfend fest, dass die Beurteilung der Vertrauenswürdigkeit eines Anbieters maßgeblich von den unmittelbaren Erfahrungen abhängt, die ein Käufer mit diesem Anbieter gemacht hat. Wie eingangs beschrieben stellt die Beziehungszufriedenheit das Ergebnis Nutzen stiftender Austauscherfahrungen dar, die der Arzt in der Beziehungshistorie mit dem Pharmaunternehmen gesammelt hat. Verknüpft man diese Erkenntnis mit der oben beschriebenen - unter anderem auf Blau (1964, S. 315) zurückgehenden - Annahme, der zufolge Austauscherfahrungen Einflussgrößen des Vertrauens bilden, so lässt sich folgende Vermutung aufstellen: Eine hohe Beziehungszufriedenheit fördert die Entstehung des Vertrauens des Arztes in das Pharmaunternehmen. Auch Lambe et al. (2001, S. 10) argumentieren, indem sie unter anderem die Arbeiten von Homans (1958) und Blau (1964) auf den Kontext des Relationship Marketing übertragen, dass eine Folge Nutzen stiftender Austausche zwischen den Geschäftsbeziehungspartnern deren Vertrauen ineinander fördert. Versteht man die Beziehungszufriedenheit als das Ergebnis einer Folge Nutzen stiftender Austauscherfahrungen des Arztes, bei denen das Pharmaunternehmen seinen „unspezifischen Verpflichtungen" gegenüber dem Arzt wiederholt gerecht geworden ist und somit nicht die Leistungserwartungen des Arztes enttäuscht hat, so fügt sich auch die Aussage von Blau (1964) in die hier angeführte Argumentation ein: „As individuals regularly discharge their *obligations* (Herv. d. Verf.), they prove themselves trustworthy of further credit" (Blau 1964, S. 98).

Rempel et al. (1985) erklären diese Form der Vertrauensbildung, die auf der auch in die informationsökonomische Literatur eingegangenen Extrapolation von Erfahrungen (vgl. v. Weizsäcker 1980, S. 72ff.) beruht, als einen durch den Vertrauensgeber (den Arzt) bewusst gesteuerten Evaluationsprozess. Der Arzt prüft die Vertrauenswürdigkeit des Pharmaunternehmens durch die Ausführung von explorativen Vertrauenshandlungen, die für ihn zunächst nur mit einem geringen Risiko behaftet sind (vgl. Rempel et al. 1985, S. 97). Als Beispiel lässt sich die Teilnahme an einer kostenlosen Fortbildungsveranstaltung nennen. Übertrifft dieses isolierte Austauschereignis, bei dem der Arzt nur einen geringen Teil seiner Zeit im Gegenzug für die in der Veranstaltung zu vermittelnden Lerninhalte tauscht, die Nutzenerwartungen des Arztes, so stellt sich bei diesem Zufriedenheit hinsichtlich des Austauschs ein. Wiederholen sich diese Nutzen stiftenden Austausche, so wächst die Zufriedenheit des Arztes mit der Geschäftsbeziehung. Werden also diese explorativen Vertrauenshandlungen des Arztes langfristig nicht durch das Unternehmen enttäuscht, so stellt sich Beziehungszufriedenheit ein. Auf diesem Wege verfestigt sich das Vertrauen in das

Pharmaunternehmen, da der Arzt die Annahme trifft, dass das wiederholt als zufrieden stellend erlebte Verhalten des Pharmaunternehmens einen guten Prädiktor für die Qualität der zukünftigen Austausche darstellt. Deren erwarteten Nutzen nimmt der Arzt aufgrund seiner positiven Erfahrungen nicht mehr als unsicher wahr.

Empirische Belege, welche die Annahme der kausalen Abhängigkeit des Vertrauens von der Kundenzufriedenheit sowie insbesondere der Beziehungszufriedenheit untermauern, liefern Ganesan (1994), Selnes (1998), Lagace/ Gassenheimer (1991), Spake et al. (2003) sowie Wang (2002).

Die hier angeführten Argumente zusammenfassend lässt sich die folgende Hypothese aufstellen:

H 3: Je höher die Beziehungszufriedenheit des Arztes, desto höher ist das Vertrauen des Arztes in das Pharmaunternehmen.

4.5.2 Die ethische Haltung des Pharmaunternehmens

Über das Konzept der sozialen Austausche, die solange durchgeführt werden, wie sie den Austauschpartnern Beziehungszufriedenheit stiften, liefert die SET dem Pharma-Relationship Marketing ein Erklärungsmodell für das Zustandekommen und dauerhafte Bestehen von Pharma-Geschäftsbeziehungen. Die Austauschpartner bilden somit eine Dyade als eine funktionale Einheit, deren Aufgabe darin besteht, über den Austausch die individuellen Bedürfnisse beider Akteure zu befriedigen. Unter den Annahmen, dass die Akteure über vollständige Informationen hinsichtlich des durch den Austausch entstehenden Nutzens verfügen und sich stets kooperativ verhalten, könnte die hier dargestellte Modellierung des sozialen Austauschs als abgeschlossen betrachtet werden. Wie im Abschnitt 4.1 erwähnt, liegt jedoch der SET implizit die Annahme einer asymmetrischen Informationsverteilung zugrunde. Diese Prämisse kommt in den „unspezifischen Verpflichtungen" zum Ausdruck, die zwischen den Austauschpartnern bestehen. Aufgrund der „unspezifischen Verpflichtungen" ist der Nutzen eines sozialen Austauschs zumindest für den Austauschpartner A, der eine Leistung vom Austauschpartner B erhält, ex ante nicht eindeutig zu beurteilen. Betrachtet man exemplarisch den Fall eines Arztes, dem ein innovatives Arzneimittel angeboten wird, so entstehen durch die Verordnung dieses Arzneimittels „unspezifische Verpflichtungen" des Pharmaunternehmens gegenüber dem Arzt.[65] Diese „unspezifischen Verpflichtungen" beziehen sich auf das vom Pharmaunternehmen kommunizierte „Wirkungsversprechen" des Arzneimittels, welches sich ungeachtet etwaiger Behauptungen des Pharmareferenten oder anderer Unternehmensangehöriger faktisch nicht objektiv spezifizieren lässt. Dies führt - wie im Abschnitt 3.3.1 beschrieben - zu der vom Arzt wahrgenommenen Qualitätsunsicherheit. In der SET kann sich diese Qualitätsunsicherheit sowohl auf den therapeutischen Nutzen eines bestimmten Arzneimittels als auch allgemein auf den Nutzen jedes sozialen Austauschs beziehen, den der Arzt mit dem Pharmaunternehmen durchführt. Aus der Sicht des Arztes besteht eine wesentliche Quelle der Qualitätsunsicherheit in der Möglichkeit des Pharmaunternehmens, sich opportunistisch zu verhalten. Ebenso wie die Informationsökonomik berücksichtigt die SET somit das Problem der potenziellen Täuschung des Transaktionspartners. So diskutiert Blau (1964, S. 94) die zumindest prinzipiell bestehende Gefahr, dass ein Akteur durch die opportunistische Ausnutzung seiner Handlungsspielräume, die sich aus den „unspezifischen Verpflichtungen" ergeben, dem Partner Schaden zufügt.

Besteht die potenzielle Gefahr, dass ein Pharmaunternehmen bei der Verfolgung seiner wirtschaftlichen Ziele in der Interaktion mit dem Arzt die Schädigung der therapeutischen Interessen des Arztes und/oder der gesundheitlichen Interessen der Patienten in Kauf nimmt, so bedarf es sozialer Normen, die ein derartiges Verhalten verhindern. Dies ist speziell dann der Fall, wenn die Schäden für Ärzte und Patienten durch rechtliche Mittel nicht oder nur unzureichend abgewendet oder sanktioniert werden können.[66] Die Aufgabe sozialer Normen in einer Geschäftsbeziehung besteht darin, die opportunistische Verfolgung der

---

[65] Dass auch auf Seiten des Arztes „unspezifische Verpflichtungen" gegenüber dem Pharmaunternehmen bestehen, erschließt sich aus den Beispielen, die im Gliederungspunkt 4.2 geschildert worden sind.

Individualinteressen, die auf Kosten des Austauschpartners oder der Allgemeinheit erfolgt, zu unterbinden bzw. mit Sanktionen zu belegen. Funktionell betrachtet dienen soziale Normen somit als Substitute für die unmittelbare, kontrollierende Einflussnahme eines Akteurs (vgl. Thibaut/Kelley 1959, S. 127ff.). Über eine unmittelbare Einflussnahme stellt ein Akteur sicher, dass sich ein anderer Akteur nicht entgegen seinen legitimen Interessen verhält. In Pharma-Geschäftsbeziehungen sind die Möglichkeiten des Arztes zu dieser Einflussnahme beschränkt. Z.B. können die Ärzte nicht das Informationsverhalten des Pharmaunternehmens steuern und in dessen interne Prozesse eingreifen. Somit kommt sozialen Normen, mit denen sich das Pharmaunternehmen freiwillig eine Selbstkontrolle auferlegt, eine Bedeutung zu.

Die von Blau (1964) stammende Funktionsdefinition der verhaltensregulierenden Wirkung sozialer Normen unterstreicht deren soeben geschilderte Bedeutung: „Social norms are necessary to prohibit actions through which individuals can gain advantages at the expense of the common interests of the collectivity" (Blau 1964, S. 257). Zu der hier betrachteten „Collectivity", die Gefahr läuft, durch das illegitime Verhalten von Pharmaunternehmen geschädigt zu werden, gehören auf dem Markt für verschreibungspflichtige Arzneimittel primär die Patienten und die sie behandelnden Ärzte. Gundlach et al. (1995) machen den Wesenscharakter sozialer Normen und den Umstand, dass ihre Gültigkeit von ihrer Akzeptanz durch die Mitglieder eines gesellschaftlichen Systems abhängt, zum Kern ihrer Definition des Norm-Begriffs. Sie verstehen soziale Normen als „(…) patterns of accepted and expected sentiments and behavior that are shared by members of an exchange system and have the force of social obligation or pressure" (Gundlach et al. 1995, S. 84). Der in dieser Definition für die Beschreibung eines gesellschaftlichen Systems verwendete Begriff des „Exchange System" bzw. Austauschsystems weist darauf hin, dass die regulierende Wirkung sozialer Normen an zwischenmenschlichen Austauschprozessen ansetzt. Diese Prozesse laufen auch innerhalb der Pharma-Geschäftsbeziehung ab, welche man aufgrund ihrer dyadischen Struktur als das kleinste

---

[66] Vgl. die Ausführungen im Gliederungspunkt 3.4.2.

denkbare Austauschsystem im Sinne des Begriffsverständnisses von Gundlach et al. (1995) auffassen kann.

Aus der gemeinsamen Betrachtung der Definitionen von Blau (1964, S. 257) und Gundlach et al. (1995, S. 84) lässt sich die folgende Annahme ableiten: In allen gesellschaftlichen Austauschsystemen, die sich nicht durch völlige Interessenkongruenz aller Akteure auszeichnen, besteht das potenzielle Problem, dass Individuen ihren Nutzen zu Lasten des Nutzens der mit ihnen im Austausch befindlichen Individuen zu erhöhen versuchen. In einem durch zunehmenden Wettbewerb gekennzeichneten Markt wie dem für verschreibungspflichtige Arzneimittel erwachsen aus diesem Opportunismusproblem potenzielle Risiken für die Gesundheit der Patienten. Diese Risiken könnten durch eine vom Pharmaunternehmen gezielt betriebene unlautere Beeinflussung der Therapieentscheidung des Arztes verursacht werden, wie sie z.B. in Gestalt einer unausgewogenen Informationspolitik zu den Arzneimitteln vorstellbar wäre.

Der Arzt wird in dem auf seinem medizinischen Ethos beruhenden Bestreben, seine Patienten ihren therapeutischen Bedürfnissen entsprechend zu behandeln, durch ein Pharmaunternehmen, das dieses auf das Patientenwohl ausgerichtete Ethos nicht als Bestandteil seiner eigenen Unternehmenskultur versteht und somit nicht als soziale Norm anerkennt, negativ beeinträchtigt. Prinzipiell sind alle im sozialen Austausch mit dem Arzt befindlichen Unternehmensangehörigen dazu in der Lage, sich diesem gegenüber opportunistisch zu verhalten. Insbesondere wenn dieser Opportunismus langfristig unerkannt bleibt (z.B. bei irreführenden Angaben zu bestimmten Vertrauenseigenschaften eines Arzneimittels), ist ein Anreiz für opportunistisches Verhalten gegeben. Für den Arzt erscheint daher nicht allein die Frage nach der moralischen Integrität eines einzelnen Pharmareferenten oder Mitarbeiters der medizinisch-wissenschaftlichen Abteilung von übergeordneter Bedeutung. Vielmehr versucht der Arzt, das im gesamten Unternehmen gültige System sozialer Normen bzw. den Wertekanon zu beurteilen, welcher die einzelnen Unternehmensangehörigen zu einem ethischen arzt- und patientenbezogenen Verhalten anleitet. Von dem Wertekanon eines Unternehmens kann der Arzt auf vielfältigen - hier aus Gründen der Komplexität nicht detailliert zu untersuchenden - Wegen einen Eindruck gewinnen: z.B. durch das öffentliche Auftreten einzelner, mit Public Relations-Aufgaben betrauter Unternehmensvertreter in den Medien sowie durch die Mitgliedschaft des Pharmaunternehmens in Branchenverbänden, die gesellschaftliche Anerkennung genießen. Auch über Gespräche mit Arztkollegen, die Erfahrungen mit dem Unternehmen gesammelt haben, sowie durch den direkten persönlichen Kontakt mit dem Pharmareferenten kann sich der Arzt den Wertekanon des Pharmaunternehmens erschließen. Victor/Cullen (1988) liefern eine aus der Management-Forschung stammende Konzeptualisierung des Wertekanons eines Unternehmens, die auch in der Marketing-Literatur aufgegriffen worden ist (vgl. Swanson et al. 1997). Victor/Cullen (1988) prägen hierfür den Begriff des ethischen Klimas eines Unternehmens, dessen unternehmensweit gültiger Charakter wie folgt definiert wird: „(...) ethical climates are conceptualized as general and pervasive characteristics of organizations, affecting a broad range of decisions" (Victor/Cullen 1988, S. 101). Das ethische Klima eines Unternehmens entspricht einem institutionalisierten Wertekanon, der einen Bestandteil der Unternehmenskultur ausmacht (vgl. Victor/Cullen 1988, S. 103). Die Definition dieser Autoren verdeutlicht, dass das ethische Klima eines Unternehmens nicht notwendigerweise in Form explizit ausformulierter, kodifizierter Verhaltensregeln existiert. Gleiches gilt auch für die Unternehmenskultur in ihrer Gesamtheit (vgl. Weßling 1992, S. 25). Das ethische Klima eines Unternehmens bezieht sich vielmehr auf die ungeschriebenen moralischen Grundsätze und allgemeingültigen Verpflichtungen, wie sie in der Wahrnehmung der Unternehmensangehörigen existieren und von diesen als bindend empfunden werden. Hierin äußert sich das von Victor/Cullen (1988) bewusst weit gefasste Verständnis des Ethik-Begriffs, das sich an der sokratischen Frage des „Was sollte ich tun?" orientiert (vgl. Victor/Cullen 1988, S. 101). Diese sokratische Frage findet sich inhaltsgemäß in einer von Homans (1961) entwickelten Normen-Definition wieder, in der eine Norm eine Vorgabe für das erwünschte Verhalten von Individuen in Gruppen darstellt: „(...) a norm is a statement made by some members of a group that a particular kind or quantity of behavior is one they find it valuable for the actual behavior of themselves, and others whom they specify, to conform to" (Homans 1961, S. 116).

Victor/Cullen (1988) ermitteln auf Grundlage einer exploratorischen Faktorenanalyse fünf Dimensionen des ethischen Klimas, wobei die Datenerhebung bei Unternehmensangehörigen erfolgt. In einer an diese Autoren anknüpfenden marketingwissenschaftlichen Studie rekonzipieren Kennedy et al. (2001) das Konstrukt des ethischen Klimas als ein Unternehmensmerkmal, das durch den Kunden - nicht durch die Mitarbeiter - wahrgenommen wird. Sie stellen dabei ausschließlich auf eine der fünf ursprünglich erarbeiteten Dimensionen ab, da die anderen Dimensionen sich weniger auf die Haltung des Unternehmens gegenüber den Kunden als vielmehr auf unternehmensinterne Verhaltensprinzipien beziehen, die nur die Mitarbeiter betreffen. Diese ursprünglich von Victor/ Cullen (1988) als „Caring" bezeichnete Dimension reflektiert laut Kennedy et al. (2001, S. 84) sowohl das in der Unternehmenskultur verankerte Wohlwollen, welches das Unternehmen seinen Kunden entgegenbringt, als auch die Bedeutung, die das Unternehmen den Interessen des Kunden einräumt. Die von den Autoren für dieses Konstrukt gewählte Bezeichnung „Manufacturer Ethical Concern" wird für die vorliegende Arbeit als ethische Haltung des Pharmaunternehmens übersetzt. Der Konstrukt-Konzeptualisierung von Kennedy et al. (2001) soll in dieser Arbeit gefolgt werden.

Es wurde eingangs auf die Argumentation von Blau (1964, S. 257) hingewiesen, der zufolge soziale Normen dem Schutz der „Collectivity" vor opportunistischer Ausbeutung dienen. Im Pharma-Kontext umfasst diese „Collectivity" sowohl die Ärzte als auch die Patienten. Die ethische Haltung des Pharmaunternehmens stellt die in diesem Markt zentrale soziale Norm dar, die das Unternehmen gegenüber den Ärzten und Patienten einzuhalten hat, und die sich hemmend auf opportunistische Absichten der Unternehmensangehörigen auswirkt. Die hier vorgenommene Konzentration auf diese eine soziale Norm entspricht einer konzeptionellen Vereinfachung. Es ist eine Vielzahl anderer sozialer Normen vorstellbar, die in der menschlichen Gesellschaft universelle Gültigkeit oder zumindest weite Verbreitung besitzen und daher als „Universal Norms" (Weitz/Jap 1995, S. 314) bezeichnet werden. Hierzu zählen z.B. universelle Normen wie die Bereitschaft zur Einhaltung von Verträgen. Diese für den Arzneimittelmarkt nicht spezifischen Normen dürften sicherlich auch einen regulierenden Einfluss auf das Verhalten der Pharmaunternehmen besitzen. Die zunehmende freiwillige Institutionalisierung ethischer Verhaltensgrundsätze, die in Deutschland insbesondere von forschenden Pharmaunternehmen verfolgt wird, spricht jedoch dafür, dass die ethische Haltung des Pharmaunternehmens auf dem Arzneimittelmarkt eine soziale Norm von herausragender, spezifischer Bedeutung ist. Erhärten lässt sich diese Argumentation durch das Beispiel des „Freiwillige Selbstkontrolle für die Arzneimittelindustrie e.V.", der 2004 von den Mitgliedsunternehmen des VFA gegründet worden ist. Das erklärte Ziel dieses Vereins besteht darin, zu gewährleisten, dass in der professionellen Zusammenarbeit zwischen Ärzten und Pharmaunternehmen kein unlauterer Einfluss auf die Therapiewahl der Ärzte genommen wird. Hierfür wurde in Absprache mit der Ärzteschaft ein Verhaltenskodex erarbeitet, der z.B. sicherstellen soll, dass bei Fortbildungsveranstaltungen der inhaltliche Schwerpunkt auf der Vermittlung von Fachwissen liegt (vgl. Ehlers/Laschner 2004, S. 544). Die gemeinsam mit den Ärzten erfolgte Entwicklung der Verhaltensgrundsätze entspricht inhaltlich der oben vorgestellten Definition von Gundlach et al. (1995, S. 84), in der darauf hingewiesen wird, dass die Mitglieder eines sozialen Austauschsystems - also sowohl Pharmaunternehmen als auch Ärzte - die sozialen Normen teilen. Durch die freiwillige Einrichtung einer Schiedsstelle und eines Sanktionsinstrumentariums, das Geldstrafen von bis zu 250.000 € sowie öffentliche Rügen beinhaltet (o.V. 2004a, S. 506), signalisieren die Unternehmen, die diesem Verein beigetreten sind, den Ärzten und der Öffentlichkeit, dass sie die darin enthaltenen Normen verinnerlicht haben und auch gewillt sind, ihr Verhalten danach auszurichten. Die Existenz des „Freiwillige Selbstkontrolle für die Arzneimittelindustrie e.V." kann als Beleg für die im Abschnitt 3.4.2 getroffene Annahme gewertet werden, dass die rechtlichen Sanktionsmechanismen, die unter anderem dazu dienen, die potenzielle Opportunismusgefahr zu bannen, der Ärzte und Patienten ausgesetzt sind, einer Ergänzung durch eigeninitiiertes verantwortliches Verhalten der Pharmaunternehmen bedürfen.

Homans (1961, S. 116) und Gundlach et al. (1995, S. 84) weisen in ihren Definitionen darauf hin, dass die Gültigkeit sozialer Normen in einem Austauschsystem wie der hier betrachteten Pharma-Geschäftsbeziehung davon abhängig ist, dass die Normen von den Mitgliedern dieses Austauschsystems anerkannt bzw. verinnerlicht werden. Für den Arzt ist somit die Frage entscheidend, ob sich das Pharmaunternehmen eine den Schutz der Ärzte und Patienten gewährleistende ethische Haltung zueigen gemacht hat. Dies lässt sich nicht über die bloße Mitgliedschaft im „Freiwillige Selbstkontrolle für die Arzneimittelindustrie e.V." beurteilen. Für ein psychologisches Modell der Pharma-Geschäftsbeziehung interessiert vielmehr die subjektive Sicht des Arztes, ob das Unternehmen wirklich eine ethische, verantwortungsbewusste Haltung vertritt. Im Hinblick auf die begriffliche Präzision ist darauf hinzuweisen, dass die ethische Haltung des Pharmaunternehmens keine für eine einzelne Pharma-Geschäftsbeziehung spezifische Verhaltensnorm darstellt, die sich im Zuge wiederkehrender Interaktionen zwischen einem Arzt und einem Pharmaunternehmen entwickelt hat. Stattdessen handelt es sich bei der ethischen Haltung des Pharmaunternehmens um die Wahrnehmung des Arztes bezüglich des kundengerichteten Wertekanons eines Pharmaunternehmens. Dieser Wertekanon wird innerhalb der Unternehmensorganisation den einzelnen Mitarbeitern über kontinuierliche Sozialisationsprozesse vermittelt und ist nicht das Ergebnis eines innerhalb der Pharma-Geschäftsbeziehung ablaufenden Prozesses der Normenentstehung. In Anlehnung an Ekeh (1974, S. 45) lässt sich die ethische Haltung des Pharmaunternehmens als ein Wertekanon verstehen, der bereits vor dem Eingehen einer bestimmten Pharma-Geschäftsbeziehung im Unternehmen Gültigkeit besitzt und in diese Pharma-Geschäftsbeziehung eingebracht wird.

Die folgenden Ausführungen befassen sich mit dem Einfluss, der von der ethischen Haltung des Pharmaunternehmens auf das Relationship-Commitment des Arztes ausgeht. Thibaut/Kelley (1991, S. 135) argumentieren, dass soziale Normen das Verhalten derjenigen Akteure voraussehbarer machen, die diese Normen anerkennen. Aufgrund der relativen zeitlichen Stabilität der ethischen Haltung des Pharmaunternehmens erhöht sich für den Arzt nachhaltig die wahrgenommene Vorhersagegenauigkeit hinsichtlich des Verhaltens des Unternehmens. Eine zeit- und kostenintensive Kontrolle von dessen Marketing-Aktivitäten (z.B. die Überprüfung des Wahrheitsgehalts von Werbebotschaften) stellt für den Arzt somit in geringerem Maße eine Notwendigkeit dar, da dieser die Erwartung hegt, dass durch die Verinnerlichung ethischer Verhaltensgrundsätze die Interessen der Ärzteschaft und der Patienten gewahrt bleiben (vgl. Thibaut/Kelley 1991, S. 147).

Die somit relativ reibungsfreien sozialen Austausche mit einem Pharmaunternehmen, das durch eine ausgeprägte ethische Haltung gekennzeichnet ist, machen eine Pharma-Geschäftsbeziehung mit einem solchen Unternehmen für den Arzt attraktiv. Hieraus lässt sich ableiten, dass sich für den Arzt eine Verhaltenstendenz ergibt, eine engere Bindung zu diesem Pharmaunternehmen aufzubauen. Ein weiteres Argument für die bindungsfördernde Wirkung der ethischen Haltung des Pharmaunternehmens besteht in der Annahme, dass sich ein Arzt mit einem Pharmaunternehmen identifiziert, wenn der Wertekanon dieses Unternehmens mit seinem eigenen Wertekanon kompatibel ist. Diese Annahme lässt sich über eine Argumentation von Secord/Backman (1980) begründen. Diese Autoren vertreten die Auffassung, dass Individuen Partnerschaften mit solchen Individuen suchen, die ähnliche Einstellungen und Verhaltensweisen aufweisen wie sie selbst (vgl. Secord/Backman 1980, S. 252). Hieraus kann abgeleitet werden, dass die Bereitschaft des Arztes, eine Bindung zu dem Unternehmen aufzubauen, dadurch gefördert wird, dass Arzt und Pharmaunternehmen denselben Wertekanon teilen. Ein Pharmaunternehmen, das eine ethische Haltung im definitorischen Sinne von Kennedy et al. (2001, S. 84) vertritt, richtet seinen Wertekanon an den Interessen der Ärzte und Patienten aus. Daher kann man hier von einem Wertekanon sprechen, den das Pharmaunternehmen und der Arzt teilen. Empfindet ein Arzt eine derartige Wertkongruenz gegenüber einem Pharmaunternehmen, so fördert dies das Relationship-Commitment dieses Arztes (vgl. Dwyer et al. 1987, S. 21).

Auch in der personalwirtschaftlichen Literatur zum „Organizational Commitment" wird den zwischen einer Unternehmensorganisation und ihren Mitarbeitern geteilten Werten eine große Bedeutung beigemessen. Die Möglichkeit eines Organisationsangehörigen, sich mit den Werten einer Organisation zu identifizieren und diese somit zu internalisieren, stellt eine wichtige Einflussgröße des Commitment[67] dieses Individuums gegenüber der Organisation dar (vgl. Chatman 1991, S. 459; Reichers 1985; 1986). Morgan/Hunt (1994) sowie Kalafatis/Miller (1997) untersuchen die Übertragbarkeit dieses aus der Organisationslehre stammenden Wirkungszusammenhangs auf den Kontext einer Geschäftsbeziehung. Ihre Hypothese besagt, dass die von einem Markt-Akteur wahrgenommene Wertkongruenz zu dessen Geschäftsbeziehungspartner einen Prädiktor des Relationship-Commitment dieses Markt-Akteurs darstellt. In zwei empirischen Studien, die sich auf den Business-to-Business-Sektor beziehen, gelingt es Morgan/Hunt (1994) und Kalafatis/Miller (1997), empirische Belege zur Untermauerung dieser Hypothese zu erbringen.

Diese Argumentation zusammenfassend lässt sich die folgende Hypothese aufstellen:

H 4: Je stärker die ethische Haltung des Pharmaunternehmens ausgeprägt ist, desto höher ist das Relationship-Commitment des Arztes.

Das Relationship-Commitment ist also nicht nur von dem Vertrauen und der Beziehungszufriedenheit abhängig (vgl. Hypothesen H 1 und H 2). Diese multikausale Modellierung deckt sich mit der Argumentation von Anderson/Weitz (1992, S. 19), der zufolge das Commitment mehr ist als die bloße Konsequenz der von einem Akteur in einer Geschäftsbeziehung gezogenen positiven Nutzenbilanz.

Im Folgenden wird der von der ethischen Haltung des Pharmaunternehmens auf das Vertrauen des Arztes in das Pharmaunternehmen ausgehende Einfluss betrachtet. Bereits im Abschnitt 3.3.1 wurde dargelegt, dass sich das Pharmaunternehmen aufgrund seines Informationsvorsprungs gegenüber dem Arzt opportunistisch verhalten kann, indem es z.B. das Nebenwirkungsprofil eines in-

---

[67] Wird in der vorliegenden Arbeit der Begriff „Commitment" verwendet, so entspricht dies nicht exakt der von Morgan/Hunt (1994) stammenden Definition des „Relationship-Commitment", sondern einer der vielen in der Literatur anzutreffenden Commitment-Definitionen. Soweit im Text nicht anderslautend vermerkt, weisen diese Definitionen jedoch eine hohe inhaltliche Übereinstimmung mit der Definition des „Relationship-Commitment" auf, sodass darauf verzichtet werden kann, diese übrigen Commitment-Definitionen vorzustellen.

novativen Arzneimittels gezielt bagatellisiert, um die Innovationsbereitschaft zu erhöhen. Jedoch wird nicht jedes Pharmaunternehmen von diesen die Interessen der Ärzte und Patienten missachtenden Handlungsmöglichkeiten Gebrauch machen. Es erscheint plausibel anzunehmen, dass ein Pharmaunternehmen, das trotz des vorliegenden ökonomischen Anreizes bewusst auf den hier beschriebenen Opportunismus verzichtet, dies aufgrund seiner ethischen Haltung tut. Durch diese Modell-Prämisse wird die in der Informationsökonomik geltende Opportunismusannahme dahingehend relativiert, dass nicht jeder Markt-Akteur eine opportunistische Verhaltensprädisposition besitzt. Diese Perspektive wird in der Marketing-Forschung unter anderem auch von Heide/John (1992) eingenommen. Wie im Abschnitt 3.3.1 erwähnt, erscheint eine völlige Aufgabe der Opportunismusannahme jedoch nicht gerechtfertigt. So besteht eine diffuse Opportunismusgefahr bereits deshalb, weil opportunistischem Verhalten nicht in jedem Fall durch Gesetze und Kontrollen vorgebeugt werden kann (vgl. Rindfleisch/Heide 1997, S. 30ff.).

Vertritt ein Pharmaunternehmen in der subjektiven Wahrnehmung des Arztes eine ethische Haltung, so wird der Arzt angesichts seiner damit verbundenen Erwartung, kein Opfer von dessen opportunistischem Handeln zu werden, Vertrauen gegenüber diesem Unternehmen aufbauen. Versteht man - wie eingangs dargestellt - die ethische Haltung des Pharmaunternehmens als einen Wertekanon bzw. ein System sozialer Normen, das vom Unternehmen verinnerlicht worden ist, so lässt sich der hier vermutete Zusammenhang zwischen der ethischen Haltung und dem Vertrauen über die SET begründen: „Without social norms prohibiting force and fraud, the trust required for social exchange would be jeopardized (...)" (Blau 1964, S. 255).

Lipset (1975) beschreibt soziale Normen als erwartete Verhaltensmuster. Er verwendet hierfür die Bezeichnung „(...) expected patterns of behavior held in the minds of individuals" (Lipset 1975, S. 173). Aus diesem Begriffsverständnis wird deutlich, dass das innerhalb der regulierenden Bahnen bestimmter sozialer Normen ablaufende Verhalten eines Akteurs A für dessen Interaktionspartner B leichter vorherzusehen ist, als wenn der Akteur A seine Handlungen keinerlei sozialen Normen anpassen würde. Diese Perspektive unterstützt die Annahme, dass die Relationship Marketing-Aktivitäten eines Pharmaunternehmens, das eine ethische Haltung vertritt, für den Arzt leichter vorherzusehen sind, da unethische, opportunistische Maßnahmen nicht befürchtet werden müssen. Ein ähnlicher Wirkungszusammenhang zwischen der ethischen Haltung des potenziellen Vertrauensnehmers und dem ihm entgegengebrachten Vertrauen wird von Barber (1983) aufgezeigt. Er entwickelt - wenn auch ohne eigene empirische Fundierung - drei Kategorien von Erwartungen eines Individuums, auf denen dessen Vertrauen in ein anderes Individuum beruht. Eine dieser Kategorien beschreibt die Erwartung, dass das vertrauenswürdige Individuum seinen Verpflichtungen gegenüber dem Vertrauensgeber treuhänderisch nachkommt und dessen Interessen vor die eigenen stellt: „(...) place others´ interests before their own" (Barber 1983, S. 9).

Da sich der Wertekanon bzw. das Wertesystem eines durch eine ethische Haltung gekennzeichneten Pharmaunternehmens an den Interessen der Ärzteschaft sowie der Patienten ausrichtet, lässt sich argumentieren, dass zwischen dem Wertesystem dieses Pharmaunternehmens und dem des Arztes Kongruenz besteht. In einer organisationswissenschaftlichen Arbeit argumentieren Sitkin/Roth (1993, S. 371), dass einem Unternehmensangehörigen, dessen persönliches Wertesystem keine Kongruenz zu dem in dem Unternehmen vorherrschenden Wertesystem aufweist, von den übrigen Unternehmensangehörigen Misstrauen entgegengebracht wird. Iacobucci/Hibbard (1999, S. 21) führen die Vertrauensentstehung auf eine wahrgenommene Wertkongruenz, bzw. von den Akteuren geteilte Werte zurück. In ihren auf den Kontext des Relationship Marketing bezogenen Studien untersuchen Morgan/Hunt (1994) sowie Kalafatis/Miller (1997) die kausale Wirkung der geteilten Werte auf das Vertrauen gegenüber dem Anbieter und können empirische Befunde zur Untermauerung dieser Hypothese vorlegen.

Auf dieser Grundlage lässt sich die folgende Hypothese formulieren:

H 5: Je stärker die ethische Haltung des Pharmaunternehmens ausgeprägt ist, desto höher ist das Vertrauen des Arztes in das Pharmaunternehmen.

4.5.3 Das Relationship-Commitment des Pharmaunternehmens

Wie bei dem im Abschnitt 4.4 beschriebenen Relationship-Commitment des Arztes findet auch bei dem Relationship-Commitment des Pharmaunternehmens die von Morgan/Hunt (1994) entwickelte Definition Anwendung: "(...) an exchange partner (hier das Pharmaunternehmen, Anm. d. Verf.) believing that an ongoing relationship with another (hier der Arzt, Anm. d. Verf.) is so important as to warrant maximum efforts at maintaining it (...)" (Morgan/Hunt 1994, S. 23).

In der vorliegenden Arbeit repräsentiert dieses Konstrukt allein die subjektive Wahrnehmung des Arztes hinsichtlich des Relationship-Commitment des Unternehmens. Es wird bewusst die Perspektive des Arztes gewählt, da alle für das Pharmaunternehmen relevanten Entscheidungen des Arztes stets auf dessen subjektiven Einschätzungen der Pharma-Geschäftsbeziehung beruhen. Würde man hingegen das Relationship-Commitment des Pharmaunternehmens direkt erfassen (z.B. über eine Befragung von Entscheidungsträgern des Unternehmens), so erhielte man nicht die Informationen, die für ein psychologisches Modell der Pharma-Geschäftsbeziehung benötigt werden. Angesichts der hier quasi indirekt erfolgenden Erfassung des Relationship-Commitment des Pharmaunternehmens durch die Wahrnehmung des Arztes erscheint es sinnvoll, die im Abschnitt 4.4 vorgestellte eindimensionale Konzeptualisierung von Morgan/Hunt (1994) zu verwenden. Es ist nämlich nicht anzunehmen, dass ein Arzt Einblick in die strategischen Entscheidungsprozesse eines Unternehmens besitzt. Somit ist es dem Arzt nicht möglich, mit Sicherheit zu beurteilen, in welchem Umfang das Relationship-Commitment des Unternehmens tatsächlich auf einem Gefühl der Verbundenheit gegenüber dem Arzt beruht und zu welchem

Anteil es das Ergebnis eines rein betriebswirtschaftlichen Kalküls darstellt. Die valide Messung dieser zwei Dimensionen bzw. Formen des Commitment - dem „Loyalty Commitment" und dem „Calculative Commitment" - würde einen Wissensstand erforderlich machen, über den die Mehrheit der Ärzte nicht verfügen dürfte. Daher wird hier eine eindimensionale Konzeptualisierung des Commitment vorgenommen.

In den weiteren Ausführungen wird der Einfluss des Relationship-Commitment des Pharmaunternehmens auf das Vertrauen des Arztes in das Pharmaunternehmen diskutiert. Auf Grundlage von Anderson/Weitz (1992) und Williamson (1987) lässt sich die folgende Argumentation führen: In dem Maße wie ein Pharmaunternehmen gegenüber einem Arzt Relationship-Commitment aufbaut, verändert sich die Anreizstruktur dieses Unternehmens dergestalt, dass Verhaltensweisen, die das Vertrauen des Arztes gefährden könnten, von dem Unternehmen vermieden werden. Für den Arzt resultiert hieraus eine erhöhte Vertrauenswürdigkeit des Pharmaunternehmens. Die folgenden Ausführungen dienen der Verdeutlichung des soeben skizzierten Zusammenhangs: Basierend auf Williamson (1987, S. 163ff.) lassen sich zwei Verhaltensformen unterscheiden, durch die das Pharmaunternehmen dem Arzt sein Relationship-Commitment glaubhaft demonstrieren kann. Die erste Verhaltensform bilden vertragliche Selbstverpflichtungen gegenüber dem Arzt. Die Mitgliedschaft in dem eingangs diskutierten „Freiwillige Selbstkontrolle für die Arzneimittelindustrie e.V." kann hierfür als Beispiel genannt werden. Diese Selbstverpflichtung bezieht sich jedoch nicht auf eine einzelne Pharma-Geschäftsbeziehung und bildet somit streng genommen keinen Beleg für ein echtes Relationship-Commitment. Von den vertraglichen Selbstverpflichtungen zu unterscheiden sind die im Kontext des Pharma Marketing bedeutsameren beziehungsspezifischen Investitionen. Hierbei handelt es sich um Ressourcen, die ein Pharmaunternehmen gezielt zur Betreuung eines bestimmten Arztes einsetzt. Für diese in ihrem Verwendungszweck determinierten Ressourcen wird auch der Begriff der idiosynkratischen Investitionen (vgl. Gundlach et al. 1995, S. 79) bzw. der „Specific Asset Investments" (Williamson 1987, S. 204) verwendet. Sie können außerhalb des Beziehungskontexts für das Pharmaunternehmen keinen oder nur einen verringerten Nutzen stiften. Beispiele hierfür bilden die an einen Arzt vergebenen Arzneimittelmuster sowie alle Rechercheaufträge, die von der medizinisch-wissenschaftlichen Abteilung auf Anfrage eines Arztes individuell ausgeführt werden. Auch die für den Pharmareferenten und andere Marketinginstrumente erfolgten Ausgaben lassen sich als Investitionen betrachten, da ihnen wegen ihrer zeitlich verzögerten Wirkung auf das Verordnungsverhalten Erträge in zukünftigen Perioden gegenüberstehen. Alle Marketing-Aufwendungen, die sich einem einzelnen Arzt zuordnen lassen, entsprechen somit den von Williamson (1987) beschriebenen beziehungsspezifischen Investitionen. Hierfür stellen auch die im Pharma Marketing in Zukunft vermehrt eingesetzten Customer Relationship Management-Systeme ein wegen ihres hohen Kapitalvolumens beachtenswertes Beispiel dar. Diese Systeme unterstützen multi-mediale, individualisierte Kommunikationskampagnen. Ihre informationstechnologische Grundlage bilden Datenbanken, die Kundenprofile der einzelnen Ärzte beinhalten (vgl. Link 2001, S. 8). Die auf Grundlage dieser Kundenprofile individuell ausgestalteten Kommunikationsaktivitäten entsprechen beziehungsspezifischen Investitionen. Darüber hinaus stellen auch immaterielle Ressourcen wie z.B. der Trainingsaufwand, den das Unternehmen betreibt, um einem neu eingestellten Pharmareferenten das Wissen zu vermitteln, welches das Unternehmen über die fachlichen sowie medialen Präferenzen eines bestimmten Arztes besitzt, beziehungsspezifische Investitionen dar. Mit all diesen eigens für den einzelnen Arzt getätigten Investitionen liefert das Pharmaunternehmen glaubhafte Belege für sein Bestreben, die Geschäftsbeziehung fortzuführen und aktiv zu unterstützen. Es demonstriert somit sein Relationship-Commitment.

Die Argumentation von Williamson (1987, S. 163ff.) besteht darin, dass ein zumindest intendiert rational handelnder Akteur (wie z.B. ein Pharmaunternehmen) durch seine beziehungsspezifischen Investitionen sich selbst einen Anreiz schafft, die Pharma-Geschäftsbeziehung nicht abzubrechen, sondern diese langfristig fortzusetzen. Der Arzt kann daher annehmen, dass das Pharmaunternehmen kein Verhalten an den Tag legen wird, mit dem es das Vertrauen des Arztes verspielt. Ein derartiges Verhalten könnte nämlich zur Folge haben, dass der Arzt die Beziehung einseitig aufkündigt, womit die mit dem Relationship-Commitment des Pharmaunternehmens verknüpften beziehungsspezifischen Investitionen verloren wären. Eine hierzu weitgehend identische Argumentation liefert Blau (1964, S. 98). Auch Hallén et al. (1987), Blois (1999) und Dasgupta (1988) vertreten diese Position. Insbesondere aufgrund des Umstandes, dass die Relationship Marketing-Aktivitäten des Pharmaunternehmens zumindest nicht unmittelbar an Gegenleistungen des Arztes geknüpft sind, lässt sich annehmen, dass der Arzt die Betreuung als glaubwürdigen Beleg des Relationship-Commitment des Pharmaunternehmens wahrnimmt.

Ein Pharmaunternehmen zeichnet sich in der Regel auch durch eine langjährige Präsenz in einem bestimmten medizinischen Behandlungsgebiet aus (z.b. im Bereich der Gynäkologie). Dadurch belegt dieses Unternehmen eine von der Persönlichkeit einzelner Unternehmensangehöriger (z.B. Pharmareferenten) unabhängige Verhaltenskontinuität, die dem Arzt signalisiert, dass dieses Unternehmen auch in Zukunft unter beträchtlichem finanziellem Aufwand innovative Arzneimittel entwickeln und die Ärzte durch Pharmareferenten betreuen wird. Diese Kontinuität wird von dem Arzt als ein Relationship-Commitment des Pharmaunternehmens gegenüber einem Therapiefeld, insbesondere aber auch gegenüber dem einzelnen Arzt empfunden, der von der Betreuung durch das Pharmaunternehmen unmittelbar profitiert. Für den Arzt reduziert sich durch das Relationship-Commitment des Pharmaunternehmens die Unsicherheit, ob dieses Unternehmen auch in Zukunft durch seine Aktivitäten das Fachgebiet Gynäkologie und die in diesem Gebiet tätigen Ärzte unterstützten wird. Dies führt dazu, dass der Arzt dem Pharmaunternehmen ein erhöhtes Vertrauen entgegenbringt. Für den hier dargestellten Wirkungszusammenhang liefert eine Studie von Ganesan (1994) im Kontext des Relationship Marketing empirische Belege.

Die hier dargelegte Argumentation lässt sich in Form der folgenden Hypothese zusammenfassen:

H 6: Je höher das Relationship-Commitment des Pharmaunternehmens, desto höher ist das Vertrauen des Arztes in das Pharmaunternehmen.

4.5.4 Die Expertise des Pharmareferenten

Die in den vorangehenden Abschnitten diskutierten Prädiktoren der beiden zentralen Beziehungsvariablen stellen Konstrukte dar, die sich auf die Wahrnehmung des Arztes hinsichtlich des Pharmaunternehmens als einer geschlossenen organisatorischen Einheit bzw. Unternehmenspersönlichkeit beziehen. Das Vertrauensurteil des Arztes beruht jedoch auch auf den Interaktionserfahrungen, die dieser im persönlichen Kontakt mit den einzelnen Organisationsmitgliedern sammelt. Da der Pharmareferent häufiger mit dem Arzt interagiert als die anderen Unternehmensangehörigen, kommt ihm eine bedeutende Funktion als Förderer des Vertrauens des Arztes gegenüber dem Unternehmen zu. Pharmareferenten übernehmen somit die Funktion eines sog. „Boundary Spanners" (Zaheer et al. 1998, S. 142). Als „Boundary Spanners" werden Angehörige einer Organisation bezeichnet, die sich dadurch von anderen Organisationsmitgliedern unterscheiden, dass sie in einem intensiveren Austausch mit Organisationsexternen (hier dem Arzt) stehen. Zu den Aufgaben dieser Akteure gehören die Anbahnung und die Pflege der Geschäftsbeziehungen zu den Organisationsexternen (vgl. Friedman/Podolny 1992, S. 28). Insbesondere die fachlichen Eigenschaften des Pharmareferenten, deren Ausprägungen sich dem Arzt erst in der direkten persönlichen Interaktion erschließen, sind wichtige Indikatoren für den Arzt. Anhand dieser Indikatoren kann er die Vertrauenswürdigkeit des Unternehmens bewerten, welches durch Mitarbeiterauswahl und -schulung für das Interaktionsverhalten des Pharmareferenten letztlich verantwortlich zeichnet. Basierend auf Bradach/Eccles (1989, S. 109f.) lässt sich argumentieren, dass die „Boundary Spanners" über ihre persönliche Kommunikation einen positiven Einfluss auf die Vertrauensentstehung ausüben. Vor diesem Hintergrund erscheint es gerechtfertigt, bei der Modellierung der Einflussgrößen des Vertrauens dem Pharmareferenten gesondert Rechnung zu tragen. Wie sich den im Folgenden genannten Studien zum Pharma Marketing entnehmen lässt, stellt die fachliche Kompetenz bzw. Expertise des Pharmareferenten ein für den Arzt herausragend wichtiges Qualitätsmerkmal der persönlichen Betreuung dar. Definiert wird die Expertise des Pharmareferenten in dieser Arbeit als „(...) the extent to which a source (hier der Pharmareferent, Anm. d. Verf.) possesses the knowledge, experience or skills relevant to a particular topic" (Lagace et al. 1991, S. 41). Die elementare Bedeutung der Expertise des Pharmareferenten erschließt sich nicht zuletzt aus den spezifischen Kundenerwartungen, die dem Pharmareferenten von Seiten der Ärzte entgegengebracht werden. So liefert Thomas (1989, S. 565) in einer auf den US-amerikanischen Pharma-Markt bezogenen Studie empirische Belege dafür, dass die Dienstleistungen mit dem höchsten Nutzen, den Pharmareferenten bei der Betreuung von Krankenhausapotheken für die dort tätigen Apotheker erbringen können, in der Übermittlung fachlich korrekter Informationen bezüglich neuer Arzneimittel bestehen. Es erscheint plausibel, diese Erkenntnis auf das Betreuungsverhältnis zwischen Pharmareferenten und Ärzten zu übertragen, zumal Ärzte im Allgemeinen über ein weniger ausgeprägtes pharmazeutisches Wissen verfügen als Apotheker. Für sie sind die vom Pharmareferenten stammenden Arzneimittelinformationen daher noch wichtiger als für den Apotheker. Ferguson (1989, S. 992) argumentiert, dass angesichts des beständig anwachsenden und zunehmend spezialisierten medizinischen Wissens, das im Medizinstudium zu bewältigen ist, die Ärzte nicht im vollen Umfang die pharmazeutische Kompetenz erwerben können, die für die kritische Auseinandersetzung mit Informationen über neue Arzneimittel erforderlich ist. Angesichts dessen billigt er den Pharmareferenten eine die Ärzte in diesem Bereich fachlich unterstützende Funktion zu. Zu einer vergleichbaren Einschätzung gelangt Wilson (1990). Eine indirekte Bestätigung für diese eher normative Aussage liefert Huston (1993). Ihm zufolge stellen Pharmareferenten in einer Befragung unter niedergelassenen Ärzten in den USA die am dritthäufigsten genannte Quelle arzneimittelbezogener Informationen dar (vgl. Huston 1993, S. 49). Mit Bezug auf eine Untersuchung unter Ärzten in der Schweiz stellt Gehrig (1992, S. 116) fest, dass bei neuartigen Produkten der Pharmareferent sogar die bedeutendste Informationsquelle bildet. In Ergänzung dazu ermitteln Andaleeb/Tallman (1995, S. 72f.) in einer empirischen Studie unter US-amerikanischen Ärzten, dass von der informativen Unterstützung, die die Pharmareferenten leisten, eine positive Wirkung auf die Einstellungen der Ärzte gegenüber den Pharmareferenten ausgeht. Eine den Informationswert der Betreuung steigernde hohe fachliche Expertise stellt für den Arzt somit eine wichtige Eigenschaft eines Pharmareferenten dar.

Auf den Arbeiten von Blau (1964), Pruitt (1981) und Rotter (1967) aufbauend argumentieren Moorman et al. (1992, S. 315), dass sich das Vertrauen eines Markt-Akteurs in dessen Transaktionspartner unter anderem auf Grundlage der Expertise des Transaktionspartners entwickelt. Vergleichbar dazu betrachtet Oakes (1990, S. 673) die Expertise des Verkäufers als einen Prädiktor des Vertrauens des Kunden. In einer Studie zum Industriegütermarketing liefern Doney/ Cannon (1997) in Anlehnung an Lindskold (1978) eine Erklärung für diesen Zusammenhang. Überträgt man die Argumentation dieser Autoren auf den Pharma-Kontext, so gelangt man zu der Annahme, dass der Arzt auf Basis der wahrgenommenen Expertise des Pharmareferenten die Erwartung entwickelt, dass er sich auf dessen mündliche und schriftliche Angaben verlassen kann.

Wie im Abschnitt 3.3.1 dargelegt worden ist, besagt die Informationsökonomik, dass die potenziell mangelnde Leistungsfähigkeit eines Akteurs A eine Quelle der Qualitätsunsicherheit für den mit ihm im Austausch befindlichen Akteur B darstellt (vgl. Kaas 1992, S. 894; Plötner 1993, S. 40). Im Umkehrschluss lässt sich bezogen auf den Pharma-Kontext folgern, dass eine hohe Leistungsfähigkeit des Unternehmens hinsichtlich der Bereitstellung korrekter Arzneimittelinformationen die Qualitätsunsicherheit reduziert und somit das Vertrauen des Arztes in das Pharmaunternehmen fördert. Es wird hier angenommen, dass der Arzt die Leistungsfähigkeit des Unternehmens hinsichtlich der Bereitstellung korrekter Arzneimittelinformationen auf Grundlage der wahrgenommenen Expertise des Pharmareferenten bewertet, zumal dieser den wichtigsten Informationslieferanten bildet, den das Unternehmen dem Arzt zur Verfügung stellt. Wenn der Arzt der Ansicht ist, dass der Pharmareferent über die Expertise verfügt, die die Erfüllung dieser Informationsfunktion des Unternehmens gewährleistet, so fördert dies das Vertrauen des Arztes in das Pharmaunternehmen.

In Ergänzung zu dieser theoretisch hergeleiteten Annahme lässt sich auch auf Grundlage der mit Berliner Ärzten geführten explorativen Interviews die Vermutung aufstellen, dass die fachliche Expertise des Pharmareferenten ein Merkmal bildet, anhand dessen die Ärzte die Glaubwürdigkeit der übermittelten Produktbotschaften beurteilen und damit verbunden auch zu einem Vertrauensurteil gegenüber dem Unternehmen gelangen. Es liegen empirische Studien vor, die die hier dargestellte Wirkung der Expertise auf das Vertrauen untermauern. So konnten Busch/Wilson (1976, S. 10) in einer Studie zum Konsumgütermarketing anhand von Experimenten feststellen, dass Kunden diejenigen Verkäufer für vertrauenswürdig erachten, die über ein hohes Maß an Expertise verfügen. Auch Doney/Cannon (1997) weisen einen positiven Kausalzusammenhang zwischen der Expertise des Verkäufers und dem Vertrauen in den Verkäufer nach. Moorman et al. (1993, S. 91) gelingt es, empirische Belege dafür zu liefern, dass die Expertise eines Anbieters einen Prädiktor des Vertrauens des Kunden bildet. Auch die Ergebnisse einer Studie von Crosby et al. (1990) deuten auf einen positiven Kausalzusammenhang zwischen der Expertise des Verkäufers und der Beziehungsqualität hin, einer Größe, die sich aus einem Vertrauens- und einem Zufriedenheitsindex zusammensetzt.

Diese Argumentation zusammenfassend lässt sich die folgende Hypothese aufstellen:

H 7: Je höher die Expertise des Pharmareferenten, desto höher ist das Vertrauen des Arztes in das Pharmaunternehmen.

4.5.5 Die Fürsorglichkeit des Pharmareferenten

Im vorigen Abschnitt wurde die in dem Konstrukt Expertise des Pharmareferenten repräsentierte fachliche Kompetenz, auf die der Arzt in der Betreuung zurückgreifen kann, als eine für den Aufbau von Vertrauen notwendige Voraussetzung diskutiert. Die Ärzte wünschen jedoch mehr als nur eine wissenschaftlich einwandfreie Produktpräsentation. Aus den mit fünf Berliner Ärzten geführten qualitativen Interviews ging hervor, dass diese besonderen Wert darauf legen, von den Pharmareferenten ein aufrichtiges Interesse für die Probleme entgegengebracht zu bekommen, die sich ihnen im Praxisalltag stellen. Hierzu gehören neben den etwaigen Bedenken, die der Arzt gegenüber neuartigen Arzneimitteln hegt, auch vermeintlich nebensächliche Aspekte des Arztberufs wie z.B. gesundheitspolitische Fragen oder organisatorische Probleme der Praxisführung, die den Arzt neben seinen medizinischen Aufgaben zunehmend beschäftigen.

Dieses authentische Interesse des Pharmareferenten an der Gesamtheit der Bedürfnisse seines Kunden lässt sich gut durch das auf Gremler et al. (2001) zurückgehende Konstrukt „Care" repräsentieren, für dessen Übersetzung der im Folgenden zu verwendende Begriff der Fürsorglichkeit des Pharmareferenten gewählt wird. Gremler et al. (2001, S. 49) definieren die Fürsorglichkeit als „(...) the customer's perception of the employee (hier der Pharmareferent, Anm. d. Verf.) having genuine concern for the customer's well being."
Die im Folgenden vorgenommene inhaltliche Abgrenzung der Fürsorglichkeit des Pharmareferenten von der ethischen Haltung des Pharmaunternehmens dient dazu, die konzeptionelle Eigenständigkeit der Fürsorglichkeit des Pharmareferenten herauszuarbeiten. Wie im Abschnitt 4.5.2 beschrieben bildet die ethische Haltung des Pharmaunternehmens den unternehmensweit verinnerlichten Wertekanon, der sich auf das Verhalten aller Unternehmensangehörigen gegenüber der Gesamtheit der Ärzte und Patienten bezieht. Die Fürsorglichkeit des Pharmareferenten bezieht sich hingegen auf dessen Verhalten gegenüber einem bestimmten Arzt und ist somit auf einer interpersonellen Ebene angesiedelt. Über dieses Konstrukt wird der subjektive Eindruck des Arztes erfasst, dass ihn der Pharmareferent als individuellen Kunden wahrnimmt, auf dessen Wohl geachtet wird. Wie der Definition der Fürsorglichkeit des Pharmareferenten zu entnehmen ist, repräsentiert dieses Konstrukt kein Persönlichkeitsmerkmal des Pharmareferenten. Seine Fürsorglichkeit ist vielmehr mit einer Einstellung gegenüber einem bestimmten Arzt zu vergleichen, die sich im individuellen Betreuungsverhalten niederschlägt.

Im Folgenden wird argumentiert, dass die Fürsorglichkeit des Pharmareferenten das Vertrauen des Arztes in das Pharmaunternehmen fördert. Zwar betreibt der Pharmareferent gegenüber dem Arzt ausschließlich ein „Missionary Selling", bei dem keine Verkaufsabschlüsse erzielt werden. Die erfolgsabhängige Entlohnung des Pharmareferenten ist jedoch von den Arzneimittelumsätzen abhängig, die in den Apotheken seines Einsatzgebiets getätigt werden. Da der Erfolg des Pharmareferenten somit indirekt an das ärztliche Verordnungsverhalten gekoppelt ist, bietet sich diesem ein ökonomischer Anreiz, bei der Präsentation der Arzneimittel eine stark absatzorientierte, persuasive Verkaufstaktik anzuwenden. Hawes et al. (1996) stellen fest, dass die allein auf die Anbahnung und Durchführung von Transaktionen abzielenden Verkaufstechniken sich negativ auf das Vertrauen des Kunden auswirken. Die Fürsorglichkeit des Pharmareferenten impliziert hingegen, dass dieser sein Handeln an den Bedürfnissen des Arztes ausrichtet. Dies schließt ein, dass er auf eine rein absatzorientierte Taktik verzichtet. Im Umkehrschluss zu den Ergebnissen von Hawes et al. (1996) lässt sich die Vermutung aufstellen, dass von der Fürsorglichkeit eine positive Wirkung auf das Vertrauen des Arztes gegenüber dem Pharmaunternehmen ausgeht. Eine ergänzende Argumentation liefern Gremler et al. (2001). Aus einer Typologie der Verhaltensmotive von Miller/Berg (1984) leiten sie eine theoretische Begründung ihrer Hypothese ab, der zufolge die Fürsorglichkeit eines Service-Mitarbeiters einen direkten Einfluss auf das Vertrauen des Kunden besitzt. Miller/Berg (1984) bilden eine Typologie von drei unterschiedlich motivierten Verhaltensformen. Das obligatorische Austauschverhalten („Obligatory Giving") wird in bestimmten Situationen vorausgesetzt. So erwartet z.B. der Arzt, dass er von einem Pharmareferenten, den er in seiner Praxis empfängt, höflich behandelt wird. Das instrumentelle Austauschverhalten („Instrumental Giving") ist durch bestimmte Ziele motiviert, die der Handelnde zu erreichen versucht. Dem instrumentellen Austauschverhalten sind sämtliche Handlungen eines Pharmareferenten zuzuordnen, die ausschließlich auf die Generierung von Arzneimittelverordnungen abzielen. Das altruistische Austauschverhalten („Pleasure-Based Giving") ist hingegen durch das ehrliche Bedürfnis motiviert, dem Austauschpartner zu helfen. Für einen altruistisch handelnden Pharmareferenten bildet das Bewusstsein, dem Arzt bei der Lösung der im Praxisalltag auftretenden Probleme geholfen zu haben, bereits eine Belohnung (vgl. Miller/Berg 1984, S. 175). Gremler et al. (2001) weisen auf die inhaltliche Übereinstimmung zwischen dem Konstrukt der Fürsorglichkeit und dem von Miller/Berg (1984) beschriebenen altruistischen Austauschverhalten hin. Daraus leiten sie die folgende Vermutung ab: Der eine Dienstleistung nachfragende Kunde unterstellt einem Service-Mitarbeiter, der sich durch Fürsorglichkeit auszeichnet, eine altruistische Verhaltensmotivation. Der Kunde wird gegenüber diesem Dienstleister daher Vertrauen aufbauen (vgl. Gremler et al. 2001, S. 49). Auch in der Organisationswissenschaft wird dieser Kausalzusammenhang hergestellt. So betrachten Aryee et al. (2002), basierend auf McAllister (1995), die zwischen zwei Interaktionspartnern bestehende wechselseitige Fürsorglichkeit als eine affektive Grundlage des Vertrauens: „Affect based trust reflects an emotional attachment that stems from the mutual *care and concern* (Herv. d. Verf.) that exists between individuals" (Aryee 2002, S. 271).[68]

Gremler et al. (2001, S. 53) gelingt es, den von ihnen postulierten Wirkungszusammenhang zwischen der Fürsorglichkeit des im Kundenkontakt stehenden Service-Mitarbeiters und dem Vertrauen des Kunden empirisch zu belegen. Ein vergleichbares Ergebnis liefert eine Studie von Scheer/Stern (1992, S. 137). Die Autoren ermitteln auf experimentellem Wege, dass der Einsatz dominanter Verhandlungstechniken, bei denen ein Hersteller gegenüber seinem Händler Druckmittel einsetzt, die allein der Durchsetzung der eigenen Interessen dienen, auf Seiten des Händlers zu einer Verringerung des Vertrauens führt.

Diese Argumentation zusammenfassend lässt sich die folgende Hypothese aufstellen:

H 8: Je höher die Fürsorglichkeit des Pharmareferenten, desto höher ist das Vertrauen des Arztes in das Pharmaunternehmen.

---

[68] Abweichend von der hier verwendeten Konzeptualisierung des Vertrauens betrachtet McAllister (1995) das Vertrauen als ein zwei-dimensionales Konstrukt, das eine kognitive sowie eine affektive Komponente beinhaltet.

4.5.6 Der Close Business Attachment Style des Arztes

Im Wesentlichen reflektieren die bisher beschriebenen Einflussgrößen der beiden zentralen Beziehungsvariablen die subjektiven Werturteile des Arztes hinsichtlich der Merkmale des Pharmaunternehmens und des Pharmareferenten. Aufgrund ihrer Subjektivität spiegeln diese Werturteile stets auch einen Teil der Persönlichkeit des Arztes wider. Da sie sich jedoch immer auf den Kontext einer spezifischen Pharma-Geschäftsbeziehung beziehen, kann die Persönlichkeit des Arztes über die Messung dieser Konstrukte nicht direkt beleuchtet werden.

In der Käuferverhaltensforschung werden die Persönlichkeitsmerkmale von Konsumenten als wertvolle Kriterien für die Bildung von Marktsegmenten betrachtet. Der Wert dieser psychographischen Variablen für das Marketing besteht zum einen darin, dass sie als zeitlich weitgehend stabil gelten, da sie grundlegende Wesenszüge des Verbrauchers beschreiben. Darüber hinaus prägen sie das Konsumverhalten in den verschiedensten Produktkategorien (vgl. Assael 1987, S. 277).

Auch im Pharma-Relationship Marketing erscheint die Betrachtung der Persönlichkeitsmerkmale des Arztes lohnend, da die Ärzteschaft eine überschaubare Kundengruppe darstellt, deren einzelne Mitglieder durch das Pharmaunternehmen genau identifiziert und angesprochen werden können. Somit ließen sich in Abhängigkeit von den analytischen Fähigkeiten der Pharmareferenten, welche die Ärzte über längere Zeit betreuen, detaillierte Persönlichkeitsprofile jedes einzelnen Arztes erstellen. Auf Grundlage dieser Profile könnten sodann Entscheidungen hinsichtlich der Ausgestaltung der Relationship Marketing-Maßnahmen getroffen werden. Eine grundlegende Aufgabe, die sich dem Pharma-Relationship Marketing in diesem Zusammenhang stellen würde, bestünde darin, auf Basis der gesammelten Persönlichkeitsprofile diejenigen Ärzte zu identifizieren, die unabhängig von dem betrachteten Pharmaunternehmen eine hohe grundsätzliche Bereitschaft besitzen, zeitlich stabile, eng geknüpfte Pharma-Geschäftsbeziehungen aufzubauen. Solche beziehungsfreundlichen Ärzte wären für Aktivitäten des Relationship Marketing besonders geeignet.

Einen Ausgangspunkt für die Bewältigung dieser Aufgabe bildet die in diesem sowie in dem folgenden Abschnitt zu betrachtende Frage, ob sich bestimmte Charakteristika der Persönlichkeit des Arztes ermitteln lassen, die einen Einfluss auf dessen Bereitschaft besitzen, Vertrauen und Relationship-Commitment gegenüber Pharmaunternehmen zu entwickeln. Die für die Beantwortung dieser Frage in Betracht kommenden Persönlichkeitsmerkmale stellen zwei von Paulssen (2004) entwickelte Konstrukte dar, die im Folgenden gemeinsam mit ihrer konzeptionellen Basis vorgestellt werden. Paulssen (2004) identifiziert die Attachment Theory als eine theoretische Grundlage, um die in der Persönlichkeit von Kunden verankerten Merkmale zu identifizieren, über die sich individuelle Unterschiede im Beziehungsverhalten dieser Kunden gegenüber Anbieterunternehmen erklären lassen.

Ursprünglich weist die in der Sozialpsychologie beheimatete Attachment Theory keinen Bezug zur Marketingwissenschaft auf. Ihr originäres Erkenntnisziel besteht vielmehr in der Erklärung von individuellen Unterschieden in der Intensität und Qualität zwischenmenschlicher Beziehungen. Tatsächlich handelt es sich bei der Attachment Theory um eine Theorie der Persönlichkeitsentwicklung, die an den frühkindlichen Sozialisationsprozessen in der Erzieher-Kind-Dyade ansetzt (vgl. Collins/Read 1990, S. 644). Im Zuge der frühkindlichen Entwicklung bildet sich bei jedem Kind ein kognitives Modell bzw. „Working Model" (Collins/Read 1990, S. 645) heraus, das eine hohe zeitliche Beständigkeit aufweist. Dieses kognitive Modell enthält stabile Erwartungen des Kindes (und später des erwachsenen Individuums) hinsichtlich dessen Selbstwert sowie hinsichtlich der Mitglieder seiner sozialen Umwelt, zu denen es ggf. persönliche Beziehungen aufbaut. Da das „Working Model" unterschiedliche Ausprägungen haben kann und es je nach seiner Ausprägung zumindest teilweise die Art und Qualität der Bindungen determiniert, die in sozialen Beziehungen aufgebaut werden, verwendet man für dieses kognitive Modell den Begriff Attachment Style bzw. Bindungs-Stil (vgl. Ainsworth et al. 1978). Die Ausprägungen der in dem Bindungs-Stil enthaltenen Erwartungen sind abhängig von der emotionalen Zuwendung, die dem Kind seitens der Erziehungsperson (Mutter oder Vater) zuteil wird. Erfährt ein Kind eine liebevolle und mitfühlende Behandlung durch die Erziehungsperson, so entsteht bei ihm ein positives Selbstbild. Das Individuum erachtet sich selbst als würdig, auch in anderen zwischenmenschlichen Beziehungen Zuneigung entgegengebracht zu bekommen und geht daher leichter enge Bindungen ein (vgl. Bowlby 1973). Anknüpfend an Ainsworth et al. (1978) bezeichnen Hazan/Shaver (1987, S. 512) den hier beschriebenen bindungsfreundlichen Attachment Style, der sich durch positive Erwartungen an den Beziehungspartner und durch die Bereitschaft auszeichnet, sich auf diesen zu verlassen, als Secure Attachment Style.[69]

In der Attachment Theory galt ursprünglich die Annahme, dass der Attachment Style eines Individuums ein in der Kindheit erworbenes Persönlichkeitsmerkmal bildet, welches dessen späteres Verhalten in den verschiedensten sozialen Beziehungen in einer gleichartigen Weise beeinflusst (vgl. Bowlby 1973; Skolnick 1986). Jedoch liefern laut Paulssen (2004) verschiedene Studien, die den Attachment Style eines Individuums in unterschiedlichen Beziehungs-Kontexten (z.B. Beziehung zum Vater oder Beziehungen zu Gleichaltrigen) betrachten, Ergebnisse, die diese Annahme widerlegen. Hieraus ergibt sich die Notwendigkeit, die Ausprägung des Attachment Style eines Individuums für verschiedene Typen von Beziehungen gesondert zu untersuchen (vgl. Asendorf/Wilpers 2000, S. 134). Geschäftsbeziehungen lassen sich als ein eigenständiger Beziehungs-Typ auffassen, der sich von privaten Beziehungen wesentlich unterscheidet, da ihm überwiegend ökonomische Motive zugrunde liegen. Paulssen (2004) leistet eine Konzeptualisierung des sog. Business Attachment Style, dessen zwei Dimensionen das Verhalten eines Individuums in Geschäftsbeziehungen prägen. Diese Konstrukt-Konzeptualisierung wird nicht allein durch theoretische Überlegungen, sondern auch durch empirische Daten geleitet, die von Paulssen (2004) erhoben worden sind. Daher ist es für das Verständnis der Konzeptualisierung des Business Attachment Style an dieser Stelle erforderlich, auf die von Paulssen (2004) entwickelten Messinstrumente bzw. Skalen einzugehen. Die Ausgangsbasis dieser Messinstrumente bilden Multi-Item-Skalen zur Messung des Attachment Style in nicht-geschäftlichen Beziehungen. Für

---

[69] Für eine detaillierte Darstellung der in der Sozialpsychologie verwendeten Attachment Styles vgl. Ainsworth et al. (1978) und Egeland/Farber (1984).

diesen Bindungs-Stil prägt Paulssen (2004) den Begriff des Personal Attachment Style. Die Ursprünge der von Paulssen (2004) bei der Instrumentenentwicklung verwendeten Items gehen auf Skalen zurück, die von Asendorf/Wilpers (2000), Collins/Read (1990) und Sanford (1997) in sozialpsychologischen Untersuchungen verwendet wurden. Paulssen (2004) überprüft die psychometrischen Eigenschaften des Messinstrumentariums für den Personal Attachment Style anhand eines Datensatzes, den er über eine Befragung unter Kunden eines Automobilherstellers gewonnen hat. Das Ergebnis stellt eine Drei-Faktoren-Lösung dar.[70] Die Dimensionen des Personal Attachment Style werden als „Secure/Close" (Sicherheit/ Nähe)[71], „Dependent" (Verlässlichkeit) und „Anxiety" (Sorge) bezeichnet. In der vorliegenden Arbeit wird der Personal Attachment Style nicht in das Modell der Pharma-Geschäftsbeziehung aufgenommen. Dies liegt an dem persönlichen Inhalt der für die Messung dieses Konstrukts verwendeten Items. Es ist zu befürchten, dass die Ärzte eine solche Befragung, die die Ermittlung ihres Bindungs-Stils in privaten, zwischenmenschlichen Beziehungen zum Gegenstand hat, abbrechen würden. Ähnlich negative Erfahrungen wurden von Paulssen (2004) in einer empirischen Studie gemacht. Zwar liefert Paulssen (2004) keine Definition der Dimension „Secure/Close". Wie aus den dieser Dimension zugeordneten Items hervorgeht, ist darunter jedoch die Bereitschaft zu verstehen, den Partnern in privaten Beziehungen zu vertrauen und emotionale Nähe zu diesen zu entwickeln. Die zur Messung der Dimension „Dependent" verwendeten Items beschreiben hingegen die Bereitschaft, sich auf Partner in privaten Beziehungen zu verlassen. Die Dimension „Anxiety" beschreibt die auf romantische Partnerschaften bezogene grundlegende Sorge eines Menschen, sein Partner könnte ihn nicht genügend lieben und wäre daher nicht gewillt, die Beziehung fortzuführen (vgl. Hazan/Shaver 1987, S. 515). Diese Dimension des Personal Attachment Style wurde für den Geschäftsbeziehungs-Kontext als ungeeignet beurteilt. Bei der Entwicklung eines Messinstruments für den Bindungs-Stil in Geschäftsbeziehungen, der im

---

[70] Ähnlich wie Paulssen (2004) gelangen auch Collins/Read (1990) zu einer Drei- Faktoren-Lösung.

[71] Diese Doppelbezeichnung rührt daher, dass die damit benannte Dimension unter anderem auf eine von Collins/Read (1990) entwickelte Dimension namens „Closeness" und eine dazu inhaltlich äquivalente Dimension namens „Secure" zurückgeht. Letztgenannte Dimension stammt von Hazan/Shaver (1987).

Folgenden als Business Attachment Style bezeichnet wird, orientierte sich Paulssen (2004) daher nur an den zwei Dimensionen „Secure/Close" und „Dependent" des Personal Attachment Style. Die Überprüfung der Gütemaße des Messinstruments auf Grundlage der Faktorenanalyse[72] ergab, dass sich die Dimension „Secure/Close" im Geschäftsbeziehungskontext in zwei Dimensionen aufspaltet. Aufgrund unzureichender Reliabilität einiger Items sowie zu geringer Faktorladungen musste darüber hinaus die „Dependent"-Dimension aus dem Messmodell entfernt werden.[73] Im Ergebnis lassen sich zwei Konstrukte unterscheiden, die den Bindungs-Stil in Geschäftsbeziehungen beschreiben: der Secure Business Attachment Style und der Close Business Attachment Style. Der Secure Business Attachment Style wird definiert als „(...) ability and willingness to trust the business partner" (Paulssen 2004, S. 4). Der Close Business Attachment Style wird definiert als „(...) willingness and ability to develop a personal bond and a personal relationship with a business partner" (Paulssen 2004, S. 4). In der Untersuchung von Paulssen (2004, S. 5) weisen der Secure Business Attachment Style und der Close Business Attachment Style Diskriminanzvalidität auf. In diesem Zusammenhang bezeichnet Paulssen (2004, S. 5) diese beiden Bindungs-Stile als zwei eigenständige Konstrukte.

In der vorliegenden Arbeit repräsentiert der Close Business Attachment Style in Analogie zu der Definition von Paulssen (2004) die Fähigkeit und Bereitschaft eines Arztes, eine persönliche Bindung sowie eine persönliche Beziehung zu Pharmaunternehmen im Allgemeinen aufzubauen. Dieses Konstrukt stellt ein Persönlichkeitsmerkmal des Arztes dar. Es ist daher als eine erlernte Bindungsbereitschaft hinsichtlich aller Pharmaunternehmen zu verstehen, und darf nicht mit der Bindung gegenüber einem bestimmten Pharmaunternehmen verwechselt werden. Unter Hinweis auf Blau (1964) sowie Bendapudi/Berry (1997) führt Paulssen (2004, S. 5) das Argument an, dass enge persönliche Bindungen die Furcht vor opportunistischem Verhalten reduzieren und somit das Vertrauen und Commitment eines Individuums gegenüber seinem Austauschpartner erhöhen. Daraus leitet er die Hypothese ab, dass der Close Business Attachment Style positiv mit dem Vertrauen und dem Commitment gegenüber dem Ge-

---

[72] Auf den Begriff Faktorenanalyse wird im Abschnitt 5.3 eingegangen.

schäftsbeziehungspartner korreliert. Ergänzend dazu stellt er die Hypothese auf, dass der Close Business Attachment Style keine signifikante Korrelation zu der Kundenzufriedenheit aufweist. Die Ergebnisse seiner empirischen Studie belegen ausschließlich einen statistisch signifikanten Zusammenhang zwischen dem Close Business Attachment Style und dem Commitment, bei einem standardisierten Korrelationskoeffizienten von 0,11. Während der vermutete Zusammenhang zwischen dem Close Business Attachment Style und dem Vertrauen nicht bestätigt werden konnte, entsprach die nicht-signifikante Korrelation zwischen dem Close Business Attachment Style und der Kundenzufriedenheit den Erwartungen (vgl. Paulssen 2004, S. 5).

Aus diesen Ergebnissen lässt sich die folgende Hypothese ableiten:

H 9: Je stärker der Close Business Attachment Style des Arztes ausgeprägt ist, desto höher ist das Relationship-Commitment des Arztes.

4.5.7 Der Secure Business Attachment Style des Arztes

Bereits im vorigen Abschnitt wurde auf die teils theoretisch fundierte, teils durch empirische Daten geleitete Konstrukt-Konzeptualisierung des Close Business Attachment Style und des Secure Business Attachment Style eingegangen. Der Begriff des Secure Business Attachment Style wird basierend auf Paulssen (2004) in Anwendung auf den Pharma Marketing-Kontext als die grundsätzliche Fähigkeit und Bereitschaft eines Arztes definiert, gegenüber Pharmaunternehmen im Allgemeinen Vertrauen zu entwickeln.

Paulssen (2004, S. 5) liefert empirische Belege für die von ihm aufgestellte Hypothese, der zufolge der Secure Business Attachment Style positiv mit der Kundenzufriedenheit, dem Commitment und dem Vertrauen des Kunden gegenüber seinem Geschäftsbeziehungspartner korreliert. Mit einem standardisierten Korrelationskoeffizienten von 0,44 ist der statistische Zusammenhang

---

[73] Auf die Begriffe Reliabilität und Faktorladung wird im Abschnitt 5.2.1 eingegangen.

zwischen dem Secure Business Attachment Style und dem Vertrauen gegenüber dem Geschäftsbeziehungspartner am stärksten ausgeprägt. In der vorliegenden Arbeit wird anders als bei Paulssen (2004) nur zwischen dem Secure Business Attachment Style und dem Vertrauen des Arztes in das Pharmaunternehmen ein kausal interpretierbarer Zusammenhang vermutet. Diese Annahme ergibt sich aus der auf Paulssen (2004, S. 4) zurückgehenden Definition des Secure Business Attachment Style, in deren Wortlaut explizit das Vertrauen als die von diesem Persönlichkeitsmerkmal abhängige Größe genannt wird.

Diese Argumentation lässt sich in der folgenden Hypothese zusammenfassen:

H 10: Je stärker der Secure Business Attachment Style des Arztes ausgeprägt ist, desto höher ist das Vertrauen des Arztes in das Pharmaunternehmen.

4.6 Erfolgsgrößen des Pharma-Relationship Marketing

4.6.1 Die Innovationsbereitschaft

In den bisherigen Ausführungen wurden die Entstehungsbedingungen des Vertrauens und des Relationship-Commitment des Arztes betrachtet. Der Gliederungspunkt 4.6 dient der Beantwortung der Frage, welchen Einfluss diese beiden zentralen Beziehungsvariablen auf die Verhaltensabsichten des Arztes besitzen, die in einem ursächlichen Zusammenhang zum Unternehmenserfolg stehen.

Im Abschnitt 3.1 wurde auf die strategische Bedeutung hingewiesen, die innovativen Arzneimitteln für den nachhaltigen ökonomischen Erfolg forschender Pharmaunternehmen zukommt. Bereits ab dem Zeitpunkt des Erhalts der Zulassung ist das innovative Arzneimittel zumeist einem intensiven Wettbewerb ausgesetzt. Zwar gewährleistet das Patent einen zeitlich befristeten Schutz vor Generika. Da das innovative Arzneimittel in der Regel nicht das einzige patentgeschützte Produkt für die Behandlung einer bestimmten Indikation ist, stellt sich der Wettbewerb jedoch nicht erst mit dem Erscheinen der ersten Generika ein. Vielmehr muss sich die Innovation gegenüber anderen Arzneimitteln behaupten, die im selben Therapiefeld positioniert sind.

Für das Pharma Marketing stellt sich somit die Aufgabe, das neue Arzneimittel neben den schon am Markt etablierten Arzneimitteln, mit denen der Arzt bereits umfangreiche Anwendungserfahrungen gesammelt hat, in dem „Evoked Set" des Arztes zu platzieren. In der Praxis des Pharma Marketing wird dies als die Herausforderung bezeichnet, ein Arzneimittel in die sog. „Feder des Verschreibers" (Gehrig 1992, S. 113) zu bringen. Howard/Sheth (1969, S. 26) definieren den „Evoked Set" als „(...) the brands that become alternatives to the buyer´s choice decision (...)." Blackwell et al. (2001, S. 111) verstehen unter dem „Evoked Set", den sie synonym zu dem Begriff des „Consideration Set" verwenden, die Menge der Produktalternativen, die bei der Kaufentscheidung in Betracht gezogen werden. Es handelt sich dabei um Alternativen, die in annähernd gleichem Maße dazu geeignet sind, einen bestimmten Bedarf des Konsumenten zu decken (vgl. Ratneshwar et al. 1996, S. 240). Produkte, die keinen Bestandteil des „Evoked Set" bilden, werden bei der Konsumentscheidung nicht berücksichtigt und werden somit auch nicht gekauft (vgl. Nedungadi 1990, S. 264).

In dieser Arbeit wird eine für das Pharma Marketing angepasste Definition des „Evoked Set" entwickelt. In Analogie zu Howard/Sheth (1969) lässt sich die Annahme treffen, dass der Arzt für jedes ihm bekannte Krankheitsbild bzw. für jede medizinische Indikation eine bestimmte Menge von Arzneimitteln in seinem Langzeitgedächtnis zu einer weitgehend homogenen Gruppe zusammenfasst. Für diese Gruppe gilt, dass die Gesamtheit der in ihr enthaltenen Arzneimittel grundsätzlich dazu geeignet ist, für die Behandlung dieser einen Indikation eingesetzt zu werden. Die in diesem indikationsspezifischen „Evoked Set" enthaltenen Arzneimittel unterscheiden sich von Arzneimitteln außerhalb des „Evoked Set" somit dadurch, dass ein Arzt die grundsätzliche Bereitschaft besitzt, diese Arzneimittel den Patienten zu verordnen, bei denen eine Indikation vorliegt, für die die Arzneimittel zugelassen sind. Hinsichtlich der Arzneimittel außerhalb des „Evoked Set" ist diese grundsätzliche Verordnungsbereitschaft hingegen nicht gegeben. Die Annahme, dass der Arzt bei der Entscheidung über das zu verordnende Arzneimittel auf seinen „Evoked Set" zugreift, wird auch von McIntyre (1999, S. 111) getroffen. Die vollständige Erfassung der inhaltlichen Zusammensetzung des „Evoked Set" eines Arztes und der kognitiven Selektionsprozesse, über die einzelne Arzneimittel in den „Evoked Set" aufgenommen oder aus diesem eliminiert werden, stellt für den Marketingwissenschaftler eine umfangreiche messmethodische Aufgabe dar.[74] Diese lässt sich mit den zeitlichen Restriktionen, unter denen eine Befragung niedergelassener Ärzte erfolgt, nur schwer vereinbaren. Darüber hinaus ist die lückenlose Kenntnis der Gesamtstruktur des „Evoked Set" eines Arztes in dieser Arbeit nicht erforderlich. Es soll vielmehr die Frage beantwortet werden, ob das zuletzt zugelassene und dem Arzt daher noch nicht vertraute Arzneimittel eines bestimmten Pharmaunternehmens in dem indikationsspezifischen „Evoked Set" enthalten ist oder nicht. Das Konstrukt Innovationsbereitschaft dient hierfür quasi als Indikator. Wie im Abschnitt 1.1 erwähnt, wird die Innovationsbereitschaft in dieser Arbeit definiert als die durch den Arzt eingeschätzte Wahrscheinlichkeit, mit der er denjenigen Patienten, bei denen eine Indikation vorliegt, für die das neueste, dem Arzt noch nicht vertraute Arzneimittel eines bestimmten Unternehmens zugelassen ist, dieses Arzneimittel zu verordnen beabsichtigt. Wird bei einem Arzt für ein neu zugelassenes Arzneimittel eine hohe Innovationsbereitschaft gemessen, so kann daraus gefolgert werden, dass dieses Arzneimittel in den „Evoked Set" aufgenommen worden ist. Fällt die Innovationsbereitschaft hingegen schwach aus, so spricht dies gegen eine Aufnahme in den „Evoked Set".

Die Innovationsbereitschaft bildet somit eine für das Pharma Marketing relevante vorökonomische Erfolgsgröße, die in dem Modell der Pharma-Geschäftsbeziehung als eine Output-Variable modelliert wird. In dem Erklärungsmodell des Konsumentenverhaltens von Howard/Sheth (1969) bildet die Aufnahme eines Produkts in den „Evoked Set" eine notwendige, aber keine hinreichende Bedingung dafür, dass in einer konkreten Bedarfssituation eine Kaufentscheidung zugunsten dieses Produkts gefällt wird. Ebenso verhält es sich bei dem Konstrukt Innovationsbereitschaft, das eine latent verhaltenswirksame Prä-

---

[74] Vgl. z.B. die empirischen Studien von Hutchinson et al. (1994) und Kardes et al. (1993).

disposition darstellt, welche jedoch nicht mit der tatsächlichen Verordnungsentscheidung verwechselt werden darf. Es ist anzunehmen, dass eine ad hoc in der Sprechstunde getroffene Entscheidung zugunsten eines innovativen Arzneimittels nicht nur von der Innovationsbereitschaft abhängt. Die Verordnungsentscheidung ist darüber hinaus auch von den spezifischen medizinischen Erfordernissen abhängig, die bei allen Patienten selbst bei dem Vorliegen der gleichen Indikation zumindest in etwas anderer Form gegeben sind. So können Allergien oder die Gefahr von Wechselwirkungen, welche aus der sonstigen Medikation eines Patienten resultieren, die Verordnungsentscheidung beeinflussen. Es ist im Einzelfall ebenso denkbar, dass die Auswahl eines bestimmten im „Evoked Set" enthaltenen Arzneimittels in Abhängigkeit von Produktpräferenzen eines Patienten erfolgt. Die Arzneimittelwahl kann auch von situativ wirksamen Marketing-Stimuli abhängig sein. Als Beispiel solcher Stimuli lassen sich Arzneimittelmuster eines im „Evoked Set" des Arztes verankerten Arzneimittels nennen. Um einem bestimmten Patienten einen Gefallen zu tun, ist es denkbar, dass der Arzt ein adäquates Produkt wählt, von dem er Arzneimittelmuster vorrätig hat, die er seinem Patienten schenkt. Die im Einzelfall getroffene Verordnungsentscheidung hängt somit von einer Vielzahl situativer Faktoren von unterschiedlicher Einflussstärke ab. Diese lassen sich jedoch in der artifiziellen Situation einer persönlichen Befragung, wie sie in der im Kapitel 5 besprochenen empirischen Untersuchung als Erhebungsmethode zum Einsatz gekommen ist, nur unvollständig simulieren. Die hier auf das Konstrukt Innovationsbereitschaft beschränkte Modellierung findet sich wegen der besagten Schwierigkeiten der Erfassung situativer Einflussgrößen bei einer Vielzahl empirischer Studien zum Konsumentenverhalten. Bei diesen Studien werden anstatt des tatsächlichen Verhaltens nur die Verhaltensabsichten (z.B. Kaufabsichten) betrachtet.

Die folgenden Ausführungen betreffen den Einfluss, der von den zentralen Beziehungsvariablen auf die Innovationsbereitschaft ausgeht. Im Abschnitt 3.3.1 wurde argumentiert, dass die im Vergleich zu älteren Arzneimitteln relativ höhere Qualitätsunsicherheit neuartiger Arzneimittel sich negativ auf die Innovationsbereitschaft bzw. auf die Bereitschaft des Arztes auswirkt, das neue Produkt in den „Evoked-Set" zu übernehmen. Diese Argumentation wird durch Kroeber-Riel/Weinberg (2003, S. 393) und Laroche et al. (1996, S. 119) gestützt. Diesen Autoren zufolge werden diejenige Produkte in den „Evoked Set" aufgenommen bzw. wird für solche Produkte eine Kaufabsicht entwickelt, zu denen der Konsument bereits auf eigenen Konsumerfahrungen beruhende positive Einstellungen aufgebaut hat. Im Abschnitt 3.4.3 wurde argumentiert, dass die Qualitätsunsicherheit, die mit dem innovativen Arzneimittel verbunden ist, durch das Vertrauen neutralisiert werden kann, das der Arzt in den Anbieter dieser Innovation setzt. Entsprechend der in dieser Arbeit vorgenommenen Konzeptualisierung des Vertrauens bildet das Pharmaunternehmen den Vertrauensnehmer des Arztes. Das Vertrauen bezieht sich also nicht nur auf ein bestimmtes, von dem Arzt regelmäßig verwendetes Arzneimittel. Wie im Folgenden näher begründet wird, lässt sich argumentieren, dass der Arzt einen Transfer des in das Pharmaunternehmen gesetzten Vertrauens auf das neu zugelassene Arzneimittel vornimmt. Voraussetzung für das Gelingen dieses Vertrauenstransfers ist eine durch den Arzt wahrgenommene hohe Identität bzw. Übereinstimmung zwischen dem bestehenden Produktangebot des Pharmaunternehmens und dem neuen Arzneimittel. Diese Argumentation beruht auf Studien zum Konsumgütermarketing von Aaker/Keller (1990), Milewicz/Herbig (1994) sowie Boush/Loken (1991). Diese Autoren diskutieren die Möglichkeit, die Reputation einer etablierten Marke und das damit verbundene Vertrauen der Konsumenten auf weitere neue Produktlinien zu übertragen, die das Unternehmen unter derselben bereits bekannten Marke zu führen beabsichtigt. Als Bedingung für die nachfragerseitige Akzeptanz dieses Markentransfers gilt eine hohe Ähnlichkeit bzw. ein hoher wahrgenommener „Fit" zwischen der bestehenden und der neuen Produktlinie (Aaker/Keller 1990, S. 29; Boush/Loken 1991, S. 25). Dieser „Fit" beschreibt das durch den Konsumenten subjektiv empfundene Maß an Übereinstimmung zwischen den Fertigungstechnologien, die bei den verschiedenen Produktlinien, die unter derselben Marke geführt werden, zum Einsatz kommen (vgl. Milewicz/Herbig 1994, S. 44). Unterscheiden sich die Fertigungstechnologien grundlegend, ist der „Fit" also nur gering, so scheitert der Vertrauenstransfer daran, dass die Konsumenten dem sich hinter der Marke verbergenden Unternehmen die fachliche Kompetenz für die andersartige Technologie absprechen, die für die neue Produktlinie verwendet wird (vgl. Aaker/Keller 1990, S. 30). Diese aus dem Konsumgütermarketing stammende Argumentation lässt sich auch auf den Pharma-Markt übertragen. Die notwendige Bedingung für den Vertrauenstransfer auf ein neu zugelassenes Arzneimittel ist die Fähigkeit des Arztes, das betreffende neue Produkt demjenigen Pharmaunternehmen eindeutig gedanklich zuzuordnen, das das Produkt vermarktet. Arzneimittel werden zwar in der Regel unter einer eigenen Produktmarke vertrieben. Durch die Markierung auf der Verpackung, die dem Arzt durch die ihm regelmäßig zukommenden Arzneimittelmuster bekannt ist, wird jedoch ebenso der Name des Pharmaunternehmens in Form einer übergeordneten Dach- bzw. Orientierungsmarke deutlich kommuniziert. Auch bei der Namensgebung der einzelnen Produktmarken wird unter anderem im Bereich der Gynäkologie oft auf eine semantische Verwandtschaft geachtet. Damit entsteht aufgrund der Namensähnlichkeit für den Arzt eine kognitive Assoziation zwischen den Produktmarken, sodass der innere Verbund dieser Marken und der Bezug zu dem Anbieterunternehmen gedanklich hergestellt werden kann. Ein Beispiel hierfür bilden verschiedene oral wirksame Ovulationshemmer des Pharmaunternehmens Schering. Diese umgangssprachlich auch als Antibabypillen bezeichneten Arzneimittel zur hormonellen Empfängnisverhütung (Kontrazeption) werden von diesem Pharmaunternehmen alle unter eigenen Produktmarken geführt. Der Markenname jedes Produkts entspricht - anders als bei den Antibabypillen anderer Pharmaunternehmen - einem weiblichen Vornamen bzw. Fantasienamen. Dies weist auf die gemeinsame Herkunft dieser Kontrazeptiva aus einem bestimmten Unternehmen hin. In der Käuferverhaltensforschung wird diese durch den Konsumenten vorgenommene Bildung von Produktgruppen auf Grundlage deren wahrgenommener Ähnlichkeit durch das sog. Gruppierungsprinzip der Ähnlichkeit erklärt, das der Gestaltpsychologie entlehnt ist (vgl. Assael 1987, S. 125). Selbst wenn der Arzt nicht dazu in der Lage ist, das Pharmaunternehmen anhand der Markierung des neuen Arzneimittels eindeutig zu bestimmen, so erfolgt die eindeutige Zuordnung dadurch, dass das neue Arzneimittel von demjenigen Pharmareferenten beworben wird, der für den Arzt klar erkennbar den Repräsentanten genau eines Pharmaunternehmens darstellt. Somit wird die für den Vertrauenstransfer notwendige Bedingung, nämlich die eindeutige Identifikation eines neu zugelassenen Arzneimittels als Produkt eines bestimmten Pharmaunternehmens, erfüllt. Darauf aufbauend wird im Folgenden argumentiert, dass der Arzt bei allen Arzneimitteln eines Unternehmens, deren Anwendung sich auf den selben therapeutischen Bereich (z.B. die Gynäkologie) bezieht, einen hohen „Fit" zwischen den einzelnen Produkten wahrnimmt. Zwar kann für die Herstellung eines neuen Arzneimittels eine veränderte Technologie zum Einsatz kommen (z.b. bei einem Hormonpflaster statt einer oral wirksamen Darreichungsform). Das Pharmaunternehmen greift jedoch für alle im Bereich Gynäkologie entwickelten Arzneimittel auf die gleiche spezifische wissenschaftliche Kompetenz seiner Mitarbeiter zurück. Das von den Ärzten in das Unternehmen als Träger einer Orientierungsmarke gesetzte Vertrauen beschränkt sich somit nicht auf ein einzelnes Produkt. Vielmehr erstreckt es sich auf die fachgebietsspezifische pharmazeutische Kompetenz des Unternehmens, die einen zentralen Bestandteil der Persönlichkeit der Orientierungsmarke ausmacht.

Das neu zugelassene, hinsichtlich seiner Leistungsmerkmale dem Arzt weitgehend unbekannte Arzneimittel des betrachteten Pharmaunternehmens bewertet dieser nun - in Ermangelung umfassender eigener Erfahrungen - über das Vertrauen, das er diesem Unternehmen entgegenbringt. Dieses innerhalb der Pharma-Geschäftsbeziehung gewachsene Vertrauen wird im Sinne eines „Vertrauensvorschusses" auch dem neuen Arzneimittel entgegengebracht. Dennoch wird der Arzt im Zuge seiner eigenen Erfahrungen mit dem Arzneimittel langfristig ein differenzierteres Vertrauensurteil gegenüber dem Produkt bilden können, das sich je nach der Art der Erfahrung von dem globalen Vertrauensurteil gegenüber dem Unternehmen unterscheiden kann. Insbesondere im Rahmen der Besuche durch den Pharmareferenten werden dem Arzt die zentralen Vor- und Nachteile des neuen Arzneimittels geschildert. Bringt der Arzt dem Unternehmen Vertrauen entgegen, so wird er den in diesen Produktbotschaften enthaltenen Schilderungen der Einsatzpotenziale des Arzneimittels Glauben schenken und somit weniger Vorbehalte dagegen haben, das neue Produkt in seinen „Evoked Set" zu übernehmen. Durch das Vertrauen ist das eingangs geschilderte Glaubwürdigkeitsproblem der vom Pharmaunternehmen stammenden Informationen somit behoben.

Empirische Befunde für den positiven Zusammenhang zwischen der Vertrauenswürdigkeit einer Marke und der Wahrscheinlichkeit, mit der ein unter dieser Marke geführtes Produkt in den „Evoked Set" des Konsumenten aufgenommen wird, liefern Erdem/Swait (2004, S. 196). Auch Doney/Cannon (1997, S. 46) stellen fest, dass das Vertrauen in den Anbieter eine Bedingung dafür ist, dass dieser Anbieter in einer Beschaffungssituation vom Nachfrager in Erwägung gezogen wird. In einer Adoptions-Studie ermitteln Hausman/Stock (2003, S. 685) einen positiven direkten Effekt, der von dem Vertrauen eines Markt-Akteurs in seinen Geschäftsbeziehungspartner auf die Adoptionsentscheidung zugunsten einer von diesem Geschäftsbeziehungspartner angebotenen neuartigen Technologie ausgeht. Lorbeer (2003) sammelt empirische Befunde, die die Hypothese erhärten, dass die Zusatzkaufabsicht eines Kunden kausal von dem Vertrauen dieses Kunden in den Anbieter abhängt. Die Zusatzkaufabsicht bezieht sich auf Leistungen, mit denen der Kunde noch keine eigenen Erfahrungen gesammelt hat. Somit weist dieses Konstrukt eine hohe inhaltliche Gemeinsamkeit zu der Innovationsbereitschaft auf, die sich auf ein innovatives Arzneimittel bezieht, mit dem der Arzt noch keine umfassenden Erfahrungen gemacht hat.

Aus der hier geführten Argumentation lässt sich die folgende Hypothese ableiten:

H 11: Je höher das Vertrauen des Arztes in das Pharmaunternehmen, desto höher ist die Innovationsbereitschaft.

Im Folgenden wird der Einfluss des Relationship-Commitment des Arztes auf die Innovationsbereitschaft betrachtet. Laut Bruhn (2001, S. 73) besteht ein wesentliches Ziel des Relationship Marketing darin, den Kunden davon zu überzeugen, Geschäftsbeziehungen nicht bloß einzugehen, sondern diese im Verlauf der Beziehungshistorie auszubauen. Diese Intensivierung der Geschäftsbeziehung zeigt sich bereits in seiner allgemeinen Definition der Kundenbindung: „Unter Kundenbindung werden sämtliche psychologischen Bewusstseinsprozesse beziehungsweise beobachtbaren Verhaltensweisen eines Kunden verstanden, in denen sich die intentionale oder faktische Erhaltung beziehungsweise Intensivierung seiner Beziehung zum Unternehmen aufgrund von bestimmten Bindungsursachen manifestiert" (Bruhn 2001, S. 73). Bruhn (2001) grenzt die Ausweitung der Geschäftsbeziehung, welche er als „beziehungsintensivierende Kundenbindung" bezeichnet von der reinen „beziehungserhaltenden Kundenbindung" ab. Letztgenanntes Konstrukt beschränkt sich in seiner Bedeutung auf die durch den Kunden erfolgende Wiederwahl der bereits von ihm verwendeten Produkte eines Anbieters (vgl. Bruhn 2001, S. 74). Die „beziehungsintensivierende Kundenbindung" betrifft hingegen die Nachfrage eines Kunden nach Leistungen eines Anbieters, die dieser Kunde zuvor nicht in Anspruch genommen hat. Dieses sich (ceteris paribus) in einem erhöhten Absatz niederschlagende Konsumentenverhalten (bzw. die diesem Verhalten vorgelagerte Intention) findet in der Terminologie des Marketing-Management in dem Begriff des „reinen Cross Selling" (Bruhn 2001, S. 158) eine Entsprechung. Hierunter sind alle anbieterseitigen Aktivitäten zu verstehen, die auf die Ausdehnung der Nachfrage eines Kunden auf bisher noch nicht genutzte Produkte abzielen (vgl. Bruhn 2001, S. 158). Die in dem Modell der Pharma-Geschäftsbeziehung untersuchte Innovationsbereitschaft ist Ausdruck einer intentionalen „beziehungsintensivierenden Kundenbindung" des Arztes, da sie sich auf ein neuartiges Arzneimittel aus dem Leistungsangebot des Unternehmens bezieht. Gemäß Bruhn (2001, S. 72) stellt das freiwillige Commitment des Kunden, welches dieser gegenüber einem Unternehmen aufgebaut hat, einen Prädiktor der Kundenbindung - und damit auch des Cross Selling - dar. Überträgt man diese Argumentation auf den Kontext der Pharma-Geschäftsbeziehung, so lässt sich daher die Vermutung aufstellen, dass das ebenfalls auf Freiwilligkeit beruhende Relationship-Commitment des Arztes einen Prädiktor für dessen Innovationsbereitschaft darstellt.

Eine hierzu ergänzende Argumentation wird von Bendapudi/Berry (1997) angeführt. Diese Autoren diskutieren in einer Arbeit zum Dienstleistungsmarketing das sog. „Relationship Enhancement", das sich mit dem Begriff der Beziehungs-Steigerung übersetzen lässt, der hierfür synonym verwendet wird. In Anlehnung an Cross/Smith (1995) definieren sie die Beziehungs-Steigerung als „(...) broadening and deepening the relational bond with the service provider" (Bendapudi/Berry 1997, S. 29). Wie aus dem Wortlaut der Definition zu erkennen ist, weist dieses Konstrukt eine hohe inhaltliche Übereinstimmung mit dem von Bruhn (2001) geprägten Begriff der „beziehungsintensivierenden Kundenbindung" auf. Gemäß Bendapudi/Berry (1997, S. 29) nimmt der Nachfrager im Rahmen des von ihm betriebenen „Relationship Enhancement" beziehungsspezifische Investitionen vor, die der Festigung und Ausweitung der Geschäftsbeziehung dienen. Eine Form dieser beziehungsspezifischen Investitionen besteht diesen Autoren zufolge in dem Kauf zusätzlicher Leistungen des Unternehmens. Hierbei handelt es sich um ein Cross-Selling-Verhalten, das weitgehend dem Konstrukt Innovationsbereitschaft in dem Modell der Pharma-Geschäftsbeziehung entspricht.[75] Laut Bendapudi/Berry (1997) ist die Bereitschaft des Kunden zu diesen beziehungsspezifischen Investitionen von dem Charakter der Geschäftsbeziehung abhängig, die ihn mit dem Anbieter verbindet. Die Autoren diskutieren in diesem Zusammenhang zwei unterschiedliche Formen der Geschäftsbeziehung: Die sog. „Constraint-Based Relationship" zeichnet sich durch eine starke ungewollte Abhängigkeit des Kunden vom Anbieter aus. Diese Abhängigkeit wird durch die hohen monetären und nicht-monetären Kosten verursacht, die im Falle der Auflösung des Austauschverhältnisses bei dem Kunden anfallen würden. In einer derartigen Geschäftsbeziehung wird ein Kunde jede zusätzliche beziehungsspezifische Investition zu vermeiden versuchen, um damit seine Abhängigkeit von dem Anbieter nicht noch weiter zu erhöhen (vgl. Bendapudi/Berry 1997, S. 20). Anders verhält sich dies bei einer sog. „Dedication-Based Relationship", in der ein Kunde auf Basis seines Vertrauens in den Anbieter die Geschäftsbeziehung als wertvoll einschätzt und deren Fortführung

---

[75] Eine mit Bendapudi/Berry (1997) vergleichbare Argumentation führen auch Costabile (o.J.) sowie Kuß/Tomczak (2000, S. 15). Kuß/Tomczak (2000) weisen darauf hin, dass loyale Kunden - d.h. Kunden, die ein Commitment zu dem Unternehmen aufgebaut haben - ein erhöhtes Cross-Selling-Potenzial aufweisen.

auch wünscht sowie durch sein eigenes Commitment aktiv unterstützt (vgl. Bendapudi/Berry 1997, S. 20). Aus dem Wortlaut dieser Beschreibung wird deutlich, dass das freiwillige Commitment des Kunden gegenüber der Geschäftsbeziehung die Grundlage einer „Dedication-Based Relationship" bildet. Hinsichtlich des Verhaltens des Kunden treffen Bendapudi/Berry (1997) die Unterscheidung, dass nur in der durch Commitment gekennzeichneten „Dedication-Based Relationship" der Kunde beziehungsspezifische Investitionen (wie z.B. den Kauf zusätzlicher Leistungen des Anbieters) tätigen wird. Als Begründung führen sie an, dass ein Kunde in solch einer von ihm wertgeschätzten Geschäftsbeziehung das Bedürfnis empfindet, diese langfristig fortzuführen. Daher ist der Kunde dazu bereit, für den Erhalt der Geschäftsbeziehung Beiträge in Form beziehungsspezifischer Investitionen zu leisten. Diese Argumentation deckt sich mit der in der vorliegenden Arbeit enthaltenen Vorstellung von dem Relationship-Commitment des Arztes, das auf einer freiwilligen Grundlage beruht. Wie in den Gliederungspunkten 4.4 und 4.5 dargelegt worden ist, entwickelt sich das Relationship-Commitment des Arztes auf Grundlage der Einschätzung, dass es sich bei dem betreffenden Pharmaunternehmen um einen vertrauenswürdigen und ethischen Grundsätzen folgenden Anbieter handelt, zu dem eine Pharma-Geschäftsbeziehung unterhalten wird, die dem Arzt Zufriedenheit stiftet. Ein Arzt, der gegenüber der somit als wertvoll erachteten Beziehung Relationship-Commitment aufgebaut hat, wird im eigennützigen Interesse der Fortführung dieser Beziehung Beiträge zu deren Erhalt leisten. Diese Beiträge besitzen den Charakter beziehungsspezifischer Investitionen (vgl. Bendapudi/Berry 1997, S. 29; Dwyer et al. 1987, S. 19). Wie im Folgenden dargelegt wird, zeichnet sich auch die Innovationsbereitschaft durch diesen beziehungsspezifischen Investitionscharakter aus: Durch die Verordnungen des zuletzt zugelassenen Arzneimittels des Pharmaunternehmens, die die Verhaltensfolgen der Innovationsbereitschaft darstellen, leistet der Arzt einen Beitrag zur Sicherung der wirtschaftlichen Existenz dieses Unternehmens. Der Fortbestand des Unternehmens ist eine grundlegende Voraussetzung für den Erhalt der Pharma-Geschäftsbeziehung. Bleibt der Markterfolg eines innovativen Arzneimittels aus, so gefährdet dies angesichts der erheblichen Kosten der Forschung und Entwicklung die Rentabilität des forschenden Pharmaunternehmens. Die Ärzte sind sich der Tatsache bewusst, dass dadurch eine gleich bleibend kundenorientierte Betreuung gefährdet wird. Insbesondere trüben sich auch die Aussichten auf künftige innovative Arzneimittel dieses Unternehmens ein. Diese für eine verbesserte Behandlung der Patienten notwendigen Arzneimittel stellen den eigentlichen materiellen Austauschgegenstand dar, der in der Pharma-Geschäftsbeziehung für den Arzt von vorrangiger Bedeutung ist. Die Innovationsbereitschaft ist somit ein Beleg des Relationship-Commitment des Arztes, der sich in dessen Verordnungsabsichten ausdrückt. Hierüber leistet der Arzt einen Beitrag zur Sicherung des Fortbestands und der Innovationskraft dieses Unternehmens und dadurch mittelbar auch zum langfristigen Erhalt der Pharma-Geschäftsbeziehung.

Einen indirekten empirischen Beleg für die Abhängigkeit der Innovationsbereitschaft von dem Relationship-Commitment des Arztes liefern White/ Schneider (2000). Im Rahmen einer Untersuchung im Dienstleistungs-Sektor nehmen die Autoren anhand der von ihnen erhobenen Daten eine Unterteilung der befragten Konsumenten in verschiedene Gruppen vor. Konsumenten, die sich durch eine hohe intentionale Kundenbindung gegenüber einem bestimmten Anbieter auszeichnen, werden als „Supporters" bezeichnet. Die intentionale Kundenbindung bezieht sich auf die Bereitschaft des Kunden, in einer Bedarfssituation einen dem Kunden bereits bekannten Anbieter anderen Unternehmen vorzuziehen. Diejenigen Konsumenten, bei denen nur eine schwache intentionale Kundenbindung gegeben ist, werden als „Customers" bezeichnet. Die „Supporters" zeichneten sich durch signifikant höhere Commitment-Werte aus als die „Customers" (vgl. White/ Schneider 2000, S. 245). Dies lässt die Kausalinterpretation zu, dass Konsumenten deshalb in erhöhtem Maße dazu bereit sind, in einer Bedarfssituation die Leistungen eines bestimmten Anbieters bevorzugt in Anspruch zu nehmen, weil sie ein gesteigertes Relationship-Commitment gegenüber diesem Anbieter empfinden.

In einer ebenfalls im Dienstleistungs-Sektor durchgeführten Studie gelingt es Pritchard et al. (1999), empirische Belege für die Hypothese zu erbringen, der zufolge das Commitment des Konsumenten einen direkten Prädiktor der Kundenbindung („Customer Loyalty") darstellt. Garbarino/Johnson (1999) bestätigen anhand einer Untersuchung, die bei Besuchern eines Theaters durchgeführt wurde, einen theoretisch postulierten Kausalzusammenhang zwischen dem Commitment gegenüber dem Theater und der Absicht der das Theater regelmäßig besuchenden Kunden, in Zukunft weitere Aufführungen zu besuchen sowie ein Abonnement abzuschließen.

Auf Grundlage der hier angeführten Argumente lässt sich die folgende Hypothese formulieren:

H 12: Je höher das Relationship-Commitment des Arztes,
desto höher ist die Innovationsbereitschaft.

4.6.2 Die Weiterempfehlungsbereitschaft

Der Innovationsbereitschaft kommt in dieser Arbeit die Rolle der zentralen Erfolgsgröße des Pharma-Relationship Marketing zu. Die Sonderstellung dieses Konstrukts erklärt sich über die hier getroffene Annahme, dass diese Größe einen Prädiktor des tatsächlichen Verordnungsverhaltens des Arztes darstellt. Hieraus wird unmittelbar die große Relevanz der Innovationsbereitschaft für den ökonomischen Erfolg des Pharmaunternehmens erkennbar. Ergänzend zu dieser vorökonomischen Zielgröße wird im Folgenden die Weiterempfehlungsbereitschaft vorgestellt, die in dem Modell der Pharma-Geschäftsbeziehung die zweite Erfolgsgröße bildet. Diese Variable bezieht sich auf das Kommunikationsverhalten des Arztes. Ihr Bezug zu den ökonomischen Zielgrößen des Pharmaunternehmens (Umsatz, Deckungsbeitrag etc.) ist daher im Vergleich zu der Innovationsbereitschaft als weniger direkt zu beurteilen. Die Weiterempfehlungsbereitschaft lässt sich der Mund-zu-Mund-Kommunikation zuordnen, für die in der angelsächsischen Literatur der Begriff „Word-of-Mouth Communication" (WOM) verwendet wird. WOM stellt eine Form der marktgerichteten Kommunikation dar, deren Träger die Kunden des Unternehmens sind (vgl. Richins 1983, S. 69). Die Empfänger der dabei gesendeten Botschaften sind Individuen aus dem sozialen Umfeld der Kunden. Der Gegenstand dieser Art der persönlichen Kommunikation, die ohne Beteiligung des Unternehmens abläuft, erschließt sich aus der Definition von Westbrook (1987). Dieser versteht WOM als „(...) informal communications directed at other consumers about the ownership, usage, or characteristics of particular goods and services and/or their sellers" (Westbrook 1987, S. 261).

Je nach Inhalt der von den Kunden übermittelten Botschaften unterscheidet man zwischen positiver und negativer WOM, welche auch als Weiterempfehlungen und Kaufwarnungen bezeichnet werden können (vgl. Anderson 1998, S. 6). Für die Bereitschaft eines Kunden, den Anbieter und dessen Leistungen weiterzuempfehlen, wird in der angelsächsischen Marketing-Literatur auch der Begriff „Advocacy" (Empfehlung) als Synonym verwendet (vgl. Fullerton 2003, S. 335). In Analogie zu dem bei Fullerton (2003) vorliegenden Begriffsverständnis bezieht sich die Weiterempfehlungsbereitschaft in dieser Arbeit auf das Pharmaunternehmen und dessen gesamtes Leistungsangebot - und nicht allein auf dessen zuletzt zugelassenes Arzneimittel. Laut Bruhn (2001, S. 75) sowie Christopher et al. (1991, S. 22) entspricht es einem Ziel des Relationship Marketing, die bestehenden Kunden zu dem Zweck der Akquisition von Neukunden zu einem aktiven Weiterempfehlungsverhalten zu bewegen. Verschiedene Studien belegen die positive Wirkung von Weiterempfehlungen auf die Einstellungen der Empfänger dieser WOM-Botschaften gegenüber dem Objekt der Mund-zu-Mund-Kommunikation, so z.B. Arndt (1967); Bearden/Etzel (1982); Bone (1995) und Herr et al. (1991).

Die Bedeutung positiver WOM für das Pharma Marketing erklärt sich zum einen durch die Komplexität sowie den hohen Anteil von Erfahrungs- und Vertrauenseigenschaften des Leistungsangebots des Pharmaunternehmens. Eine vergleichbare Bedeutung von WOM ist auch bei Dienstleistungen gegeben, die ex ante nur schwer spezifiziert werden können (vgl. Anderson 1998, S. 6; File et al. 1992, S. 5; Murray 1991, S. 13). Aufgrund dieses Umstandes besitzen die von ihren Kollegen gemachten Erfahrungen für die Ärzte einen Informationswert. Zum anderen ist anzunehmen, dass insbesondere diejenigen Ärzte, die der Pharmaindustrie gegenüber skeptisch eingestellt sind, der Mund-zu-Mund-Kommunikation eine höhere Glaubwürdigkeit als der Kommunikationspolitik von Pharmaunternehmen bescheinigen. Weiterempfehlungen, die ein Kunde sendet, den keine kommerziellen Interessen mit dem Unternehmen verbinden, werden von den Empfängern mit weniger Skepsis aufgenommen als die Botschaften, die von dem Unternehmen selbst stammen (vgl. Murray 1991, S. 19; Zeithaml et al. 1993, S. 9).

In einigen Branchen (z.B. auf dem Zeitschriftenmarkt) erhalten die bestehenden Kunden monetäre oder andere materielle Anreize dafür, dass sie erfolgreich Weiterempfehlungen (z.b. gegenüber Bekannten) aussprechen bzw. neue Kunden werben (vgl. Dick/Basu 1994, S. 109). Auf dem Pharma-Markt erwächst einem Arzt, der seinen Kollegen die Arzneimittel eines bestimmten Anbieters empfiehlt, hingegen keine Belohnung durch dieses Unternehmen. Somit unterstellt der Empfänger der mündlichen Botschaft deren Sender eine erhöhte Objektivität und damit verbunden eine im Vergleich zu den Angaben eines Pharmareferenten gesteigerte Glaubwürdigkeit. Die hier angeführten Argumente erwecken den Eindruck, dass Ärzte aufgrund ihrer erhöhten Glaubwürdigkeit und dem damit verbundenen Vertrauen, das sie bei ihren Kollegen genießen, dem Pharmareferenten als Sender kundengerichteter Produktbotschaften in ihrer Wirksamkeit überlegen seien. Tatsächlich entzieht sich jedoch die zwischen den Ärzten ablaufende WOM ebenso wie auch die Mund-zu-Mund-Kommunikation auf Konsumgütermärkten der unmittelbaren Einflussnahme durch das Unternehmen (vgl. Sullivan 1990, S. 328). Die hohe Glaubwürdigkeit der als Sender auftretenden Ärzte ist aus Sicht des Pharma Marketing daher eine zweischneidige Klinge. So kann sie sich für das Pharmaunternehmen als schädlich herausstellen, wenn die von Ärzten kommunizierten Botschaften ein negatives Urteil bezüglich des Unternehmens und dessen Arzneimitteln zum Gegenstand haben. Besonders gravierend kann diese Wirkung bei den sog. Meinungsführern sein. In der Käuferverhaltensforschung versteht man darunter diejenigen Mitglieder einer Gruppe von Konsumenten, die im Zuge der innerhalb der Gruppe ablaufenden Kommunikationsprozesse die Meinung der Konsumenten stärker beeinflussen als andere Gruppenmitglieder (vgl. Kroeber-Riel/Weinberg 1996, S. 506ff.). Eine Gruppe wird hierbei als eine Anzahl von

Personen definiert, die sich in wiederkehrenden, nicht zufällig erfolgenden reziproken Beziehungen befinden (vgl. Kroeber-Riel/Weinberg 1996, S. 469ff.). Die Gesamtheit der in Deutschland niedergelassenen Ärzte einer Fachrichtung lässt sich als eine formale Großgruppe auffassen. Aufgrund der Mitgliedschaft der Fachärzte in einem bundesweiten Facharztverband kann diese Großgruppe auch als Mitgliedschaftsgruppe (vgl. Meffert 1998, S. 122) bezeichnet werden. Darüber hinaus gibt es innerhalb jeder Facharztgruppe eine Vielzahl informaler Kleingruppen, die sich aus untereinander befreundeten Ärzten zusammensetzen. Im Vergleich zu der formal organisierten Mitgliedschaftsgruppe zeichnen sich diese Kleingruppen durch eine erhöhte Interaktionshäufigkeit aus (vgl. Meffert 1998, S. 122). In der Medizin stellen die in Universitätskliniken forschenden Ärzte die bedeutendsten Meinungsführer dar, da diese unmittelbar in die Entwicklung neuartiger diagnostischer und therapeutischer Methoden eingebunden sind.[76] Sie werden von Seiten der Pharmaunternehmen intensiv betreut. Aufgrund ihrer im Vergleich zu niedergelassenen Ärzten äußerst begrenzten frei verfügbaren Zeit wurde in der vorliegenden Arbeit davon abgesehen, eine gesonderte Befragung unter Meinungsführern durchzuführen. Da jedoch nicht nur die Meinungsführer, sondern auch die in dieser Arbeit betrachteten niedergelassenen Ärzte in der informalen Kleingruppe ihres Kollegenkreises WOM betreiben, verliert die hier zu untersuchende Fragestellung, welchen Einfluss das Pharma-Relationship Marketing auf die Weiterempfehlungsbereitschaft besitzt, nicht an Bedeutung.

Für die Praxis des Pharma-Relationship Marketing stellt sich nunmehr die Aufgabe, bei den Ärzten, zu denen Pharma-Geschäftsbeziehungen unterhalten werden, Weiterempfehlungsbereitschaft zu wecken. Trotz des in der Marketingforschung bestehenden Interesses an der positiven Mund-zu-Mund-Kommunikation setzen sich relativ wenige empirische Studien mit den Einflussgrößen des Weiterempfehlungsverhaltens auseinander (vgl. Anderson 1998, S. 6). Die

---

[76] In der vorliegenden Arbeit werden Empfehlungen von Meinungsführern nicht als Einflussgröße der Innovationsbereitschaft modelliert. Dies liegt daran, dass aufgrund des Neuartigkeitsgrades der Arzneimittel angenommen werden muss, dass viele der in der Untersuchung befragten niedergelassenen Ärzte noch gar keine WOM-Botschaften von den Meinungsführern erhalten haben.

überwiegende Mehrzahl der Arbeiten befasst sich stattdessen mit der Wirkung positiver WOM auf deren Empfänger sowie der Konzeption von Anreizsystemen, die dazu dienen sollen, den Kunden zur Artikulation solcher Empfehlungen zu ermutigen (vgl. Harrison-Walker 2001, S. 61; Gremler et al. 2001, S. 45). Die von der Marketingwissenschaft am intensivsten diskutierte mögliche Einflussgröße der Weiterempfehlungsbereitschaft ist die Kundenzufriedenheit. Empirische Studien, so z.b. Oliver (1980), Swan/Oliver (1989), Anderson (1998) und Schlesinger/Heskett (1991) liefern Belege für einen positiven Kausalzusammenhang zwischen der Kundenzufriedenheit und der positiven Mund-zu-Mund-Kommunikation. Hingegen weisen die Ergebnisse einer empirischen Studie von Reynolds/Beatty (1999) darauf hin, dass die Zufriedenheit des Kunden mit dem Unternehmen keinen signifikanten Prädiktor des Weiterempfehlungsverhaltens darstellt. Ebenso wenig gelingt es Price/Arnould (1999), eindeutige empirische Belege für den von ihnen postulierten positiven Zusammenhang zwischen der Kundenzufriedenheit und der Weiterempfehlungsbereitschaft zu liefern. Die Autoren vermochten nur in einer von zwei Studien im Bereich des Dienstleistungsmarketing eine statistisch signifikante Korrelation zwischen der Kundenzufriedenheit und der Weiterempfehlungsbereitschaft zu ermitteln (vgl. Price/Arnould 1999, S. 49). In einer von Harrison-Walker (2001) auf dem Markt für Friseur-Dienstleistungen durchgeführten Studie erreichte der positive Effekt der wahrgenommenen Dienstleistungsqualität auf die Weiterempfehlungsbereitschaft ebenfalls keine statistische Signifikanz.

Anknüpfend an diese durch eine mangelnde Eindeutigkeit gekennzeichneten empirischen Befunde wird hier die Vermutung aufgestellt, dass die Beziehungszufriedenheit des Arztes nicht den entscheidenden Prädiktor für dessen Bereitschaft bildet, das Leistungsangebot des betrachteten Unternehmens im Kreise seiner Kollegen positiv darzustellen. Vielmehr wird in dieser Arbeit angenommen, dass die Weiterempfehlungsbereitschaft des Arztes in erheblichem Maße von dem Vertrauen abhängt, das der Arzt diesem Pharmaunternehmen entgegenbringt. Die Begründung des hier postulierten Zusammenhangs erschließt sich aus einer Betrachtung der Motive, die einen Arzt dazu bewegen, die Ärzte aus seinem relevanten sozialen Umfeld bei ihren therapeutischen Entscheidungen zu beeinflussen bzw. zu unterstützen. Eine theoretische Grundlage für die Eruierung dieser Motive bietet die Arbeit von Sundaram et al. (1998). Auf theoretischen Überlegungen von Dichter (1966) aufbauend identifizieren diese Autoren - gestützt durch empirische Daten - vier unterschiedliche Motive, die einen Konsumenten zu positiver Mund-zu-Mund-Kommunikation bewegen. Das erste Motiv bildet der Altruismus des Empfehlenden. Dieser wird definiert als „(...) the act of doing something for others without anticipating any reward in return" (Sundaram et al. 1998, S. 529). Ein Konsument, der aus dem uneigennützigen Bedürfnis, anderen bei der Wahl eines Produkts zu helfen, eine Kaufempfehlung ausspricht, handelt altruistisch. Ein weiteres Motiv der positiven WOM stellt das Produkt-Involvement dar. Diese vom Kunden wahrgenommene hohe Bedeutung des Produkts weckt bei dem Kunden das Bedürfnis, sich anderen potenziellen Käufern hinsichtlich der positiven Konsumerfahrungen mitzuteilen (vgl. Sundaram et al. 1998, S. 529). Als drittes Motiv nennen die Autoren das sog. „Self-Enhancement". Dieser Begriff beschreibt das Bedürfnis des Empfehlenden, sich als Experte in einer bestimmten Produktkategorie zu präsentieren, um auf diesem Wege soziale Anerkennung durch die Empfänger der Mund-zu-Mund-Kommunikation zu erlangen. Auch Richins (1984, S. 698) sieht diese positive Selbstdarstellung des Empfehlenden als ein Motiv für WOM. Das vierte in der Typologie enthaltene Motiv wird als „Helping the Company" bezeichnet. Hierbei handelt es sich um das Bedürfnis des Empfehlenden, dem Unternehmen, auf das sich die positive WOM bezieht, durch das Anwerben neuer Kunden zu helfen (vgl. Sundaram et al. 1998, S. 530).

Basierend auf den Eindrücken, die der Autor im Rahmen der mit Berliner Ärzten geführten qualitativen Interviews gesammelt hat, erscheinen das „Self-Enhancement" sowie das Produkt-Involvement des Arztes nicht als die dominierenden Motive, die diesen zur positiven Mund-zu-Mund-Kommunikation antreiben. Den Motiven Altruismus und „Helping the Company" kommt hingegen eine höhere Bedeutung zu. Auf das letztgenannte Motiv wird an späterer Stelle eingegangen. Ein Arzt, der aus altruistischen Beweggründen seinen Kollegen gegenüber eine Empfehlung bezüglich der Arzneimittel eines Pharmaunternehmens ausspricht, hat ein uneigennütziges Interesse daran, dass die Empfehlung dem Empfänger und dessen Patienten, die von der Empfehlung tangiert werden, einen hohen Nutzen stiftet. Da der Arzt sich der Tatsache bewusst ist, dass er durch eine mündliche Empfehlung - speziell wenn diese auf seine eigene Initiative erfolgt - eine gewisse Verantwortung für das Verordnungsverhalten seiner Kollegen trägt, ist diese aktive Kommunikation nur dann zu erwarten, wenn der Arzt dem von ihm empfohlenen Unternehmen auch selbst vertraut. Bringt er diesem Pharmaunternehmen Vertrauen entgegen, so empfindet er keine Qualitätsunsicherheit hinsichtlich der Arzneimittel dieses Unternehmens und wird somit seine Empfehlung nicht als mögliches Risiko für seinen Kollegen und dessen Patienten einschätzen. Zwar wird in dieser Arbeit angenommen, dass ein Arzt durch seine mündlichen Empfehlungen nicht primär soziale Anerkennung durch seine Kollegen zu erlangen beabsichtigt. Dennoch ist der Arzt sich des Umstands bewusst, dass Weiterempfehlungen potenziell negative Folgen für seine Glaubwürdigkeit und Reputation bei seinen Kollegen haben können. Dies ist z.B. dann der Fall, wenn die Arzneimittel nicht die an sie gerichteten Erwartungen erfüllen, die durch den Empfehlenden geweckt worden sind. Es ist daher anzunehmen, dass der Arzt nur dann Empfehlungen bezüglich eines Pharmaunternehmens und dessen Arzneimitteln abgibt, wenn er diesem Unternehmen Vertrauen entgegenbringt. Der hier vermutete Wirkungszusammenhang zwischen dem Vertrauen und der Bereitschaft, positive WOM zu betreiben, wird auch von Urban (2004, S. 77) und White/Schneider (2000, S. 243) postuliert. Empirische Belege für diesen Zusammenhang liefern Gremler et al. (2001). Sie ermitteln in zwei verschiedenen Dienstleistungsmärkten (Banksektor und Zahnarzt) einen hoch-signifikanten direkten Effekt, der von dem Vertrauen in den Anbieter auf die Bereitschaft zur positiven Mund-zu-Mund-Kommunikation ausgeht.

Zusammenfassend lässt sich die folgende Hypothese aufstellen:

H 13: Je höher das Vertrauen des Arztes in das Pharmaunternehmen, desto höher ist die Weiterempfehlungsbereitschaft.

Die folgende Argumentation bezieht sich auf den Einfluss, der von dem Relationship-Commitment des Arztes auf die Weiterempfehlungsbereitschaft ausgeht. Die von einem Arzt gegenüber seinen Kollegen ausgesprochenen Weiterempfehlungen bleiben dem Unternehmen, das von diesen Empfehlungen profitiert, verborgen. Eine Ausnahme bilden öffentliche Stellungnahmen von Meinungsführern, wie z.B. eine positive Bewertung eines Unternehmens auf fachärztlichen Kongressen. Angesichts der in den meisten Fällen vorherrschenden Intransparenz bzw. mangelnden Überprüfbarkeit des Kommunikationsverhaltens des Arztes ist es dem Pharmaunternehmen nicht möglich, den Arzt für die von ihm geleistete positive Mund-zu-Mund-Kommunikation zu belohnen. Darüber hinaus fallen derartige anreizbildende Zuwendungen unter § 7 HWG und sind daher ohnehin nicht erlaubt. Monetäre bzw. geldwerte Anreize besitzen als Antriebskraft der positiven WOM somit keine Bedeutung. Daher wird im Folgenden kein ökonomisches, sondern ein soziales Motiv des Arztes näher beleuchtet, dem in der Pharma-Geschäftsbeziehung eine erhöhte Relevanz als Antriebskraft der positiven Mund-zu-Mund-Kommunikation zukommt. Wie in diesem Abschnitt bereits erwähnt, betrachten Sundaram et al. (1998) das Bedürfnis eines Kunden, einem Unternehmen zu helfen („Helping the Company"), als ein Motiv dieses Kunden, das ihn dazu bewegt, das Leistungsangebot dieses Unternehmens in seinem Bekanntenkreis weiterzuempfehlen. In den mit Berliner Ärzten geführten qualitativen Interviews wurde erkennbar, dass die befragten Ärzte durchaus gewillt sind, diejenigen Unternehmen durch Weiterempfehlungen zu unterstützen, zu denen sie ein Gefühl der Verbundenheit aufgebaut haben. Zwar stellen Sundaram et al. (1998) das Motiv des „Helping the Company" nicht in Beziehung zu dem Relationship-Commitment des Kunden. Es erscheint jedoch auch vor dem Hintergrund der in den explorativen Interviews gewonnenen Eindrücke plausibel anzunehmen, dass das Bedürfnis des Arztes, dem Pharmaunternehmen z.B. durch positive WOM zu helfen, einen Ausdruck seines Relationship-Commitment darstellt.

Dieser unmittelbare Zusammenhang zwischen dem Bedürfnis, dem Unternehmen zu helfen, und dem Relationship-Commitment wird auch aus der in dieser Arbeit verwendeten Begriffsdefinition des Relationship-Commitment deutlich.

Dem Wortlaut dieser Definition zufolge ist das Relationship-Commitment des Arztes mit dessen Bereitschaft verbunden, einen eigenen Beitrag zum Erhalt der Pharma-Geschäftsbeziehung zu leisten. Morgan/Hunt (1994, S. 23) weisen explizit auf diese Handlungsbereitschaft hin. Hierin zeigt sich die motivationale Kraft des Relationship-Commitment, die den Arzt, der sich der Beziehung verpflichtet fühlt, dazu antreibt, sein Verhalten auch an den Interessen des Pharmaunternehmens auszurichten. Auch Darden et al. (1989, S. 87) sowie Scholl (1981, S. 593) betonen in ihrer Konzeptualisierung des Commitment dessen motivationale, das Verhalten antreibende Wirkung. Dadurch, dass er seine Kollegen zu der Verwendung der Arzneimittel dieses Pharmaunternehmens ermutigt und dieses Unternehmen allgemein positiv schildert, leistet der Arzt im Rahmen der ihm zur Verfügung stehenden Möglichkeiten einen Beitrag zur Sicherung der Existenz und Rentabilität dieses Unternehmens und damit ebenso - wenn auch indirekt - zu dem Fortbestehen der Pharma-Geschäftsbeziehung.

Der hier diskutierte Wirkungszusammenhang zwischen dem Relationship-Commitment des Arztes und der Weiterempfehlungsbereitschaft erhält Unterstützung durch empirische Befunde der Studien von Harrison-Walker (2001), Bettencourt (1997) und Price/Arnould (1999). Diese Untersuchungen sind im Dienstleistungsmarketing sowie - im Fall von Bettencourt (1997) - im Einzelhandelsmarketing angesiedelt. Fullerton (2003) sammelt unter Einsatz eines experimentellen Forschungsdesigns Belege für das Vorhandensein eines direkten kausalen Effekts des Commitment des Kunden („Affective Commitment") auf dessen Weiterempfehlungsbereitschaft. Eine indirekte Bestätigung der Vermutung, dass das Commitment einen Prädiktor positiver Mund-zu-Mund-Kommunikation bildet, liefern White/Schneider (2000). Sie stellten anhand einer Untersuchung im Dienstleistungsmarketing fest, dass diejenigen Kunden, die sich durch eine hohe Bereitschaft auszeichnen, das betrachtete Unternehmen weiterzuempfehlen, höhere Commitment-Werte aufweisen als alle anderen Kunden, bei denen diese Bereitschaft nur schwach ausgeprägt ist (vgl. White/Schneider 2000, S. 245). Dieser Befund lässt sich dahingehend interpretieren, dass die Weiterempfehlungsbereitschaft kausal abhängig von dem Commitment ist.

Zusammenfassend lässt sich die folgende Hypothese aufstellen:

> H 14: Je höher das Relationship-Commitment des Arztes,
> desto höher ist die Weiterempfehlungsbereitschaft.

4.7 Beziehungsunabhängige Einflussgrößen der Innovationsbereitschaft

4.7.1 Die wahrgenommene Erschwinglichkeit

Im Gliederungspunkt 2.1.3 wurde auf die zunehmenden finanziellen Restriktionen hingewiesen, denen die Verordnungsentscheidungen der Ärzte unterliegen. Mit der Verabschiedung des Arzneimittelbudget-Ablösungsgesetzes (ABAG) vom 19.12.2001 wurden den Ärzten Ausgabenvolumina als Richtgrößen für den Wert der von ihnen pro Quartal zu verordnenden erstattungsfähigen Arzneimittel vorgeschrieben, deren Unter- bzw. Überschreitung sich positiv bzw. negativ auf die Gesamthonorare der Ärzte auswirken.

Dieses in dem ABAG geregelte und über die Honorare wirkende ökonomische Anreizsystem fördert bei den Ärzten eine Verhaltenstendenz zugunsten der Verordnung preisgünstiger Arzneimittel (in der Regel Generika), welche die Budgets bzw. die Ausgabenvolumina wenig belasten (vgl. Fricke 2002, S. 91). Für hochpreisige, innovative Arzneimittel, mit denen die forschenden Pharmaunternehmen diese Generika zumindest teilweise am Markt abzulösen versuchen, schaffen diese Ausgabenvolumina somit ein Adoptionshemmnis. So weisen der VFA und der Sachverständigenrat für die konzertierte Aktion im Gesundheitswesen in einem Gutachten vom August 2001 darauf hin, dass deutliche Defizite bei der Versorgung der Patienten mit innovativen Arzneimitteln bestehen. Beispielsweise erhielten - wie im Abschnitt 2.1.3 erwähnt - 88% der Alzheimerkranken zu dem Zeitpunkt des Gutachtens keine Originalarzneimittel, sondern Generika. Nur 10% der an Schizophrenie erkrankten Menschen wurden mit modernen Antipsychotika behandelt. Dies wird darauf zurückgeführt, dass solche Innovationen im Vergleich zu weniger neuartigen Arzneimitteln, für die bereits preisgünstige Generika verfügbar sind, relativ hohe Therapiekosten verursachen (vgl. Fink-Anthe 2001, S. XI/220).

Für die Innovationsbereitschaft eines Arztes erscheint aufgrund deren tendenziell hohen Preise die folgende Frage von Bedeutung: Inwieweit nimmt der Arzt das neuartige Arzneimittel angesichts seines durch die Ausgabenvolumina eingeschränkten finanziellen Handlungsspielraums als erschwinglich wahr? Eine empirisch fundierte wissenschaftliche Auseinandersetzung mit dem Konstrukt der wahrgenommenen Erschwinglichkeit als einem Prädiktor individueller Kaufentscheidungen leistet Notani (1997). Dieser Autor bietet zwar keine explizite Begriffsdefinition der wahrgenommenen Erschwinglichkeit. Es geht jedoch aus seinen Ausführungen hervor, dass dieses Konstrukt die subjektive Einschätzung eines Nachfragers hinsichtlich der finanziellen Realisierbarkeit des Kaufs eines bestimmten Leistungsgegenstandes repräsentiert (vgl. Notani 1997, S. 528).

Auf den Kontext des Pharma Marketing bezogen erscheint dieses Konstrukt gut dafür geeignet, die wirtschaftlichen Erwägungen des Arztes abzubilden, die dieser bezüglich eines neu zugelassenen, hochpreisigen Arzneimittels vornimmt. Implizit gehen in den individuellen Urteilsbildungsprozess des Arztes vermutlich Variablen ein wie die Größe des Ausgabenvolumens des Arztes, der Preis des Arzneimittels sowie die Preise der vom Arzt als therapeutische Alternativen betrachteten Arzneimittel. Angesichts der Notwendigkeit, das Gesamtmodell in seiner Komplexität zu begrenzen, erscheint jedoch die Verwendung dieses einzelnen Konstrukts eine zu rechtfertigende Vereinfachung des ärztlichen Entscheidungsprozesses.

Anhand einer experimentellen Untersuchung ermittelt Notani (1997) über eine Regressionsanalyse einen hoch-signifikanten ($p < 0,01$) und starken direkten Effekt ($r = 0,581$), der von der wahrgenommenen Erschwinglichkeit auf die Kaufabsicht ausgeht. Die Stärke dieses Regressionskoeffizienten wird nur geringfügig reduziert ($r = 0,424$), wenn die Einstellung des Nachfragers gegenüber dem zu kaufenden Leistungsgegenstand als ein weiterer Regressor berücksichtigt wird (vgl. Notani 1997, S. 534). Dies liefert einen empirischen Beleg dafür, dass die wahrgenommene Erschwinglichkeit einen direkten und von der Einstellung unabhängigen Einfluss auf die Kaufabsicht ausübt. Diesen Ergebnissen entsprechend wird in dem Modell der Pharma-Geschäftsbeziehung die wahrgenommene Erschwinglichkeit als ein Prädiktor der Innovationsbereitschaft spezifiziert.

Es lässt sich vor diesem Hintergrund die folgende Hypothese formulieren:

> H 15: Je höher die wahrgenommene Erschwinglichkeit des zuletzt zugelassenen, erstattungsfähigen Arzneimittels des Pharmaunternehmens, mit dem der Arzt noch keine umfassenden Anwendungserfahrungen gesammelt hat, desto stärker ist die Innovationsbereitschaft.

Hinsichtlich der Erstattungsfähigkeit sei auf eine einzelne Einschränkung im Bereich der Gynäkologie hingewiesen. Allein Kontrazeptiva sind nicht für alle gesetzlich krankenversicherten Patientinnen erstattungsfähig (vgl. Fricke 2002, S. 98). Gemäß § 24a Abs. 2 SGB V gilt hier die Erstattungspflicht nur bis zum vollendeten zwanzigsten Lebensjahr der Versicherten.

Es bleibt festzuhalten, dass das Modell der Pharma-Geschäftsbeziehung allgemein für verschreibungspflichtige Arzneimittel konzipiert worden ist, unabhängig von deren Erstattungsfähigkeit. Die einzige Ausnahme bildet der in Hypothese H 15 postulierte positive Zusammenhang zwischen der wahrgenommenen Erschwinglichkeit und der Innovationsbereitschaft. Dieser gilt allein für erstattungsfähige Arzneimittel. Diese Einschränkung ist jedoch nicht gravierend, da neben den bereits erwähnten Kontrazeptiva nur wenige Arzneimittel von der Erstattung ausgeschlossen sind. Konkret handelt es sich dabei gemäß § 34 Abs. 1 SGB V um Arzneimittel bei Erkältungskrankheiten und grippalen Effekten, Mund- und Rachentherapeutika (ausgenommen bei Pilzinfektionen), Abführmittel sowie Arzneimittel gegen Reisekrankheit, die denjenigen Versicherten, die das achtzehnte Lebensjahr vollendet haben, nicht zu Lasten der Gesetzlichen Krankenversicherung verordnet werden dürfen. Darüber hinaus ist auf Grundlage des am 01.01.1989 in Kraft getretenen Gesundheits-Reformgesetzes (§ 34 Abs. 3 SGB V) die sog. „Verordnung über unwirtschaftliche Arzneimittel in der gesetzlichen Krankenversicherung" erlassen worden. Entsprechend dieser Verordnung sind Arzneimittel nicht erstattungsfähig, wenn

(i) sie Bestandteile enthalten, die für das Therapieziel oder zur Reduktion von Risiken nicht erforderlich sind, oder

(ii) ihre Wirkung aufgrund der großen Anzahl enthaltener Wirkstoffe (über drei Wirkstoffe) sich nicht mit einer ausreichenden Sicherheit einschätzen lässt (Naturheilmittel sind hiervon ausgenommen), oder

(iii) der therapeutische Nutzen nicht nachgewiesen ist.

Für das in dieser Arbeit betrachtete Pharma Marketing verschreibungspflichtiger Arzneimittel sind die nicht erstattungsfähigen Arzneimittel nur von geringer Bedeutung. Sie werden vom Gesetzgeber zumeist von der Verschreibungspflicht befreit. Hiermit wird es dem Unternehmen ermöglicht, gegenüber den Arzneimittelkonsumenten zu werben, um somit Umsatzverluste kompensieren zu können, die durch die Aufhebung der Erstattungsfähigkeit entstehen. Darüber hinaus müssen innovative Arzneimittel für den Erhalt der Zulassung ihre Wirksamkeit belegen, sodass sie die drei obigen Ausschlusskriterien nicht erfüllen (vgl. Fricke 2002, S. 99).

4.7.2 Die pharmaspezifische Risikoaversion

Ein Individuum, das zu den frühen Adoptern einer Produkt-Innovation gehört, ist aufgrund der in dieser frühen Vermarktungsphase nach der Markteinführung erst in unzureichendem Maße aufgedeckten Erfahrungseigenschaften einer objektiv höheren Unsicherheit ausgesetzt als ein später Adopter (vgl. Assael 1987, S. 169; Rogers 1995, S. 270). Frühe Adopter zeichnen sich dadurch aus, dass sie eher dazu bereit sind, das bei einem neuartigen Produkt zwangsläufig erhöhte Unsicherheitsniveau zu tolerieren, als die der Innovation eher skeptisch gegenüberstehenden späten Adopter, die sich erst im fortgeschrittenen Diffusionsprozess der Mehrheit der Konsumenten anschließen, die das Produkt bereits übernommen hat (vgl. Rogers 1995, S. 273). Späte Adopter weisen somit ein höheres Maß an Risikoaversion auf als frühe Adopter. Der Begriff der Risikoaversion wird in Anlehnung an Hofstede/Bond (1984, S. 419) als das Ausmaß definiert, in dem sich Menschen durch unsichere Situationen gefährdet fühlen und diese zu vermeiden versuchen. In der vorliegenden Arbeit gelten die frühen Adopter als diejenigen niedergelassenen Ärzte, die hinsichtlich des zuletzt zugelassenen Arzneimittels eines bestimmten Pharmaunternehmens eine hohe Innovationsbereitschaft aufweisen. Da sich diese Arzneimittel in einer frühen Phase ihrer Vermarktung befinden, erscheint es gerechtfertigt, eine hohe Innovationsbereitschaft als Merkmal eines frühen Adopters aufzufassen.

Die Risikoaversion stellt - ähnlich wie die generelle Risikobereitschaft bzw. Risikoeinstellung (vgl. Panne 1977, S. 43) - eine individuelle Verhaltensdisposition dar. Sie ist nicht mit dem wahrgenommenen Risiko zu verwechseln, das sich auf eine konkrete Kaufsituation bezieht. In dieser Arbeit wird die Risikoaversion als pharmaspezifische Risikoaversion konzeptualisiert. Dieses Konstrukt wird wiederum basierend auf Hofstede/Bond (1984, S. 419) als das Ausmaß definiert, in dem Ärzte alle neuartigen, ihnen unbekannten und daher mit Unsicherheiten behafteten Arzneimittel als potenziell gefährlich einschätzen und deren therapeutische Anwendung daher zu vermeiden versuchen. Durch diesen konkreten Bezug zu dem Kontext von Arzneimitteln erhält dieses Konstrukt eine gegenüber der allgemeinen Risikoaversion erhöhte Branchenspezifität. Somit wird dem Umstand Rechnung getragen, dass ein Arzt in verschiedenen Lebensbereichen (Privatleben vs. Berufsleben) unterschiedlich hohe Maße an Risikoaversion aufweisen kann. Es ist z.B. denkbar, dass ein in privaten Konsumentscheidungen in der Güterkategorie „Nahrungsmittel" grundsätzlich wenig risikoaverser Arzt hinsichtlich der Güterkategorie „Arzneimittel" eine deutlich stärker ausgeprägte Risikoaversion besitzt. Diese intra-individuellen Unterschiede in der Ausprägung der Risikoaversion eines Arztes weisen deutliche Parallelen zu den unterschiedlich stark ausgeprägten Involvements auf, die ein Konsument gegenüber verschiedenen Produktkategorien empfindet, mit denen er unterschiedliche Risiko-Niveaus assoziiert (vgl. Assael 1987, S. 83). Bao et al. (2003) wenden die aus der Organisationsforschung stammende Definition der Risikoaversion von Hofstede/Bond (1984) auf den Kontext des Käuferverhaltens an. Sie argumentieren, dass weniger risikoaverse Konsumenten neuartige Produkte als weniger gefährlich und somit als attraktiver einschätzen als Konsumenten, die eine stärker ausgeprägte Risikoaversion besitzen (vgl. Bao et al. 2003, S. 739). Es lässt sich daher argumentieren, dass die Bereitschaft zur Nutzung dieser neuartigen Produkte mit zunehmender Risikoaversion der Konsumenten sinkt. Die Verordnung eines neu zugelassenen Arzneimittels ist trotz klinischer Studien immer mit einem gegenüber etablierten Arzneimitteln höheren Risiko verbunden. In Anlehnung an die hier verwendete Definition der Risikoaversion und die Argumentation von Bao et al. (2003) kann die Innovationsbereitschaft bzw. die Entscheidung, ein neu zugelassenes Arzneimittel in den indikationsspezifischen „Evoked Set" zu übernehmen, als eine mit Unsicherheit behaftete Entscheidung bezeichnet werden, die von einem Arzt mit einer hohen Risikoaversion als potenziell gefährlich eingestuft wird. Daraus lässt sich die Vermutung ableiten, dass die Innovationsbereitschaft eines Arztes negativ von der pharmaspezifischen Risikoaversion dieses Arztes abhängt.

Verschiedene Studien zum Marketing von Konsumgütern liefern empirische Hinweise dafür, dass die Risikoaversion einen Prädiktor der Bereitschaft darstellt, neuartige Produkte sowie Technologien zu nutzen. So ermitteln Donthu/ Garcia (1999) zwischen Konsumenten, die Käufe über das Internet tätigen, und Konsumenten, die diese neuartige „Einkaufstechnologie" nicht nutzen, einen signifikanten Unterschied hinsichtlich deren Risikoaversion. Online-Einkäufer zeichnen sich durch ein geringeres Maß an Risikoaversion aus. Dies kann dahingehend interpretiert werden, dass diese Konsumenten aufgrund ihrer geringen Risikoaversion die mit Online-Käufen verbundenen Risiken (z.B. das Risiko des Ausspionierens der Kreditkartennummer) als weniger gravierend einstufen als solche Konsumenten, die es vermeiden, Online-Käufe zu tätigen. Donthu/ Gilliland (1996) sowie Akaah/Korgaonkar (1988) ermitteln vergleichbare Ergebnisse bei Nutzern von Direktmarketing-Angeboten (wie z.B. Tele-Shopping). Tan (1999) liefert empirische Belege dafür, dass die Bereitschaft, Online-Käufe zu tätigen, umso geringer ausgeprägt ist, je größer die Risikoaversion des Konsumenten ist.

Diese Argumentation zusammenfassend lässt sich die folgende Hypothese aufstellen:

> H 16: Je höher die pharmaspezifische Risikoaversion, desto geringer ist die Innovationsbereitschaft.

Einen weiteren empirischen Beleg zur Unterstützung des hier vermuteten Zusammenhangs liefert Jacoby (1971). In einer experimentellen Studie ließ sich belegen, dass Individuen mit einem nur schwach ausgeprägten Dogmatismus in einer Kaufsituation eher neuartige Konsumgüter präferieren als Individuen, die sich durch ein hohes Maß an Dogmatismus auszeichnen. Das Konstrukt Dogmatismus beschreibt eine abwehrende Grundhaltung gegenüber Neuerungen, die als risikobehaftet wahrgenommen werden (vgl. Jacoby 1971, S. 244).

Hiermit ist die Hypothesenbildung abgeschlossen. Das System der im Kapitel 4 über Hypothesen zueinander in Beziehung gesetzten Konstrukte ist nicht als vollständige Abbildung der Realität des Pharma-Marktes zu verstehen. Vielmehr handelt es sich um ein Modell der Pharma-Geschäftsbeziehung. Wie jedes Modell stellt es lediglich eine Annäherung an die Realität dar (vgl. Day 1995, S. 297). Zweifelsohne sind im Rahmen der Modellierung bestimmte Details ausgeblendet worden. Das Literaturstudium sowie die explorativen Interviews im Vorfeld der Modellbildung dienten jedoch dazu, zu gewährleisten, dass die zentralen Beziehungsvariablen der Pharma-Geschäftsbeziehung und deren Prädiktoren sowie die aus der Sicht der Praxis des Pharma Marketing relevanten Erfolgsgrößen erfasst werden.

Eine Zusammenstellung der Gesamtheit der Modellhypothesen findet sich in Tabelle 1.

Tab. 1: Hypothesen des Modells der Pharma-Geschäftsbeziehung

H 1:	Je höher das Vertrauen des Arztes in das Pharmaunternehmen, desto höher ist das Relationship-Commitment des Arztes.
H 2:	Je höher die Beziehungszufriedenheit des Arztes, desto höher ist das Relationship-Commitment des Arztes.
H 3:	Je höher die Beziehungszufriedenheit des Arztes, desto höher ist das Vertrauen des Arztes in das Pharmaunternehmen.
H 4:	Je stärker die ethische Haltung des Pharmaunternehmens ausgeprägt ist, desto höher ist das Relationship-Commitment des Arztes.
H 5:	Je stärker die ethische Haltung des Pharmaunternehmens ausgeprägt ist, desto höher ist das Vertrauen des Arztes in das Pharmaunternehmen.
H 6:	Je höher das Relationship-Commitment des Pharmaunternehmens, desto höher ist das Vertrauen des Arztes in das Pharmaunternehmen.
H 7:	Je höher die Expertise des Pharmareferenten, desto höher ist das Vertrauen des Arztes in das Pharmaunternehmen.
H 8:	Je höher die Fürsorglichkeit des Pharmareferenten, desto höher ist das Vertrauen des Arztes in das Pharmaunternehmen.
H 9:	Je stärker der Close Business Attachment Style des Arztes ausgeprägt ist, desto höher ist das Relationship-Commitment des Arztes.
H 10:	Je stärker der Secure Business Attachment Style des Arztes ausgeprägt ist, desto höher ist das Vertrauen des Arztes in das Pharmaunternehmen.
H 11:	Je höher das Vertrauen des Arztes in das Pharmaunternehmen, desto höher ist die Innovationsbereitschaft.
H 12:	Je höher das Relationship-Commitment des Arztes, desto höher ist die Innovationsbereitschaft.
H 13:	Je höher das Vertrauen des Arztes in das Pharmaunternehmen, desto höher ist die Weiterempfehlungsbereitschaft.
H 14:	Je höher das Relationship-Commitment des Arztes, desto höher ist die Weiterempfehlungsbereitschaft.
H 15:	Je höher die wahrgenommene Erschwinglichkeit des zuletzt zugelassenen, erstattungsfähigen Arzneimittels des Pharmaunternehmens, mit dem der Arzt noch keine umfassenden Anwendungserfahrungen gesammelt hat, desto stärker ist die Innovationsbereitschaft.
H 16:	Je höher die pharmaspezifische Risikoaversion, desto geringer ist die Innovationsbereitschaft.

In der Abbildung 9 befindet sich eine vollständige graphische Darstellung der im Folgenden zu prüfenden Hypothesen. Die Konstrukte werden durch Ellipsen dargestellt. Die Richtung der die Konstrukte verbindenden Pfeile gibt die Wirkungsrichtung der postulierten Kausalzusammenhänge an. Zwischen der pharmaspezifischen Risikoaversion und der Innovationsbereitschaft wird ein negativer Kausalzusammenhang postuliert, der durch ein Minuszeichen dargestellt wird. Für alle Konstrukte, zu denen kein Pfeil hinführt (sog. exogene Variablen), wird angenommen, dass diese nicht vollkommen unabhängig voneinander sind, sondern miteinander korrelieren. Aus Gründen der Übersichtlichkeit wird jedoch darauf verzichtet, diese Korrelationen durch bidirektionale Pfeile darzustellen.

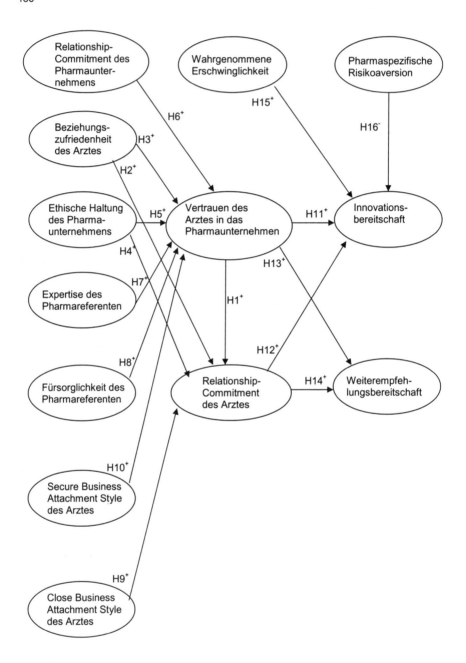

Abb. 9: Das Hypothesensystem des Modells der Pharma-Geschäftsbeziehung

5 Eine empirische Studie unter Berliner Gynäkologen

5.1 Studiendesign – Datenerhebung und Datengrundlage

Die im Kapitel 4 hergeleiteten Hypothesen beruhen auf theoretischen Grundlagen, die bereits in verschiedenen marketingwissenschaftlichen Studien einer empirischen Überprüfung unterzogen worden sind. Durch die Wahl der Pharma-Geschäftsbeziehung als dem Untersuchungsgegenstand dieser Arbeit bezieht sich das hier entwickelte Modell allein auf den Pharma-Markt und zeichnet sich somit durch eine hohe Branchenspezifität aus. Die im Rahmen der Modellentwicklung berücksichtigten empirischen Studien sind jedoch mehrheitlich in anderen Branchen angesiedelt. Daher erscheint eine eigenständige empirische Untersuchung unter niedergelassenen Ärzten für die Überprüfung der aufgestellten Hypothesen erforderlich.

Eine grundlegende Entscheidung bei der Konzeption jeder empirischen Studie bezieht sich auf die Wahl der Methode der Datenerhebung.[77] Die in der vorliegenden Arbeit verwendete Erhebungsmethode stellte die mündlich-persönliche Einzelbefragung dar, die auch als Einzelinterview bezeichnet wird (vgl. Schnell et al. 1999, S. 299). Da sich die Befragung auf Ärzte bezog, die sich allgemein durch sehr knapp bemessene Zeitbudgets auszeichnen, wurde von einer schriftlichen Befragung abgesehen.[78] In dem hier vorliegenden Untersuchungskontext erwiesen sich Interviews aus mehreren Gründen einer schriftlichen Befragung überlegen: Zum einen haben Interviews einen verbindlicheren Charakter, was eine erhöhte Teilnahmebereitschaft erwarten lässt. Darüber hinaus ist ihre Durchführung für den Arzt im Vergleich zu einer schriftlichen Befragung mit einem geringeren Aufwand verbunden, was die Teilnahmebereitschaft ebenfalls begünstigt. Schließlich kann nur durch Interviews sichergestellt werden, dass es sich bei dem an der Befragung Teilnehmenden tatsächlich um den Arzt handelt, und nicht etwa um dessen Sprechstundenhilfe. Um den mit mündlichen Befragungen verbundenen unerwünschten Interviewereinfluss möglichst gering zu

---

[77] Zu den unterschiedlichen Methoden der Datenerhebung vgl. Scheffler (2000, S. 69ff.) sowie Bronner et al. (1999, S. 143ff.).
[78] Die schriftliche Befragung als Instrument der Datenerhebung wird von Ohlwein (1999, S. 63ff.) und Peter (1997, S. 152) diskutiert.

halten, wurde auf Neutralität des Interviewers geachtet (vgl. Prüfer/Stiegler 2002, S. 3).

An die Entscheidung über die zu verwendende Erhebungsmethode schloss sich die Wahl der Erhebungseinheiten an (vgl. Nieschlag et al. 1997, S. 685). Zwar ist das Modell der Pharma-Geschäftsbeziehung in seiner theoretischen Konzeption so angelegt, dass sich sein Gültigkeitsbereich auf die Gesamtpopulation der ca. 304.000 in Deutschland tätigen Ärzte (vgl. StBA 2005) erstrecken soll. Konkret bedeutet dies, dass kein Konstrukt des Modells ein spezifisches Merkmal einer bestimmten Teilpopulation von Ärzten darstellt. Aus Gründen der Praktikabilität der Studiendurchführung erschien es jedoch sinnvoll, die Untersuchung auf eine facharztspezifische Teilpopulation der Ärzte zu beschränken. Dadurch war die Repräsentativität der Erhebung zwar nicht mehr für die Ärzteschaft als Gesamtpopulation gewährleistet.[79] Ein gewisses Maß an Pragmatismus in der Marketingforschung wird jedoch auch von Dichtl (1983, S. 61f.) für notwendig erachtet, sodass der auf eine einzelne Facharztgruppe gerichtete Fokus gerechtfertigt erscheint.

Die Auswahl der hier betrachteten Facharztpopulation wurde nach den im Folgenden vorzustellenden Kriterien bestimmt. Die Gesamtpopulation der in Deutschland tätigen Ärzte lässt sich zunächst über das Kriterium des formalen Berufsstatus gliedern. Zu unterscheiden ist hierbei zwischen Klinik-Ärzten und niedergelassenen Ärzten, die in einer Praxis tätig sind. Zwar werden beide Gruppen von der Pharmazeutischen Industrie und deren Pharmareferenten betreut, was sie somit für die Teilnahme an einer empirischen Studie zum Pharma-Relationship Marketing qualifiziert. Im Hinblick auf die praktische Durchführbarkeit einer Untersuchung wurden die Klinik-Ärzte jedoch aus der Betrachtung ausgeschlossen. Eine Erhebung unter niedergelassenen Ärzten erschien aus verschiedenen Gründen Erfolg versprechender: Zunächst lassen sich diese leichter kontaktieren. Darüber hinaus bietet das Sprechzimmer in der Arztpraxis dem Arzt und dem Interviewer die räumliche Abgeschiedenheit, die für die

---

[79] Das Konzept der Repräsentativität wird unter anderem bei Berekoven et al. (2004, S. 51) diskutiert.

Durchführung eines vertraulichen Interviews zu einem ggf. für den Arzt sensiblen Thema erforderlich ist. Aufgrund ihrer für das Niederlassungsrecht notwendigen Facharztausbildung verfügen niedergelassene Ärzte anders als junge Klinik-Ärzte bereits über eine langjährige Berufserfahrung. Erfolgt die Auswahl der Erhebungseinheiten nur unter niedergelassenen Ärzten, so wird damit gewährleistet, dass alle Befragten seit einem längeren Zeitraum von der Pharmazeutischen Industrie betreut werden und sich daher in Pharma-Geschäftsbeziehungen mit einer mehrjährigen Beziehungshistorie befinden. Die empirische Studie bezog sich somit nur auf niedergelassene Ärzte. Ein weiteres Merkmal, anhand dessen sich die gesamte deutsche Ärztepopulation gliedern lässt, bildet die Zugehörigkeit zu bestimmten Facharztgruppen. Im Hinblick auf die Fähigkeit der Ärzte, zu einer bestimmten Pharma-Geschäftsbeziehung Auskünfte zu erteilen, sind zwischen den Facharztgruppen Unterschiede zu erwarten. So werden die Allgemeinmediziner, die in Deutschland mit ca. 39.200 die größte Facharztgruppe bilden (vgl. StBA 2005), aufgrund der Vielzahl von Krankheiten, die sie behandeln, von einer großen Anzahl Firmen betreut (vgl. Huston 1993, S. 52). Die Gynäkologen hingegen, die in Deutschland mit ca. 15.300 Fachärzten - davon ca. 10.100 Niedergelassene - nach den Internisten und den Chirurgen die viertgrößte Facharztgruppe bilden (vgl. StBA 2005), werden aufgrund des relativ eng abgegrenzten Indikationsspektrums, innerhalb dessen sie Arzneimittel verordnen, nur von einer verhältnismäßig geringen Anzahl Firmen regelmäßig durch Pharmareferenten betreut. Es wird angenommen, dass ein Gynäkologe besser als ein Allgemeinmediziner dazu in der Lage ist, zu den wenigen Pharma-Geschäftsbeziehungen, die er unterhält, in einer Befragungssituation rein gedächtnisgestützte Angaben zu machen. Aufgrund der Menge der Pharmaunternehmen, die den Allgemeinmediziner betreuen, dürfte es für diesen hingegen schwer sein, zu einem ausgewählten Pharmaunternehmen valide Angaben zu machen. Die in der empirischen Studie befragten Erhebungseinheiten gehörten daher zu den niedergelassenen Gynäkologen.

An dieser Stelle sei auf den Umfang des Erhebungsgegenstandes eingegangen. Den Erhebungsgegenstand dieser Arbeit bildete die mit einem einzelnen Pharmaunternehmen geführte Geschäftsbeziehung. Aufgrund zeitlicher Restriktionen war es nicht möglich, den einzelnen Gynäkologen zu mehr als einer Pharma-Geschäftsbeziehung zu befragen. Die Auswahl des hierbei betrachteten Unternehmens erfolgte zufällig. Hätte man diese Auswahl dem Arzt überlassen, so wäre ein positiver oder negativer Bias zu befürchten gewesen. Die Befragten hätten sich z.B. mehrheitlich zu derjenigen Pharma-Geschäftsbeziehung äußern können, die sie persönlich präferierten. Die Grundlage für die Zufallsauswahl bildeten die fünf umsatzstärksten Pharmaunternehmen auf dem deutschen Markt für gynäkologische Arzneimittel. Hierzu wurden alle Arzneimittel gezählt, die den sog. ATC-2-Klassen der Arzneimittelnomenklatur des Instituts für Medizinische Statistik angehören. Diese sind: G1 (Gynäkologische Infektiva), G2 (Sonstige Gynäkologika) sowie G3 (Sexualhormone; ohne G3B: Androgene) (vgl. IMS 2002). Das Akronym ATC steht für „Anatomical Therapeutical Class" und bezeichnet einen weltweit gültigen Standard zur Abgrenzung von Therapiegebieten (vgl. Becker 2000, S. 18). Bei den fünf umsatzstärksten Firmen handelte es sich um die forschenden Pharmaunternehmen Grünenthal, Jenapharm, Organon, Schering und Wyeth Pharma, die zum Untersuchungszeitpunkt allesamt über eigene Pharmareferenten verfügten. Daher erschien es plausibel, dass die Befragten zu diesen Unternehmen Pharma-Geschäftsbeziehungen unterhielten. Hinsichtlich des Ortes der Erhebung wurde eine Einschränkung auf die in Berlin niedergelassenen Gynäkologen vorgenommen, welche im Rahmen der empirischen Untersuchung als die Grundgesamtheit betrachtet wurden. Bezüglich der Repräsentativität der Untersuchungsergebnisse bleibt festzuhalten, dass diese allenfalls für diese spezielle Teilpopulation der gesamten Ärzteschaft gewährleistet ist.

Als Auswahlbasis der Teilerhebung diente eine zum Zeitpunkt der Untersuchung als aktuell und vollständig geltende Gynäkologendatei, die von einem auf dem deutschen Pharma-Markt tätigen Hersteller gynäkologischer Arzneimittel zur Verfügung gestellt wurde. Die betrachtete Grundgesamtheit bestand aus 548 in Berlin niedergelassenen Gynäkologen. Die verwendete Datei stellte die getreueste Abbildung der Grundgesamtheit dar, die dem Autor zur Verfügung stand. Vom Berufsverband der Gynäkologen e.V. wurde zum Zeitpunkt der Untersuchung keine offizielle Liste der in Berlin niedergelassenen Gynäkologen geführt, die als Alternative zu der verwendeten Datei in Betracht gekommen wäre. Es bleibt festzuhalten, dass die Grundgesamtheit mit hoher wenn auch nicht mit vollkommener Sicherheit als vollständig abgegrenzt betrachtet werden kann. Nach der Bestimmung der Erhebungsmethode sowie der betrachteten Erhebungseinheiten wird im Folgenden auf das Studiendesign eingegangen. Dieses lässt sich in drei Phasen gliedern: Eine Voruntersuchung, einen Pretest sowie eine Hauptuntersuchung. In der Voruntersuchung wurden zunächst Interviews durchgeführt, die einen rein explorativen Charakter besaßen und deren Zweck in der Ausleuchtung aller Facetten des Untersuchungsgegenstandes sowie in der Generierung von Hypothesen bestand.[80] Dabei wurden anhand eines Convenience-Samples von geringem Umfang unter Berliner Ärzten (vier Gynäkologen und ein Dermatologe) Einzelbefragungen durchgeführt. Für diese Interviews wurden außer dem thematischen Bezug zu dem Phänomen der Pharma-Geschäftsbeziehung keine strukturellen Vorgaben formuliert. Die im Rahmen dieser nicht-standardisierten Interviews gesammelten Eindruckswerte dienten als Orientierungspunkte für die vertiefte Literaturrecherche.

Für die Überprüfung der in dieser Arbeit aufgestellten Modellhypothesen reichte die Voruntersuchung wegen ihres qualitativen Charakters nicht aus. Daher wurden quantitative Messungen im Rahmen standardisierter Interviews vorgenommen. Diese Messungen lieferten die erforderliche Datengrundlage für die im Abschnitt 5.3 vorzustellende Kovarianzstrukturanalyse, die bei dieser empirischen Studie zum Einsatz kam. Für die Durchführung der quantitativen Messungen wurde ein standardisierter Fragebogen entwickelt.[81] Dieser bestand aus einem Satz von einzelnen Fragen bzw. Items, welche aus bereits in empirischen Studien validierten Messinstrumenten stammten. Im Abschnitt 5.2 wird auf diese Messinstrumente detaillierter eingegangen. Die Items wurden aus dem Englischen ins Deutsche übersetzt. Dabei kam es in einem nur sehr geringen Umfang zu Anpassungen des Wortlauts der Items, welche der begrifflichen Präzisierung dienten. So wurde z.B. der Begriff „Salesperson" durch den Begriff „Pharmareferent" ersetzt. Im Vorfeld der Hauptuntersuchung galt es, anhand eines Pretests eventuell vorliegende Mängel des standardisierten Fragebogens

---

[80] Zu den Merkmalen explorativer Studien vgl. z.B. Nieschlag et al. (1997, S. 675f.).

aufzudecken (vgl. Mohler/Porst 1996, S. 9; Sudman/Blair 1998, S. 300). Es ließen sich acht Berliner Gynäkologen für die Teilnahme an einem Pretest gewinnen. Bei der Auswahl dieser Befragten wurde darauf geachtet, dass es sich nicht um Klinik-Ärzte, sondern ausschließlich um niedergelassene Gynäkologen handelte. Hierüber sollte sichergestellt werden, dass die im Pretest untersuchten Ärzte eine hohe Ähnlichkeit zu den in der Hauptuntersuchung befragten Ärzten aufweisen. Die Durchführung der Interviews an diesem Convenience-Sample erfolgte unter den für die anschließende Hauptuntersuchung vorgesehenen Bedingungen. Das Ziel des Pretests bestand darin, die Verständlichkeit der Fragen sowie das Interesse und die Aufmerksamkeit des Befragten während des gesamten Interviews zu beobachten und zu beurteilen. Auch auf technische Probleme mit dem Fragebogen und den verwendeten Befragungshilfen (z.b. graphische Darstellung einer Likert-Skala) sowie die für die Befragung erforderliche Zeit wurde geachtet (vgl. Mohler/Porst 1996, S. 9).

Im Folgenden sei der Ablauf der standardisierten Interviews kurz skizziert: Die pharmaspezifische Risikoaversion, der Secure Business Attachment Style und der Close Business Attachment Style bildeten die ersten zu messenden Konstrukte. Hierbei handelte es sich um Merkmale des Arztes ohne Bezug zu einer konkreten Pharma-Geschäftsbeziehung. Daran anschließend zog der Arzt zufällig eine von fünf Karten, die die Namen der fünf eingangs genannten Pharmaunternehmen trugen. Unterhielt der Arzt zu dem gewählten Unternehmen zum Untersuchungszeitpunkt eine Pharma-Geschäftsbeziehung, die auch Besuche durch den Pharmareferenten einschloss, so bezogen sich alle folgenden Items auf dieses Unternehmen. Im Falle der zufälligen Wahl eines Pharmaunternehmens, das den Arzt nicht persönlich betreute, wurde eine erneute zufällige Ziehung durchgeführt. Nur eines der in der Untersuchung betrachteten Unternehmen unterhielt zum Zeitpunkt der Befragung zwei Vertriebslinien. Die Ärzte wurden daher von zwei Pharmareferenten parallel betreut. Wurde die Karte dieses Unternehmens gezogen, so bezogen sich die Items zu der Expertise des Pharmareferenten und der Fürsorglichkeit des Pharmareferenten auf denjenigen Pharmareferenten dieses Unternehmens, der den Arzt zuletzt besucht hat-

---

[81] Der vollständige Fragebogen befindet sich im Anhang 1.

te. Um sozial erwünschte Antworten zu vermeiden, wurden die Befragten dazu angehalten, dem Interviewer den Namen des gezogenen Pharmaunternehmens nicht mitzuteilen. Wären diese Namen dem Interviewer bekannt gewesen, so hätte dies z.b. die Möglichkeit eröffnet, Unternehmensunterschiede bei der durch die Ärzte wahrgenommenen Beziehungszufriedenheit zu erfassen. Im Laufe der Erhebung stellte sich jedoch heraus, dass zumindest einige Ärzte es sogar abgelehnt hätten, an einer Befragung teilzunehmen, bei der dem Interviewer der Name des Unternehmens bekannt gewesen wäre. Insofern erscheint der freiwillige Verzicht auf eine unternehmensbezogene Datenerfassung gerechtfertigt.

Während die übrigen Konstrukte die Merkmale der Pharma-Geschäftsbeziehung beschrieben, bezogen sich die Konstrukte wahrgenommene Erschwinglichkeit und Innovationsbereitschaft auf das zuletzt zugelassene, erstattungsfähige und verschreibungspflichtige Arzneimittel des betrachteten Pharmaunternehmens, mit dem der Arzt noch keine umfassenden Anwendungserfahrungen gesammelt hatte. Bei den Items, die sich auf die wahrgenommene Erschwinglichkeit und die Innovationsbereitschaft bezogen, wurde also eine Produktperspektive eingenommen. Wie im Abschnitt 4.7.1 erwähnt, sind im Bereich der Gynäkologie allein Kontrazeptiva (wie z.B. Antibabypillen) nicht für alle gesetzlich krankenversicherten Patientinnen erstattungsfähig (vgl. Fricke 2002, S. 98). Gemäß § 24a Abs. 2 SGB V gilt hier die Erstattungspflicht nur bis zum vollendeten zwanzigsten Lebensjahr. Diese Einschränkung wurde in der Befragung berücksichtigt. Handelte es sich bei dem zuletzt zugelassenen Arzneimittel um ein Kontrazeptivum, so bezogen sich die Fragen hinsichtlich der wahrgenommenen Erschwinglichkeit allein auf den Anteil der Patientinnen des Arztes, die Erstattungsansprüche bei der Gesetzlichen Krankenversicherung geltend machen können.

Bei den acht Pretests traten keine Schwierigkeiten hinsichtlich der Verständlichkeit des Fragebogens oder sonstiger durch den Pretest zu prüfender Aspekte der Befragung zutage. Dieses positive Ergebnis ist auch darauf zurückzuführen, dass bei der Entwicklung des Fragebogens auf Items zurückgegriffen wurde, die bereits in empirischen Studien erprobt worden waren. Die im Vorfeld des Pretests vorgenommenen graduellen Umformulierungen dieser Items erwiesen sich für die Befragung der Ärzte als geeignet und mussten nicht weiter verändert werden.

Für die anschließende Hauptuntersuchung erfolgte eine Permutation der die Auswahlbasis enthaltenden Ärzteliste. Dies ermöglichte die Ziehung einer Stichprobe nach dem Zufallsprinzip (einfache Zufallsauswahl). Hierfür wurden 200 Ärzte aus der permutierten Ärzteliste ausgewählt und auf schriftlichem Wege um die Interviewteilnahme gebeten. Nach mehrfachem telefonischem Nachfassen ließen sich 125 persönliche Befragungen durchführen, deren Ergebnisse kodiert und mit der Statistik-Software SPSS (Version 12.0) erfasst wurden. Bezogen auf den Stichprobenumfang von 200 wurde somit eine Ausschöpfungsquote von 62,5% erzielt. Als Grund für die nicht gegebene Bereitschaft, an der Befragung teilzunehmen, gaben die Ärzte Zeitmangel bzw. mangelndes Interesse an. Die erreichte Ausschöpfungsquote kann als zufrieden stellend betrachtet werden. Sie liegt oberhalb der Werte, die von zwei im Bereich der empirischen Sozialforschung bedeutenden akademischen Studien erreicht worden sind. So hat die „Allgemeine Bevölkerungsumfrage der Sozialwissenschaften" (ALLBUS) im Jahr 2002 eine Ausschöpfungsquote von ca. 47% erreicht (vgl. Blohm et al. 2004). Der „European Social Survey" wies für die erste Welle der deutschen Teilstudie in den Jahren 2002/2003 eine Ausschöpfungsquote von 59,7% auf (vgl. o.V. 2003a, S. 2).

Für die Auswahlbasis lagen vollständige Angaben zu den Praxis-Adressen der Ärzte vor. Auf Grundlage dieser Daten wurden sämtliche Praxen dem ehemaligen West- und Ost-Teil der Stadt Berlin zugeordnet. Auch für das Geschlecht der Ärzte waren vollständige Angaben vorhanden. Für diese beiden Merkmale wurden Chi²-Anpassungstests durchgeführt. Hierüber ließen sich die Verteilungen der Merkmalsausprägungen in der Grundgesamtheit und in der ausgeschöpften Stichprobe miteinander vergleichen und auf systematische Unterschiede untersuchen. Für die Verteilung des Merkmals „Geschlecht der Ärzte" konnte zwischen der Grundgesamtheit und der ausgeschöpften Stichprobe kein statistisch signifikanter Unterschied festgestellt werden. Der empirische Chi²-Wert betrug 0,0637 bei einem Freiheitsgrad und einem p-Wert von 0,8008. Das gleiche galt für die Verteilung der Praxen auf das ehemalige West- und Ost-Berlin. Hier war ebenfalls kein statistisch signifikanter Unterschied zwischen der Grundgesamtheit und der ausgeschöpften Stichprobe gegeben. Der empirische Chi²-Wert betrug hier 0,2995 bei einem Freiheitsgrad und einem p-Wert von 0,5842.

5.2 Operationalisierung der Konstrukte des Modells der Pharma-Geschäftsbeziehung

5.2.1 Anforderungen an die verwendeten Messinstrumente

In den Sozial- und Wirtschaftswissenschaften sowie in anderen Disziplinen werden die in der Realität existierenden Phänomene und Objekte mit Hilfe von theoretischen Begriffen beschrieben, die man als Konstrukte bezeichnet. Konstrukte stellen modellbasierte Konzepte dar, die in einer sog. theoretischen Sprache existieren, mit der die Wissenschaft die Realität abzubilden versucht. Wie bereits im Abschnitt 1.1 erwähnt, lassen sich Konstrukte nicht auf direktem Wege messen, weshalb sie auch als latente Variablen bezeichnet werden (vgl. Homburg 1992, S. 500). Um die im Modell der Pharma-Geschäftsbeziehung enthaltenen Konstrukte dennoch messen zu können, muss man diese operationalisieren. Die Operationalisierung erfolgt mit Hilfe von Indikatoren, die den theoretischen Bedeutungsinhalt der Konstrukte abbilden (vgl. Bentler/Chou 1987, S. 82). Indikatoren sind Begriffe der sog. Beobachtungssprache, welche die Konstrukte einer empirischen Messung zugänglich machen. Die Konzepte der theoretischen Sprache und der Beobachtungssprache sind Bestandteile der Zweisprachentheorie, die auf Carnap (1974) zurückgeht. Definieren lassen sich Indikatoren als „(...) unmittelbar messbare Sachverhalte, welche das Vorliegen der gemeinten, aber nicht direkt erfassbaren Phänomene (...) anzeigen" (Kroeber-Riel 1992, S. 28). Das Konstrukt beeinflusst die Messung eines Indikators kausal, es liegt der empirischen Beobachtung somit als Ursache zugrunde (vgl. Bagozzi 1998, S. 67). Da ein Konstrukt verschiedene Facetten aufweist, erfolgt die Messung über mehrere Indikatoren, die je eine dieser Facetten erfassen (vgl. Balderjahn 2003, S. 130)

In standardisierten Fragebögen werden Items verwendet, die als Indikatoren für Konstrukte dienen sollen. Die Gültigkeit dieser Zuordnung wird dann durch Modellierungen empirisch validiert. Für einen Satz von Items, der der Messung eines Konstrukts dient, wird auch der Begriff Skala bzw. Messinstrument verwendet (vgl. Fassnacht 1996, S. 123). In der Terminologie der Faktorenanalyse - auf die im Abschnitt 5.3 hingewiesen wird - bezeichnet man ein Konstrukt, bei dem die Indikatoren sich direkt auf der Konstruktebene zu einem einzelnen Faktor verdichten lassen, als einfaktorielles Konstrukt (vgl. Homburg/Giering 1998, S. 114). Eine solche einfaktorielle Struktur liegt bei allen Konstrukten des Modells der Pharma-Geschäftsbeziehung vor. Jedes Konstrukt entspricht also genau einem Faktor, dem alle Items einer Skala zugeordnet sind.

Bevor auf die Operationalisierung der Konstrukte eingegangen wird, ist es erforderlich, sich mit der Problematik fehlerbehafteter Messungen auseinanderzusetzen. Diese ist bei Konstruktmessungen von großer Bedeutung. In diesem Zusammenhang sei auf die theoretischen Grundlagen der Konzepte der Reliabilität und Validität eingegangen. Allgemein formuliert stellt die Reliabilität einer Messung deren Zuverlässigkeit dar. Diese ist dann perfekt, wenn keine unsystematischen (d.h. zufälligen) Messfehler auftreten (vgl. Balderjahn 2003, S. 131; Bollen 1989, S. 207). Die Validität bzw. Gültigkeit einer Messung gilt dann als vollständig gegeben, wenn weder zufällige noch systematische Fehler vorliegen. Es ist jedoch zu beachten, dass eine völlig fehlerfreie Messung praktisch nicht möglich ist (vgl. Balderjahn 2003, S. 131). Perfekte Reliabilität und Validität sind somit nur idealtypisch vorstellbar. Daher werden die hier eingesetzten Messinstrumente im Rahmen der empirischen Studie lediglich dahingehend beurteilt, ob sie dem Anspruch nach Reliabilität und Validität insofern gerecht werden, als dass die zufälligen Messfehler (Reliabilität) und die systematischen Messfehler (Validität) die in der Literatur geltenden Toleranzgrenzen nicht überschreiten (vgl. Balderjahn 2003, S. 131). Die Betrachtung der Gültigkeit von Messungen verdient die ihr in dieser Arbeit zuteil werdende Aufmerksamkeit, da valide Messungen eine Grundvoraussetzung für die Überprüfung von Hypothesen bilden. Peter (1979, S. 6) formuliert dies wie folgt: „Valid measurement is the sine qua non of science."

Da die Reliabilität der Messungen eine notwendige Bedingung der Validität darstellt (vgl. Hamman/Erichson 1994, S. 75), werden an dieser Stelle Reliabilitätsmaße vorgestellt, die auch in der empirischen Untersuchung berücksichtigt worden sind. Zunächst lässt sich die Reliabilität auf der Ebene der einzelnen Indikatorvariablen untersuchen. Die Indikatorreliabilität gibt den Anteil an der Gesamtvarianz eines Indikators an, der sich durch den ihm zugrunde liegenden Faktor (d.h. das Konstrukt) erklären lässt (vgl. Bagozzi 1982, S. 156). Homburg (1995, S. 83) gibt als erforderlichen Mindestwert der Indikatorreliabilität einen Wert von 0,4 an. Hair et al (1998, S. 612) beziffern den Mindestwert auf 0,5. Ergänzend zur Indikatorreliabilität gilt es, die Faktorreliabilität zu beurteilen. Diese ist ein Maß für die interne Konsistenz des gesamten Satzes der Indikatoren eines Konstrukts. Die Faktorreliabilität gibt darüber Auskunft, wie gut ein Konstrukt von der Gesamtheit der ihm zugeordneten Indikatoren gemessen wird (vgl. Homburg/Baumgartner 1998, S. 361). Die Festlegung des unteren Grenzwertes der Faktorreliabilität entspricht einer Konvention. Bagozzi/Yi (1988, S. 80) beziffern diesen Grenzwert auf 0,6. Hair et al. (1998, S. 612) geben einen Wert von 0,7 als untere Grenze an. Ein der Faktorreliabilität ähnelndes Reliabilitätsmaß bildet die durchschnittlich erfasste Varianz (DEV). Diese misst für die Gesamtheit der Indikatoren eines Konstrukts den durchschnittlichen Anteil an der Gesamtvarianz, der durch das ihnen zugrunde liegende Konstrukt erklärt wird (Hair et al. 1998, S. 612). Der für die DEV empfohlene Mindestwert liegt bei 0,5 (vgl. Bagozzi/Yi 1988, S. 80; Hair et al. 1998, S. 612)

Für die Überprüfung der Validität gilt die Konstruktvalidität, die auf Cronbach/ Meehl (1955) zurückgeht, als das anspruchsvollste Kriterium (vgl. Balderjahn 2003, S. 132). Sie „(...) bezieht sich auf die Validität der postulierten Konstrukte und der postulierten Zusammenhänge zwischen den Konstrukten" (Balderjahn 2003, S. 132). Eine Bedingung für das Vorliegen von Konstruktvalidität ist dann erfüllt, wenn über eine empirische Messung tatsächlich dasjenige Konstrukt erfasst wird, welches durch die Messung erfasst werden soll (vgl. Bagozzi 1998, S. 52). Darüber hinaus ist es erforderlich, dass ein „(...) empirischer Zusammenhang tatsächlich einen theoretisch gehaltvollen Zusammenhang reflektiert" (Balderjahn 2003, S. 132). Dieser letztgenannte Aspekt bezieht sich auf den Begriff der nomologischen Validität. Diese gilt dann als hoch, wenn die Beziehungen zwischen den geschätzten Konstruktausprägungen mit den theoretisch postulierten Beziehungen zwischen diesen Konstrukten übereinstimmen (vgl. Hamman/Erichson 1994, S. 77). Die Überprüfung der nomologischen Validität wird erst in den Abschnitten 5.5 und 5.6 thematisiert.

Die folgenden Ausführungen konzentrieren sich allein auf die Frage, inwieweit die Messungen einzelner Konstrukte valide sind. Hierfür stellt die Prüfung der Konvergenzvalidität sowie der Diskriminanzvalidität einen wichtigen Schritt dar, da diese beiden Arten der Validität Aussagen darüber zulassen, inwieweit die vorgenommenen Messungen tatsächlich das interessierende Konstrukt erfassen. Die Konvergenzvalidität wird dann als hoch beurteilt, wenn die Faktorladungen der einem Konstrukt zugeordneten Indikatoren signifikant und hinreichend groß sind (vgl. Homburg/Giering 1998, S. 125). Die Faktorladungen quantifizieren die Zusammenhänge zwischen den Indikatormessungen und dem zugrunde liegenden Konstrukt (vgl. Balderjahn 2003, S. 133). Sie schätzen den direkten Effekt, der von dem Konstrukt (bzw. dem Faktor) auf den Indikator ausgeht. Liegen bei sämtlichen Indikatoren eines Konstrukts hinreichend große Faktorladungen vor, so bedeutet dies inhaltlich, dass diese Indikatoren alle von dem besagten Konstrukt abhängig sind. Eine hohe Konvergenzvalidität weist demnach darauf hin, dass die bei der Entwicklung des Messinstruments vorgenommene Zuordnung der Indikatoren zu einem Faktor (d.h. einem Konstrukt) gültig bzw. valide ist. Die Voraussetzung für das Vorliegen von Diskriminanzvalidität besteht darin, dass die Messungen unterschiedlicher Konstrukte nur in geringem Umfang miteinander korrelieren. Hierfür ist es erforderlich, dass die Messung jedes Indikators reliabel ist und nur von einem Konstrukt beeinflusst wird, nämlich genau dem Konstrukt, das durch den Indikator gemessen werden soll. Man spricht hierbei von einer sog. „Simple Structure" bzw. Einfachstruktur (vgl. Balderjahn 2003, S. 132). Für die Ermittlung der Diskriminanzvalidität kann das Fornell-Larcker-Kriterium herangezogen werden, das diesbezüglich als ein strenges Kriterium gilt. Gemäß dem Fornell-Larcker-Kriterium muss die quadrierte Korrelation des Faktors ξ_i mit jedem anderen Faktor ξ_j des Pharma-Messmodells kleiner sein als die DEV des Faktors ξ_i (vgl. Fornell/Larcker 1981, S. 46). Dies bedeutet:

Quadrierte Korrelation (ξ_i, ξ_j) < DEV (ξ_i), für alle $i \neq j$

Ist dieses Postulat erfüllt, so besteht zwischen den einzelnen Faktoren bzw. Konstrukten Diskriminanzvalidität (vgl. Homburg/Hildebrandt 1998, S. 126). Wie die hier dargestellte Formel erkennen lässt, wird gemäß dem Fornell-Larcker-Kriterium das Ausmaß der maximal zulässigen Korrelation zwischen den Konstrukten durch die Güte der Messung der einzelnen Konstrukte bestimmt. Je zuverlässiger also die einzelnen Indikatoren durch die Konstrukte vorhersagbar sind, desto höher dürfen die Konstrukte korrelieren.

Für die Prüfung der Konvergenzvalidität und der Diskriminanzvalidität erweist sich die konfirmatorische Faktorenanalyse, die einen Spezialfall der Kovarianzstrukturanalyse ausmacht, als geeignet (vgl. Bagozzi et al. 1991, S. 421). Bevor diese Analysemethode im Abschnitt 5.3 vorgestellt wird, erfolgt zunächst eine Beschreibung der Operationalisierung der Konstrukte des Modells der Pharma-Geschäftsbeziehung.

5.2.2 Operationalisierung der Konstrukte

In der vorliegenden Arbeit wurde bei der Konzeptualisierung des Vertrauenskonstrukts der Definition von Morgan/Hunt (1994) gefolgt. Bei der Operationalisierung des Vertrauens wurde daher auch auf die Skala dieser Autoren zurückgegriffen, welche für die Messung des Vertrauens eines Händlers in seinen wichtigsten Lieferanten entwickelt wurde. Morgan/Hunt (1994, S. 28) überprüften gemäß den Empfehlungen von Anderson/Gerbing (1988) sowie Jöreskog/Sörbom (1989) die Reliabilität und Validität ihres Messinstrumentariums. Die Faktorreliabilität sowie das Cronbachsche Alpha der Vertrauensskala fielen mit

Werten von 0,949 bzw. 0,947 hoch aus.[82] Nunnally (1978, S. 245) gibt für das Cronbachsche Alpha einen Mindestwert von 0,7 an. Die durchschnittliche Faktorladung der Items auf das Vertrauenskonstrukt wurde mit einem als hoch zu beurteilenden Wert von 0,849 angegeben (vgl. Morgan/Hunt 1994, S. 35). Da die Items dieser Skala kaum branchenspezifische Formulierungen enthielten, ließen sie sich ohne größere Veränderungen auch für die Messung des Vertrauens des Arztes in das Pharmaunternehmen verwenden. Von den ursprünglich sieben Items der Skala wurden vom Autor vier Items ausgewählt, die für die Erfassung der Facetten des Vertrauenskonstrukts als ausreichend beurteilt wurden. Der semantische Inhalt der drei übrigen Items wies nach Ansicht des Autors eine hohe Redundanz zu den vier verwendeten Items auf. Es erschien somit gerechtfertigt, die drei Items aus der Skala zu entfernen. Diese Maßnahme wurde auch bei einigen anderen Konstrukten ergriffen. Der Zweck der Itemauswahl bestand darin, die Länge des Fragebogens zu begrenzen, um die Bereitschaft der Ärzte zur Teilnahme an der Studie zu erhöhen. Die bereits erwähnten zeitlichen Restriktionen, denen die niedergelassenen Ärzte unterliegen, machten dieses Vorgehen erforderlich. Bei der Itemselektion kam es somit zu einer Abwägung zwischen dem Einsatz möglichst kompletter Skalen und dem Erreichen einer möglichst hohen Anzahl vollständig ausgefüllter Fragebögen.

Morgan/Hunt (1994) lieferten ebenfalls die definitorische Grundlage für die Konzeptualisierung des Relationship-Commitment des Arztes und des Relationship-Commitment des Pharmaunternehmens. Für die Messung beider Konstrukte kam eine von diesen Autoren entwickelte Skala zum Einsatz, mit der ursprünglich das Relationship-Commitment eines Händlers gegenüber seinem wichtigsten Lieferanten gemessen wurde. Morgan/Hunt (1994) prüften die Reliabilität und Validität ihrer Skala. Die Faktorreliabilität sowie das Cronbachsche Alpha dieses Messinstruments erreichten beide einen hohen Wert von 0,895. Für die durchschnittliche Faktorladung der Items auf das Relationship-Commitment wurde ebenfalls ein hoher Wert von 0,849 angegeben (vgl. Morgan/Hunt 1994,

---

[82] Das Cronbachsche Alpha ist ein Reliabilitätsmaß der ersten Generation, das die Reliabilität einer Menge von Indikatoren angibt, die einen Faktor messen (vgl. Peter 1979, S. 8f.).

S. 35). Der branchenunspezifische Wortlaut der Items erleichterte die Übertragung auf den Pharma-Kontext. Von den ursprünglich sieben Items der Skala wurden diejenigen vier Items verwendet, die die Facetten des Konstrukts gut abdeckten. Einschränkend ist zu erwähnen, dass sich die von Morgan/Hunt (1994) stammenden Angaben zu der Reliabilität und Validität allein auf ihre komplette Sieben-Item-Skala beziehen. Dies gilt auch für die übrigen Skalen, bei denen eine Itemselektion vorgenommen wurde.

Bei der Konzeptualisierung des Konstrukts Beziehungszufriedenheit des Arztes orientierte sich der Autor an Ganesans (1994) Definition des Konstrukts „Satisfaction with previous outcomes". Die von Ganesan (1994) zur Messung dieses Konstrukts erarbeitete Skala erfasste die während der vergangenen 12 Monate empfundene Zufriedenheit eines Händlers mit einem Zulieferer, zu dem eine Geschäftsbeziehung unterhalten wurde. Die Reliabilität der Skala wurde mit einem Cronbachschen Alpha von 0,94 als hoch eingestuft. Um eine hohe Validität des Messinstruments zu gewährleisten, führte Ganesan (1994, S. 7) Item-Analysen und eine exploratorische Faktorenanalyse[83] durch, wobei Items mit niedrigen Faktorladungen aus der Skala entfernt wurden. Über eine konfirmatorische Faktorenanalyse wurde die Diskriminanz- und Konvergenzvalidität der Skala ermittelt und als gut beurteilt. Für den gesamten Item-Satz konnte Unidimensionalität festgestellt werden, d.h. die Items repräsentierten alle dasselbe Konstrukt. Der allgemeine Wortlaut der Items erlaubte den Einsatz dieser Skala für die Messung der Beziehungszufriedenheit des Arztes. Die vier Items zeichneten sich durch eine hohe inhaltliche Übereinstimmung aus, sodass drei Items dieser Skala zum Einsatz kamen.

Die ethische Haltung des Pharmaunternehmens beruht in ihrer Konzeptualisierung auf dem Konstrukt „Manufacturer Ethical Concern", das von Kennedy et al. (2001) vorgestellt wurde. Die von Kennedy et al. (2001) in Anknüpfung an Victor/Cullen (1988) weiterentwickelte Skala maß das von einem Automobilhersteller den Endkunden entgegengebrachte Wohlwollen sowie die Bedeutung, die

---

[83] Eine Schilderung der methodischen Grundlagen der exploratorischen Faktorenanalyse liefern z.B. Hair et al. (1998, S. 87ff.)

der Automobilhersteller den Kundeninteressen einräumt. Trotz ihres Bezugs auf den Automobilsektor war die Skala inhaltlich gut für die Messung der ethischen Haltung des Pharmaunternehmens geeignet. Kennedy et al. (2001, S. 84) ermittelten für die Skala ein als hoch zu beurteilendes Cronbachsches Alpha von 0,94. Über eine Faktorenanalyse wurde die Unidimensionalität der betrachteten Skala bestätigt. Aus den sieben Items wurden vom Autor vier zu verwendende Items ausgewählt.

Für die Messung der Expertise des Pharmareferenten kam eine von Doney/ Cannon (1997) entwickelte Skala zum Einsatz, mit der diese Autoren die „Salesperson Expertise" eines Verkäufers im Business-to-Business-Marketing erfassten. Inhaltlich bildet diese Skala die in der vorliegenden Arbeit verwendete Definition der Expertise des Pharmareferenten gut ab. Gemäß Doney/ Cannon (1997, S. 44) erreichte das Cronbachsche Alpha ihrer Skala einen Wert von 0,79. Die Autoren ermittelten über exploratorische und konfirmatorische Faktorenanalysen zufrieden stellende Ergebnisse hinsichtlich der Konvergenz- und Diskriminanzvalidität. Alle Items wiesen hohe Faktorladungen auf, es lagen keine bedeutsamen Doppelladungen vor. Alle drei Items der Skala wurden für die Messung der Expertise des Pharmareferenten beibehalten.

Der Konzeptualisierung der Fürsorglichkeit des Pharmareferenten wurde in der vorliegenden Arbeit die Fürsorglichkeitsdefinition von Gremler et al. (2001) zugrunde gelegt. Für die Operationalisierung dieses Konstrukts wurde daher auch auf die Skala dieser Autoren zurückgegriffen, mit der ursprünglich die Fürsorglichkeit eines Service-Mitarbeiters gegenüber dem Kunden gemessen wurde. Bei Gremler et al. (2001) kam diese Skala bei zwei verschiedenen Stichproben (Banksektor und Zahnarzt) zum Einsatz und erreichte Werte des Cronbachschen Alphas von 0,951 und 0,958, die auf eine hohe Reliabilität des Messinstruments hinweisen. Im Rahmen der Entwicklung der Skala wurde eine exploratorische Faktorenanalyse durchgeführt, bei der Items mit geringen Faktorladungen sowie hohen Doppelladungen von den Autoren verworfen wurden. Die Faktorladungen der Items aller von Gremler et al. (2001) verwendeten Messinstrumente waren in beiden Stichproben recht hoch. Der niedrigste Wert lag in der Banken-Stichprobe bei 0,80, in der Zahnarztstichprobe bei 0,71. Alle drei Items der hier betrachteten Skala wurden für die Messung der Fürsorglichkeit des Pharmareferenten verwendet.

Die Grundlage der Operationalisierung des Secure Business Attachment Style und des Close Business Attachment Style des Arztes bildeten die von Paulssen (2004) entwickelten Messinstrumente, deren Entwicklung im Abschnitt 4.5.6 geschildert worden ist. Die durchschnittlichen Faktorladungen waren sowohl bei dem Secure- als auch bei dem Close Business Attachment Style mit Werten von 0,643 bzw. 0,760 als zufrieden stellend zu bezeichnen. Auch die Faktorreliabilität des Secure- sowie des Close Business Attachment Style lag mit Werten von 0,690 bzw. 0,800 oberhalb der empfohlenen Mindestwerte (vgl. Paulssen 2004, S. 8). Der mit einem Wert von 0,34 verhältnismäßig niedrige Korrelationskoeffizient zwischen dem Secure Business Attachment Style und dem Close Business Attachment Style wies auf die Diskriminanzvalidität beider Konstrukte hin (vgl. Paulssen 2004, S. 5). Beide Skalen bestanden aus je drei Items, von denen alle in der vorliegenden Arbeit verwendet wurden.

Wie der im Abschnitt 4.6.1 enthaltenen Definition der Innovationsbereitschaft zu entnehmen ist, beschreibt dieses Konstrukt eine grundsätzliche ärztliche Verordnungsbereitschaft hinsichtlich eines innovativen Arzneimittels. In der Käuferverhaltensforschung ist die Messung von realen Kaufentscheidungen allgemein mit methodischen Schwierigkeiten verbunden, insbesondere wenn die Daten durch Befragungen erhoben werden. Gleiches gilt auch für reale Verordnungsentscheidungen. Daher wird in dieser Arbeit die Innovationsbereitschaft gemessen, von der angenommen wird, dass sie der im Einzelfall erfolgenden Verordnungsentscheidung als Verhaltensintention vorgelagert ist. Die Operationalisierung der Innovationsbereitschaft basierte auf einer Skala von Machleit et al. (1993), mit der ursprünglich Kaufabsichten bezüglich Konsumgütern gemessen wurden. Der Wert des Cronbachschen Alphas der von diesen Autoren entwickelten Skala lag über 0,95. Eine konfirmatorische Faktorenanalyse erbrachte eine zufrieden stellende Diskriminanzvalidität (vgl. Machleit et al. 1993, S. 76). Der wenig produktspezifische Wortlaut dieser Skala erlaubte es, sie auf den

Pharma-Kontext zu übertragen, wobei alle drei Items der Skala zum Einsatz kamen.

Das Konstrukt Weiterempfehlungsbereitschaft stellt die Absicht des Arztes dar, positive Mund-zu-Mund-Kommunikation (d.h. „Advocacy") zu betreiben. Die von Fullerton (2003) entwickelte „Advocacy"-Skala, mit der das Weiterempfehlungsverhalten der Kunden eines Telekommunikationsdienstleisters gemessen wurde, war aufgrund des nicht branchenspezifischen Wortlauts der Items für die Messung dieses Konstrukts gut geeignet. Der Wert des Cronbachschen Alphas lag in den fünf zu unterschiedlichen Zeitpunkten vorgenommenen Messungen der Studie von Fullerton (2003, S. 339) zwischen 0,80 und 0,96, und auch die Diskriminanzvalidität des Konstrukts wurde von Fullerton (2003) bestätigt. Alle drei Items dieser Skala kamen in der vorliegenden Arbeit zum Einsatz.

Bei der Konzeptualisierung der wahrgenommenen Erschwinglichkeit wurde der Definition von Notani (1997) gefolgt. Für die Operationalisierung dieses Konstrukts kam daher auch die von Notani (1997) entwickelte Skala zum Einsatz. In seiner Studie operationalisierte der Autor die wahrgenommene Erschwinglichkeit hinsichtlich verschiedener Konsumgüter und Dienstleistungen in unterschiedlichen Preiskategorien. Für die Skala ermittelte Notani (1997) in zwei unterschiedlichen Kaufszenarien Cronbachsche Alphas von 0,80 bzw. 0,86. Mittels einer Faktorenanalyse konnten zufrieden stellende Ergebnisse bezüglich der Konvergenzvalidität des Messinstruments ermittelt werden (vgl. Notani 1997, S. 530). Nach geringfügiger Umformulierung zwecks Anpassung an den Pharma-Kontext wurden alle drei Items dieser Skala in der vorliegenden Arbeit verwendet.

Für die Operationalisierung der pharmaspezifischen Risikoaversion kam ein Messinstrument bzw. eine Skala von Bao et al. (2003) zum Einsatz. Bei der Entwicklung dieser Skala, die die Risikoaversion des Konsumenten sehr allgemein, d.h. ohne einen spezifischen Branchenfokus erfasste, orientierten sich Bao et al. (2003) an einer Definition der Risikoaversion von Hofstede/Bond (1984, S. 419). Die Skala erschien für die Messung der pharmaspezifischen Risikoaversion geeignet, da diesem Konstrukt ebenfalls die Definition von Hofstede/Bond (1984) zugrunde liegt. Bao et al. (2003) untersuchten die Risikoaversion an zwei Stichproben US-amerikanischer und chinesischer Konsumenten. Als Maß der Reliabilität ihrer Skala gaben die Autoren ein Cronbachsches Alpha von 0,60 für die US-amerikanische Stichprobe und einen Wert von 0,67 für die chinesische Stichprobe an. Diese Werte lagen nur geringfügig unter der von Nunnally (1978, S. 245) geforderten Grenze von 0,7. Es gelang den Autoren, die theoretisch postulierten und durch frühere empirische Studien belegten interkulturellen Unterschiede zwischen US-Amerikanern und Chinesen hinsichtlich der Risikoaversion zu bestätigen. Über eine multivariate Varianzanalyse (MANOVA) wurde ein statistisch signifikanter Unterschied ($p < 0{,}001$) zwischen beiden Stichproben ermittelt. Dies lieferte einen Hinweis auf die Extremgruppenvalidität („Known-Group-Validity") des Messinstruments. „Known-Group-Validity" liegt dann vor, wenn ein Messinstrument dazu in der Lage ist, zwischen Gruppen zu diskriminieren, die sich erwartungsgemäß hinsichtlich der Ausprägungen eines Konstrukts unterscheiden (vgl. Bearden/Netemeyer 1999, S. 6). Alle drei Items dieser Skala wurden für die Messung der pharmaspezifischen Risikoaversion verwendet.

Für alle in der vorliegenden Arbeit verwendeten Messinstrumente ist abschließend zu erwähnen, dass durchgängig Neun-Punkte-Skalen zum Einsatz kamen. Diese geringfügige Abweichung von der ursprünglichen Skalengestaltung wurde im Interesse differenzierterer Antwortmöglichkeiten vorgenommen. Die Reihenfolge der Indikatoren im Fragebogen orientierte sich bei jedem Konstrukt an der von den Entwicklern der Messinstrumente vorgesehenen Reihenfolge.

5.3 Die Kovarianzstrukturanalyse als Methode der Modellschätzung und -prüfung

Bei der Beurteilung der Güte von Konstruktmessungen sowie der empirischen Überprüfung der im Kapitel 4 hergeleiteten Hypothesen kommt ein Analyseverfahren zum Einsatz, das als Kovarianzstrukturanalyse bezeichnet wird. In der angelsächsischen Literatur hat sich für die Kovarianzstrukturanalyse, die vielfach auch Kausalanalyse genannt wird, der Begriff „Structural Equation Modeling" (SEM) etabliert (vgl. Byrne 2001; Kline 1998). SEM erlaubt es, theoretisch hergeleitete, a priori formulierte Beziehungen zwischen Variablen und den ihnen zugrunde liegende Konstrukten anhand empirisch gewonnener Daten zu schätzen und deren Plausibilität zu überprüfen (vgl. Bortz 1999, S. 456). Die methodischen Ursprünge von SEM liegen in der Pfadanalyse und der Faktorenanalyse. Diese beiden Verfahren dienen dazu, auf Grundlage empirischer Kovariationsbeziehungen theoretisch fundierte Zusammenhänge zwischen Variablen auf ihre Gültigkeit zu prüfen (vgl. Hildebrandt 1998, S. 95). Die Pfadanalyse untersucht kausal interpretierbare Beziehungen zwischen sog. exogenen und endogenen Variablen. Exogene Variablen entsprechen den unabhängigen Variablen in einem Modell. Von ihnen sind die endogenen Variablen abhängig. Der Pfadanalyse liegt die streng genommen unrealistische Annahme zugrunde, dass sich die exogenen Variablen direkt sowie vollständig reliabel und valide messen lassen (vgl. Kline 1998, S. 100f.). Das Modell der Pharma-Geschäftsbeziehung besteht jedoch aus Konstrukten bzw. latenten Variablen, die nur auf indirektem Wege über die im Abschnitt 5.2.2 vorgestellten Skalen geschätzt werden können. Diese Schätzungen sind stets mit Messfehlern behaftet. Ein entscheidender Vorteil von SEM gegenüber der Pfadanalyse besteht darin, dass bei SEM diese Messfehler durch die Verwendung mehrerer Indikatoren für jedes Konstrukt explizit modelliert werden können. Dies erlaubt es, die Reliabilität und Konstruktvalidität der Messungen zu beurteilen. Für die Konstruktmessung werden die Konstrukte als latente Variablen (Faktoren) formalisiert. In sog. konfirmatorischen Faktorenmodellen (bzw. Messmodellen) werden die theoretisch postulierten Beziehungen zwischen den nicht beobachtbaren Konstrukten bzw. Faktoren und deren messbaren Indikatoren sowie die Beziehungen der Faktoren untereinander geschätzt (vgl. Hildebrandt 1998, S. 95).

In Analogie zu der Zweisprachentheorie von Carnap (1974, S. 59ff.) werden bei SEM die einzelnen Messmodelle mit dem sog. Strukturmodell verknüpft. Das Strukturmodell beinhaltet die Konstrukte und die zwischen ihnen postulierten Kausalzusammenhänge, wie sie in Abbildung 9 dargestellt worden sind. Darüber hinaus enthält das Strukturmodell auch sog. Drittvariablen. Diese repräsentieren diejenigen unbekannten Variablen, die in der Modellbildung nicht berücksichtigt worden sind, von denen jedoch ein Einfluss auf die endogenen latenten Variablen ausgeht (vgl. Backhaus et al. 2003, S. 345; Homburg 1992, S. 500). Erst die Verknüpfung von Messmodellen und Strukturmodellen ermöglicht die Prüfung der zwischen den Konstrukten postulierten Zusammenhänge. Hierbei werden die Beziehungen zwischen den Konstrukten aus den empirischen Kovarianzen der direkt messbaren Indikatoren geschätzt.

Die für die Schätzung der Beziehungen zwischen den Modellvariablen verwendeten Methoden der Faktoren- und der Pfadanalyse werden in dem sog. allgemeinen Kovarianzstrukturmodell integriert, das die Grundlage des LISREL-Ansatzes bildet (vgl. Hildebrandt 1998, S. 95). LISREL („Linear Structural Relationship") ist ein in wissenschaftlichen Anwendungen der Kausalanalyse verbreitetes Softwareprogramm (vgl. Jöreskog/Sörbom 1996), neben dem sich das in dieser Arbeit eingesetzte Programm AMOS (Version 5.0) zunehmend etabliert (vgl. Arbuckle 2003; Arbuckle/Wothke 1999). Eine Alternative zu AMOS und LISREL bildet z.B. das Programm EQS (vgl. Bentler 1995). Neben AMOS (Version 5.0) kommt in dieser Arbeit die Statistik-Software SPSS (Version 12.0) zum Einsatz. In SPSS werden die durch die Erhebung gewonnenen Daten in Form einer Rohdatenmatrix verwaltet. Aus dieser Rohdatenmatrix wird eine Stichprobenkovarianzmatrix bzw. empirische Kovarianzmatrix errechnet, auf deren Grundlage die von AMOS durchgeführten Berechnungen erfolgen.

Zwar ist die Bezeichnung Kausalanalyse als Synonym für den Begriff der Kovarianzstrukturanalyse sehr verbreitet und wird auch hier in diesem Sinne verwendet. Es ist jedoch darauf hinzuweisen, dass dieses Verfahren nicht dazu in der Lage ist, das Vorliegen a priori postulierter Kausalbeziehungen zu beweisen. Streng genommen werden für eine solche Beweisführung experimentelle Untersuchungsdesigns als notwendig erachtet, bei denen die zeitliche Abfolge von einzelnen Ereignissen der Kontrolle des Forschers unterliegt (vgl. Balderjahn 1998, S. 373; Schnell et al. 1999, S. 427). Die zeitliche Abfolge des Auftretens zweier Ereignisse bildet jedoch nur eine notwendige Bedingung dafür, dass tatsächlich eine Ursache-Wirkungs-Beziehung zwischen diesen Ereignissen vorliegt (vgl. Balderjahn 1998, S. 373). Eine Diskussion der notwendigen und hinreichenden Bedingungen, die erfüllt sein müssen, um einen Kausalzusammenhang nachzuweisen, erfolgt unter anderem bei Bullock et al. (1994) und James et al. (1982). Es lässt sich festhalten, dass eine kausale Interpretation der mittels SEM aus empirischen Daten gewonnenen statistischen Zusammenhänge nur dann berechtigt ist, wenn diese Interpretation auf substantiellen theoretischen Überlegungen beruht (vgl. Backhaus et al. 2003, S. 408; Balderjahn 1998, S. 373).

Für die Schätzung von Modellparametern auf Basis der aus einer Stichprobe gewonnenen empirischen Kovarianzen kommt in der vorliegenden Arbeit das Maximum-Likelihood-Schätzverfahren (ML-Schätzverfahren) zur Anwendung (vgl. Arbuckle/Wothke 1999, S. 78). Die damit gewonnenen Parameterschätzer gelten als unverzerrt, konsistent und effizient. Darüber hinaus können für diese Parameterschätzer Signifikanztests durchgeführt werden, da das ML-Schätzverfahren auch die asymptotischen Standardfehler der Parameterschätzer liefert (vgl. Anderson/Gerbing 1988, S. 412). Die Anwendung des ML-Schätzverfahrens richtet bestimmte Anforderungen an die Beschaffenheit und Verteilung der empirischen Daten. Im Abschnitt 5.4 wird geprüft, inwieweit diese Anforderungen in der vorliegenden Untersuchung erfüllt worden sind. Erst im Anschluss daran kann im Abschnitt 5.5 die Modellschätzung vorgenommen werden. Gemäß der Empfehlung von Anderson/Gerbing (1988) wird hierbei in zwei Schritten vorgegangen. Zuerst wird das sog. Pharma-Messmodell spezifiziert, das sich aus den im Abschnitt 5.2.2 vorgestellten Skalen zusammensetzt. Danach erfolgen die Schätzung des Pharma-Messmodells und die Beurteilung der Schätzergebnisse. Gilt das Pharma-Messmodell als korrekt spezifiziert und sind die Messungen reliabel und valide, so wird das Pharma-Kausalmodell spezifiziert und geschätzt. Das Pharma-Kausalmodell setzt sich aus dem Pharma-Messmodell und dem Strukturmodell zusammen. Die hierbei gewonnenen Schätzergebnisse dienen der Überprüfung der Gesamtstruktur des Modells der Pharma-Geschäftsbeziehung sowie der einzelnen Hypothesen.

5.4 Prüfung der Voraussetzungen der Kovarianzstrukturanalyse

Der Anwendung von SEM liegen sowohl statistische als auch konzeptionelle Annahmen zugrunde, die erfüllt sein müssen, damit SEM überhaupt zur Überprüfung der modellierten Zusammenhänge verwendet werden kann (vgl. Bentler/Chou 1987, S. 83; Hair et al. 1998, S. 26). Zunächst werden die Annahmen bezüglich der Beschaffenheit und Verteilung der erhobenen Daten betrachtet. Für die gültige Anwendung des Anpassungstest (Goodness-of-Fit-Test), über den geprüft wird, wie gut sich ein postuliertes Modell an den gewonnenen Datensatz anpasst, ist eine ausgeschöpfte Stichprobengröße von mindestens N=100 erforderlich (vgl. Anderson/Gerbing 1984, S. 170; Boomsma 1982, S. 171; Ding et al. 1995). Hair et al. (1998, S. 605) weisen darauf hin, dass die für die Anwendung des ML-Schätzverfahrens notwendige Mindestgröße der ausgeschöpften Stichprobe zwischen 100 und 150 liegt. Kline (1998, S. 112) bezeichnet eine Stichprobe von N=100-200 als mittelgroß. Mit 125 durchgeführten Interviews befindet sich die vorliegende Studie innerhalb der hier genannten Bandbreiten. Weniger als 1% der angestrebten Datenmenge konnte aufgrund situativer Gegebenheiten (Zeitmangel in der Befragung) nicht erhoben werden. Diese fehlenden Daten wurden unter Einsatz des EM-Algorithmus (vgl. Schafer/Graham 2002) mittels der Missing Value Analysis-Funktion von SPSS imputiert.[84]

Es wurde geprüft, inwieweit die verwendeten Daten den Verteilungsannahmen genügen, die dem bei SEM zum Einsatz kommenden ML-Schätzverfahren zugrunde liegen. Die Annahme der univariaten Normalverteilung der Daten gilt dann als grob verletzt, wenn die univariate „Skewness" im Absolutbetrag einen Wert > 3 annimmt (vgl. Kline 1998, S. 82). Die „Skewness" ist ein Maß für die Symmetrie einer Verteilungsfunktion. Keine Indikatorvariable erreichte im Absolutbetrag einen Wert > 1,16. Ebenfalls als problematisch gilt eine univariate „Kurtosis", deren Absolutbetrag einen Wert > 8 aufweist (vgl. Kline 1998, S. 82). Die „Kurtosis" stellt ein Maß für die Abgeflachtheit oder Steilheit einer Vertei-

---

[84] Zum EM-Algorithmus als Methode der Imputation von „Missing Data" vgl. z.B. Schumacker/ Lomax (1996, S. 4) sowie Rubin/Thayer (1982).

lungsfunktion dar. Der Absolutbetrag des höchsten von einer Indikatorvariablen erreichten Wertes der „Kurtosis" lag lediglich bei 1,329. Dies deutet darauf hin, dass keine bedeutsame Verletzung dieser Verteilungsannahmen vorliegt. Zusätzlich wurde über sog. „Normal Probability Plots" mittels SPSS für jede Indikatorvariable untersucht, ob deren Verteilung einer Normalverteilung folgt (vgl. Hair et al. 1998, S. 175). Die graphische Analyse der Indikatoren führte zu dem Ergebnis, dass keine bedeutsamen Abweichungen von der Normalverteilung vorliegen.

Neben der Modellannahme der univariaten Normalverteilung der Daten galt es auch die Annahme zu überprüfen, ob eine multivariate Normalverteilung vorliegt. Eine Möglichkeit, diese Verteilungsannahme zu überprüfen besteht darin, den Datensatz auf multivariate Ausreißer zu untersuchen (vgl. Kline 1998, S. 83). Hierbei handelt es sich um Fälle, die im Vergleich zu den restlichen Fällen in mehr als einer Variablen extreme Ausprägungen aufweisen bzw. sich durch eine ungewöhnliche Konfiguration ihrer Variablenausprägungen auszeichnen (vgl. Kline 1998, S. 79). Multivariate Ausreißer lassen sich durch die sog. „Mahalanobis Distance" identifizieren. Diese Kennzahl gibt die multivariate Distanz zwischen den Messwerten eines einzelnen beobachteten Falles und den Mittelwerten in der Stichprobe an. Bei einer hinreichend großen Stichprobe kann eine Chi^2-Teststatistik errechnet werden. Es wird empfohlen, einen Fall dann erst als Ausreißer zu interpretieren, wenn für die Chi^2-Teststatistik der p-Wert den Wert p = 0,001 unterschreitet (vgl. Tabachnick/Fidell 1996, S. 69). Nur ein Fall erreichte diesen Wert. Dieser wurde jedoch nicht aus der Untersuchung ausgeschlossen, da er eindeutig zu der Population der in Berlin niedergelassenen Gynäkologen gehörte.

Abschließend sei auf die Prämisse der Linearität der Zusammenhänge zwischen Variablen eingegangen (vgl. Schumacker/Lomax 1996, S. 19). Den in dem Modell der Pharma-Geschäftsbeziehung aufgestellten Kausalhypothesen liegt die Annahme zugrunde, dass zwischen den Variablen lineare Abhängigkeitsbeziehungen bestehen. Die Ladungsparameter der Messmodelle sowie die Pfadkoeffizienten des Strukturmodells, die über die linearen Strukturgleichungsmodelle geschätzt werden, reflektieren nur lineare Beziehungen zwischen den Variablen. Liegen hingegen kurvilineare Zusammenhänge vor oder existieren Interaktionseffekte, so werden diese von den Parametern nicht wiedergegeben. Durch die Inaugenscheinnahme aller bivariaten Streudiagramme ist es möglich, deutliche kurvilineare Beziehungen zwischen zwei Variablen aufzudecken (vgl. Hair et al. 1998, S. 83; Kline 1998, S. 84). Die Anwendung dieses Verfahrens lieferte keine Hinweise auf nicht-lineare Beziehungen.

5.5 Empirische Prüfung des Modells der Pharma-Geschäftsbeziehung

5.5.1 Prüfung des Pharma-Messmodells

5.5.1.1 Spezifikation des Pharma-Messmodells

Für die Prüfung der Reliabilität und Validität der Konstruktmessungen erfolgt nun die Prüfung des Pharma-Messmodells mittels der konfirmatorischen Faktorenanalyse. Wie im Abschnitt 5.3 beschrieben, werden für alle 13 Konstrukte Messmodelle spezifiziert. Hierzu lässt man alle Indikatoren einer Skala auf das dazugehörige Konstrukt laden, d.h. die Indikatoren werden als Variablen spezifiziert, die von dem Konstrukt abhängig sind. Jeder Indikator ist darüber hinaus von genau einem Messfehlerterm abhängig. Somit entspricht jedes Messmodell einem konfirmatorischen Faktorenmodell. Da jeder Indikator nur je einem Konstrukt zugeordnet wird, genügen die Messmodelle dem Kriterium der Einfachstruktur, womit ein Kriterium der Diskriminanzvalidität erfüllt ist, wenn die globalen und lokalen Anpassungsmaße nach der Modellschätzung zufrieden stellend ausfallen. Alle Konstrukte lässt man nun untereinander korrelieren (vgl. Anderson/Gerbing 1988, S. 411). Das Ergebnis bildet das Pharma-Messmodell, das sich aus allen 13 Konstrukten und deren jeweiligen Messmodellen zusammensetzt. Das Pharma-Messmodell wird aus Gründen der Übersichtlichkeit nicht abgebildet.[85] Eine Zuordnung der Indikatoren zu den mit ihnen korrespondierenden Konstrukten findet sich in Tabelle 2. Mittels des ML-Schätzverfahrens lassen sich nun sämtliche freien Modellparameter aus der empirischen Kovari-

---

[85] Eine exemplarische Darstellung eines vollständigen Messmodells findet sich bei Kline (1998, S. 255).

anzmatrix schätzen. Es werden die folgenden Parameter geschätzt: die Faktorladungen, die Varianzen der Konstrukte, die Kovarianzen der Konstrukte sowie die Varianzen der Messfehler.

Vor der Durchführung der Parameterschätzung muss das vollständige Pharma-Messmodell noch auf theoretische Identifiziertheit geprüft werden. Alle SEM-Modelle stellen Mehrgleichungssysteme dar, die nur dann Lösungen liefern, wenn die Anzahl der Gleichungen (s) mindestens der Anzahl der zu schätzenden Modellparameter (t) entspricht. Die Anzahl Freiheitsgrade (Degrees of Freedom - df) eines Modells, die sich aus der Differenz von (s) und (t) ergibt, muss somit mindestens Null betragen (vgl. Backhaus et al. 2003, S. 360). Mit 782 Freiheitsgraden genügt das Pharma-Messmodell dieser Bedingung. Daneben sind für die theoretische Identifiziertheit zwei weitere Bedingungen zu erfüllen: Zunächst benötigt jedes Konstrukt (d.h. jeder Faktor) eine metrische Skalierung, damit die Stärke der Effekte, welche von dem Konstrukt ausgehen oder auf es einwirken, quantifiziert werden kann. Für diese metrische Skalierung wurde bei jedem Faktor die Faktorladung genau eines Indikators auf den Zahlenwert 1 fixiert. Dadurch erhält der Faktor dieselbe Skalierung wie der Indikator. Wird darüber hinaus jedes Konstrukt über mindestens drei Indikatoren gemessen - wie in dem Pharma-Messmodell der Fall - so gilt dieses Modell als theoretisch identifiziert. Das Vorliegen von je drei Indikatoren pro Konstrukt bildet die hinreichende Bedingung der theoretischen Identifiziertheit, während die beiden zuvor genannten Aspekte notwendige Bedingungen darstellen (vgl. Kline 1998, S. 203).

Tab. 2: Konstrukte und Indikatoren des Pharma-Messmodells

Konstrukt	Indikator[86]
Beziehungszufriedenheit des Arztes	zufrie_1
	zufrie_2
	zufrie_3
Ethische Haltung des Pharmaunternehmens	ethik_1
	ethik_2
	ethik_3
	ethik_4
Relationship-Commitment des Pharmaunternehmens	com_1
	com_2
	com_3
	com_4
Expertise des Pharmareferenten	expert_1
	expert_2
	expert_3
Fürsorglichkeit des Pharmareferenten	care_1
	care_2
	care_3
Close Business Attachment Style des Arztes	attac_1
	attac_2
	attac_3
Secure Business Attachment Style des Arztes	attas_1
	attas_2
	attas_3
Vertrauen des Arztes in das Pharmaunternehmen	trust_1
	trust_2
	trust_3
	trust_4
Relationship-Commitment des Arztes	coma_1
	coma_2
	coma_3
	coma_4
Innovationsbereitschaft	innov_1
	innov_2
	innov_3
Weiterempfehlungsbereitschaft	wom_1
	wom_2
	wom_3
Wahrgenommene Erschwinglichkeit	afford_1
	afford_2
	afford_3
Pharmaspezifische Risikoaversion	risav_1
	risav_2
	risav_3

---

[86] Der Wortlaut sämtlicher Indikatoren kann den Items des Fragebogens der empirischen Untersuchung entnommen werden, der sich im Anhang 1 befindet.

5.5.1.2 Parameterschätzung und Modellbeurteilung

Nun kann die Schätzung der Modellparameter mit Hilfe des ML-Schätzverfahrens erfolgen. Daran anschließend gilt es, die Schätzergebnisse zu beurteilen. Zunächst werden die Ergebnisse jedoch dahingehend untersucht, ob sie den grundlegenden statistischen Anforderungen von SEM entsprechen oder ob unerwünschte „Offending Estimates" auftreten (vgl. Hair et al. 1998, S. 610). Ein elementares Problem liegt dann vor, wenn die Faktor-Kovarianz-Matrix nicht positiv definit ist. Dies gilt als ein klarer Hinweis auf eine hohe Multikollinearität, d.h. auf die faktische Redundanz von Indikatorvariablen durch deren sehr hohe Korrelationen (vgl. Bentler/Chou 1987, S. 99; Kline 1998, S. 109). In der vorliegenden Arbeit trat dieses Problem nicht auf. Des Weiteren gehören zu den inakzeptablen Parameterschätzern standardisierte Parameter mit einem Absolutbetrag > 1. Nicht-signifikante Fehlervarianzen, negative Fehlervarianzen (sog. „Heywood Cases") sowie sehr große standardisierte Fehler gelten ebenfalls als unzulässig. Sie bilden Indizien für eine empirische Unteridentifiziertheit[87] des Modells, die durch Multikollinearität hervorgerufen werden kann (vgl. Hair et al. 1998, S. 610). Die untersuchten Daten wiesen keines der hier geschilderten Probleme auf.

Eine weitergehende Prüfung des Modells erfolgte unter Einsatz der auch als Fit-Indizes bezeichneten globalen Anpassungsmaße des Pharma-Messmodells. Fit-Indizes dienen als Maße dafür, wie exakt sich die aus den Parameterschätzungen errechnete modelltheoretische Kovarianzmatrix an die empirische Kovarianzmatrix anpasst (vgl. Hair et al. 1998, S. 610f.). Allgemein formuliert beziehen sich Fit-Indizes auf die Frage, wie gut es dem Modell insgesamt gelingt, die zwischen den Variablen empirisch beobachteten Assoziationen zu erklären (vgl. Homburg/Baumgartner 1998, S. 351). Einen inferenzstatistischen Fit-Index bzw. Modelltest bildet der Chi²-Anpassungstest. Dieser prüft die Nullhypothese, der zufolge die modelltheoretische Kovarianzmatrix der empirischen Stichprobenkovarianzmatrix entspricht. Der Test ermittelt die Wahrscheinlichkeit p, mit der die Ablehnung der Nullhypothese eine Fehlentscheidung darstellt (vgl.

---

[87] Zu dem Begriff der empirischen Unteridentifiziertheit vgl. Kenny (1979, S. 40).

Backhaus et al. 2003, S. 373). Ein Modell weist dann eine statistisch signifikante Abweichung von den Datenstrukturen auf und wird abgelehnt, wenn p einen Wert < 0,05 annimmt. Mit p < 0,001 müsste das Pharma-Messmodell eigentlich abgewiesen werden (vgl. Tabelle 3). Die Eignung des Chi^2-Anpassungstests gilt jedoch als fragwürdig, da dieser bereits dann ein Modell ablehnt, wenn es nur in Teilen von der Stichprobenkovarianzmatrix abweicht, ein Umstand, der insbesondere bei komplexen Modellen oft gegeben ist (vgl. Backhaus et al. 2003, S. 374). Aufgrund dieses Defizits werden zur Beurteilung der Modellanpassung alternative Fit-Indizes herangezogen. Ein Beispiel hierfür stellt der aus der Chi^2-Teststatistik und der Zahl der Freiheitsgrade gebildete Quotient (Chi^2/df) dar. Dieser gibt das Verhältnis zwischen dem ermittelten Chi^2-Wert und dem Chi^2-Wert an, der bei Gültigkeit der oben beschriebenen Nullhypothese zu erwarten wäre (vgl. Homburg/Baumgartner 1998, S. 356). Es handelt sich bei diesem Quotienten um ein rein deskriptives Anpassungsmaß, das den globalen Fit nicht auf Basis eines Tests beurteilt. Vielmehr ist ihm ein Schwellenwert bzw. Cut-off-Kriterium zugeordnet, das als Faustregel verwendet wird. Der obere Schwellenwert des Chi^2/df liegt bei 2,5 (vgl. Homburg/Baumgartner 1998, S. 359). Schermelleh-Engel et al. (2003, S. 52) geben als oberes Cut-off-Kriterium einen Wert von 2,0 an. Des Weiteren wird in dieser Arbeit der „Root Mean Squared Error of Approximation" (RMSEA) verwendet. Der RMSEA ist ein inferenzstatistisches Anpassungsmaß, das prüft, wie gut das Modell die Realität approximiert. Eine gute Approximation ist bei RMSEA-Werten < 0,05 gegeben, wobei bis zu einem Wert von 0,08 von einem akzeptablen Fit gesprochen wird (vgl. Browne/Cudeck 1993, S. 144; Schermelleh-Engel et al. 2003, S. 52). Das Pharma-Messmodell erreicht hinsichtlich des Chi^2/df sowie des RMSEA akzeptable Werte (vgl. Tabelle 3). Für den RMSEA wird von AMOS ein 90%-Konfidenzintervall angegeben, welches die Präzision des RMSEA-Schätzers angibt. Die dieses Konfidenzintervall begrenzenden Werte deuten auf eine recht hohe Präzision des RMSEA-Schätzers hin (vgl. Byrne 2001, S. 85).

Die oben besprochenen Fit-Indizes beurteilen die Anpassungsgüte eines Modells isoliert, weshalb sie auch als Stand-Alone-Anpassungsmaße bezeichnet werden (vgl. Homburg/Baumgartner 1998, S. 352). Daneben finden auch sog.

inkrementelle Anpassungsmaße in der SEM-Literatur vermehrt Verwendung. Diese dienen der Beurteilung der Anpassungsgüte eines gegebenen Modells (hier des Pharma-Messmodells) im Vergleich zu einem Basismodell (vgl. Byrne 2001, S. 83). Üblicherweise entspricht dieses als Vergleichsstandard dienende Basismodell einem sog. „Independence Model". Dieses enthält dieselben Variablen wie das auf seine Anpassungsgüte zu prüfende relevante Modell. Das „Independence Model" zeichnet sich jedoch dadurch aus, dass alle Indikatorvariablen als unabhängig spezifiziert werden (vgl. Bentler/Bonett 1980). Man unterscheidet zwischen inkrementellen Anpassungsmaßen, die die Anzahl der im Modell enthaltenen Freiheitsgrade berücksichtigen, und solchen, die dieses nicht tun. Erstgenannte Fit-Indizes, zu denen auch der von Bentler (1990) entwickelte „Comparative Fit Index" (CFI) sowie der „Tucker-Lewis-Index" (TLI) (vgl. Tucker/Lewis 1973) gehören, sind für die Modellprüfung aussagekräftiger als letztgenannte. Der CFI und der TLI geben nicht allein die Diskrepanz zwischen der modelltheoretischen Kovarianzmatrix und der empirischen Kovarianzmatrix wieder. Vielmehr begünstigen sie solche Modelle, in die ein hoher Anteil theoriegestützter Annahmen eingeht und bei denen somit eine geringere Anzahl Parameter geschätzt werden muss als bei einem Modell, das weniger Ausgangsinformationen enthält (vgl. Homburg/Baumgartner 1998, S. 359). Das untere Cut-Off-Kriterium des CFI liegt bei 0,9 (akzeptable Anpassung) bzw. 0,95 (gute Anpassung). Der untere Schwellenwert des TLI wird auf 0,95 beziffert (vgl. Hu/Bentler 1999, S. 27).

Mit Ausnahme der Chi^2-Teststatistik weisen alle hier betrachteten globalen Anpassungsmaße auf eine zufrieden stellende Anpassungsgüte des Pharma-Messmodells hin (vgl. Tabelle 3).

Tab. 3: Globale Anpassungsmaße des Pharma-Messmodells

Globales Anpassungsmaß	Chi^2 (p)	Chi^2/d.f.	RMSEA (90%-Konfidenzintervall)	CFI	TLI
Wert	1084,116 (p < 0,001)	1,386	0,056 (0,048-0,064)	0,958	0,951

Die globalen Anpassungsmaße geben allein darüber Aufschluss, inwieweit ein Modell dazu in der Lage ist, die Realität insgesamt wiederzugeben. Um darüber hinaus lokale „Misfits" in dem Pharma-Messmodell zu identifizieren, lassen sich die sog. standardisierten Residuen analysieren (vgl. Byrne 2001, S. 88). Hierfür ermittelt AMOS für jedes Element der Parametermatrix eine standardisierte Teststatistik, die die Diskrepanz zwischen dem jeweiligen Element der modellimplizierten Kovarianzmatrix und der empirischen Stichprobenkovarianzmatrix prüfbar macht. Die zwischen diesen beiden Matrizen bestehenden Diskrepanzen werden für jedes Einzelelement in der sog. Kovarianzmatrix der Residuen erfasst. Für jedes Paar beobachteter Variablen gibt es somit ein Element in dieser Residual-Matrix (vgl. Jöreskog 1993, S. 311). Die standardisierten Werte dieser Residuen lassen sich leichter interpretieren als die unstandardisierten Werte und werden daher an dieser Stelle betrachtet.[88] Standardisierte Residuen mit Werten > 2,58 deuten auf eine statistisch signifikante Diskrepanz zwischen den aus den Parameterschätzungen errechneten Kovarianzen der theoretischen Kovarianzmatrix und den Kovarianzen der Stichprobenkovarianzmatrix hin (vgl. Byrne 2001, S. 89; Hair et al. 1998, S. 641). Bei dem Pharma-Messmodell weisen die standardisierten Residuen in ihrem Absolutbetrag stets Werte < 2,0 auf. Daraus lässt sich schließen, dass es keine Kovarianzen oder Varianzen gibt, in denen die Stichprobenkovarianzmatrix von dem Modell signifikant abweicht.

Nachdem die globalen Anpassungsmaße und die standardisierten Residuen betrachtet und als akzeptabel beurteilt worden sind, werden im Folgenden die sog. lokalen Anpassungs- bzw. Gütemaße des Pharma-Messmodells einer Prüfung unterzogen. Diese dienen insbesondere der Bewertung der Reliabilität und Validität der Konstruktmessungen. Für alle Konstrukte werden die im Abschnitt 5.2.1 angegebenen Mindestwerte der Indikatorreliabilität, der Faktorreliabilität sowie der durchschnittlich erfassten Varianz erreicht (vgl. Tabelle 4). Für die Überprüfung der Konvergenzvalidität werden die Faktorladungen betrachtet (vgl. Homburg/Hildebrandt 1998, S. 25). Alle Schätzer der Faktorladungen ha-

---

[88] Lomax (1992) diskutiert die Vor- und Nachteile der Verwendung von unstandardisierten sowie standardisierten Parametern.

ben ein positives Vorzeichen, was ihre theoretische Konzeptualisierung grundsätzlich bestätigt. Die einzelnen Indikatoren weisen allesamt hohe standardisierte Faktorladungen auf (vgl. Tabelle 5). Die Signifikanztests werden für die unstandardisierten Faktorladungen ermittelt.[89] Sie ergeben bei allen frei zu schätzenden Faktorladungen statistische Signifikanz (p < 0,001). Dies entspricht einem wichtigen Indiz für das Vorliegen von Konvergenzvalidität (vgl. Bagozzi et al. 1991, S. 434). Inhaltlich bedeuten diese empirischen Befunde, dass die Indikatoren tatsächlich die Konstrukte messen, denen sie zugeordnet sind. Niedrige Faktorladungen wären hingegen ein Indiz dafür, dass der Indikator einen hohen Varianzanteil aufweist, der durch das Konstrukt, dem er zugeordnet ist, nicht erklärt wird (vgl. Kline 1998, S. 255). Die Diskriminanzvalidität wird über das Fornell-Larcker-Kriterium geprüft. Alle Konstrukte erfüllen die im Abschnitt 5.2.1 beschriebene Bedingung, die mit diesem Kriterium verbunden ist (vgl. Tabelle 4).[90]

---

[89] Es ist möglich, dass die Ergebnisse von Signifikanztests bei standardisierten Variablen anders ausfallen als bei unstandardisierten Variablen (vgl. Kline 1998, S. 44). Die Gründe hierfür sind technischer Natur und werden unter anderem in Bollen (1989) und Cudeck (1989) erklärt.

[90] Der in Tabelle 4 angegebene Maximale Fornell-Larcker-Quotient des Faktors ξ_i entspricht dem Quotienten aus der quadrierten höchsten Korrelation des Faktors ξ_i mit einem anderen Faktor des Modells und der DEV des Faktors ξ_i.

Tab. 4: Lokale Anpassungsmaße des Pharma-Messmodells

Konstrukt	Indikator	Indikator-reliabilität	Faktor-reliabilität	Durch-schnittl. erfasste Varianz (DEV)	Max. Fornell-Larcker-Quotient
Beziehungs-zufriedenheit des Arztes	zufrie_1	0,94	0,98	0,93	0,51
	zufrie_2	0,92			
	zufrie_3	0,95			
Ethische Haltung des Pharmaunter-nehmens	ethik_1	0,87	0,95	0,84	0,60
	ethik_2	0,92			
	ethik_3	0,88			
	ethik_4	0,68			
Relationship-Commitment des Pharmaunterneh-mens	com_1	0,86	0,97	0,89	0,38
	com_2	0,92			
	com_3	0,92			
	com_4	0,88			
Expertise des Pharmareferenten	expert_1	0,87	0,94	0,84	0,46
	expert_2	0,88			
	expert_3	0,79			
Fürsorglichkeit des Pharmareferenten	care_1	0,83	0,96	0,88	0,41
	care_2	0,91			
	care_3	0,91			
Close Business Attachment Style des Arztes	attac_1	0,70	0,92	0,81	0,20
	attac_2	0,91			
	attac_3	0,66			
Secure Business Attachment Style des Arztes	attas_1	0,50	0,80	0,57	0,32
	attas_2	0,67			
	attas_3	0,57			
Vertrauen des Arztes in das Pharmaunter-nehmen	trust_1	0,89	0,96	0,87	0,63
	trust_2	0,90			
	trust_3	0,85			
	trust_4	0,85			

Tab. 4: Lokale Anpassungsmaße des Pharma-Messmodells (Fortsetzung)

Konstrukt	Indikator	Indikator-reliabilität	Faktor-reliabilität	Durchschnittl. erfasste Varianz (DEV)	Max. Fornell-Larcker-Quotient
Relationship-Commitment des Arztes	coma_1	0,91	0,98	0,91	0,60
	coma_2	0,94			
	coma_3	0,90			
	coma_4	0,92			
Innovationsbereitschaft	innov_1	0,98	0,99	0,97	0,41
	innov_2	0,96			
	innov_3	0,95			
Weiterempfehlungsbereitschaft	wom_1	0,78	0,94	0,83	0,51
	wom_2	0,81			
	wom_3	0,92			
Wahrgenommene Erschwinglichkeit	afford_1	0,97	0,96	0,88	0,45
	afford_2	0,90			
	afford_3	0,79			
Pharmaspezifische Risikoaversion	risav_1	0,84	0,96	0,88	0,02
	risav_2	0,86			
	risav_3	0,93			

Tab. 5: Parameter des Pharma-Messmodells

Konstrukt	Indikator	Standardisierte Faktorladung	Signifikanzniveau[91]
Beziehungszufriedenheit des Arztes	zufrie_1	0,968	-
	zufrie_2	0,959	< 0,001
	zufrie_3	0,973	< 0,001
Ethische Haltung des Pharmaunternehmens	ethik_1	0,930	-
	ethik_2	0,961	< 0,001
	ethik_3	0,940	< 0,001
	ethik_4	0,827	< 0,001
Relationship-Commitment des Pharmaunternehmens	com_1	0,925	-
	com_2	0,960	< 0,001
	com_3	0,961	< 0,001
	com_4	0,937	< 0,001
Expertise des Pharmareferenten	expert_1	0,930	-
	expert_2	0,936	< 0,001
	expert_3	0,890	< 0,001
Fürsorglichkeit des Pharmareferenten	care_1	0,911	-
	care_2	0,956	< 0,001
	care_3	0,953	< 0,001
Close Business Attachment Style des Arztes	attac_1	0,834	-
	attac_2	0,954	< 0,001
	attac_3	0,814	< 0,001
Secure Business Attachment Style des Arztes	attas_1	0,706	-
	attas_2	0,820	< 0,001
	attas_3	0,755	< 0,001

---

[91] Da, wie im Abschnitt 5.5.1.1 beschrieben, für die Skalierung jedes Faktors je eine Faktorladung auf den Wert 1 fixiert wird, enthält die Tabelle 5 auch keine Angaben zu deren Signifikanzniveaus.

Tab. 5: Parameter des Pharma-Messmodells (Fortsetzung)

Konstrukt	Indikator	Standardisierte Faktorladung	Signifikanzniveau
Vertrauen des Arztes in das Pharmaunternehmen	trust_1	0,946	-
	trust_2	0,949	< 0,001
	trust_3	0,919	< 0,001
	trust_4	0,923	< 0,001
Relationship-Commitment des Arztes	coma_1	0,952	-
	coma_2	0,968	< 0,001
	coma_3	0,949	< 0,001
	coma_4	0,959	< 0,001
Innovationsbereitschaft	innov_1	0,990	-
	innov_2	0,981	< 0,001
	innov_3	0,976	< 0,001
Weiterempfehlungsbereitschaft	wom_1	0,882	-
	wom_2	0,897	< 0,001
	wom_3	0,960	< 0,001
Wahrgenommene Erschwinglichkeit	afford_1	0,986	-
	afford_2	0,949	< 0,001
	afford_3	0,887	< 0,001
Pharmaspezifische Risikoaversion	risav_1	0,918	-
	risav_2	0,929	< 0,001
	risav_3	0,966	< 0,001

5.5.2 Prüfung des Pharma-Kausalmodells

5.5.2.1 Spezifikation des Pharma-Kausalmodells

Nachdem im vorigen Abschnitt die globalen sowie die lokalen Anpassungsmaße des Pharma-Messmodells als zufrieden stellend beurteilt worden sind, kann nun das Pharma-Kausalmodell an den empirischen Daten geprüft werden. Das Ziel besteht dabei darin, zu ermitteln, ob das Modell der Pharma-Geschäftsbeziehung die Realität auf dem Pharma-Markt adäquat repräsentiert bzw. abbildet.

Zunächst wird geprüft, ob das Pharma-Kausalmodell theoretisch identifiziert ist (vgl. Kline 1998, S. 247). Gemäß der sog. „Two Step Rule" von Bollen (1989) bildet die theoretische Identifiziertheit des Pharma-Messmodells eine notwendige Bedingung dafür, dass auch das Pharma-Kausalmodell als theoretisch identifiziert gilt. Wie im Abschnitt 5.5.1.1 dargelegt wurde, ist diese Bedingung hier erfüllt. Nach diesem ersten Schritt wird nun das reine Strukturmodell betrachtet, das bereits im Abschnitt 5.3 beschrieben worden ist. Werden zwischen den Drittvariablen keine Korrelationsbeziehungen spezifiziert und sind alle postulierten Kausalzusammenhänge unidirektional spezifiziert (d.h. das Strukturmodell enthält keine Rückkopplungsschleifen), so ist das Strukturmodell rekursiv und gilt somit als theoretisch identifiziert (vgl. Bollen 1989, S. 95ff.). Beides ist bei dem Strukturmodell des Pharma-Kausalmodells der Fall. Diese Prüfung entspricht dem zweiten Schritt der „Two Step Rule". Da sowohl das Pharma-Messmodell als auch das Strukturmodell des Pharma-Kausalmodells theoretisch identifiziert sind, wird damit eine hinreichende Bedingung für die theoretische Identifiziertheit des Pharma-Kausalmodells erfüllt (vgl. Kline 1998, S. 253).

5.5.2.2 Parameterschätzung und Modellbeurteilung

Analog zu den Ergebnissen des Abschnitts 5.5.1.2 traten keine Probleme hinsichtlich der empirischen Identifiziertheit oder sog. „Offending Estimates" auf. Die globalen Anpassungsmaße liefern zufrieden stellende Ergebnisse (vgl. Tabelle 6). Der Umstand, dass bei dem Pharma-Kausalmodell die Werte des Chi^2/df, des RMSEA, des CFI und des TLI den für das Pharma-Messmodell ermittelten Werten überlegen sind, deutet darauf hin, dass die hier spezifizierte, theoriegestützte Modellstruktur erwartungsgemäß die Realität besser abzubilden vermag als das Pharma-Messmodell, bei dem man alle Konstrukte miteinander korrelieren lässt. Auch die Werte der lokalen Anpassungsmaße wurden wie bereits bei der Schätzung des Pharma-Messmodells als sehr zufrieden stellend beurteilt.

Tab. 6: Globale Anpassungsmaße des Pharma-Kausalmodells

Globales Anpassungsmaß	Chi² (p)	Chi²/ d.f.	RMSEA (90%-Konfidenzintervall)	CFI	TLI
Wert	1100,610 (< 0,001)	1,362	0,054 (0,046-0,062)	0,959	0,954

Nach dieser positiven Beurteilung der Anpassungsmaße erfolgt nun die Prüfung der einzelnen Hypothesen des Pharma-Kausalmodells. Die Hypothesen H 8, H 11 und H 16 (vgl. Tabelle 1) müssen abgelehnt werden, da die ermittelten Pfadkoeffizienten keine statistische Signifikanz bei p < 0,05 erreichen. Die übrigen 13 Pfadkoeffizienten sind hingegen statistisch signifikant. Ihre Vorzeichen verhalten sich entsprechend der zwischen den Konstrukten postulierten Beziehungen (vgl. Abbildung 10).[92]

Die von den Konstrukten Expertise des Pharmareferenten, Secure Business Attachment Style und Close Business Attachment Style ausgehenden direkten Effekte sind zwar in allen Fällen signifikant. Ihre Effektstärke ist jedoch verhältnismäßig schwach ausgeprägt. Als stärkste Prädiktoren des Vertrauens des Arztes und des Relationship-Commitment des Arztes erweisen sich die Beziehungszufriedenheit, die ethische Haltung des Pharmaunternehmens sowie in geringerem Umfang das Relationship-Commitment des Pharmaunternehmens. Als mittelstark sind die direkten Effekte zu bezeichnen, die vom Vertrauen auf das Relationship-Commitment des Arztes und auf die Weiterempfehlungsbereitschaft ausgehen. Am stärksten sind die direkten Effekte, die vom Relationship-Commitment des Arztes auf die Innovations- und die Weiterempfehlungsbereitschaft ausgehen. Einen ebenfalls starken Einfluss auf die Innovationsbereitschaft besitzt die wahrgenommene Erschwinglichkeit.

---

[92] Der Pfadkoeffizient, der den von einer erklärenden Variablen ausgehenden Effekt beschreibt, lässt sich mit dem Regressionskoeffizienten der multiplen Regressionsanalyse vergleichen. Das bedeutet, dass bei der Errechnung jedes Pfadkoeffizienten die Korrelationen zwischen den erklärenden Variablen kontrolliert werden (vgl. Kline 1998, S.52).

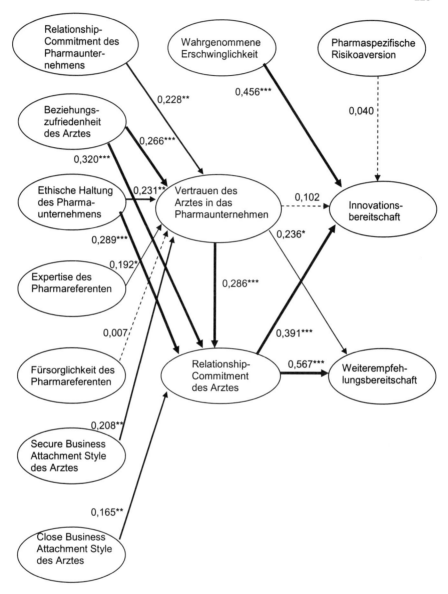

Abb. 10: Pharma-Kausalmodell
Zahlenwerte: standardisierte Parameter
Signifikanzniveaus:

    ━━▶ *** = p < 0,001
    ──▶ **   = p < 0,01
    ──▶ *   = p < 0,05;
    ------▶   = nicht signifikant bei p < 0,05

Die Beurteilung der Stärke und Signifikanz der Pfadkoeffizienten bezieht sich auf die nomologische Validität des Modells der Pharma-Geschäftsbeziehung. Des Weiteren gilt der multiple Korrelationskoeffizient („Squared Multiple Correlation" - SMC) als ein geeignetes Kriterium für die Prüfung der nomologischen Validität (vgl. Lechler 1997, S. 154). Dieses lokale Gütemaß gibt für jede endogene latente Variable an, welcher Anteil der Varianz dieser endogenen Variablen durch die Modellvariablen erklärt wird, die als deren Einflussgrößen spezifiziert sind. Je vollständiger die Varianz einer endogenen Variablen durch das Modell erklärt wird, desto höher ist der SMC-Wert. Als Mindestanforderung schlagen Homburg/Baumgartner (1998, S. 364) einen SMC-Wert von 0,4 vor. Dies entspricht einer Varianzerklärung des endogenen Konstrukts von 40%. Fritz (1992, S. 139) empfiehlt einen unteren Grenzwert von 0,5. Die Varianzerklärung der endogenen Konstrukte liegt in allen Fällen über diesen Mindestniveaus (vgl. Tabelle 7). Die hier verzeichneten hohen Werte der erklärten Varianz der endogenen Variablen sprechen dafür, dass es gelungen ist, die für die Varianzerklärung dieser Konstrukte wesentlichen Prädiktoren in das Modell aufzunehmen.

Tab. 7: Der Quadrierte Multiple Korrelationskoeffizient (SMC) und die Varianzerklärung der endogenen latenten Variablen des Pharma-Kausalmodells

Variable	SMC-Wert	Erklärte Varianz in %
Vertrauen des Arztes in das Pharmaunternehmen	0,671	67,1
Relationship-Commitment des Arztes	0,702	70,2
Weiterempfehlungsbereitschaft	0,573	57,3
Innovationsbereitschaft	0,585	58,5

5.5.3 Prüfung des vereinfachten Pharma-Kausalmodells

5.5.3.1 Spezifikation des vereinfachten Pharma-Kausalmodells

Mit einem standardisierten Pfadkoeffizienten von 0,286 ist der direkte Effekt, der von dem Vertrauen des Arztes auf das Relationship-Commitment des Arztes ausgeht, schwächer als in anderen Studien, in denen Konstrukte untersucht wurden, die diesen beiden zentralen Beziehungsvariablen stark ähneln. So konnte Wang (2002, S. 68) in zwei Studien zu unterschiedlichen Konsumgüterkategorien einen direkten Effekt des Vertrauens in eine Marke auf das Marken-Commitment des Kunden in Höhe von 0,42 bzw. 0,82 ermitteln. Auch bei Spake et al. (2003, S. 327) trat ein vergleichsweise starker direkter Effekt des Vertrauens auf das Commitment in Höhe von 0,44 auf. Bei Morgan/Hunt (1994, S. 30) und Kalafatis/Miller (1997, S. 219) fiel der direkte Effekt des Vertrauens auf das Relationship-Commitment mit standardisierten Pfadkoeffizienten von 0,531 bzw. 0,584 ebenfalls höher aus als in der vorliegenden Arbeit. Möglicherweise beruht der im Verhältnis zu den hier erwähnten Studien schwächere Effekt auf unbekannten Kontextfaktoren, die für den Pharma-Markt spezifisch sind. Es fällt jedoch insbesondere auf, dass die Anzahl der exogenen Konstrukte, die als Einflussgrößen des Vertrauens und des Commitment modelliert werden, in den hier genannten Studien geringer ist als in dem Modell der Pharma-Geschäftsbeziehung. Daher lässt sich vermuten, dass ein Teil der Korrelation zwischen dem Vertrauen des Arztes in das Pharmaunternehmen und dem Relationship-Commitment des Arztes in dem Pharma-Kausalmodell durch die exogenen Konstrukte des Modells der Pharma-Geschäftsbeziehung erklärt wird. Somit fällt der hier betrachtete direkte Effekt, der von dem Vertrauen des Arztes auf das Relationship-Commitment des Arztes ausgeht, weniger stark aus als in den oben genannten Studien.

Um dies näher zu untersuchen, wurde ein vereinfachtes Pharma-Kausalmodell spezifiziert, bei dem die Einflussgrößen des Vertrauens des Arztes und des Relationship-Commitment des Arztes entfernt worden sind. Die übrige Modellstruktur entsprach der des Pharma-Kausalmodells in seiner ursprünglichen Spezifizierung. Anschließend wurde dieses vereinfachte Pharma-Kausalmodell geschätzt.

5.5.3.2 Parameterschätzung und Modellbeurteilung

Analog zu dem Vorgehen in Abschnitt 5.5.2.1 wurde zunächst festgestellt, dass das vereinfachte Pharma-Kausalmodell theoretisch identifiziert ist. Bei der Modellschätzung traten keine Probleme wie empirische Unteridentifiziertheit oder

„Offending Estimates" auf. Die globalen Anpassungsmaße fielen sehr zufrieden stellend aus (vgl. Tabelle 8). Gleiches galt auch für die lokalen Anpassungsmaße. Die Varianzerklärung der endogenen Variablen erreichte Werte, die mit dem ursprünglich spezifizierten Pharma-Kausalmodell vergleichbar waren. Allein die erklärte Varianz des Relationship-Commitment des Arztes viel geringer aus als in dem ursprünglichen Modell, da in dem vereinfachten Pharma-Kausalmodell nur das Vertrauen des Arztes als Einflussgröße des Relationship-Commitment des Arztes modelliert wurde (vgl. Tabelle 9).

Tab. 8: Globale Anpassungsmaße des vereinfachten Pharma-Kausalmodells

Globales Anpassungsmaß	Chi^2 (p)	Chi^2/ d.f.	RMSEA (90%-Konfidenzintervall)	CFI	TLI
Wert	184,994 (p = 0,086)	1,156	0,035 (0,000-0,056)	0,993	0,992

Tab. 9: Der Quadrierte Multiple Korrelationskoeffizient (SMC) und die Varianzerklärung der endogenen latenten Variablen des vereinfachten Pharma-Kausalmodells

Variable	SMC-Wert	Erklärte Varianz in %
Relationship-Commitment des Arztes	0,544	54,4
Weiterempfehlungsbereitschaft	0,571	57,1
Innovationsbereitschaft	0,583	58,3

Entsprechend der im Abschnitt 5.5.3.1 dargelegten Vermutung ging vom Vertrauen des Arztes auf das Relationship-Commitment des Arztes ein starker direkter Effekt mit einem standardisierten Pfadkoeffizienten in Höhe von 0,737 aus (vgl. Abbildung 11). Der Umstand, dass dieser Effekt in dem ursprünglichen Pharma-Kausalmodell mit einem standardisierten Pfadkoeffizienten von 0,286 weniger stark ausgeprägt ist, lässt sich - wie im vorigen Abschnitt beschrieben - über das Vorliegen von alternativen Vorhersagepfaden erklären, die von den sieben exogenen Modellkonstrukten im ursprünglich spezifizierten Pharma-Kausalmodell ausgehen.

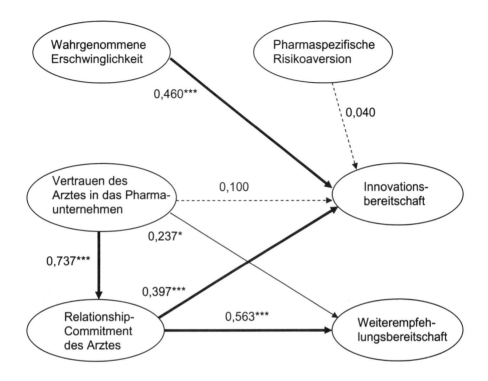

Abb. 11: Vereinfachtes Pharma-Kausalmodell
Zahlenwerte: standardisierte Parameter
Signifikanzniveaus:

    ⟶   *** = p < 0,001
    ⟶   **   = p < 0,01
    ⟶   *   = p < 0,05;
    ------▶   = nicht signifikant bei p < 0,05

5.6 Datengeleitete Optimierung des Pharma-Kausalmodells

5.6.1 Respezifikation des Pharma-Kausalmodells

Auf den empirischen Befunden des Abschnitts 5.5.2.2 aufbauend wird im Folgenden die Struktur des ursprünglichen Pharma-Kausalmodells modifiziert. Hiermit wird der Pfad der rein konfirmatorischen Kovarianzstrukturanalyse zugunsten eines modellgenerierenden Vorgehens verlassen (vgl. Jöreskog 1993, S. 295). Bei dieser nachträglichen Veränderung der Modellstruktur wird jedoch bewusst eine Strategie vermieden, die sich allein an den globalen Anpassungsmaßen orientiert. Modifikationen der ursprünglich spezifizierten Modellstruktur, die ausschließlich datengeleitet sind und nur auf die Verbesserung der Werte der Fit-Indizes abzielen, sind in hohem Maße fragwürdig. Sie führen zu Modellen, die keine theoretische Relevanz besitzen, sondern allenfalls eine gute Beschreibung der gegebenen Datenstruktur liefern (vgl. Balderjahn 1998, S. 377).

Das Modell der Pharma-Geschäftsbeziehung wird daher im Folgenden auf Grundlage einer theoriegeleiteten inhaltlichen Interpretation derjenigen empirischen Befunde weiterentwickelt, die zur Ablehnung der Hypothesen H 8, H 11 und H 16 geführt haben. Die hierbei gezogenen Schlüsse haben den Charakter neuer Hypothesen, die jedoch erst in einer Folgeuntersuchung anhand einer zweiten Stichprobe in einer Kreuzvalidierung überprüft werden können. Insofern besitzen die Respezifikation des Pharma-Kausalmodells und die daran anknüpfende Modellschätzung einen eher explorativen Charakter (vgl. Jöreskog 1974, S. 2)

Zunächst wird der wider erwartend schwache, nicht statistisch signifikante Effekt näher betrachtet, der von der Fürsorglichkeit des Pharmareferenten auf das Vertrauen des Arztes ausgeht. In ihrer empirischen Untersuchung ermitteln Gremler et al. (2001) einen stark positiven und hoch signifikanten Zusammenhang zwischen der Fürsorglichkeit eines Service-Mitarbeiters und dem Vertrauen des Kunden. Die Studienergebnisse dieser Autoren widersprechen somit den in dieser Arbeit gewonnenen Erkenntnissen. Dies ließe sich womöglich über die Unterschiede hinsichtlich der Branchen-Kontexte erklären, die zwischen der vorliegenden Studie und der Untersuchung von Gremler et al. (2001) bestehen. Die Diskrepanz der empirischen Befunde könnte jedoch auch dadurch erklärt werden, dass Gremler et al. (2001) evtl. wichtige Prädiktoren des Vertrauens nicht in ihr Modell mit aufgenommen haben. Je stärker diese im Modell fehlenden Prädiktorvariablen mit dem Konstrukt Fürsorglichkeit korrelieren, desto größer ist die Verzerrung (Bias) der Parameterschätzung (vgl. Kline 1998, S. 36f.). Dies könnte bedeuten, dass der direkte Effekt, der von der Fürsorglichkeit des Service-Mitarbeiters auf das Vertrauen des Kunden ausgeht, von Gremler et al (2001) zu hoch geschätzt worden wäre. Die Autoren haben neben der Fürsorglichkeit nur zwei weitere Prädiktoren des Vertrauens modelliert. Bei diesen Konstrukten handelt es sich um die Vertrautheit („Familiarity") und die Persönliche Verbindung („Personal Connection") zwischen Vertrauensnehmer und Vertrauensgeber (vgl. Gremler et al. 2001, S. 48). Es ist somit vorstellbar, dass der hier betrachtete direkte Effekt in der Untersuchung von Gremler et al. (2001) überschätzt worden ist. Diese Annahme wird dadurch gestützt, dass in dem Pharma-Kausalmodell signifikante Korrelationen zwischen der Fürsorglichkeit und anderen Prädiktorvariablen des Vertrauens aufgetreten sind, die in dem Modell von Gremler et al. (2001) nicht enthalten waren. Der größte Korrelationskoeffizient mit einem Wert von 0,602 ist zwischen der Fürsorglichkeit und der Expertise des Pharmareferenten gegeben. Mit einem Wert von 0,537 fällt auch der Korrelationskoeffizient zwischen der Fürsorglichkeit des Pharmareferenten und der ethischen Haltung des Pharmaunternehmens verhältnismäßig hoch aus. Die Korrelationskoeffizienten sämtlicher exogener latenter Variablen des Pharma-Kausalmodells sind in Tabelle A.4 im Anhang 2 aufgelistet.

Es bleibt festzuhalten, dass die Fürsorglichkeit des Pharmareferenten hinsichtlich des Vertrauens des Arztes keine zusätzliche Varianzerklärung leistet. Sie erscheint aufgrund ihrer relativ hohen Korrelationen mit Konstrukten wie der Expertise des Pharmareferenten und der ethischen Haltung des Pharmaunternehmens zumindest als direkter Prädiktor des Vertrauens des Arztes redundant. Jedoch wird die Fürsorglichkeit des Pharmareferenten nicht aus dem Modell entfernt, da der empirische Befund der Korrelationen mit anderen exogenen Konstrukten für die Generierung neuer Hypothesen eine wichtige Informationsgrundlage liefert. So ist es vorstellbar, wenn es auch in dem Pharma-Kausalmodell nicht entsprechend spezifiziert wird, dass diese Korrelationen auf kausalen Abhängigkeiten zwischen den exogenen Konstrukten beruhen. Es lässt sich argumentieren, dass die Verhaltensgrundregeln des Pharmareferenten wesentlich von den unternehmensseitig durchgeführten Mitarbeiterschulungen geprägt werden (vgl. Brewer 1995, S. 54). Daher sei im Folgenden angenommen, dass der Arzt den Einfluss des Pharmaunternehmens auf die kundengerichteten Verhaltensdispositionen des Pharmareferenten - und damit auch auf dessen Fürsorglichkeit - als ausgeprägt wahrnimmt. Somit ist es denkbar, dass die ethische Haltung des Pharmaunternehmens einen Prädiktor der Fürsorglichkeit des Pharmareferenten darstellt, zumal diese ethische Haltung auch die in den Mitarbeiterschulungen vermittelten Lerninhalte prägt. Tatsächlich weisen, wie oben erwähnt, diese beiden Konstrukte einen Korrelationskoeffizienten von 0,537 auf. Nimmt der Arzt das Pharmaunternehmen als den für alle kundenbezogenen Aktivitäten eigentlichen Verantwortlichen wahr, so ließe sich damit erklären, warum zwar von der ethischen Haltung des Pharmaunternehmens, nicht aber von der Fürsorglichkeit des Pharmareferenten ein signifikanter Effekt auf das Vertrauen des Arztes ausgeht. Als kundengerichtetes Verhaltensmerkmal des Pharmareferenten ist die Fürsorglichkeit für die Praxis des Pharma Marketing dennoch nicht gänzlich zu vernachlässigen. So besteht zwischen der Fürsorglichkeit des Pharmareferenten und der Beziehungszufriedenheit des Arztes eine statistisch signifikante Korrelation mit einem Korrelationskoeffizienten von 0,483 (vgl. Tabelle A.4). Welche ursächliche Bedeutung fürsorgliches Verhalten für die Entstehung von Beziehungszufriedenheit auf Seiten des Arztes hat, könnte einen Untersuchungsgegenstand zukünftiger Studien bilden.

Für die Respezifikation des Kausalmodells wird der Pfadkoeffizient zwischen der Fürsorglichkeit des Pharmareferenten und des Vertrauens des Arztes aufgrund der obigen Ausführungen auf Null fixiert. Das entspricht der Löschung des Pfades, der von der der Fürsorglichkeit des Pharmareferenten auf das Vertrauen des Arztes ausgeht. Es sei erneut darauf hingewiesen, dass die mit der Entfernung dieses Pfades verbundene Annahme, der zufolge die Fürsorglichkeit des Pharmareferenten keinen Prädiktor des Vertrauens des Arztes darstellt, eine aus den gegebenen Daten a posteriori entwickelte Hypothese darstellt. Um sicherzustellen, dass dieser empirische Befund nicht nur auf stichprobenspezifischen Merkmalen des in dieser Arbeit untersuchten Datensatzes beruht, böte es sich an, diese Hypothese in einer Folgeuntersuchung an einem neuen Datensatz zu prüfen.

Im Folgenden soll der nicht-signifikante Zusammenhang zwischen dem Vertrauen des Arztes und der Innovationsbereitschaft genauer betrachtet werden. Es ist denkbar, dass der hinsichtlich seines Vorzeichens plausible Pfadkoeffizient in einer größeren Stichprobe statistische Signifikanz erreichen würde (vgl. Kline 1998, S. 43). Hingegen bleibt die mit einem Pfadkoeffizienten von 0,102 eher schwach ausgeprägte Effektstärke von der Stichprobengröße unberührt. Über die methodische Frage der Stichprobengröße hinausgehend ist eine verhaltenswissenschaftliche Interpretation des empirischen Befunds erforderlich: Das Vertrauen des Arztes entspricht einer positiven Einstellung gegenüber dem betrachteten Pharmaunternehmen. Gemäß der Hypothese H 1, die durch die hier gesammelten empirischen Befunde untermauert worden ist, fördert das Vertrauen die Entstehung einer vom Arzt eingegangenen sozialen Bindung, die durch das Konstrukt Relationship-Commitment des Arztes repräsentiert wird. Das Relationship-Commitment des Arztes unterscheidet sich insofern von dem Vertrauen, als dass es eine echte soziale Bindung beschreibt, für deren Aufrechterhaltung der Arzt auch eine tatsächliche Handlungsbereitschaft aufbringt. Der Bezug zur Verhaltensorientierung ist bei dem Relationship-Commitment somit unmittelbarer gegeben als bei dem Vertrauen. Daraus lässt sich schließen, dass das Relationship-Commitment einen besseren Prädiktor konkreter Verhaltensabsichten darstellt als das Vertrauen, dem diese konative Komponente fehlt.[93] Unterstützung findet diese Argumentation durch eine empirische Arbeit von Wang (2002), die im Konsumgütersektor angesiedelt ist. Dieser Autor postuliert eine Kausalkette, in der das Vertrauen in eine Marke („Brand Trust") einen Prädiktor des sog. Marken-Commitment („Brand Commitment") des Kunden bildet. Das Marken-Commitment stellt wiederum den Prädiktor der Absicht des Kunden dar, in der gegebenen Produktkategorie ausschließlich die betrachtete Marke zu kaufen („Exclusive Intention") (vgl. Wang 2002, S. 61). Der durch die empirischen Ergebnisse bestätigten Modellspezifikation zufolge ist der Einfluss des Vertrauens auf die Verhaltensabsicht („Exclusive Intention") nur indirekt. Die Studienresultate von Wang (2002) decken sich mit dem in die-

---

[93] Die im Vergleich zum Vertrauen erhöhte Bedeutung des Relationship-Commitment als Prädiktor der Handlungsabsichten des Arztes zeigt sich auch in der unterschiedlichen Stärke der Effekte, die von dem Vertrauen und dem Relationship-Commitment des Arztes auf die Weiterempfehlungsbereitschaft ausgehen.

ser Arbeit festgestellten empirischen Befund. Zusammenfassend zeigt sich, dass das Vertrauen des Arztes in das Pharmaunternehmen keinen direkten Einfluss auf Verhaltensabsichten wie die Innovationsbereitschaft besitzt. Es bleibt somit festzuhalten, dass entsprechend den hier dargelegten Argumenten der Pfadkoeffizient zwischen dem Vertrauen des Arztes und der Innovationsbereitschaft auf Null fixiert wird. Dennoch wäre es falsch, dem Vertrauen als einem bedeutenden Prädiktor des Relationship-Commitment des Arztes, von dem seinerseits ein verhältnismäßig starker Effekt auf die Innovationsbereitschaft ausgeht, jegliche Bedeutung für diese wichtige Erfolgsgröße des Pharma-Marketing abzusprechen.

Die Schätzung des Pharma-Kausalmodells führte zu dem Ergebnis, dass die pharmaspezifische Risikoaversion keinen statistisch signifikanten Prädiktor der Innovationsbereitschaft darstellt. Dies ist zunächst überraschend, da ein statistisch signifikanter negativer Zusammenhang zu erwarten gewesen wäre. Ein denkbarer Ansatz zur Interpretation dieses Ergebnisses erschließt sich aus Zinkhan et al. (1987, S. 211). Diese Autoren liefern empirische Belege dafür, dass Marketing-Manager ihren unternehmerischen Entscheidungen eine umso intensivere Informationssuche vorangehen lassen, je stärker ihre Risikoaversion ausgeprägt ist. Über die Informationssuche bemühen sich diese risikoaversen Manager, das mit der Entscheidung verbundene wahrgenommene Risiko im Vorfeld zu minimieren (vgl. Zinkhan et al. 1987, S. 209). In Ergänzung hierzu lässt sich auf Basis von Shimp/Bearden (1982, S. 38) argumentieren, dass hochgradig risikoaverse Konsumenten vor dem Fällen einer Kaufentscheidung eine intensivere externe Informationssuche betreiben als Konsumenten mit einer schwächer ausgeprägten Risikoaversion. Diese Informationssuche, die sich auch mit den Annahmen der im Kapitel 3 diskutierten Informationsökonomik in Einklang bringen lässt, entspricht einer von Dowling/Staelin (1994) beschriebenen Strategie, die von Konsumenten zur Reduktion der mit einer Kaufentscheidung verbundenen Risiken verfolgt wird. Vor diesem Hintergrund ließe sich die Ablehnung der Hypothese H 16 wie folgt erklären: Obgleich ein neuartiges Arzneimittel im Vergleich zu älteren Arzneimitteln mit größeren wahrgenommenen Risiken behaftet ist, gelangt ein Arzt, der sich durch eine erhöhte pharmaspezifische Risikoaversion auszeichnet, nicht unmittelbar zu der Entscheidung, dieses neuartige Arzneimittel nicht in sein „Evoked Set" aufzunehmen. Vielmehr ist es möglich, dass ein Arzt mit einer stark ausgeprägten pharmaspezifischen Risikoaversion zunächst eine intensive und zeitaufwendige Informationssuche durchführt, um auf diesem Wege das wahrgenommene Risiko zu reduzieren, das er mit dem in der Befragung betrachteten innovativen Arzneimittel assoziiert. Erst im Anschluss daran wird der Arzt auf Grundlage dieser breiten Informationsbasis ein positives oder negatives Urteil hinsichtlich seiner Innovationsbereitschaft fällen. Inwieweit der Umfang und die Dauer dieser Informationssuche vom Ausmaß der pharmaspezifischen Risikoaversion abhängen, ließe sich durch ein experimentelles Forschungsdesign ergründen. Aus dem empirischen Befund zur Hypothese H 16 sowie der hier geführten Argumentation wird abschließend die folgende Annahme abgeleitet: Die risikoaversen Gynäkologen hatten zum Zeitpunkt der Befragung noch kein positives oder negatives Urteil hinsichtlich ihrer Innovationsbereitschaft gefällt. Sie warten hiermit solange ab, bis innerhalb der gesamten Ärztegemeinde umfassendere Anwendungserfahrungen mit dem innovativen Arzneimittel gesammelt worden sind. Dies erklärt das Fehlen eines statistisch signifikanten Zusammenhangs zwischen der pharmaspezifischen Risikoaversion und der Innovationsbereitschaft.

Es lässt sich festhalten, dass für die Respezifikation des Pharma-Kausalmodells die drei Pfade gelöscht werden, die mit den abgelehnten Hypothesen H 8, H 11 und H 16 verbunden sind. Die Korrelationen zwischen allen exogenen Konstrukten werden hingegen beibehalten. Durch die Aufhebung der statistisch nicht-signifikanten Pfade werden die drei ihnen zugehörigen Parameter nun nicht mehr geschätzt, sodass das respezifizierte Pharma-Kausalmodell drei zusätzliche Freiheitsgrade erhält. Damit erhöht sich die Sparsamkeit („Parsimony") des Modells. Der Begriff der Sparsamkeit eines Modells entspricht einem wissenschaftstheoretischen Grundprinzip, das auch in der Kovarianzstrukturanalyse Beachtung verdient (vgl. Bentler/Mooijaart 1989). Dieses Prinzip sieht vor, dass in die kritische Bewertung einer Theorie neben deren Erklärungsgehalt auch deren Komplexität einzugehen hat, wobei Modelle, die sich durch konzeptionelle Einfachheit bzw. Sparsamkeit auszeichnen, komplexeren Modellen vorzuziehen sind (vgl. Lambert/Brittan 1970, S. 69).

5.6.2 Parameterschätzung und Modellbeurteilung

Nach der Feststellung der theoretischen Identifiziertheit wurde das Modell geschätzt, wobei keine Probleme hinsichtlich empirischer Unteridentifiziertheit oder „Offending Estimates" auftraten. Eine Darstellung des Modells inklusive der Parameterschätzer findet sich in der Abbildung 12. Dieses respezifizierte Pharma-Kausalmodell zeichnet sich durch gute globale Anpassungsmaße und hohe Varianzerklärungen aus, die sich gegenüber dem ursprünglichen Kausalmodell praktisch nicht verändert haben (vgl. Tabellen 10 und 11). Die Güte der lokalen Anpassungsmaße entsprach den Ergebnissen der Schätzung des Pharma-Messmodells. Erwartungsgemäß werden sämtliche postulierten Zusammenhänge zwischen den Konstrukten bestätigt. Die Stärke der Effekte, die vom Relationship-Commitment des Arztes und der wahrgenommenen Erschwinglichkeit ausgehen, ist gegenüber dem ursprünglichen Kausalmodell leicht erhöht, da diese Pfade die geringen Vorhersageinformationen absorbieren, die in dem ursprünglichen Modell durch die nicht signifikanten Pfade repräsentiert wurden.

Tab. 10: Globale Anpassungsmaße des respezifizierten Pharma-Kausalmodells

Globales Anpassungsmaß	Chi² (p)	Chi²/ d.f.	RMSEA (90%-Konfidenzintervall)	CFI	TLI
Wert	1102,285 (p < 0,001)	1,359	0,054 (0,046 – 0,062)	0,959	0,954

Tab. 11: Der Quadrierte Multiple Korrelationskoeffizient (SMC) und die Varianzerklärung der endogenen latenten Variablen des respezifizierten Pharma-Kausalmodells

Variable	SMC-Wert	Erklärte Varianz in %
Vertrauen des Arztes in das Pharmaunternehmen	0,671	67,1
Relationship-Commitment des Arztes	0,703	70,3
Weiterempfehlungsbereitschaft	0,573	57,3
Innovationsbereitschaft	0,583	58,3

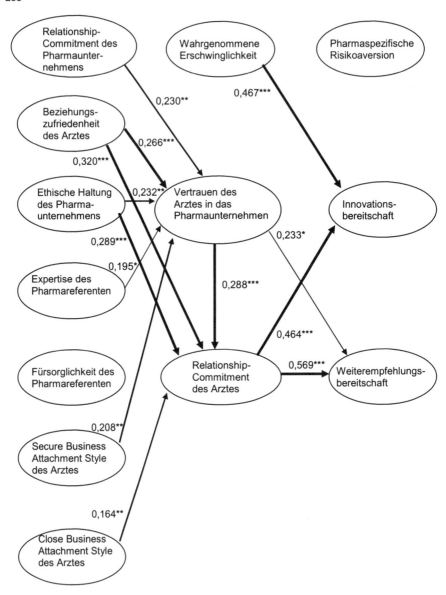

Abb. 12: Respezifiziertes Pharma-Kausalmodell
Zahlenwerte: standardisierte Parameter
Signifikanzniveaus:

→ *** = $p < 0{,}001$
→ ** = $p < 0{,}01$
→ * = $p < 0{,}05$;
┄┄► = nicht signifikant bei $p < 0{,}05$

6 Schlussbetrachtung

6.1 Implikationen für das Pharma-Relationship Marketing

Die vorliegende Arbeit stellt keine rein anwendungsbezogene Studie zum Marketing-Management forschender Pharmaunternehmen dar. Vielmehr sollen die hier gewonnenen Erkenntnisse in erster Linie das Verständnis dafür fördern, welche Faktoren bei der Entstehung stabiler Pharma-Geschäftsbeziehungen zwischen Ärzten und Pharmaunternehmen eine wesentliche Rolle spielen. Darüber hinaus wird untersucht, inwieweit sich die zwei zentralen Beziehungsvariablen der Pharma-Geschäftsbeziehung - das Vertrauen und das Relationship-Commitment des Arztes - auf marketingrelevante Verhaltensabsichten des Arztes auswirken. Der primäre Zweck dieser Arbeit besteht somit in der theoriegeleiteten Entwicklung und empirischen Überprüfung eines psychologischen Modells, das die vom Arzt subjektiv wahrgenommene Beziehungsstruktur mit Erfolgsgrößen des Pharma Marketing verknüpft. Es ist darauf hinzuweisen, dass ein derartiges Modell nicht die alleinige Informationsgrundlage des Management von Pharma-Geschäftsbeziehungen darstellen kann. Um umfassende unternehmensspezifische Handlungsempfehlungen abgeben zu können, müssten noch andere Größen berücksichtigt werden: z.B. die relative ökonomische Attraktivität einzelner Ärzte für das Pharmaunternehmen sowie bestimmte Präferenzen der Ärzte hinsichtlich der Ausgestaltung der Betreuungsleistung. Für die Beleuchtung des zuletzt genannten Aspekts böte sich eine Nutzensegmentierung bzw. Benefit-Segmentation des Kundenstamms an.[94] Hierüber ließen sich ggf. Ärztesegmente identifizieren, die einen hohen Wert auf wissenschaftliche Informationen legen, oder solche, die allein die Versorgung mit Arzneimittelmustern, Praxisserviceartikeln sowie sog. Giveaways (wie z.B. Rezeptblöcke) als Nutzen stiftend empfinden. Zwar liegen diese einer differenzierten Marktbearbeitung dienenden Informationen hier nicht vor. Dennoch kann bereits auf Grundlage des Modells der Pharma-Geschäftsbeziehung und der gewonnenen

---

[94] Zur Benefit-Segmentation vgl. z.B. Balderjahn/Scholderer (2000).

empirischen Befunde Handlungswissen für die Praxis des Pharma-Relationship Marketing generiert werden.[95]

Wie im Abschnitt 5.5.2.2 dargestellt, erwiesen sich das Vertrauen und das Relationship-Commitment des Arztes als wichtige Prädiktorvariablen der Marketingzielgröße Weiterempfehlungsbereitschaft. Darüber hinaus geht von dem Relationship-Commitment des Arztes ein relativ starker Effekt auf die Innovationsbereitschaft aus. Allein in Bezug auf die Innovationsbereitschaft bildet das Vertrauen keine signifikante Einflussgröße. Jedoch bleibt auch das Vertrauen nicht ohne Bedeutung für die Innovationsbereitschaft, da es einen wichtigen Prädiktor des Relationship-Commitment des Arztes bildet. In dieser Arbeit konnten somit empirische Belege dafür gesammelt werden, dass die beiden zentralen Beziehungsvariablen ärztliche Verhaltensabsichten beeinflussen, die den Charakter vorökonomischer Marketingzielgrößen besitzen. Daher verdienen diese Beziehungsvariablen als kundenbezogene psychographische Steuerungsgrößen in der Praxis des Pharma Marketing Beachtung. So ließen sich z.B. gezielt vertrauensbildende Maßnahmen an diejenigen Ärzte richten, die dem Unternehmen nur wenig Vertrauen entgegenbringen. Auf diesem Wege könnte man deren Vertrauen und Relationship-Commitment gegenüber dem Pharmaunternehmen erhöhen. Die hierfür erforderliche Messung dieser Steuerungsgrößen durch nicht-anonyme Befragungen ist allerdings nicht nur zeit- und kostenintensiv, sondern dürfte beim Arzt auch auf Akzeptanzprobleme stoßen. Doch selbst wenn sich Messungen durchführen ließen, wären lediglich sozial erwünschte Antworten zu erwarten. So ist es denkbar, dass Ärzte ihr gegenüber einem Pharmaunternehmen nur schwach ausgeprägtes Relationship-Commitment in einer Unternehmensbefragung nicht artikulieren, um die Versorgung mit Arzneimittelmustern nicht zu gefährden. Auf eine Möglichkeit der Bewältigung dieses Messproblems wird im Abschnitt 6.2 eingegangen.

Neben den empirisch untersuchten Effekten auf die Innovations- und Weiterempfehlungsbereitschaft sind weitere Wirkungen des Relationship-Commitment

---

[95] Diese Ableitung von Handlungsempfehlungen für das Unternehmen wird unter anderem auch von Kaas (2000, S. 57) als ein Zweck marketingwissenschaftlicher Forschung betrachtet.

auf das ärztliche Verhalten vorstellbar, die für die Praxis des Pharma Marketing von unmittelbarer Bedeutung sind. So hat sich in den vergangenen Jahren die Knappheit der für die Kommunikation zwischen Arzt und Pharmareferent essentiellen Gesprächszeit bzw. „Detailing-Zeit" insbesondere durch einen wachsenden Verdrängungswettbewerb zwischen den immer zahlreicheren Pharmareferenten weiter verschärft (vgl. Prounis 2003, S. 12). In dieser Konkurrenzsituation kommt einer stabilen Pharma-Geschäftsbeziehung eine wachsende Bedeutung zu. Durch den Aufbau einer auf dem Relationship-Commitment des Arztes beruhenden Pharma-Geschäftsbeziehung wird es einem Pharmaunternehmen ermöglicht, in diesem kompetitiven Umfeld Beratungsgespräche von längerer Dauer durchzuführen als solchen Konkurrenzunternehmen, denen gegenüber der Arzt nur ein geringes Relationship-Commitment empfindet. Der Arzt betrachtet die dem Pharmareferenten dieses Unternehmens gewährte Gesprächszeit als eine beziehungsspezifische Investition, die er aufgrund seines Relationship-Commitment für den Erhalt der Pharma-Geschäftsbeziehung zu tätigen bereit ist.

Neben der Bereitschaft zu längeren Gesprächszeiten sind weitere Verhaltenskonsequenzen des ärztlichen Relationship-Commitment denkbar, die für die Praxis des Pharma Marketing relevant sind. So erscheint folgende Annahme plausibel: Ein Arzt, der sich durch ein hohes Maß an Relationship-Commitment gegenüber einem Unternehmen A auszeichnet, wird eher dazu bereit sein, einer Betreuung durch ein Call Center dieses Unternehmens zuzustimmen als gegenüber einem Unternehmen B, zu dem er nur ein schwaches Relationship-Commitment entwickelt hat. Der Arzt wird eine derartige vertriebliche Rationalisierungsmaßnahme, die - wie im Abschnitt 4.4 beschrieben - der Sicherung der Rentabilität des Unternehmens A dient, durch sein kooperatives Verhalten unterstützen. Die durch das Relationship-Commitment des Arztes gefestigte Pharma-Geschäftsbeziehung ist somit - innerhalb gewisser Grenzen - belastbar. Dies sollte die Marketingverantwortlichen jedoch nicht dazu veranlassen, den Mitteleinsatz bei der Betreuung der Ärzte rein nach Gesichtspunkten der Kosteneffizienz auszugestalten. Langfristig würde der Arzt dies als Ausdruck eines von der Unternehmensseite nachlassenden Relationship-Commitment empfinden. Wie aus den empirischen Befunden dieser Arbeit hervorgeht, wären hiermit negative Folgen für das Vertrauen des Arztes gegenüber dem Anbieter verbunden.

Aus der hier eingenommenen wettbewerbsbezogenen Perspektive wird deutlich, dass eine gefestigte Pharma-Geschäftsbeziehung eine intangible Ressource darstellt, die für ein Pharmaunternehmen eine Quelle komparativer Konkurrenzvorteile bildet. Zu diesen zählt neben der erhöhten Innovations- und Weiterempfehlungsbereitschaft auch die im vorigen Absatz angesprochene erhöhte Kooperationsbereitschaft des Arztes. Der Aufbau von Vertrauen und Relationship-Commitment nimmt Zeit in Anspruch und stellt das Ergebnis einer spezifischen Beziehungshistorie dar, die ein anderes Unternehmen nicht kostenlos imitieren kann (vgl. Morgan/Hunt 1999, S. 288). Insofern zeichnen sich die dem Unternehmen aus der Pharma-Geschäftsbeziehung erwachsenden komparativen Konkurrenzvorteile durch eine - wenn auch nicht unbegrenzte - Dauerhaftigkeit aus.[96]

Angesichts der Wettbewerbsvorteile, die mit dem Aufbau stabiler Pharma-Geschäftsbeziehungen für das Unternehmen verbunden sind, stellt sich die für die Praxis des Pharma-Relationship Marketing entscheidende Frage, auf welchem Wege das Vertrauen und das Relationship-Commitment des Arztes gefördert werden können. Hierfür werden im Folgenden die gemäß den empirischen Befunden dieser Arbeit wichtigsten Prädiktoren dieser beiden Beziehungsvariablen näher betrachtet. Als statistisch signifikante Einflussgrößen des Vertrauens und des Relationship-Commitment des Arztes konnten die folgenden Modellkonstrukte identifiziert werden: Das Relationship-Commitment des Pharmaunternehmens, die Beziehungszufriedenheit des Arztes, die ethische Haltung des Pharmaunternehmens, die Expertise des Pharmareferenten, der Secure Business Attachment Style des Arztes und der Close Business Attachment Style des Arztes. Wie im Abschnitt 5.5.2.2 erwähnt, erweist sich das Vertrauen des Arztes seinerseits als statistisch signifikanter Prädiktor des Rela-

---

[96] Zum Konzept des komparativen Konkurrenzvorteils vgl. Backhaus (1992, S. 7). Die mangelnde Imitierbarkeit und die damit verbundene Dauerhaftigkeit von Wettbewerbsvorteilen wird von Dierickx/Cool (1989, S. 1507) diskutiert.

tionship-Commitment des Arztes. Innerhalb dieser Menge von Prädiktoren bilden die vom Arzt empfundene Beziehungszufriedenheit, die ethische Haltung des Pharmaunternehmens und das Relationship-Commitment des Pharmaunternehmens diejenigen Einflussgrößen, deren Effekt auf das Vertrauen und das Relationship-Commitment des Arztes am stärksten ausgeprägt ist. Daher konzentrieren sich die folgenden Ausführungen auf diese drei Größen.

Die Beziehungszufriedenheit wurde in der vorliegenden Untersuchung analog zu Ganesan (1994) bewusst als ein Globalkonstrukt konzeptualisiert, das die Zufriedenheit des Arztes mit der Pharma-Geschäftsbeziehung für den Zeitraum der vergangenen 12 Monate abbildet. Davon abzugrenzen ist die Transaktionszufriedenheit. Diese erfasst die Zufriedenheit des Arztes mit einem einzelnen sozialen Austausch bzw. Interaktionsereignis, z.B. dem Besuch eines Pharmareferenten zu einem bestimmten Zeitpunkt. Im Vergleich dazu weist die Beziehungszufriedenheit in ihrer Konzeptualisierung ein hohes Aggregationsniveau auf. Durch den Fokus auf die Beziehungszufriedenheit wird in der vorliegenden Arbeit somit gezielt eine aggregierte Betrachtungsebene gewählt. Der Vorteil dieses Vorgehens besteht darin, dass man sich auf dieser Ebene dem Phänomen der Pharma-Geschäftsbeziehung besser nähern kann als auf der disaggregierten Betrachtungsebene des isolierten sozialen Austauschs.

Der hohe Aggregationsgrad und der damit verbundene hohe Abstraktionsgrad dieses Konstrukts birgt jedoch den Nachteil, dass sich daraus keine detaillierten Hinweise ableiten lassen, wie das Pharma-Relationship Marketing in der Praxis konkret auszugestalten ist, um eine möglichst hohe Beziehungszufriedenheit zu erzielen. Für die Praxis des Pharma Marketing ist jedoch bereits der empirische Befund von Bedeutung, der einen positiven Zusammenhang zwischen dem affektiven Konstrukt Beziehungszufriedenheit und latent verhaltenswirksamen Größen wie dem Vertrauen und dem Relationship-Commitment nahe legt. Dies bedeutet, dass sich die Beziehungszufriedenheit des Arztes - wie vom Pharmaunternehmen bezweckt - in einem Verhalten des Arztes niederschlägt, welches für die Zielerreichung des Unternehmens relevant ist. Dieser Befund ist insbesondere im Licht der außerhalb des Pharma-Marketing angesiedelten Studien von Jones/Sasser (1995) und Stauss (1997) interessant. Diese Autoren diskutieren Befunde für den aus Sicht der Marketingpraxis ernüchternden Umstand, dass Kundenzufriedenheit nicht zwingend zu Kundenbindung (also einem anbietertreuen Konsumentenverhalten) führt. Zwar beziehen sich die in der vorliegenden Arbeit gewonnenen empirischen Befunde nicht exakt auf das Konstrukt Kundenbindung, wie es bei Jones/Sasser (1995) und Stauss (1997) verwendet wird. Die Befunde deuten jedoch darauf hin, dass auf dem Pharma-Markt eine erhöhte Beziehungszufriedenheit tatsächlich Verhaltenstendenzen des Arztes fördert, die zur Erreichung der Unternehmensziele beitragen. Bezogen auf den Kontext des Pharma-Marktes bestätigt dieser empirische Befund die Zweckmäßigkeit von Konzepten der Marktbearbeitung, in denen der Zufriedenheit als psychographischer Zielgröße ein hoher Stellenwert beigemessen wird. Für die Entwicklung von Relationship Marketing-Programmen, die der Intensivierung von Pharma-Geschäftsbeziehungen durch einen gezielten Aufbau von Vertrauen und Relationship-Commitment dienen, ist dies von praktischer Bedeutung. So bieten bestehende Marketingstrategien eines Pharmaunternehmens, die auf die Zufriedenheit der Ärzte abstellen und für die bei den Unternehmensmitgliedern, die mit der Strategie-Implementierung betraut sind, bereits die erforderliche Akzeptanz geschaffen worden ist (vgl. Kolks 1990, S. 186f.), eine geeignete Grundlage für die Integration eines Relationship Marketing-Programms, dessen übergeordnete Zielgrößen das Vertrauen und das Relationship-Commitment des Arztes bilden.

Aufgrund der in Relation zu den anderen Prädiktoren verhältnismäßig stark ausgeprägten Effekte, die von der ethischen Haltung des Unternehmens auf das Vertrauen und das Relationship-Commitment des Arztes ausgehen, beziehen sich die folgenden Ausführungen auf die ethische Haltung des Pharmaunternehmens. Zwar ist das Konzept des ethisch verantwortlichen Handelns aus unternehmenstheoretischer Sicht zu grundlegend, als dass es allein vom Relationship Marketing als einer dessen zentralen Gestaltungsparameter vereinnahmt werden könnte. Dennoch bildet es einen für das Pharma-Relationship Marketing essentiellen Aspekt. So wird ein Arzt, der hinsichtlich der ethischen Integrität eines Pharmaunternehmens Zweifel hegt, eine nur geringe Bereitschaft entwickeln, gegenüber diesem Unternehmen eine engere Bindung aufzubauen. Für eine detaillierte theoretische Auseinandersetzung mit Modellen des ethischen Marketing muss aufgrund deren Umfang auf die hierfür spezialisierte Literatur verwiesen werden. Eine umfassende konzeptionelle Analyse dieses Themenkomplexes wird von Kay-Enders (1996) geleistet. An dieser Stelle werden lediglich aus einer rein anwendungsorientierten Perspektive Ansatzpunkte eines ethischen Pharma Marketing vorgestellt. Das Ziel deren Umsetzung muss darin bestehen, die ärztliche Wahrnehmung hinsichtlich der ethischen Haltung des Pharmaunternehmens positiv zu beeinflussen, um auf diesem Wege das Vertrauen und Relationship-Commitment der Ärzte zu fördern. Um in der Wahrnehmung von Ärzten entsprechende Veränderungen herbeizuführen, ist es erforderlich, bei diesen ein Bewusstsein dafür zu schaffen, dass ein Pharmaunternehmen eigene Anstrengungen zur Förderung ethischen Verhaltens unternimmt. Diese Sensibilisierung der Ärzte ließe sich durch einen Ethikkodex fördern, dessen Wortlaut z.B. über die Public Relations-Abteilung oder auch persönlich durch die Pharmareferenten zu kommunizieren wäre. In Anlehnung an Schlegelmilch (1990, S. 367) lässt sich der Ethikkodex eines Unternehmens als ein Dokument definieren, in dem die Verantwortung, die das Unternehmen gegenüber der Belegschaft, den Aktionären und anderen externen Stakeholdern (insbesondere den Konsumenten) besitzt, in Form von unterschiedlich detaillierten Leitlinien schriftlich festgehalten wird. Ein Beispiel für einen pharmaspezifischen Ethikkodex, der auf dem Wege der Public Relations im unternehmensexternen Umfeld einen hohen Bekanntheitsgrad erhalten hat, bietet der als „Our Credo" (o.V. 2005b) bezeichnete Ethikkodex des US-amerikanischen Pharmaunternehmens Johnson & Johnson.

Prinzipiell lassen sich bei der Formulierung der in einem Ethikkodex verankerten Verhaltensrichtlinien die zu schützenden Interessen sämtlicher Stakeholder eines Unternehmens berücksichtigen (vgl. Lohr-Schütz 1991, S. 63). Tatsächlich ist dies jedoch nur dann sinnvoll, wenn zwischen den Stakeholdern keine grundlegenden Interessengegensätze bestehen. Mit Blick auf die Sonderstellung der Ärzteschaft als zentralem Stakeholder des Pharma-Relationship Marketing ist dafür Sorge zu tragen, dass sich die inhaltliche Ausgestaltung eines

Ethikkodexes an den spezifischen Ansprüchen der Ärzteschaft und deren Patienten orientiert. Auf weitere Stakeholder, wie z.B. die Investoren, ist nicht bzw. nur nachrangig einzugehen. Würde man nämlich ethische Prinzipien sowohl zur Wahrung der Interessen der Ärzteschaft als auch der Investoren formulieren, so bestünde die Gefahr, dass die Ärzte die Botschaft des Kodexes als zu allgemein oder gar als widersprüchlich wahrnehmen. Ein Positivbeispiel liefert das Unternehmen Johnson & Johnson, dessen Ethikkodex dem Schutz der Ärzte, der Krankenschwestern und der Patienten oberste Priorität einräumt. Diese Stakeholder werden hier zuerst (vor den Investoren, den Lieferanten etc.) genannt: „We believe our first responsibility is to the doctors, nurses and patients, to mothers and fathers and all others who use our products and services" (o.V. 2005b). Somit wird jegliche Ambivalenz vermieden, die die Ärzte hinsichtlich des ethischen Anspruchs und der gesellschaftlichen Verpflichtungen dieses Unternehmens ggf. wahrnehmen könnten.

Für die Entwicklung eines an die Ärzte gerichteten Ethikkodexes bietet es sich an, die gesamte Ärzteschaft - in einem organisatorisch vertretbaren Umfang - an der Erarbeitung dieses Kodexes teilhaben zu lassen. Durch diese unmittelbare Partizipation des einzelnen Arztes bekräftigt das Unternehmen die Bedeutung, die es den persönlichen Beziehungen zu seinen Kunden beimisst. Auf diesem Wege ließen sich womöglich medizinische Meinungsführer als Fürsprecher gewinnen, die dem Kodex innerhalb der Ärztegemeinde zu einem erhöhten Bekanntheitsgrad und einer gesteigerten Glaubwürdigkeit verhelfen könnten. Für die Wirksamkeit des Kodexes und damit verbunden dessen Glaubwürdigkeit ist es darüber hinaus notwendig, das Kodexverstöße verlässlich erkannt und geahndet werden (vgl. Kay-Enders 1996, S. 175). Fordert das Pharmaunternehmen den Arzt dazu auf, an der Aufdeckung und Berichterstattung von Kodexverstößen mitzuwirken, so dient dies nicht allein der erhöhten Funktionstüchtigkeit des Kodexes. Vielmehr wird der Arzt in seiner Auffassung bestärkt, dass ihn das Pharmaunternehmen als Partner anerkennt. Um die vom Arzt evtl. wahrgenommenen Kommunikationsschwellen zum Unternehmen abzubauen, bietet sich die Einrichtung eines Ethikbeauftragten an, der mit der von Hansen (1988, S. 718) beschriebenen Verbraucherabteilung vergleichbar ist. Um als glaubwürdig eingeschätzt zu werden, sollte diese Unternehmensfunktion - für den Arzt erkennbar - unabhängig von den übrigen Marketing- und Vertriebsfunktionen sein (vgl. Ostapski/Isaacs 1992, S. 233). Zu diesem Zwecke ließe sich ein Ethikbeauftragter in die medizinisch-wissenschaftliche Abteilung eingliedern. Diese Abteilung verfügt über ein hohes Maß an arzneimittelspezifischem Wissen. Dieses ist erforderlich, damit der Ethikbeauftragte im Fall der Beschwerde eines Arztes über unausgewogene Produktinformationen mit dem Arzt gemeinsam erörtern kann, inwieweit tatsächlich ein sanktionswürdiger Kodexverstoß vorliegt. Im Hinblick auf eine optimale Transparenz bei der Durchsetzung des Ethikkodexes böte es sich an, einen unternehmensexternen Ethikbeauftragten zu ernennen. Da bei diesem in geringerem Maße als bei einem Unternehmensangehörigen Interessenkonflikte auftreten dürften, wäre zu erwarten, dass die Ärzte einem externen Ethikbeauftragten eine höhere Glaubwürdigkeit bescheinigen.[97] Dieser Gesichtspunkt spricht gegen die Option, den Ethikverantwortlichen der medizinisch-wissenschaftlichen Abteilung zuzuordnen. Jedoch erscheint es aus der Perspektive des Relationship Marketing sinnvoll, nach dem Vorbild einer Verbraucherabteilung eine unternehmensinterne Lösung zu finden. Stellt nämlich ein dem Unternehmen zugehöriger Ethikbeauftragter bei der Behandlung einer ärztlichen Beschwerde seine Neutralität unter Beweis, so ist anzunehmen, dass dadurch die positive Wahrnehmung des Arztes hinsichtlich der ethischen Haltung des Pharmaunternehmens in stärkerem Maße gefördert wird, als wenn die Aufsichtsfunktion durch einen Unternehmensexternen ausgeübt würde. Neben der hier beschriebenen Funktion der Beschwerdeabhilfe besteht eine weitere wichtige Funktion einer Verbraucherabteilung in der Schulung der Mitarbeiter gemäß den ethischen Grundsätzen des Unternehmens (vgl. Hansen/Stauss 1985, S. 156ff., zit. nach Kay-Enders 1996, S. 161). Sowohl durch eine Mitarbeiterselektion und -schulung, bei der ethische Kriterien berücksichtigt werden, als auch durch Anreizsysteme, die die Einhaltung ethischer Normen fördern, kann die Implementierung der im Ethikkodex festgehaltenen Normen unterstützt werden (vgl. Goolsby/Hunt 1992, S. 65; Gundlach/Murphy 1993, S. 43). Je stärker die Pharma-Geschäftsbeziehung

---

[97] Eine entsprechende Handhabung findet sich bei dem im Abschnitt 4.5.2 beschriebenen „Freiwillige Selbstkontrolle für die Arzneimittelindustrie e.V.".

durch persönliche Interaktionen zwischen den Ärzten und den Angestellten des Pharmaunternehmens geprägt ist, desto wichtiger ist diese durch die Verbraucherabteilung geförderte Verankerung des Ethikkodexes in der gelebten Unternehmenskultur. Bleibt nämlich das tatsächliche Verhalten der im Kundenkontakt befindlichen Mitarbeiter hinter den im Ethikkodex artikulierten und den Ärzten kommunizierten Versprechen zurück, so dürfte sich dies negativ auf die Wahrnehmung der Ärzte hinsichtlich der ethischen Haltung des Pharmaunternehmens auswirken. Um dem einzelnen Arzt die unternehmensweite Gültigkeit des Ethikkodexes glaubhaft zu demonstrieren, wäre eine Selbstbürgschaft jedes Pharmareferenten vorstellbar. Durch eine Selbstbürgschaft verpflichtet sich ein Akteur, z.B. durch eine öffentliche Handlung wie einen Eid, bestimmte Zusagen einzuhalten (vgl. Strasser/Voswinkel 1997, S. 227f.). Die Selbstbürgschaft bezüglich ethischen Verhaltens könnte über die Aufnahme des Ethikkodexes in den Arbeitsvertrag des Pharmareferenten zum Ausdruck gebracht werden (vgl. Webley 1988, S. 15). Durch flankierende Kommunikationsmaßnahmen ließen sich diese Selbstverpflichtungen den Ärzten mitteilen.

Wie im Abschnitt 5.5.2.2 festgestellt worden ist, geht von dem Relationship-Commitment des Pharmaunternehmens ein statistisch signifikanter positiver Effekt auf das Vertrauen des Arztes aus. Hieraus ergibt sich für ein Pharmaunternehmen die Möglichkeit, über die glaubhafte Demonstration seines eigenen Relationship-Commitment das Vertrauen des Arztes zu fördern. Im Abschnitt 4.5.3 wurden bereits Beispiele für Ressourcen genannt, die gezielt zur Betreuung eines bestimmten Arztes eingesetzt werden können. Über diese sog. idiosynkratischen Investitionen (vgl. Gundlach et al. 1995, S. 79) kann das Pharmaunternehmen dem einzelnen Arzt sein Relationship-Commitment demonstrieren. Eine in den bisherigen Ausführungen nur punktuell angesprochene Form idiosynkratischer Investitionen, die dem Pharmaunternehmen im Relationship Marketing Möglichkeiten der Differenzierung gegenüber seinen Wettbewerbern bietet, bilden Fortbildungsveranstaltungen. Die Pflicht zur fachlichen Fortbildung von Ärzten, die ursprünglich nur berufsrechtlich verankert war, ist mit dem Inkrafttreten des GMG nun auch sozialrechtlich normiert (vgl. Ehlers/Sichert 2004, S. 874). Gemäß der „(Muster-) Satzungsregelung Fortbildung und Fortbildungszertifikat", die auf dem 107. Deutschen Ärztetag beschlossen worden ist, sind die Ärzte dazu verpflichtet, durch Fortbildungen ihre fachliche Kompetenz zu erhalten und dauerhaft zu aktualisieren (vgl. o.V. 2004b). Gemäß § 2 der vorgenannten Mustersatzung kann sich der Inhalt dieser Fortbildungen auch auf die „(...) Verbesserung kommunikativer und sozialer Kompetenzen (...)" des Arztes beziehen. Hier bieten sich dem Pharmaunternehmen Möglichkeiten, dem Arzt Angebote für Fortbildungsveranstaltungen zu unterbreiten, in denen Kompetenzen für das patientengerichtete Marketing des Arztes sowie das Praxis-Management gefördert werden. Da derartige Veranstaltungsangebote keinen Bezug zu den Produkten des Pharmaunternehmens aufweisen, sind sie frei von wirtschaftlichen Interessen im Sinne von § 8 Abs. 1 Nr. 3 der vorgenannten Mustersatzung. Somit unterstreicht das Pharmaunternehmen sein Relationship-Commitment, da es einen Beitrag zur Wahrung der Wettbewerbsfähigkeit des Arztes leistet, der nicht unmittelbar an Unternehmensinteressen gekoppelt ist. In dem Maße, in dem sich der Wettbewerb der Ärzte um die Patienten verschärft, kann sich das Pharmaunternehmen gegenüber den von ihm betreuten Ärzten als Partner beweisen.

Als Abschluss der hier angestellten Überlegungen zur aktiven Förderung des Vertrauens und des Relationship-Commitment des Arztes sei auf die Schwierigkeiten hingewiesen, aus beschreibenden psychologischen Modellen Sozialtechniken abzuleiten, deren Zweck in der gezielten Beeinflussung von Einstellungen oder Verhaltensmustern besteht. So argumentiert Gambetta (1988, S. 230) auf Elster (1987) aufbauend, dass bei jedem zielgerichtet betriebenen Versuch eines Akteurs, vertrauenswürdig zu erscheinen, die Gefahr besteht, dass der potenzielle Vertrauensgeber diesen Versuch als rein taktisches Manöver interpretiert. Vertrauen kann sich demzufolge nur dadurch entwickeln, dass der Kunde diejenigen Handlungen des Anbieters positiv beurteilt, deren Zweck nicht allein in der Schaffung von Vertrauen besteht. Vergleichbar dazu argumentiert Luhmann (1979, S. 43), dass ein potenzieller Vertrauensgeber sehr schnell Misstrauen aufbauen kann, wenn er zu der Erkenntnis gelangt, dass das Verhalten des potenziellen Vertrauensnehmers allein durch das Motiv angetrieben wird, sich als vertrauenswürdig darzustellen. Dieser Aspekt unterstreicht die eingangs geschilderte Notwendigkeit, die dem Schutz der Interessen der Ärzte dienenden Verhaltensgrundsätze nicht auf bloße schriftliche Absichtserklärungen zu beschränken, sondern sie in der gelebten Unternehmenskultur zu verankern.

Abschließend sei auf das Konstrukt der wahrgenommenen Erschwinglichkeit eingegangen. Dieses stellt zwar keinen Prädiktor der zentralen Beziehungsvariablen dar. Dennoch verdient dieses Konstrukt in der Praxis des Pharma-Relationship Marketing Beachtung, da ihm gemäß der empirischen Befunde dieser Arbeit eine hohe Bedeutung als Prädiktor der Innovationsbereitschaft zukommt. Die durch eine wachsende Ökonomisierung der Medizin (vgl. Fink-Anthe 2002b, S. II/39) geschärfte Sensibilität der Ärzte für die mit einer Therapie verbundenen Kosten bildet eine Herausforderung für jedes forschende Pharmaunternehmen. Durch ihren unmittelbaren Einfluss auf die Behandlungskosten bildet die Preispolitik ein Marketinginstrument, über das sich die wahrgenommene Erschwinglichkeit und damit auch die Innovationsbereitschaft beeinflussen ließen. Besonders in der Einführungsphase eines neuartigen Arzneimittels wäre ein niedriger Einführungspreis eine Handlungsoption, da sich dieser positiv auf die wahrgenommene Erschwinglichkeit auswirken würde. Zwar ist auf vielen Konsumgütermärkten die sukzessive Anhebung des Preises im Zuge der fortgeschrittenen Marktdurchdringung aufgrund gefestigter positiver Einstellungen gegenüber dem Produkt möglich. Mit Blick auf die besondere Sensibilität des Gutes Gesundheit ist jedoch zu befürchten, dass eine derartige dynamische Preisbildung auf erhebliche Akzeptanzprobleme bei den Ärzten und anderen Akteuren des Gesundheitswesens stoßen würde. Insbesondere bei deutlichen Preiserhöhungen wären negative Wirkungen hinsichtlich der durch den Arzt wahrgenommenen ethischen Haltung des Pharmaunternehmens zu erwarten.

Der Versuch einer unmittelbaren preispolitischen Einflussnahme auf die wahrgenommene Erschwinglichkeit birgt somit Risiken für das Unternehmen. Aus dem starken Effekt, der von der wahrgenommenen Erschwinglichkeit auf die Innovationsbereitschaft ausgeht, lässt sich für die Praxis des Pharma Marketing die folgende Konsequenz ziehen: Die Kommunikationspolitik hat neben der Darstellung der Produkte und ihrer Leistungsmerkmale vermehrt auf die Begründung der preispolitischen Entscheidungen abzuzielen. Bei der sachlichen Rechtfertigung eines hohen Preises könnte sich das Pharmaunternehmen z.B. auf pharmakoökonomische Studien stützen. In diesen Studien ließen sich Belege für die Vorteilhaftigkeit eines neuen, hochpreisigen Arzneimittels hinsichtlich der gesamten Therapiekosten sammeln.

Es erscheint plausibel, dass hierbei neben diesen weitgehend objektiven Informationen auch dem Vertrauen des Arztes eine Bedeutung zukommt. Bringt dieser dem Pharmaunternehmen Vertrauen entgegen, so wird er einen gegebenen Preis eher als gerechtfertigt empfinden, als wenn sein Verhältnis zum Unternehmen durch Misstrauen geprägt ist. Hier zeigt sich erneut die Relevanz einer gewachsenen Pharma-Geschäftsbeziehung.

6.2 Zusammenfassung und Forschungsausblick

Die vorliegende Arbeit dient dem Zweck, dem auf dem deutschen Pharma-Markt betriebenen Relationship Marketing eine wissenschaftlich fundierte theoretische Grundlage zu liefern. Hierfür erfolgte im Kapitel 1 eine erste Bestandsaufnahme der Pharma-Geschäftsbeziehung zwischen forschenden Pharmaunternehmen und Ärzten, die den Untersuchungsgegenstand dieser Arbeit bildet. Im Abschnitt 1.1 wurde auf die hohe Bedeutung hingewiesen, die den Ärzten als Stakeholdern der Pharmazeutischen Industrie zukommt. Diese Bedeutung beruht auf der Entscheidungshoheit, die Ärzte bezüglich der Verordnung von Arzneimitteln innehaben. Die Bereitschaft der Ärzte, ein neu zugelassenes Arzneimittel zu verordnen, besitzt für das Pharma Marketing wegen der beträchtlichen Entwicklungskosten neuer Produkte eine hohe Priorität. Aufgrund der vom Arzt wahrgenommenen Unsicherheit, die mit der Verwendung neuartiger Arzneimittel verbunden ist, wurde bereits im Abschnitt 1.1 argumentiert, dass das Vertrauen des Arztes in das Pharmaunternehmen eine Voraussetzung der ärztlichen Innovationsbereitschaft darstellt. Da sich das Vertrauen in das Pharmaunternehmen nicht ad hoc bildet, sondern sich erst langfristig im Kontext einer

Geschäftsbeziehung entwickelt, fügt sich die vorliegende Arbeit in das Forschungsgebiet des Relationship Marketing ein. Die Innovationsbereitschaft sowie die Weiterempfehlungsbereitschaft des Arztes wurden als diejenigen Erfolgsgrößen des Pharma-Relationship Marketing identifiziert, denen in dieser Arbeit die größte Bedeutung zukommt. Im Abschnitt 1.2 wurde auf die Notwendigkeit hingewiesen, auf Grundlage allgemeiner Theorien des Relationship Marketing ein Modell der Pharma-Geschäftsbeziehung zu entwickeln, das den Spezifika des Pharma-Marktes gerecht wird. Mit Verweis auf die Argumentation der sich anschließenden Kapitel wurde bereits an dieser Stelle auf die Bedeutung des Vertrauens und des Relationship-Commitment des Arztes als den zentralen Beziehungsvariablen eines solchen Modells hingewiesen. Der Abschnitt 1.3 beschrieb die Wahl der Untersuchungsperspektive. Diese richtete sich nicht auf einzelne Interaktionsepisoden zwischen Arzt und Pharmaunternehmen, sondern auf die gesamte Pharma-Geschäftsbeziehung und deren Strukturvariablen. Die Schilderung des Ablaufs der Arbeit bildete den Gegenstand des Abschnitts 1.4.

Das Kapitel 2 diente einer Beschreibung der Funktionen der in den Arzneimittelvertrieb eingebundenen Akteure des Pharma-Marktes. Zunächst wurde die Schlüsselstellung der Ärzte als Träger der Verordnungsentscheidung beschrieben, die deren hohe Bedeutung als Stakeholder bzw. Anspruchsgruppe der Pharmaunternehmen begründet (Abschnitt 2.1.1). Die Relevanz, die Ärzte innovativen Arzneimitteln für die Erreichung ihrer therapeutischen Ziele beimessen, bildete den Gegenstand des Abschnitts 2.1.2. In diesem Zusammenhang konnte die Entwicklung neuartiger Arzneimittel als der zentrale Anspruch identifiziert werden, den die Ärzte an die Pharmaunternehmen richten. Es folgte eine Diskussion der finanziellen Restriktionen, die der Gesetzgeber dem Arzt auferlegt, um die Arzneimittelausgaben der gesetzlichen Krankenversicherung zu begrenzen. Diese das Verordnungsverhalten beeinflussenden finanziellen Restriktionen verleihen der Fragestellung Bedeutung, welcher Einfluss von der wahrgenommenen Erschwinglichkeit hochpreisiger neuartiger Arzneimittel auf die Innovationsbereitschaft ausgeht (Abschnitt 2.1.3).

Dem Patienten kommt in erster Linie die Rolle eines Arzneimittelkonsumenten zu, der aufgrund seines im Vergleich zum Arzt geringen Einflusses auf die Verordnung in dieser Arbeit nicht als zentraler Akteur betrachtet wurde (Abschnitt 2.2). Das gleiche gilt für die Apotheken und den Pharmazeutischen Großhandel, die ebenfalls keinen Einfluss auf die Verordnung eines innovativen Arzneimittels ausüben (Abschnitte 2.3 und 2.4). Pharmaunternehmen in ihrer Funktion als Anbieter innovativer Arzneimittel bildeten den Gegenstand des Abschnitts 2.5. Das vom Pharmaunternehmen betriebene Marketing unterliegt strengen gesetzlichen Auflagen, die z.b. patientengerichtete Werbung erheblich erschweren. Auch diese regulatorischen Aspekte bedingen die Schlüsselstellung der Ärzte als Adressaten der unternehmensseitigen Vermarktungsaktivitäten (Abschnitt 2.5.1). Im anschließenden Abschnitt 2.5.2 wurden zwei zentrale Gründe dafür angeführt, dass das Relationship Marketing als Ansatz der langfristigen Pflege von Pharma-Geschäftsbeziehungen dem „klassischen" Massenmarketing überlegen ist. Zum einen zeichnet sich der einzelne Arzt durch eine Jahrzehnte während ökonomische Bedeutung als Nachfrager von Arzneimitteln aus. Dies rechtfertigt eine vom Pharmaunternehmen langfristig betriebene Geschäftsbeziehungspflege (Abschnitt 2.5.2.1). Zum anderen ist der ärztliche Informationsbedarf komplex und spezifisch. Eine persönliche Betreuung durch einen kompetenten Pharmareferenten erscheint daher aus der Sicht des Arztes optimal. Angesichts dieser Aspekte würde sich das „klassische" Massenmarketing mit einer undifferenzierten Kommunikation gegenüber dem Relationship Marketing als unterlegen erweisen (Abschnitt 2.5.2.2).

Das Kapitel 3 fokussierte auf die Besonderheiten innovativer Arzneimittel. Hierbei wurde sowohl die Perspektive des Pharmaunternehmens als auch die der Ärzte eingenommen, denen die Rolle der Adopter von innovativen Arzneimitteln zukommt. Zunächst wurde die unternehmensstrategische Bedeutung erörtert, die neuartigen Arzneimitteln zukommt (Abschnitt 3.1). Es wurde dargelegt, dass die vorliegende Arbeit Bezüge zu dem interdisziplinären Wissenschaftsgebiet der Adoptionsforschung aufweist. Gleichzeitig unterscheidet sie sich von „klassischen" Adoptionsstudien, da bei der Wahl der Prädiktoren der Innovationsbereitschaft ein besonderer Schwerpunkt auf die eingangs genannten Beziehungsvariablen gelegt wird (Abschnitt 3.2.1). Um den Begriff des innovativen Arzneimittels inhaltlich zu konkretisieren und die Komplexität neuartiger Arzneimittel zu belegen, wurde eine Typologie der Innovationsdimensionen von Arzneimitteln vorgestellt (Abschnitt 3.2.2). Die Aufgaben, die ein Pharmaunternehmen bis zum Erhalt der Arzneimittelzulassung und darüber hinaus zu bewältigen hat, bildeten den Gegenstand des Abschnitts 3.2.3. Ein Schwerpunkt wurde dabei auf die umfassenden Informationspflichten gelegt, die dem Unternehmen bei der Überwachung der Arzneimittelsicherheit gesetzlich zugewiesen sind. Es ließ sich dabei erkennen, dass die Gewährleistung der Arzneimittelsicherheit wesentlich von der Zuverlässigkeit abhängt, mit der ein Pharmaunternehmen diesen Informationspflichten nachkommt. Das hier thematisierte Problem der potenziellen Arzneimittelrisiken, die insbesondere mit neuartigen Arzneimitteln verbunden sind, wurde im Gliederungspunkt 3.3 auf Grundlage der Informationsökonomik näher beleuchtet. Dabei wurde die durch den Arzt wahrgenommene sog. Qualitätsunsicherheit, die vom Unternehmen ausgeht, von der in dieser Arbeit nicht näher betrachteten umweltbedingten Unsicherheit analytisch getrennt (Abschnitt 3.3.1). Eine detaillierte Aufschlüsselung der Merkmale eines innovativen Arzneimittels, mit denen der Arzt langfristig Qualitätsunsicherheit assoziiert, erfolgte im Abschnitt 3.3.2. Vor dem Hintergrund der Annahme, dass die Qualitätsunsicherheit die ärztliche Innovationsbereitschaft hemmt, befasste sich der Abschnitt 3.4 mit Möglichkeiten, die - ergänzend zu arzneimittelbezogenen Anbieterinformationen - der Reduktion der vom Arzt wahrgenommenen Qualitätsunsicherheit dienen. Zunächst wurden die sog. Informationssubstitution sowie Gesetze des Arzneimittelrechts in ihrer die Qualitätsunsicherheit reduzierenden Wirkung diskutiert. Dabei wurde insbesondere auf deren Grenzen hinsichtlich der Reduktion der Qualitätsunsicherheit hingewiesen (Abschnitte 3.4.1 und 3.4.2). Ihnen gegenübergestellt wurde das Vertrauen in das Pharmaunternehmen als eine vom Arzt verfolgte Strategie der Unsicherheitsreduktion (Abschnitt 3.4.3). Ihre Überlegenheit gegenüber der Bewertung von Anbieterinformationen sowie den Gesetzen des Arzneimittelrechts ließ sich argumentativ auf Basis der Informationsökonomik begründen. Bei der Identifikation des Vertrauens als einer für die Innovationsbereitschaft wichtigen Größe konnte der analytische Wert der Informationsökonomik für die vorliegende Arbeit belegt werden. Aufgrund ihres recht abstrakten und statischen Charakters wurde dieses Theorie jedoch für wenig geeignet befunden, die psychischen Prozesse abzubilden, über die sich die Entstehung des Vertrauens sowie des Relationship-Commitment des Arztes als Ergebnis von Interaktionen zwischen Arzt und Pharmaunternehmen erklären lässt.

Diese theoretischen Defizite wurden durch die im Abschnitt 4 vorgestellte Social Exchange Theory (SET) überwunden. Die SET ist in ihren Ursprüngen eine sozialpsychologische Theorie, die jedoch die Relationship Marketing-Forschung bereits befruchtet hat (Abschnitt 4.1). Eine aus zwei Akteuren bestehende Dyade, innerhalb derer soziale Austausche mit dem Ziel der Nutzengenerierung vorgenommen werden, bildet den konzeptionellen Kern der SET, in dem sich die Pharma-Geschäftsbeziehung gut abbilden ließ (Abschnitt 4.2). Die SET lieferte die wichtigste theoretische Grundlage des Modells der Pharma-Geschäftsbeziehung, das in seiner Struktur im Abschnitt 4.3 schematisch dargestellt wurde. Das Vertrauen des Arztes in das Pharmaunternehmen und das Relationship-Commitment des Arztes bildeten die zentralen Beziehungsvariablen dieses Modells. Der zwischen diesen Konstrukten postulierte Zusammenhang wurde im Abschnitt 4.4 erörtert. Aus der SET sowie der mit ihr kompatiblen Theorien wurden im Gliederungspunkt 4.5 - unterstützt durch explorative Interviews mit Berliner Ärzten - die folgenden Einflussgrößen der zentralen Beziehungsvariablen abgeleitet: die Beziehungszufriedenheit des Arztes, das Relationship-Commitment des Pharmaunternehmens, die ethische Haltung des Pharmaunternehmens, die Expertise des Pharmareferenten und die Fürsorglichkeit des Pharmareferenten. Um zusätzlich den direkten Einfluss der Persönlichkeit des Arztes auf die zentralen Beziehungsvariablen zu erfassen, wurden die aus der Attachment Theory hervorgegangenen Konstrukte Close Business Attachment Style und Secure Business Attachment Style in das Modell aufgenommen.

Der Abschnitt 4.6 widmete sich den beiden Erfolgsgrößen des Pharma-Relationship Marketing, der Innovationsbereitschaft und der Weiterempfehlungsbereitschaft. Das Vertrauen und das Relationship-Commitment des Arztes wurden als Prädiktoren dieser beiden Erfolgsgrößen modelliert. Zwei weitere

Einflussgrößen der Innovationsbereitschaft bildeten die wahrgenommene Erschwinglichkeit des innovativen Arzneimittels und die pharmaspezifische Risikoaversion des Arztes (Abschnitt 4.7). Diese Konstrukte repräsentieren zwar keine Merkmale einer spezifischen Pharma-Geschäftsbeziehung. Die Wahl dieser Einflussgrößen reflektiert jedoch zwei Fragestellungen, die insbesondere für den Pharma-Markt interessant sind. Über die wahrgenommene Erschwinglichkeit ließ sich untersuchen, inwieweit die für den medizinischen Fortschritt notwendige Innovationsbereitschaft durch ökonomische Restriktionen beeinflusst wird, die dem Arzt vom Gesetzgeber auferlegt werden. Mit Hilfe der pharmaspezifischen Risikoaversion des Arztes sollte die Frage beantwortet werden, inwieweit dieses zeitlich relativ stabile psychographische Merkmal des Arztes dessen Innovationsbereitschaft hemmt. Insbesondere für Pharmaunternehmen, die innovative Arzneimittel vertreiben, mit denen aufgrund ihrer Neuartigkeit potenzielle Risiken verbunden sind, ist diese Fragestellung interessant.

Im Kapitel 5 wurde anhand der Kovarianzstrukturanalyse das Modell der Pharma-Geschäftsbeziehung empirisch überprüft. Die hierfür erforderliche Datengrundlage lieferte eine Erhebung unter niedergelassenen Gynäkologen in Berlin. Diese Beschränkung auf eine Facharztpopulation der deutschen Ärzteschaft erfolgte aus Gründen der Realisierbarkeit der Studie. Die Wahl fiel dabei auf niedergelassene Gynäkologen, da nur wenige Pharmaunternehmen diese intensiv betreuen. Es wurde angenommen, dass die Gynäkologen in einer Befragungssituation zu einer einzelnen Pharma-Geschäftsbeziehung genauere Angaben machen können als z.B. Allgemeinmediziner, die von einer deutlich größeren Anzahl Pharmareferenten besucht werden (Abschnitt 5.1). Die für die Messung der Konstrukte des Modells der Pharma-Geschäftsbeziehung erforderliche Operationalisierung erfolgte im Abschnitt 5.2. Dabei wurde zunächst auf die Grundlagen der messmethodisch relevanten Aspekte der Reliabilität und Validität eingegangen (Abschnitt 5.2.1). Die Entwicklung des Messinstrumentariums orientierte sich an Skalen, die bereits in marketingwissenschaftlichen Studien erprobt worden waren. Diese Skalen zeichneten sich durch zufrieden stellende Reliabilitäts- und Validitätsmaße aus (Abschnitt 5.2.2).

Die theoretischen Grundlagen der Kovarianzstrukturanalyse wurden im Abschnitt 5.3 überblickartig dargestellt. Nach der Prüfung der Erfüllung der Anforderungen, die bei der Verwendung der Kovarianzstrukturanalyse an die empirischen Daten gerichtet werden (Abschnitt 5.4), erfolgte entsprechend den Empfehlungen von Anderson/Gerbing (1988) zunächst die Spezifikation (Abschnitt 5.5.1.1) und daran anschließend die Schätzung des Pharma-Messmodells. Die Beurteilung der Schätzergebnisse fiel sowohl hinsichtlich der globalen als auch der lokalen Anpassungsmaße zufrieden stellend aus (Abschnitt 5.5.1.2). Anschließend erfolgten die Spezifikation und die Schätzung des Pharma-Kausalmodells (Abschnitte 5.5.2.1 und 5.5.2.2), dessen Struktur durch die Hypothesen des Kapitels 4 determiniert wurde. Bei der Überprüfung der Modellhypothesen mussten allein die Hypothesen H 8, H 11 und H 16 abgelehnt werden. Somit bildete die Fürsorglichkeit des Pharmareferenten keinen statistisch signifikanten Prädiktor des Vertrauens des Arztes in das Pharmaunternehmen. Darüber hinaus gingen von dem Vertrauen des Arztes in das Pharmaunternehmen sowie der pharmaspezifischen Risikoaversion keine statistisch signifikanten Effekte auf die Innovationsbereitschaft aus.

Der Effekt, der von dem Vertrauen des Arztes in das Pharmaunternehmen auf das Relationship-Commitment des Arztes ausging, fiel weniger stark aus als erwartet. Dies wurde darauf zurückgeführt, dass ein Teil der Korrelation zwischen diesen beiden zentralen Beziehungsvariablen durch deren Einflussgrößen erklärt wird. Um dies zu überprüfen, wurde ein vereinfachtes Pharma-Kausalmodell spezifiziert, aus dem die Einflussgrößen des Vertrauens und des Relationship-Commitment des Arztes entfernt wurden (Abschnitt 5.5.3.1). Die anschließende Modellschätzung ergab nun einen deutlich stärkeren Effekt des Vertrauens des Arztes auf das Relationship-Commitment des Arztes (Abschnitt 5.5.3.2).

In einer theoriegeleiteten Analyse des ursprünglichen Pharma-Kausalmodells wurden Erklärungsansätze für die den Erwartungen widersprechenden empirischen Befunde vorgestellt, die zur Ablehnung der Hypothesen H 8, H 11 und H 16 geführt hatten. Schließlich wurden diese Befunde in eine respezifizierte

Form des Modells aufgenommen (Abschnitt 5.6.1). Dieses respezifizierte Pharma-Kausalmodell zeichnete sich durch gute lokale und globale Anpassungsmaße sowie durch statistisch signifikante Pfadkoeffizienten aus. Es stellt den in dieser Arbeit endgültigen Entwurf eines Modells der Pharma-Geschäftsbeziehung dar (Abschnitt 5.6.2).

Die vorliegende Arbeit liefert ein Modell der Pharma-Geschäftsbeziehung, dessen Geltungsbereich sich auf alle deutschen Ärzte erstreckt, die Arzneiverordnungen vornehmen und sich in einem Betreuungsverhältnis mit mindestens einem Pharmaunternehmen befinden. Die empirische Überprüfung der Modellhypothesen erfolgte jedoch nur an einer Teilpopulation der deutschen Ärzteschaft, nämlich den in Berlin niedergelassenen Gynäkologen. Solange das Modell nicht an unterschiedlichen Facharztgruppen getestet wird, lässt sich die Annahme der Allgemeingültigkeit nur aufgrund von sachlogischen Überlegungen treffen. Die grundlegenden Prinzipien, die das berufliche Verhältnis zwischen Arzt und Pharmaunternehmen bestimmen, sind jedoch nach Ansicht des Autors in allen Arztpopulationen gültig, in denen der Arzt aus Sicht des Pharmaunternehmens eine vertriebliche Funktion als Verordner wahrnimmt, und in denen die Ärzte grundsätzlich ein Interesse an der Betreuung durch das Pharmaunternehmen haben. Die Frage, ob sich die hier gewonnenen Ergebnisse an anderen Ärztepopulationen reproduzieren lassen, kann jedoch nur durch weitere empirische Forschung geklärt werden.

Wie sich den Ausführungen im Abschnitt 5.1 entnehmen lässt, ist die Validität der Messung sensibler Kundendaten - wie z.B. dem Vertrauen des Arztes gegenüber dem Pharmaunternehmen - fragwürdig, wenn keine anonymen Befragungsmethoden verwendet werden. Neben dem Problem sozial erwünschter Antworten ist es sogar vorstellbar, dass durch Messungen dieser Beziehungsvariablen, die vom Pharmaunternehmen durchgeführt werden, das bestehende Vertrauen der Ärzte beeinträchtigt wird. So schildert Blois (1999, S. 206) die von der Vertrauensfrage („Vertrauen Sie mir?") ausgehende Gefahr für das bestehende Vertrauensverhältnis („Ja! Aber warum fragen Sie?"). Die Praxis des Pharma-Relationship Marketing könnte diesem Problem durch einen Verzicht auf Arztbefragungen begegnen. Als Alternative käme ein indirektes Messverfahren in Betracht, bei dem die Pharmareferenten die Ausprägungen der hier betrachteten Modellvariablen auf Grundlage ihrer Beobachtungen einschätzen. Die Validität solcher Messungen und damit verbunden die Qualität der Erfolgskontrolle des Beziehungsmanagement wären jedoch von den analytischen Fähigkeiten der Pharmareferenten und deren intendierter Objektivität abhängig. Eine vergleichende Gegenüberstellung dieser beiden Messverfahren könnte Gegenstand der weiteren Forschung sein.

Literaturverzeichnis

Aaker, D. A.; Keller, K. L. (1990): Consumer Evaluations of Brand Extensions, in: Journal of Marketing, Vol. 54 (Januar 1990), S. 27-41.

ABDA - Bundesvereinigung Deutscher Apothekerverbände (2004): Die Apotheke - Zahlen, Daten, Fakten 2003, elektronisch veröffentlicht unter http://www.abda.de, Zugriff im Februar 2005.

Achrol, R. S. (1991): Evolution of the Marketing Organization: New Forms of Turbulent Environments, in: Journal of Marketing, Vol. 55 (1991), Nr. 4, S. 77-93.

Adler, J. (1994): Informationsökonomische Fundierung von Austauschprozessen im Marketing, Arbeitspapiere zur Marketingtheorie, Nr. 3, Hrsg.: Weiber, R.; Trier, 1994.

Adler, J. (1996): Informationsökonomische Fundierung von Austauschprozessen - Eine nachfragerorientierte Analyse, Wiesbaden, 1996.

Ainsworth, M. D.; Blehar, M. C.; Waters, E.; Wall, S. (1978): Patterns of Attachment - A Psychological Study of the Strange Situation, Hillsdale, 1978.

Akaah, I. P.; Korgaonkar, P. (1988): A conjoint investigation of the relative importance of risk relievers in direct marketing, in: Journal of Advertising Research, Vol. 29 (August/September 1988), S. 38-44.

Albers, S. (1989): Entscheidungshilfen für den persönlichen Verkauf, Berlin, 1989.

Alchian, A. A.; Woodward, S. (1988): The Firm is Dead; Long Live the Firm, in: Journal of Economic Literature, Vol. 26 (1988), Nr. 1, S. 65-79.

Andaleeb, S. S. (1992): The Trust Concept: Research Issues For Channels Of Distribution, in: Research in Marketing, Vol. 11 (1992), S. 1-34.

Andaleeb, S. S.; Tallman, R. F. (1995): Physician attitudes toward pharmaceutical sales representatives, in: Health Care Management Review, Vol. 20 (Sommer 1995), Nr. 3, S. 68-76.

Anderson, E. W. (1998): Customer Satisfaction and Word of Mouth, in: Journal of Service Research, Vol. 1 (August 1998), Nr. 1, S. 5-17.

Anderson, E.; Weitz, B. (1992): The Use of Pledges to Build and Sustain Commitment in Distribution Channels, in: Journal of Marketing Research, Vol. 29 (Februar 1992), S. 18-34.

Anderson, J. C. (1995): Relationships in business marketing: Exchange episodes, value creation and their empirical assessment, in: Journal of the Academy of Marketing Science, Vol. 23 (1995), Nr. 4, S. 346-350.

Anderson, J. C.; Gerbing, D. W. (1984): The Effect of Sampling Error on Convergence, Improper Solutions, and Goodness-of-Fit- Indices for Maximum Likelihood Confirmatory Factor Analyses, in: Psychometrika, Vol. 49 (1984), S. 155-173.

Anderson, J. C.; Gerbing, D. W. (1988): Structural Equation Modeling in Practice: A Review and Recommended Two-Step Approach, in: Psychological Bulletin, Vol. 103 (1988), Nr. 3, S. 411- 423.

Anderson, J. C.; Narus, J. A. (1990): A Model of Distributor Firm and Manufacturer Firm Working Partnerships, in: Journal of Marketing, Vol. 54 (Januar 1990), S. 42-58.

Arbuckle, J. L. (2003): Amos 5.0 Update to the Amos User´s Guide, o.O., 2003.

Arbuckle, J. L., Wothke, W. (1999): Amos 4.0 User´s Guide, o.O., 1999.

Arndt, J. (1967): Role of Product-Related Conversations in the Diffusion of a New Product, in: Journal of Marketing Research, Vol. 4 (August 1967), S. 291-295.

Aryee, S.; Budhwar, P. S.; Chen, Z. X. (2002): Trust as mediator of the relationship between organizational justice and work outcomes: test of a social exchange model, in: Journal of Organizational Behavior, Vol. 23 (2002), S. 267-285.

Asendorf, J. B.; Wilpers, S. (2000): Attachment Security and available support: Closely linked relationship qualities, in: Journal of Social and Personal Relationships, Vol. 17 (2000), Nr. 1, S. 115-138.

Assael, H. (1987): Consumer Behavior and Marketing Action, 3. Auflage, Belmont, 1987.

Babakus, E.; Boller, G. W. (1992): An Empirical Assessment of the SERVQUAL Scale, in: Journal of Business Research, Vol. 24 (1992), Nr. 3, S. 253-268.

Backhaus, K. (1992): Investitionsgütermarketing, 3. Auflage, München, 1992.

Backhaus, K.; Erichson, B.; Plinke, W. Weiber, R. (2003): Multivariate Analysemethoden - Eine anwendungsorientierte Einführung, 9. Auflage, Berlin, 1996.

Bagozzi, R. P. (1979): The Role of Measurement in Theory Construction and Hypothesis Testing: Toward a Holistic Model, in: Ferrel, O.; Brown, S.; Lamb, C.

(Hrsg.): Conceptional and Theoretical Developments in Marketing, Chicago, 1979, S. 15-33.

Bagozzi, R. P. (1982): An Examination of the Validity of Two Models of Attitude, in: Fornell, C. (Hrsg.): A Second Generation of Multivariate Analysis, Band 2, New York, S. 145-184

Bagozzi, R. P. (1998): A Prospectus for Theory Construction in Marketing: Revisited and Revised, in: Hildebrandt, L.; Homburg. C. (Hrsg.): Die Kausalanalyse, Stuttgart, 1998, S. 45-81.

Bagozzi, R. P.; Fornell, C. (1982): Theoretical Concepts, Measurements, and Meaning, in: Fornell, C. (Hrsg.): A Second Generation of Multivariate Analysis, Band 2, New York, S. 24-38.

Bagozzi, R. P.; Yi, Y. (1988): On the Evaluation of Structural Equation Models, in: Journal of the Academy of Marketing Science, Vol. 16 (1988), Nr. 1, S. 74-94.

Bagozzi, R. P.; Yi, Y.; Phillips, L. (1991): Assessing Construct Validity in Organizational Research, in: Administrative Science Quarterly, Vol. 36 (1991), Nr. 3, S. 421-458.

Balderjahn, I. (1998): Die Kreuzvalidierung von Kausalmodellen, in: Hildebrandt, L.; Homburg. C. (Hrsg.): Die Kausalanalyse, Stuttgart, 1998, S. 371-397.

Balderjahn, I. (2003): Validität - Konzept und Methoden, in: Wirtschaftswissenschaftliches Studium, 32. Jg. (März 2003), Nr. 3, S. 130-135.

Balderjahn, I.; Scholderer, J. (2000): Benefit- und Lifestyle-Segmentierung, in: Albers, S.; Herrmann, A. (Hrsg.): Handbuch Produktmanagement, Wiesbaden, 2000, S. 268-287.

Bao, Y.; Zhou, K. Z.; Su , C. (2003): Face Consciousness and Risk Aversion: Do They Affect Consumer Decision Making?, in: Psychology & Marketing, Vol. 20 (August 2003), Nr. 8, S. 733-755.

Barber, B. (1983): The Logic and Limits of Trust, New Brunswick, 1983.

Basset, P. (2001): Drug Delivery Industry Mergers, Acquisitions and Alliances: 2000 in Review, Decision Resources, Spectrum, Waltham (Mass.), Band 4, 2001.

Bauer, R. A. (1960): Consumer Behavior as Risk Taking, in: Hancock, R. S. (Hrsg.): Dynamic Marketing in a Changing World, Chicago, 1960, S. 389-398.

Bearden, W. O.; Etzel, M. J. (1982): Reference Group Influence on Product and Brand Purchase Decisions, in: Journal of Consumer Research, Vol. 9 (September 1982), S. 473-481.

Bearden, W. O.; Netemeyer, R. G. (1999): Handbook of Marketing Scales: Multi-item Measures for Marketing and Consumer Behavior Research, Thousand Oaks, 1999.

Becker, W. (2000): Innovative Pharmakommunikation im Internet-Zeitalter, Wiesbaden, 2000.

Bendapudi, N.; Berry, L. L. (1997): Customers´ Motivations for Maintaining Relationships With Service Providers, in: Journal of Retailing, Vol. 73 (1997), Nr. 1, S. 15-37.

Bentler, P. M. (1990): Comparative Fit Indexes in Structural Models, in: Psychological Bulletin, Vol. 107 (1990), S. 238-246.

Bentler, P. M. (1995): EQS: Structural Equations Program Manual, Los Angeles, 1995.

Bentler, P. M.; Bonnet (1980): Significance Tests and Goodness of Fit in the Analysis of Covariance Structures, in: Psychological Bulletin, Vol. 88 (1980), S. 588-606.

Bentler, P. M.; Chou, C. (1987): Practical Issues in Structural Modeling, in: Sociological Methods & Research, Vol. 16 (August 1987), Nr. 1, S. 78-117.

Bentler, P. M.; Mooijaart, A. (1989): Choice of Structural Model via Parsimony: A Rationale Based on Precision, in: Psychological Bulletin, Vol. 106 (1989), S. 315-317.

Berekoven, L.; Eckert, W.; Ellenrieder, P. (2004): Marktforschung: Methodische Grundlagen und praktische Anwendung, 8. Auflage, Wiesbaden, 2004.

Berry, L. L. (1983): Relationship Marketing, in: Berry, L. L.; Shostack, G. L.; Upah, G.D. (Hrsg.): Emerging Perspectives on Services Marketing, Chicago, 1983, S. 25-28.

Berry, L. L. (1995): Relationship Marketing of Services - Growing Interest, Emerging Perspectives, in: Journal of the Academy of Marketing Science, Vol. 23 (1995), Nr. 4, S. 236-245.

Berry, L. L.; Parasuraman, A. (1991): Marketing Services. Competing Through Quality, New York, 1991.

Bertsch, K. (2002): Die Rolle der medizinisch - wissenschaftlichen Abteilungen: Fachliche Betreuung im Lebenszyklus eines Arzneimittels, in: Schöffski, O.; Fricke, F. - U.; Guminski, W.; Hartmann, W. (Hrsg.): Pharmabetriebslehre, Berlin, 2002, S. 293-310.

Bettencourt, L. A. (1997): Customer Voluntary Performance: Customers As Partners In Service Delivery, in: Journal of Retailing, Vol. 73 (1997), Nr. 3, S. 383-406.

Bitner, M. J.; Hubbert, A. R. (1994): Encounter Satisfaction versus Overall Satisfaction versus Quality. The Customer's Voice, in: Rust, R. T.; Oliver, R. L. (Hrsg.): Service Quality. New Directions in Theory and Practice, Thousand Oaks, 1994, S. 72-94.

Blackwell, R. D.; Miniard, P. W.; Engel, J. F. (2001): Consumer Behavior, 9. Auflage, Fort Worth, 2001.

Blau, P. M. (1960): A Theory of Social Integration, in: The American Journal of Sociology, Vol. 65 (1960), S. 550-553.

Blau, P. M. (1964): Exchange and Power in Social Life, New York, 1964.

Blau, P. M. (1968): Interaction: Social Exchange, in: International Encyclopedia of the Social Sciences, 7. Band, New York, 1968, S. 452-458.

Blohm, M.; Harkness, J.; Klein, S.; Scholz, E. (2004): ZUMA-Methodenbericht 2003/12 - Konzeption und Durchführung der „Allgemeinen Bevölkerungsumfrage der Sozialwissenschaften" (ALLBUS) 2002, Überarbeitete Version, August 2004, elektronisch veröffentlicht unter http://www.gesis.org/Dauerbeobachtung/Allbus/index.htm, Zugriff im Januar 2005.

Blois, K. J. (1999): Trust in Business-to-Business Relationships: An Evaluation of its Status, in: Journal of Management Studies, Vol. 36 (März 1999), Nr. 2, S. 197-215.

Böcker, F.; Thomas, L.; Gierl, H. (1984): Marketing, 4. Auflage, Stuttgart, 1984.

Bollen, K. A. (1989): Structural Equations with Latent Variables, New York, 1989.

Bone, P. F. (1995): Word-of-Mouth Effects on Short-term and Long-term Product Judgements, in: Journal of Business Research, Vol. 32 (März 1995), S. 213-224.

Boomsma, A. (1982): The Robustness of LISREL against Small Sample Size in Factor Analysis Models, in: Jöreskog, K.; Wold, H. (Hrsg.): Systems under Indirect Observation (Part 1), Amsterdam, 1982, S. 149-173.

Bortz, J. (1999): Statistik für Sozialwissenschaftler, 5. Auflage, Berlin, 1999.

Boston Consulting Group (BCG) (1998): Innovationskraft: Forschende Pharmaunternehmen am Standort Deutschland, o.O., 1998.

Boush, D. M.; Loken, B. (1991): A Processtracing Study of Brand Extension Evaluation, in: Journal of Marketing Research, Vol. 28 (Februar 1991), S. 16-28.

Bowlby, J. (1973): Attachment and Loss, Vol. 2. Separation, Anxiety and Anger, New York, 1973.

BPI (Bundesverband der Pharmazeutischen Industrie e.v.) (2004): Pharma-Daten 2004, elektronisch veröffentlicht unter http://www.bpi.de/internet/ download/pharmadaten_2004.pdf, Zugriff im Januar 2005.

Bradach, J. L.; Eccles, R. G. (1989): Price, Authority and Trust: From Ideal Types to Plural Forms, in: Annual Review of Sociology, Vol. 15 (1989), S. 97-118.

Brealey, R. A.; Myers, S. C. (1996): Principles of Corporate Finance, 5. Auflage, New York.

Brown, J. R.; Lusch, R. F.; Nicholson, C. Y. (1995): Power and Relationship Commitment: Their Impact on Marketing Channel Member Performance, in: Journal of Retailing, Vol. 71 (Winter 1995), S. 363-392.

Brewer, G. (1995): 1995 Best Sales Force Awards, in: Sales & Marketing Management, Vol. 147 (Oktober 1995), S. 54.

Bronner, R.; Appel, W.; Wiemann, V. (1999): Empirische Personal- und Organisationsforschung: Grundlagen - Methoden - Übungen, München, 1999.

Browne, M. W.; Cudeck, R. (1993): Alternative Ways of Assessing Model Fit, in: Bollen, K. A.; Long, J. S. (Hrsg.): Testing Structural Equation Models, Newbury Park, 1993, S. 445-455.

Bruhn, M. (2001): Relationship Marketing - Das Management von Kundenbeziehungen, München, 2001.

Bruhn, M.; Bunge, B. (1996): Beziehungsmarketing als integrativer Ansatz der Marketingwissenschaft. Ein Beziehungsgeflecht zwischen Neologismus und Eklektizismus?, in: Die Unternehmung, 50. Jg. (1996), Nr. 3, S. 171-194.

Bruhn, M.; Georgi, D.; Treyer, M.; Leumann, S. (2000): Wertorientiertes Relationship Marketing. Vom Kundenwert zum Customer Lifetime Value, in: Die Unternehmung, 54. Jg. (2000), Nr. 3, S. 167-188.

Bucklin, L. P.; Sengupta, S. (1993): Organizing Successful Co-Marketing Alliances, in Journal of Marketing, Vol. 57 (April 1993), S. 32-46.

Bullock, H. E.; Harlow, L. L.; Mulaik, S. A. (1994): Causation Issues in Structural Equation Modeling, in: Structural Equation Modeling: A Multidisciplinary Journal, Vol. 1 (1994), Nr. 3, S. 253-267.

Busch, P.; Wilson, D. (1976): An Experimental Analysis of a Salesman´s Expert and Referent Bases of Social Power in the Buyer-Seller Dyad, in: Journal of Marketing Research, Vol. 13 (Februar 1976), S. 3-11.

Bußhoff, U.; Müller - Gerharz, R. (2002): Ansätze für eine Optimierung der Arzneimittelsicherheit in Deutschland - Potentiale eines effektiven Risiko - und Informationsmanagement nutzen, in: Pharmazeutische Industrie, 64. Jg. (2002), Nr. 10, S. 1005-1010.

Butler, J. K. (1991): Toward Understanding and Measuring Conditions of Trust: Evolution of a Conditions of Trust Inventory, in: Journal of Management, Vol. 17 (1991), Nr. 3, S. 643-663.

Byrne, B. (2001): Structural Equation Modeling with AMOS: basic concepts, applications, and programming, Mahwa, New Jersey, 2001.

Carnap, R. (1974): Einführung in die Philosophie der Naturwissenschaft, 2. Auflage, München, 1974.

Chadwick-Jones, J. K. (1976): Social Exchange Theory: Its Structure and Influence in Social Psychology, London, 1976.

Chatman, J. A. (1991): Matching People and Organizations: Selection and Socialization in Public Accounting Firms, in: Administrative Science Quarterly, Vol. 36 (September 1991), S. 459-484.

Christopher, M.; Payne, A.; Ballantyne, D. (1991): RM: Bringing Quality, Customer Service and Marketing Together, Oxford, 1991.

Coase, R. H. (1984): The New Institutional Economics, in: Zeitschrift für die gesamte Staatswissenschaft, Jg. 140 (1984), S. 229-231.

Collins, N. L.; Read, S. J. (1990): Adult Attachment, Working Models, and Relationship Quality in Dating Couples, in: Journal of Personality and Social Psychology, Vol. 58 (1990), Nr. 4, S. 644-663.

Cook, K. S.; Emerson, R. M. (1978): Power, Equity and Commitment in Exchange Networks, in: American Sociological Review, Vol. 43 (Oktober 1978), S. 721-739.

Cornelsen, J. (2000): Kundenwertanalysen im Beziehungsmarketing: Theoretische Grundlegung und Ergebnisse einer empirischen Studie im Automobilbereich Nürnberg, 2000.

Costabile, M. (o.J.): A dynamic model of customer loyalty, elektronisch veröffentlicht unter http://www.bath.ac.uk/imp/pdf/6_Costabile.pdf, Zugriff im August 2004.

Cox, D. F. (1967): Risk Handling in Consumer Behavior, in: Cox, D. F. (Hrsg.): Risk Taking and Information Handling in Consumer Behavior, Boston, 1967, S. 34-81.

Cronbach, L. J.; Meehl, P. E. (1955): Construct Validity in Psychological Tests, in: Psychological Bulletin, Vol. 52 (1955), S. 281-302.

Crosby, L. A.; Evans, K. R.; Cowles, D. (1990): Relationship Quality in Services Selling: An Interpersonal Influence Perspective, in: Journal of Marketing, Vol. 54 (Juli 1990), S. 68-81.

Cross, R.; Smith, R. (1995): Customer Bonding, Lincolnwood (Chicago), 1995.

Cudeck, R. (1989): Analysis of correlation matrices using covariance structure models, in: Psychological Bulletin, Vol. 105 (1989), S. 317-327.

Cullen, J. B.; Johnson, J. L.; Sakano, T. (1995): Japanese and Local Partner Commitment to IJVs: Psychological Consequences of Outcomes and Investments in the IJV Relationship, in: Journal of International Business Studies, Vol. 26 (1995), Nr. 1, S. 91-116.

Cunningham, S. M. (1967): The Major Dimensions of Perceived Risk, in: Cox, D. F. (Hrsg.): Risk Taking and Information Handling in Consumer Behavior, Boston, 1967, S. 82-108.

Dahlke, B. (2001): Einzelkundenorientierung im Business-to-Business-Bereich: Konzeptualisierung und Operationalisierung, Wiesbaden, 2001.

Dambacher, E.; Schöffski, O. (2002): Vertriebswege und Vertriebswegentscheidung, in: Schöffski, O.; Fricke, F. - U.; Guminski, W.; Hartmann, W. (Hrsg.): Pharmabetriebslehre, Berlin, 2002, S. 243-270.

Darby, M. R.; Karni, E. (1973): Free Competition and the Optimal Amount of Fraud, in: The Journal of Law and Economics, Vol. 16 (April 1973), S. 67-88.

Darden, W. R.; Hampton, R.; Howell, R. D. (1989): Career Versus Organizational Commitment: Antecedents and Consequences of Retail Salespeople´s Commitment, in: Journal of Retailing, Vol. 65 (1989), S. 80-106.

Dasgupta, P. (1988): Trust as a commodity, in: Gambetta, D. (Hrsg.): Trust: Making and Breaking Co-operative Relations, Oxford, 1988, S. 49-72.

Day, G. S. (1995): Advantageous Alliances, in: Journal of the Academy of Marketing Science, Vol. 23 (1995), Nr. 4, S. 297-300.

Dengler, H. J. (1997): Überlegungen zum Begriff der medizinischen Innovation, in: Albring, M.; Wille, E. (Hrsg.): Innovationen in der Arzneimitteltherapie - Definition, medizinische Umsetzung und Finanzierung, Frankfurt a.M., 1997, S. 16-30.

Deutsch, M. (1960): The effect of motivational orientation upon trust and suspicion, in: Human Relations, Vol. 13 (1960), S. 123-140.

De Wulf, K.; Odekerken-Schröder, G. (2001): A Critical Review of Theories Underlying Relationship Marketing in the Context of Explaining Consumer Relationships, in: Journal for the Theory of Social Behaviour, Vol. 31 (2001), Nr. 1, S. 73-101.

Dichter, E. (1966): How Word-of-Mouth Advertising Works, in: Harvard Business Review, Vol. 44 (November-Dezember 1966), S. 147-166.

Dichtl, E. (1983): Leitlinien der Marketing - Forschung, in: Marketing ZFP, 5. Jg. (Februar 1983), Nr. 1, S. 61-62.

Dick, A. S.; Basu, K. (1994): Customer Loyalty: Toward an Integrated Conceptual Framework, in: Journal of the Academy of Marketing Science, Vol. 22 (1994), Nr. 2, S. 99-113.

Dierickx, I.; Cool, K. (1989): Asset Stock Accumulation and Sustainability of Competitive Advantage, in: Management Science, Vol. 35 (Dezember 1989), Nr. 12, S. 1504-1511.

Dietl, H. (1993): Institution und Zeit, Tübingen, 1993.

Diller, H. (1991): Preispolitik, 2. Auflage, Stuttgart, 1991.

Diller, H. (2002): Marktforschung im Zeichen des Beziehungsmarketing: Herausforderungen und Trends, Arbeitspapier Nr. 97, Universität Erlangen - Nürnberg, Betriebswirtschaftliches Institut, 2002.

Diller, H.; Kusterer, M. (1988): Beziehungsmanagement, Theoretische Grundlagen und explorative Befunde, in: Marketing ZFP, 10. JG (August 1988), Nr. 3, S. 211-220.

Ding, L.; Velicer, W. F.; Harlow, L. L. (1995): Effects of estimation methods, number of indicators per factor, and improper solutions on structural equation modeling fit indices, in: Structural Equation Modeling, Vol. 2 (1995), S. 119-143.

Doney, P. M.; Cannon, J. P. (1997): An Examination of the Nature of Trust in Buyer-Seller Relationships, in: Journal of Marketing, Vol. 61 (April 1997), S. 35-51.

Donthu, N.; Garcia, A. (1999): The Internet Shopper, in: Journal of Advertising Research, Vol. 39 (1999), S. 52-58.

Donthu, N.; Gilliland, D. (1996): The Infomercial Shopper, in: Journal of Advertising Research, Vol. 36 (März - April 1996), S. 69-76.

Dowling, G. R.; Staelin, R. (1994): A Model of Perceived Risk and Intended Risk-handling Activity, in: Journal of Consumer Research, Vol. 21 (Juni 1994), S. 119-134.

Dwyer, F. R.; Schurr, P. H.; Oh, S. (1987): Developing Buyer-Seller Relationships, in: Journal of Marketing, Vol. 51 (April 1987), S. 11-27.

Egeland, B.; Farber, E. (1984): Infant-mother attachment: Factors related to its development and change over time, in: Child Development, Vol. 55 (1984), S.753-771.

Ehlers, A. P. F. (2003): „Die vierte Hürde" in der Arzneimittelzulassung - Erwartungen im Rahmen des Entwurfes des Gesundheitsmodernisierungs-gesetzes (GMG), in: Pharmazeutische Industrie, 65. Jg. (2003), Nr. 5, S. 408-412.

Ehlers, A. P. F.; Igl, M. (2003): Neuordnung der Versorgung mit Arzneimitteln - Änderungen im Rahmen des Entwurfes des Gesundheitssystemmodernisierungsgesetzes (GMG), in: Pharmazeutische Industrie, 65. Jg. (2003), Nr. 9, S. 835-837.

Ehlers, A. P. F.; Laschner, A.-K. (2004): Freiwillige Selbstkontrolle für die Pharmaindustrie - Zwischen erwünschter Kooperation und unzulässiger Korruption, in: Pharmazeutische Industrie, 66. Jg. (2004), Nr. 5, S. 544-545.

Ehlers, A. P. F.; Sichert, M. (2004): Die sozialrechtliche Fortbildungs - und Fortbildungsnachweispflicht der Ärzte, in: Pharmazeutische Industrie, 66. Jg. (2004), Nr. 7, S. 874-876.

Ehlers, A. P. F.; Weizel, I. (2001): Das Gesetz zur Anpassung der Regelungen über die Festsetzung von Festbeträgen für Arzneimittel in der gesetzlichen Krankenversicherung (Festbetragsanpassungsgesetz - FBAG), in: Pharmazeutische Industrie, 63. Jg. (2001), Nr. 9, S. 930-932.

Ehlers, A. P. F.; Weizel, I. (2002): Rechtsfragen bei der Durchführung klinischer Studien, in: Schöffski, O.; Fricke, F. - U.; Guminski, W.; Hartmann, W. (Hrsg.): Pharmabetriebslehre, Berlin, 2002, S. 313-328.

Ekeh, P. P. (1974): Social Exchange Theory: The Two Traditions, Cambridge, MA, 1974.

Elster, J. (1987): Subversion der Rationalität, Frankfurt a. M., 1987.

Emerson, R. M. (1976): Social Exchange Theory - Introduction: The Character and Scope of Social Exchange Theory, in Rosenberg, M.; Turner, R. H. (Hrsg.): Social Psychology - Sociological Perspectives, New York, 1976, S. 31-65.

Erdem, T.; Swait, J. (2004): Brand Credibility, Brand Consideration, and Choice, in: Journal of Consumer Research, Vol. 31 (Juni 2004), S. 191-198.

Fairholm, G. W. (1994): Leadership and the Culture of Trust, London, 1994.

Fassnacht, M. (1996): Preisdifferenzierung bei Dienstleistungen, Wiesbaden, 1996.

Feder, G.; O´Mara, G. T. (1982): On Information and Innovation Diffusion: A Bayesian Approach, in: American Journal of Agricultural Economics, Vol. 64. (Februar 1982), S. 145-147.

Ferguson, R. P. (1989): Training the Resident to Meet the Detail Men, in: The Journal of the American Medical Association, Vol. 261 (1989), S. 992-993.

Fieser, L. F.; Fieser, M. (1959): Steroids, New York, 1959.

File, K. M.; Judd, B. B.; Prince, R. A. (1992): Interactive Marketing: The Influence of Participation on Positive Word-of-Mouth Referrals, in: Journal of Services Marketing, Vol. 6 (Herbst 1992), S. 5-14.

Fink-Anthe, C. (2001), Akzeptanz von Innovation mit Wenn und Aber, in: Pharmazeutische Industrie, 63. Jg. (2001), Nr. 11, S. XI/220-222.

Fink-Anthe, C. (2002a): Aufwendungen für Innovationen, in: Pharmazeutische Industrie, 64. Jg. (2002), Nr. 1, S. I/23-24.

Fink-Anthe, C. (2002b): Komplexität rund um das Arzneimittel, in: Pharmazeutische Industrie, 64. Jg. (2002), Nr. 2, S. II/38-40.

Fink-Anthe, C. (2002c): Neuartigkeit von Arzneimitteln auf dem Prüfstand, in: Pharmazeutische Industrie, 64. Jg. (2002), Nr. 8, VIII/S. 146-149.

Fischer, D.; Breitenbach, J. (2003): Die Pharmaindustrie. Einblick - Durchblick - Perspektiven, Heidelberg, 2003.

Fishbein, M.; Ajzen, I. (1975): Belief, Attitude, Intention, and Behavior, Reading, MA, 1975.

Fornell, C.; Larcker, D. (1981): Evaluating Structural Equation Models with Unobservable Variables and Measurement Error, in: Journal of Marketing Research, Vol. 18 (Februar 1981), S. 39-50.

French, J. R. P.; Raven, B. (1959): The Basis of Social Power, in Cartwright, D. (Hrsg.): Studies in Social Power, Ann Arbor, 1959, S. 150-167.

Fricke, F. - U. (2002): Steuerungsinstrumente in der Arzneimittelversorgung, in: Schöffski, O.; Fricke, F. - U.; Guminski, W.; Hartmann, W. (Hrsg.): Pharmabetriebslehre, Berlin, 2002, S. 83-100.

Friedman, R. A.; Podolny, J. (1992): Differentiation of boundary spanning roles: labor negotiations and implications of role conflict, in: Administrative Science Quarterly, Vol. 37 (1992), Nr.1, S. 28-47.

Fritz, W. (1992): Marktorientierte Unternehmensführung und Unternehmenserfolg: Grundlagen und Ergebnisse einer empirischen Untersuchung, Stuttgart, 1992.

Fullerton, G. (2003): When Does Commitment Lead to Loyalty?, in: Journal of Service Research, Vol. 5 (Mai 2003), Nr. 4, S. 333-344.

Gambetta, D. (1988): Can We Trust Trust?, in: Gambetta, D. (Hrsg.): Trust: Making and Breaking Co-operative Relations, Oxford, 1988, S. 213-237.

Ganesan, S. (1994): Determinants of Long-Term Orientation in Buyer-Seller Relationships, in: Journal of Marketing, Vol. 58 (April 1994), S. 1-19.

Garbarino, E.; Johnson, M. S. (1999): The Different Roles of Satisfaction, Trust, and Commitment in Customer Relationships, in: Journal of Marketing, Vol. 63 (April 1999), S. 70-87.

Gehrig, W. (1992): Pharma Marketing - Instrumente, Organisationen und Methoden; national und international, 2. Auflage, 1992, Zürich.

Geyskens, I.; Steenkamp, J.- B.; Scheer, L. K.; Kumar, N. (1996): The effects of trust and interdependence on relationship commitment: A trans-Atlantic study, in: International Journal of Research in Marketing, Vol. 13 (1996), Nr. 4, S. 303-317.

Giddens, A. (1990): The Consequences of Modernity, Cambridge, U.K., 1990.

Gilliland, D. I.; Bello, D. C. (2002); Two Sides to Attitudinal Commitment: The Effect of Calculative and Loyalty Commitment on Enforcement Mechanisms in Distribution Channels, in: Journal of the Academy of Marketing Science, Vol. 30 (2002) Nr. 1, S. 24-43.

Golembiewski, B.; McConkie, M. (1975): The Centrality of Interpersonal Trust in Group Processes, in: Cooper, C. L. (Hrsg.): Theories of Group Processes, New York, 1975, S. 131-185.

Goolsby, J. R.; Hunt, S. D. (1992): Cognitive Moral Development and Marketing, in: Journal of Marketing, Vol. 56 (Januar 1992), S. 55-68.

Gorbauch, T.; de la Haye, R. (2002): Die Entwicklung eines Arzneimittels, in: Schöffski, O.; Fricke, F. - U.; Guminski, W.; Hartmann, W. (Hrsg.): Pharmabetriebslehre, Berlin, 2002, S. 165-176.

Gremler, D. D.; Gwinner, K. P.; Brown, S. W. (2001): Generating positive word-of-mouth communication through customer-employee relationships, in: International Journal of Service Industry Management, Vol. 12 (2001), Nr. 1, S. 44-59.

Grönroos, C. (1990): Marketing Redefined, in: Management Decision, Vol. 28 (1990), S. 5-9.

Grönroos, C. (1994): From Marketing Mix to Relationship Marketing: Towards a Paradigm Shift in Marketing, in: Management Decision, Vol. 32 (1994), Nr. 2, S. 4-20.

Grönroos, C. (1996): Relationship Marketing Logic, in: Asia - Australia Marketing Journal, Vol. 4 (1996), Nr. 1, S. 7-18.

Gundlach, G. T.; Achrol, R. S.; Mentzer, J.T. (1995): The Structure of Commitment in Exchange, in: Journal of Marketing, Vol. 59 (Januar 1995), S. 78-92.

Gundlach, G. T.; Murphy, P. E. (1993): Ethical and Legal Foundations of Relational Marketing Exchanges, in: Journal of Marketing, Vol. 57 (Oktober 1993), S. 35-46.

Gwinner, K.; Gremler, D.; Bitner, M. J. (1998): Relational Benefits in Services Industries, in: The Customer's Perspective, in: Journal of the Academy of Marketing Science, Vol. 26 (1998), Nr. 2, S. 101-114.

Hair, J.F.; Anderson, R. E.; Tatham, R. L.; Black, W. C. (1998): Multivariate Data Analysis, New Jersey, 1998.

Hallén, L.; Johanson, J.; Mohamed, N. S. (1987): Relationship Strength and Stability in International and Domestic Industrial Marketing, in: Industrial Marketing and Purchasing, Vol. 2 (1987), Nr. 3, S. 22-37.

Hallén, L.; Johanson, J.; Mohamed, N. S. (1991): Interfirm Adaptation in Business Relationships, in: Journal of Marketing, Vol. 55 (April 1991), S. 29-37.

Halsch, G. (1995): Marktsegmentierung als Marketingstrategie von Kreditinstituten unter besonderer Berücksichtigung jugendlicher Zielgruppen, Göttingen, 1995.

Hammann, P.; Erichson, B. (1994): Marktforschung, 3. Auflage, Stuttgart, 1994.

Hansen, U. (1976): Absatz- und Beschaffungsmarketing des Einzelhandels - Eine Aktionsanalyse, Göttingen, 1976.

Hansen, U. (1988): Marketing und soziale Verantwortung, in: Die Betriebswirtschaft, 48. Jg. (1988), Nr. 6, S. 711-721.

Hansen, U.; Stauss, B. (1985): Funktionen einer Verbraucherabteilung und Kriterien ihrer Einrichtung, in: Ursula, U.; Schoenheit, I. (Hrsg.): Verbraucherabteilungen in privaten und öffentlichen Unternehmen, Frankfurt a.M., 1985, S. 149-172.

Harms, F.; Drüner, M. (2002): Zukunftsperspektiven für pharmazeutisches Marketing, in: Pharmazeutische Industrie, 64. Jg. (2002), Nr. 12. S. 1217-1224.

Harms, F.; Drüner, M. (2003): Pharmamärkte heute und morgen, in: Harms, F; Drüner, M. (Hrsg.): Pharmamarketing, Innovationsmanagement im 21. Jahrhundert, Stuttgart, 2003, S. 9-44.

Harrison-Walker, L. J. (2001): The Measurement of Word-of-Mouth Communication and an Investigation of Service Quality and Customer Commitment as Potential Antecedents, in: Journal of Service Research, Vol. 4 (August 2001), Nr. 1, S. 60-75.

Hartmann, W. (2002): Aufgaben und Ziele der quantitativen Marktforschung, in: Schöffski, O.; Fricke, F. - U.; Guminski, W.; Hartmann, W. (Hrsg.): Pharmabetriebslehre, Berlin, 2002, S. 211-227.

Hausman, A.; Stock, J. R. (2003): Adoption and implementation of technological innovations within long-term relationships, in: Journal of Business Research, Vol. 56 (2003), S. 681-686.

Hawes, J. M.; Strong, J. T.; Winick, B. S. (1996): Do Closing Techniques Diminish Prospect Trust?, in: Industrial Marketing Management, Vol. 25 (1996), S. 349-360.

Hazan, C.; Shaver, P. (1987): Romantic Love Conceptualized as an Attachment Process, in: Journal of Personality and Social Psychology, Vol. 52 (1987), Nr. 3, S. 511-524.

Heide, J. B.; John, G. (1992): Do Norms Matter in Marketing Relationships?, in: Journal of Marketing, Vol. 56 (April 1992), S. 32-44.

Helm, R. (2001): Planung und Vermarktung von Innovationen: Die Präferenz von Konsumenten für verschiedene Innovationsumfänge unter Berücksichtigung des optimalen Simulationsniveaus und marktbezogener Einflussfaktoren, Stuttgart, 2001.

Herr, P. M.; Kardes, F. R.; Kim, J. (1991): Effects of Word-of-Mouth and Product-Attribute Information on Persuasion: An Accessibility-Diagnosticity Perspective, in: Journal of Consumer Research, Vol. 17, (März 1991), S. 454-462.

Hiebert, L. D. (1974): Risk, Learning and the Adoption of Fertilizer Responsive Seed Varieties, in: American Journal of Agricultural Economics, Vol. 56 (November 1974), S. 764-768.

Hildebrandt, L. (1998): Kausalanalytische Validierung in der Marketingforschung, in: Hildebrandt, L.; Homburg. C. (Hrsg.): Die Kausalanalyse, Stuttgart, 1998, S. 85-110.

Hirshleifer, J.; Riley, J. G. (1979): The Analytics of Uncertainty and Information - An Expository Survey, in: Journal of Economic Literature, Vol. 42 (Dezember 1979), Nr. 4, S. 1374-1421.

Hofstede, G.; Bond, M. H. (1984): Hofstede's Culture Dimensions: An Independent Validation Using Rokeach's Value Survey, in: Journal of Cross-Cultural Psychology, Vol. 15 (1984), Nr. 4, S. 417-433.

Holzheu, F. (1987): Gesellschaft und Unsicherheit, Karlsruhe, 1987.

Homans, G. C. (1958): Human Behavior as Exchange, in: American Journal of Sociology, Vol. 63 (Mai 1958), S. 597-606.

Homans, G. C. (1961): Social Behavior: Its Elementary Forms, New York, 1961.

Homans, G. C. (1974): Social Behavior: Its Elementary Forms, Revised Edition, New York, 1974.

Homburg, C. (1992): Die Kausalanalyse - Eine Einführung, in: Wirtschaftswissenschaftliches Studium, 21. Jg. (Oktober 1992), Nr. 10, S. 499-508.

Homburg, C. (1995): Kundennähe von Industriegüterunternehmen: Konzeption, Erfolgsauswirkungen, Determinanten, Wiesbaden, 1995.

Homburg, C.; Baumgartner, H. (1998): Beurteilung von Kausalmodellen - Bestandsaufnahme und Anwendungsempfehlungen, in: Hildebrandt, L.; Homburg. C. (Hrsg.): Die Kausalanalyse, Stuttgart, 1998, S. 343-369.

Homburg, C.; Giering, A. (1998): Konzeptualisierung und Operationalisierung komplexer Konstrukte - Ein Leitfaden für die Marketingforschung, in: Hildebrandt, L.; Homburg. C. (Hrsg.): Die Kausalanalyse, Stuttgart, 1998, S. 111-146.

Hosmer, L. T. (1995): Trust: The Connecting Link Between Organizational Theory and Philosophical Ethics, in: Academy of Management Review, Vol. 20 (1995), Nr. 2, S. 379-403.

Houston, F. S.; Gassenheimer, J. B. (1987): Marketing and Exchange, in: Journal of Marketing, Vol. 51 (Oktober 1987), S. 3-18.

Howard, J. A.; Sheth, J. N. (1969): The Theory of Buyer Behavior, New York, 1969.

Hu, L. T.; Bentler, P. M. (1999): Cutoff Criteria for Fit Indexes in Covariance Structure Analysis: Conventional Criteria Versus New Alternatives, in: Structural Equation Modeling: A Multidisciplinary Journal, Vol. 6 (1999), Nr. 1, S. 1-55.

Huston, P. (1993): Doctors Want More Industry-Sponsored Meetings, in: Medical Marketing and Media, Vol. 28 (März 1993), S. 48-53.

Hutchinson, W. J.; Ramam, K.; Mantrala, M. K. (1994): Finding Choice Alternatives in Memory: Probability Models of Brand Name Recall, in: Journal of Marketing Research, Vol. 31 (November 1994), S. 441-461.

Iacobucci, D.; Hibbard, J. D. (1999): Toward an Encompassing Theory of Business Marketing Relationships (BMRs) and Interpersonal Commercial Relationships (ICRs): An Empirical Generalization, in: Journal of Interactive Marketing, Vol. 13 (1999), Nr. 3, S. 13-33.

Iacobucci, D.; Ostrom, A. L. (1996): Commercial and Interpersonal Relationships; Using the Structure of Interpersonal Relationships to Understand Individual - to - Individual, Individual - to - Firm and Firm - to - Firm Relationships in

Commerce, in: International Journal of Research in Marketing, Vol. 13 (1996), Nr. 1, S. 53-72.

Institut für Medizinische Statistik (IMS - IMSHEALTH GmbH & Co. OHG) (2002): Der Pharmazeutische Markt, Frankfurt a.M., 2002.

Jacoby, J. (1971): Personality and Innovation Proneness, in: Journal of Marketing Research, Vol. 8 (May 1971), S. 244-247.

Jäkel, C. (2002): Arzneimittelsubstitution nach Einführung der neuen Aut- Idem-Regelung, in: Pharmazeutische Industrie, 64. Jg. (2002), Nr. 7, S. 660-667.

James, L. R.; Mulaik, S. A.; Brett, J. M. (1982): Causal Analysis: Assumptions, Models, and Data, Beverly Hills, 1982.

Jenkins, N. (1999): Patient Power: The Shift Towards More Informed, More Powerful Consumers of Drugs, London, 1999.

Jöreskog, K. G. (1974): Analyzing Psychological Data by Structural Analysis of Covariance Matrices, in: Krantz, D. H.; Atkinson, R. C.; Luce, R. D.; Suppes, P. (Hrsg.): Contemporary Developments in Mathematical Psychology, 2. Band, San Francisco, 1974, S. 1-56.

Jöreskog, K. G. (1993): Testing Structural Equation Models, in: Bollen, K. A.; Long, J. S. (Hrsg.): Testing Structural Equation Models, Newbury Park, 1993, S. 294-316.

Jöreskog, K. G.; Sörbom, D. (1989): LISREL 7: User's Reference Guide, Mooresville, 1989.

Jöreskog, K. G.; Sörbom, D. (1996): LISREL 8: User's Reference Guide, Chicago, 1996.

Jones, T. O.; Sasser, W. E. (1995): Why Satisfied Customers Defect, in: Harvard Business Review Vol. 73 (November - Dezember 1995), S. 88-99.

Kaas, K. P. (1990): Marketing als Bewältigung von Informations- und Unsicherheitsproblemen im Markt, in: Die Betriebswirtschaft, 50. Jg. (1990), Nr. 4, S. 539-548.

Kaas, K. P. (1992): Kontraktgütermarketing als Kooperation zwischen Prinzipalen und Agenten, in: Zeitschrift für betriebswirtschaftliche Forschung, 44. Jg. (1992), Nr. 10, S. 884-901.

Kaas, K. P. (1995): Marketing zwischen Markt und Hierarchie, in Kontrakte, Geschäftsbeziehungen, Netzwerke - Marketing und Neue Institutionenökonomik, Zeitschrift für betriebswirtschaftliche Forschung Sonderheft 35 (1995), S. 19-42.

Kaas, K. P. (2000): Alternative Konzepte der Theorieverankerung, in: Backhaus, K. (Hrsg.): Deutschsprachige Marketingforschung. Bestandsaufnahme und Perspektiven, Stuttgart, 2000, S. 55-78.

Kalafatis, S. P.; Miller, H. (1997): A Re-examination of the Commitment-Trust Theory, in: Gemünden, H. G.; Ritter, T.; Walter, A. (Hrsg.): Relationships and Networks in International Markets, Kidlington, Oxford, 1997, S. 213-227.

Kardes, F. R.; Kalyanaram, G.; Chandrashekaran, M.; Dornoff, R. J. (1993): Brand Retrieval, Consideration Set Composition, Consumer Choice, and the Prioneering Advantage, in: Journal of Consumer Research, Vol. 20, (Juni 1993), S. 62-75.

Kay-Enders, B. (1996): Marketing und Ethik: Grundlagen - Determinanten - Handlungsempfehlungen, Wiesbaden, 1996.

Kennedy, M. S.; Ferrell, L. K.; Thorne LeClair, D. (2001): Consumers´ trust of salesperson and manufacturer: an empirical study, in: Journal of Business Research, Vol. 51 (2001), S. 73-86.

Kenny, D. A. (1979): Correlation and Causality, New York, 1979.

Kilburg, A.; Rychlik, R. (1997): Interaktive Patienten-Ratgeber im Dienstleistungsbereich der Pharmaindustrie, in: Pharmazeutische Industrie, 59. Jg. (1997), Nr. 5, S. 391-394.

Kirsch, W.; Kutschker, M. (1978): Das Marketing von Investitionsgütern - Theoretische und Empirische Perspektiven eines Interaktionsansatzes, Wiesbaden, 1978.

Klee, A. (2000): Strategisches Beziehungsmanagement - Ein integrativer Ansatz zur strategischen Planung und Implementierung des Beziehungsmanagement, Aachen, 2000.

Kleinaltenkamp, M. (1992): Investitionsgüter-Marketing aus informationsökonomischer Sicht, in: Zeitschrift für betriebswirtschaftliche Forschung, 44. Jg. (1992), S. 809-829.

Kline, R. B. (1998): Principles and Practice of Structural Equation Modeling, New York, 1998.

Knight, J. (1992): Institutions and Social Conflict, in: Cambridge U.K., 1992.

Koch, H.; Brenner, G. (2005): Dauerhafter Rückgang der Inanspruchnahme durch Praxisgebühr bestätigt, elektronisch veröffentlicht unter http://www.kbv.de/home/6448.htm, Zugriff im Februar 2005.

Köhler, R. (2001): Kundenorientiertes Rechnungswesen als Voraussetzung des Kundenbindungsmanagement, in: Bruhn, M.; Homburg, C. (Hrsg.): Handbuch Kundenbindungsmanagement, 3. Auflage, Wiesbaden, 2001, S. 415-444.

Kolks, V. (1990): Strategieimplementierung: Ein anwendungsorientiertes Konzept, Wiesbaden, 1990.

Kotler, P. (1988): Marketing Management, 6. Auflage, Englewood Cliffs, 1988.

Kotler, P.; Bliemel, F. (1999): Marketing-Management: Analyse, Planung, Umsetzung und Steuerung, 9. Auflage, Stuttgart, 1999.

Krafft, M.: (2001): Pharma Marketing , in: Tscheulin, D. K.; Helmig, B. (Hrsg.): Branchenspezifisches Marketing: Grundlagen - Besonderheiten - Gemeinsamkeiten, Wiesbaden, 2001, S. 635-660.

Kroeber-Riel, W. (1992): Konsumentenverhalten, 5. Auflage, München, 1992.

Kroeber-Riel, W.; Weinberg, P. (1996): Konsumentenverhalten, 6. Auflage, München, 1996.

Kroeber-Riel, W.; Weinberg, P. (2003): Konsumentenverhalten, 8. Auflage, München, 2003.

Kupsch, P.; Hufschmied, P. (1979): Wahrgenommenes Risiko und Komplexität der Beurteilungssituation als Determinante der Qualitätsbeurteilung, in: Meffert, H.; Steffenhagen, H.; Freter, H. (Hrsg.): Konsumentenverhalten und Information, Wiesbaden, 1979, S. 225-257.

Kuß, A.; Tomczak, T. (2000): Käuferverhalten, 2. Auflage, Stuttgart, 2000.

La Bahn, D. W. (1999): Commitment and Trust in Cross-National Channel Relationships: An Investigation of U.S. - Mexican Trade Relationships, in: Journal of Marketing Research, Vol. 7 (1/2) (1999), S. 121-156.

Lagace, R. R.; Gassenheimer, J. B. (1991): An Exploratory Study of Trust and Suspicion toward Salespeople: Scale Validation and Replication, in: American Marketing Association Proceedings, (Winter 1991), S. 121-127.

Lagace, R. R.; Dahlstrom, R.; Gassenheimer, J. B. (1991): The Relevance of Ethical Salesperson Behavior on Relationship Quality: The Pharmaceutical Industry, in: Journal of Personal Selling & Sales Management, Vol. 11 (Herbst 1991), Nr. 4, S. 39-47.

Lambe, C. J.; Wittmann, C. M.; Spekman, R. E. (2001): Social Exchange Theory and Research on Business-to-Business Relational Exchange, in: Journal of Business-to-Business Marketing, Vol. 8 (2001), Nr. 3, S. 1-36.

Lambert, K.; Brittan, G. G. (1970): An Introduction to the Philosophy of Science, Englewood Cliffs, 1970.

Lapiere, J.; Deslandes, S. (1997): The Role of Relational Factors in the Evaluation of a Professional Service and the Maintenance of a Long-Term Relationship with the Service Provider, in: Gemünden, H. G.; Ritter, T.; Walter, A.

(Hrsg.): Relationships and Networks in International Markets, Kidlington, Oxford, 1997, S. 81-90.

Laroche, M.; Kim, C.; Zhou, L. (1996): Brand Familiarity and Confidence as Determinants of Purchase Intention: An Empirical Test in a Multiple Brand Context, in: Journal of Business Research, Vol. 37 (1996), S. 115-120.

Lechler, T. G. (1997): Erfolgsfaktoren des Projektmanagement, Frankfurt a.M., 1996.

Lewin, K. (1963): Feldtheorie in den Sozialwissenschaften - Ausgewählte theoretische Schriften, Bern, 1963.

Licharz, E.-M. (2002): Vertrauen in B2C, Lohmar, 2002.

Liljander, V.; Strandvik, T. (1995): The Nature of Customer Relationships in Services, in: Swartz, T. A.; Bowen, D. E.; Brown, S. W. (Hrsg.): Advances in Services Marketing and Management, 4. Band, Greenwich, 1995, S. 141-167.

Lindskold, S. (1978): Trust Development, the GRIT Proposal and the Effects of Conciliatory Acts on Conflict and Cooperation, in: Psychological Bulletin, Vol. 85 (1978), Nr. 4, S. 772-793.

Link, J. (2001): Grundlagen und Perspektiven des Customer Relationship Management, in Link, J. (Hrsg): Customer Relationship Management - Erfolgreiche Kundenbeziehungen durch integrierte Informationssysteme, Berlin, 2001, S. 1-34.

Lipset, S. M. (1975): Social Structure and Social Exchange, in: Blau, P. M. (Hrsg.): Approaches to the Study of Social Structure, New York, 1975.

Lohr-Schütz, M. (1991): Ethik, Management und Managementausbildung, Wien, 1991.

Lorbeer, A. (2003): Vertrauen in Kundenbeziehungen - Ansatzpunkte zum Kundenbindungsmanagement, Wiesbaden, 2003.

Luhmann, N. (1968): Vertrauen - Ein Mechanismus der Reduktion Sozialer Komplexität, Stuttgart, 1968.

Luhmann, N. (1979): Trust and Power, New York, 1979.

Luhmann, N. (1989): Vertrauen. Ein Mechanismus der Reduktion sozialer Komplexität, 3. Auflage, Stuttgart, 1989.

Lomax, R. G. (1992): Statistical Concepts: A Second Course for Education and the Behavioral Sciences, White Plains, 1992.

Macneil, I. R. (1980): The New Social Contract - An Inquiry into Modern Contractual Relations, New Haven, 1980.

Machleit, K. A.; Allen, C. T.; Madden, T. J. (1993): The Mature Brand and Brand Interest: An Alternative Consequence of Ad-Evoked Affect, in: Journal of Marketing, Vol. 57 (Oktober 1993), S. 72-82.

Mahajan, V.; Muller, E. (1979): Innovation Diffusion and New Product Growth Models in Marketing, in: Journal of Marketing, Vol. 43 (Herbst 1979), S. 55-68.

Mayer, R. C.; Davis, J. H.; Schoorman, F. D. (1995): An Integrative Model of Organizational Trust, in: Academy of Management Review, Vol. 20 (1995), Nr. 3, S. 709-734.

McAllister, D. J. (1995): Affect- and Cognition Based Trust As Foundations For Interpersonal Cooperation in Organizations, in: Academy of Management Journal, Vol. 38 (1995), Nr. 1, S. 24-59.

McDonald, G. W. (1981): Structural Exchange and Marital Interaction, in: Journal of Marriage and the Family, Vol. 18 (1981), Nr. 4, S. 825-839.

McDonald, A. P.; Kessel, V. S.; Fuller, J. B. (1972): Self - disclosure and two kinds of trust, in: Psychological Reports, Vol. 30 (1972), S. 143-146.

McIntyre, A. - M. (1999): Key Issues in the Pharmaceutical Industry, Chichester, 1999.

McLaren, J. E.; Rotundo, L.; Gurley-Dilger, L. (1991): Biology, Lexington, 1991.

Meffert, H. (1991): Corporate Identity, in: Die Betriebswirtschaft, 51. Jg. (1991), Heft 6, S. 817-819.

Meffert, H. (1998): Grundlagen marktorientierter Unternehmensführung. Konzepte - Instrumente - Praxisbeispiele, 8. Auflage, Wiesbaden, 1998.

Messick, D.; Thorngate, W. B. (1967): Relative Gain Maximization in Experimental Games, in: Journal of Experimental Social Psychology, Vol. 3 (1967), S. 85-101.

Milewicz, J.; Herbig, P. (1994): Evaluating the Brand Extension Decision Using a Model of Reputation Building, in: Journal of Product & Brand Management, Vol. 3 (1994), Nr. 1, S. 39-47.

Milgrom, P.; Roberts, J. (1992): Economics, Organization and Management, Englewood Cliffs, 1992.

Miller, L. C.; Berg, J. H. (1984): Selectivity and Urgency in Interpersonal Exchange, in Derlega, V. (Hrsg.): Communication, Intimacy, and Close Relationships, Orlando, 1984, S. 161-205.

Mohler, P. P.; Porst, R. (1996): Pretest und Weiterentwicklung von Fragebogen - Einführung in das Thema, in: Statistisches Bundesamt (Hrsg.): Pretest und Weiterentwicklung von Fragebogen, Band 9 der Schriftenreihe Spektrum Bundesstatistik, Wiesbaden, 1996.

Moorman, C.; Deshpande, R. ; Zaltman, G. (1993): Factors Affecting Trust in Market Research Relationships, in: Journal of Marketing, Vol. 57 (Januar 1993), S. 81-101.

Moorman, C.; Zaltman, G.; Deshpande, R. (1992): Relationships Between Providers and Users of Market Research: The Dynamics of Trust Within and Between Organizations, in: Journal of Marketing Research, Vol. 29 (August 1992), S. 314-328.

Morgan, R. M.; Hunt, S. D. (1994): The Commitment-Trust Theory of Relationship Marketing, in: Journal of Marketing, Vol. 58 (Juli 1994), S. 20-38.

Morgan, R. M.; Hunt, S. D. (1999): Relationship-Based Competitive Advantage: The Role of Relationship Marketing in Marketing Strategy, in: Journal of Business Research, Vol. 46 (1999), S. 281-290.

Mueck, A. O.; Lippert, T. H. (1997): Hormonsubstitution in der Peri - und Postmenopause bei gleichzeitigem Vorliegen internistischer Erkrankungen, in: Münchener Medizinische Wochenschrift, 35. Jg. (1997), S. 495-499.

Murray, K. B. (1991): A Test of Services Marketing Theory: Consumer Information Acquisition Activities, in: Journal of Marketing, Vol. 55 (Januar 1991), S. 10-25.

National Institute for Health Care Management (NIHCM) (2002): Changing Patterns of Pharmaceutical Innovation, Washington DC, 2002.

Nedungadi, P. (1990): Recall and Consumer Consideration Sets: Influencing Choice Without Altering Brand Evaluations, in: Journal of Consumer Research, Vol. 17 (Dezember 1990), S. 263-276.

Nelson, P. (1970): Information as Consumer Behavior, in: The Journal of Political Economy, Vol. 78 (1970), S. 311-329.

Neubert, D. (1997): Medizinisch - pharmakologische Anforderungen an Arzneimittelinnovationen: Zusammenfassung Arbeitsgruppe 1, in: Albring, M.; Wille, E. (Hrsg.): Innovationen in der Arzneimitteltherapie - Definition, medizinische Umsetzung und Finanzierung, Frankfurt a.M., 1997, S. 85-102.

Nieschlag, R.; Dichtl, E.; Hörschgen, H. (1997): Marketing, 18. Auflage, 1997, Berlin.

Norden, R. (1990): Motivationstheoretische Ansätze im Marketing - Ein Beitrag zur Analyse Psychologischer Konstrukte in der Ökonomie, Frankfurt a.M., 1990.

North, D. C. (1990): Institutions, Institutional Change and Economic Performance, Cambridge, U.K., 1990.

Notani, A. S. (1997): Perceptions of affordability: Their role in predicting purchase intent and purchase, in: Journal of Economic Psychology, Vol. 18 (1997), Nr. 5, S. 525-546.

Nueno, P.; Oosterveld, J. (1988): Managing Technology Alliances, in: Long Range Planning, Vol. 21 (1988), Nr. 3, S. 11-17.

Nunnally, J. C. (1978): Psychometric Theory, New York, 1978.

o.V. (1999): Lineare Regressionsanalyse mit SPSS, Universitätsrechenzentrum Trier, Trier, 1999, elektronisch veröffentlicht unter http://www.uni-trier.de/urt/user/baltes/docs/linreg/linreg.pdf, Zugriff am 15.12. 2004.

o.V. (2003a): European Social Survey: Informationen zur ersten Welle der deutschen Teilstudie, Universität Stuttgart, Stuttgart, 2003. elektronisch veröffentlicht unter http://www.europeansocialsurvey.de/Docs/ESSRound1germany-doku.pdf, Zugriff im Dezember 2004.

o.V. (2003b): Gesundheitspolitische Grundsätze der deutschen Ärzteschaft - vom Vorstand der Bundesärztekammer, zur Vorlage auf dem Außerordentlichen Deutschen Ärztetag am 18. Februar 2003 in Berlin, elektronisch veröffentlicht unter http://www.bundesärztekammer.de/30/Aerztetag/106A=_DAET/91Grundsaetze.pdf, Zugriff im August 2004.

o.V. (2004a): Freiwillige Selbstkontrolle für die Arzneimittelindustrie, in: Pharmazeutische Industrie, Vol. 66 (2004) Nr. 5, S. 504-506.

o.V. (2004b): (Muster-) Satzungsregelung Fortbildung und Fortbildungszertifikat, elektronisch veröffentlicht unter http://www.aerzteblatt.de/v4/archiv/artikeldruck.asp, Zugriff im Januar 2005.

o.V. (2004c): Resolution des „Bündnis Gesundheit 2000", verabschiedet auf dem Bündnistag am 24. März 2004 in Berlin, elektronisch veröffentlicht unter http://www.bundesaerztekammer.de/buendnis/10Aktuell/Resolution.html, Zugriff im August 2004.

o.V. (2005a): Die Kassenärztliche Vereinigung Nordrhein - Dienstleister im Interesse der Gesundheit, elektronisch veröffentlicht unter http://www.kvno.de/ueberuns/index.html#aufgaben, Zugriff im Januar 2005.

o.V. (2005b): Our Company - Our Credo, elektronisch veröffentlicht unter http://www.jnj.com/our_company/our_credo/index.htm, Zugriff im Januar 2005.

o.V. (2005c): Seit dem 1. Januar 2005 gelten die neuen Festbeträge für Arzneimittel - Informationen zum Hintergrund, elektronisch veröffentlicht unter http://www.die-gesundheitsreform.de/reform/ratgeber_tipps/pdf/ ratgeber_festbetraege_arzneimittel.pdf, Zugriff am 20.02.2005.

Oakes, G. (1990): The Sales Process and the Paradoxes of Trust, in: Journal of Business Ethics, Vol. 9 (August 1990), Nr. 8, S. 671-679.

Ohlwein, M. (1999): Märkte für gebrauchte Güter, Wiesbaden, 1999.

Oliver, R. L. (1980): A Cognitive Model of the Antecedents and Consequences of Satisfaction Decisions, in: Journal of Marketing Research, Vol. 17 (November 1980), S. 460-469.

Oren, S. S.; Schwartz, R. G. (1988): Diffusion of New Products in Risk - Sensitive Markets, in: Journal of Forecasting, Vol. 7 (Oktober - Dezember 1988), S. 273-287.

Ostapski, S. A.; Isaacs, C. (1992): Corporate Moral Responsibility and the Moral Audit: Challenges for Refuse Relief Inc., in: Journal of Business Ethics, Vol. 11 (März 1992), Nr. 3, S. 231-239.

Palella, F. J.; Delaney, K. M.; Moorman, A. C.; Loveless, M. O.; Fuhrer, J.; Satten, G. A.; Aschman, D. J.; Holmberg, S. D.; and the HIV Outpatient Study Investigators (1998): Declining morbidity and mortality among patients with advanced human immunodeficiency virus infection, in: New England Journal of Medicine, Vol. 338, (1998) Nr. 13, S. 853-860.

Panne, F. (1977): Das Risiko im Kaufentscheidungsprozess des Konsumenten: Die Beiträge risikotheoretischer Ansätze zur Erklärung des Kaufentscheidungsprozesses des Konsumenten, Zürich, 1977.

Paulssen, M. (2004): Applying Attachment Theory to Business-to-Business Relationships, Discussion Paper No. 39, Department of Business and Economics, Humboldt University Berlin, 2004.

Peter, J. (1979): Reliability: A Review of Psychometric Basics and Recent Marketing Practices, in: Journal of Marketing Research, Vol. 16 (Februar 1979), S. 6-17.

Peter, S. I. (1997): Kundenbindung als Marketingziel: Identifikation und Analyse zentraler Determinanten, Wiesbaden, 1997.

Peterson, R. A. (1995): Relationship Marketing and the Consumer, in: Journal of the Academy of Marketing Science, Vol. 23 (1995), Nr. 4, S. 278-281.

Pirk, O. (2002): Preisbildung und Erstattung, in: Schöffski, O.; Fricke, F. - U.; Guminski, W.; Hartmann, W. (Hrsg.): Pharmabetriebslehre, Berlin, 2002, S. 195-209.

Plinke, W. (1989): Die Geschäftsbeziehung als Investition, in: Specht, G.; Silberer, G.; Engelhardt, W. H. (Hrsg.): Marketing-Schnittstellen, Stuttgart, 1989, S. 305-325.

Plötner, O. (1993): Risikohandhabung und Vertrauen des Kunden, Business-to-Business Marketing, Arbeitspapier Nr. 2 1993, Berliner Reihe, Freie Universität Berlin, 1993.

Price, L. L.; Arnould, E. J. (1999): Commercial Friendships: Service Provider - Client Relationships in Context, in: Journal of Marketing, Vol. 63 (Oktober 1999), S. 38-56.

Pritchard, M. P.; Havitz, M. E.; Howard, D. R. (1999): Analyzing the Commitment-Loyalty Link in Service Contexts, in: Journal of the Academy of Marketing Science, Vol. 27 (1999), Nr. 3, S. 333-348.

Prounis, C. (2003): What Doctors Want, in: Pharmaceutical Executive Supplement (May 2003), S. 12-22, elektronisch veröffentlicht unter http://www.pharmexec.com/pharmexec/article/articleDetail.jsp?id=61900.

Prüfer, P.; Stiegler, A. (2002): Die Durchführung standardisierter Interviews: Ein Leitfaden, ZUMA How-to-Reihe, Nr.11, Mannheim, 2002, elektronisch veröffentlicht unter http://www.gesis.org/Publikationen/Berichte/ ZUMA_How_to/ Dokumente/pdf/How-to11ppas.pdf, Zugriff im März 2004.

Pruitt, D. G. (1981): Negotiation Behavior, New York, 1981.

Pschyrembel, W. (1994): Pschyrembel Klinisches Wörterbuch, 257. Auflage, Berlin, 1994.

Rahner, E. (2001): Von starren Arzneimittelbudgets zu flexiblen Richtgrößen - Der Entwurf eines Arzneimittelbudget - Ablösungsgesetzes (ABAG) ist schon auf dem parlamentarischen Weg, in: Pharmazeutische Industrie, 63. Jg. (2001), Nr. 6, S. VI/ 123-VI/ 125.

Ramaswami, S. N.; Singh, J. (2003): Antecedents and Consequences of Merit Pay Fairness for Industrial Salespeople, in: Journal of Marketing, Vol. 67 (Oktober 2003), S. 46-66.

Ratneshwar, S.; Pechmann, C.; Shocker, A. D. (1996): Goal-Derived Categories and the Antecedents of Across-Category Consideration, in: Journal of Consumer Research, Vol. 23, (Dezember 1996), S. 240-250.

Reichers, A. E. (1985): A Review and Reconceptualization of Organizational Commitment, in: Academy of Management Review, Vol. 10 (1985), Nr.3, S. 465-476.

Reichers, A. E. (1986): Conflict and Organizational Commitments, in: Journal of Applied Psychology, Vol. 71 (1986), Nr. 3, S. 492-499.

Rempel, J. K.; Holmes, J. G.; Zanna, M. P. (1985): Trust in Close Relationships, in: Journal of Personality and Social Psychology, Vol. 49 (1985), Nr. 1, S. 95-112.

Reynolds, K. E.; Beatty, S. E. (1999): Customer Benefits and Company Consequences of Customer-Salesperson Relationships in Retailing, in: Journal of Retailing, Vol. 75 (Spring 1999), S. 11-32.

Richins, M. L. (1983): Negative Word-of-Mouth by Dissatisfied Customers: A Pilot Study, in: Journal of Marketing, Vol. 47 (Winter 1983), S. 68-78.

Richins, M. L. (1984): Word-of-Mouth Communications as Negative Information, in Kinnear, T. (Hrsg.): Advances in Consumer Research, Provo, Utah, 1984, S. 697-702.

Rindfleisch, A.; Heide, J. B. (1997): Transaction Cost Analysis: Past, Present, and Future Applications, in: Journal of Marketing, Vol. 61 (Oktober 1997), Nr. 4, S. 30-54.

Ripperger, T. (1998): Ökonomik des Vertrauens: Analyse eines Organisationsprinzips, Tübingen, 1998.

Rogers, E. M. (1983): Diffusion of Innovations, 3. Auflage, New York, 1983.

Rogers, E. M. (1995): Diffusion of Innovations, 4. Auflage, New York, 1995.

Roloff, M. E. (1987): Communication and reciprocity within intimate relationships, in: Roloff, M. E.; Miller, G. R. (Hrsg.): Interpersonal Processes: New Directions in Communications Research, Newbury Park, 1987, S. 11-38.

Rosenstiel, L. v.; Ewald, G. (1979): Konsumentenverhalten und Kaufentscheidung, Band 1, Stuttgart, 1979.

Rotter, J. B. (1967): A new scale for the measurement of interpersonal trust, in: Journal of Personality, Vol. 35 (1967), S. 651-665.

Rotter, J. B. (1980): Interpersonal Trust, Trustworthiness, and Gullibility, in: American Psychologist, Vol. 35 (Januar 1980), Nr. 1, S. 1-7.

Rubin, D. B.; Thayer, D. T. (1982): EM Algorithms for ML Factor Analysis, in: Psychometrika, Vol. 47 (1982), S. 69-76.

Rufer, C.; Kosmol, H.; Schröder, E.; Kieslich, K.; Gibian, H. (1967): Totalsynthese von optisch aktiven 13 - Äthyl - gonan - Derivaten, in: Liebigs Annalen der Chemie, Vol. 702 (1967), S. 141-148.

Rumelt, R. (1974): Strategy, Structure, and Economic Performance, Cambridge, MA, 1974.

Sanford, K. (1997): Two Dimensions of Adult Attachment: Further Validation, in: Journal of Social and Personal Relationships, Vol. 14 (1997), Nr. 1, S. 133-143.

Sarkar, M.; Cavusgil, S. T.; Evirgen, C. (1997): A Commitment-Trust Mediated Framework of International Collaborative Venture Performance, in: Beamish, P.; Killing, J. P. (Hrsg.): Cooperative Strategies: North American Perspectives, San Francisco, 1997, S. 255-258.

Scanzoni, J. (1979): Social Exchange and Behavioral Interdependence, in: Burgess, R. L.; Huston, T. L. (Hrsg.): Social Exchange in Developing Relationships, New York, 1979, S. 61-98.

Schade, C.; Schott, E. (1991): Kontraktgüter als Objekte eines informationsökonomisch fundierten Marketing, Arbeitspapier Nr. 1 des DFG - Forschungsprojekts: „Grundlagen einer informationsökonomischen Theorie des Marketing", Universität Frankfurt, 1991.

Schafer, J.L. & Graham, J.W. (2002): Missing data: Our view of the state of the art, in: Psychological Methods, Vol. 7 (2002), Nr. 2, S. 147-177.

Scheer, L. K.; Stern, L. W. (1992): The Effect of Influence Type and Performance Outcomes on Attitude Toward the Influencer, in: Journal of Marketing Research, Vol. 29 (Februar 1992), S. 128-142.

Scheffler, H. (2000): Stichprobenbildung und Datenerhebung, in: Herrmann, A.; Homburg, C. (Hrsg.): Marktforschung: Methoden, Anwendungen, Praxisbeispiele, Wiesbaden, 2000, S. 59-77.

Schermelleh-Engel, K.; Moosbrugger, H.; Müller, H. (2003): Evaluating the Fit of Structural Equation Models: Test of Significance and Descriptive Goodness-of-Fit Measures, in: Methods of Psychological Research Online, Vol. 8 (2003), Nr. 2, S. 23-74.

Schiffman, L.; Kanuk, L. (1997): Consumer Behavior, 6. Auflage, Upper Saddle River, 1997.

Schlander, M. (2004): Steigende Arzneimittelausgaben in Deutschland - Gesundheitsökonomische Aspekte aus einer internationalen Perspektive, in: Pharmazeutische Industrie, 66. Jg. (2004), Nr. 6, S. 705-709.

Schlegelmilch, B. (1990): Die Kodifizierung ethischer Grundsätze in europäischen Unternehmen: eine empirische Untersuchung, in: Die Betriebswirtschaft, 50 Jg. (1990), Nr. 3, S. 365-374.

Schlesinger, L. A.; Heskett, J. L. (1991): The Service-Driven Service Company, in: Harvard Business Review, Vol. 69 (September-Oktober 1991), S. 71-81.

Schnell, R.; Hill, P. B.; Esser, E. (1999): Methoden der empirischen Sozialforschung, 6. Auflage, München, 1999.

Scholl, R. W. (1981): Differentiating Organizational Commitment for Expectancy as a Motivating Force, in: Academy of Management Review, Vol. 6 (1981), S. 589-599.

Schrader, S.; Riggs, W. M.; Smith, R. P. (1993): Choice over Uncertainty and Ambiguity in Technical Problem Solving, in: Journal of Engineering and Technology Management, Vol. 10 (1993), S. 73-99.

Schuler, C.; Dilger, M. (2004): Festbeträge für patentgeschützte Arzneimittel in Deutschland, in: Pharmazeutische Industrie, 66. Jg. (2004), Nr. 6, S. 710 - 714 und S. 843-847.

Schumacker, R. E.; Lomax, R. G. (1996): A Beginner's Guide to Structural Equation Modeling, Mahwa, New Jersey, 1996.

Secord, P. F.; Backman, C. W. (1980): Sozialpsychologie: Ein Lehrbuch für Psychologen, Soziologen, Pädagogen, 3. Auflage, Frankfurt a.M., 1980.

Seidman, A. D.; Hudis, C. A.; McCaffrey, J.; Tong, W.; Currie, V.; Moynahan, M. E.; Theodoulou, M.; Tepler, I.; Gollub, M.; Norton, L. (1997): Dose-dense therapy with paclitaxel via weekly 1-hour infusion: preliminary experience in the treatment of metastatic breast cancer, in: Semin-Oncol, Vol. 24 (5 Suppl. 17), S. 1772-1776.

Seifert, M. (2001): Vertrauensmanagement in Unternehmen - Eine empirische Studie über Vertrauen zwischen Angestellten und ihren Führungskräften, München und Mering, 2001.

Selnes, F. (1998): Antecedents and Consequences of Trust and Satisfaction in Buyer-Seller Relationships, in: European Journal of Marketing, Vol. 32 (1998), Nr. 3/4, S. 305-322.

Shapiro, S. P. (1987): The Social Control of Impersonal Trust, in: American Journal of Sociology, Vol. 93 (1987), Nr. 3, S. 623-658.

Sheth, J. N.; Gardner, D. M.; Garret, D. E. (1988): Marketing Theory: Evolution and Evaluation, New York, 1988.

Sheth, J. N.; Parvatiyar, A. (1995): The Evolution of Relationship Marketing, in: International Business Review, Vol. 4 (1995), Nr. 4, S. 397-418.

Shimp, T. A.; Bearden, W. O. (1982): Warranty and Other Extrinsic Cue Effects on Consumers' Risk Perceptions, in: Journal of Consumer Research, Vol. 9 (Juni 1982), S. 38-46.

Sitkin, S. B.; Roth, N. L. (1993): Explaining the Limited Effectiveness of Legalistic "Remedies" for Trust/Distrust, in: Organization Science, Vol. 4 (1993), Nr. 3, S. 367-392.

Skolnick, A. (1986): Early Attachment and Personal Relationships Across the Life Course, in: Life Span Development and Behavior, Vol. 7 (1986), S. 173-206.

Smith, W. P. (1968): Precision of Control and the Use of Power in the Triad, in: Human Relations, Vol. 21 (1968), Nr. 3, S. 295-310.

Smith, W. P.; Emmons, T. D. (1969): Outcome Information and Competitiveness in Interpersonal Bargaining, in: Journal of Conflict Resolution, Vol. 13 (1969), S. 262-270.

Spake, D. F.; Beatty, S. E.; Brockman, B. K.; Crutchfield, T. N. (2003): Consumer Comfort in Service Relationships - Measurement and Importance, in: Journal of Service Research, Vol. 5 (2003), Nr. 4, S. 316-332.

Spence, M. (1974): Market Signaling: Informational Transfer in Hiring and Related Screening Processes, Cambridge, MA, 1974.

Spence, M. (1976): Informational Aspects of Market Structure: An Introduction, in: Quarterly Journal of Economics, Vol. 90 (1976), Nr. 4, S. 591-597.

Spremann, K. (1988): Reputation, Garantie, Information, in: Zeitschrift für Betriebswirtschaft, 58. Jg. (1988), Nr. 5/6, S. 613-629.

Spremann, K. (1990): Asymmetrische Information, in: Zeitschrift für Betriebswirtschaft, 60. Jg. (1990), Nr. 5/6, S. 561-586.

StBA (Statistisches Bundesamt - Robert Koch Institut) (2005): Gesundheitsberichterstattung des Bundes - Informationssystem der Gesundheitsberichterstattung elektronisch veröffentlicht unter http://www.gbe-bund.de, Zugriff im Januar 2005.

Stauss, B. (1997): Führt Kundenzufriedenheit zu Kundenbindung?, in: Belz, C. (Hrsg.): Marketingtransfer, Bd. 5, Kompetenz für Marketinginnovationen, St. Gallen, 1997, S. 76-86.

Stauss, B.; Seidel, W. (2002): Beschwerdemanagement - Kundenbeziehungen erfolgreich managen durch Customer Care, München, 2002.

Stigler, G. J. (1961): The Economics of Information, in: Journal of Political Economy, Vol. 69 (1961), Nr. 3, S. 213-225.

Stiglitz, J. E. (1974): Information and Economic Analysis, in Parkin, M.; Nobay, A., R. (Hrsg.): Current Economic Problems, London, 1974, S. 27-52.

Stock, G. (1997): Arzneimittelinnovationen aus dem Blickwinkel der Pharmazeutiischen Industrie, in: Albring, M.; Wille, E. (Hrsg.): Innovationen in der Arzneimitteltherapie - Definition, medizinische Umsetzung und Finanzierung, Frankfurt a.M., 1997, S. 66-76.

Stoffel, M. (2002): Symposiumsbericht: Qualitätssicherung in der Dialyse, in: Zeitschrift für ärztliche Fortbildung und Qualitätssicherung, (ZaeFQ), 96. Jg. (2002), S. 249.

Stoneman, P. (1981): Intra-Firm Diffusion, Bayesian Learning and Profitability, in: Economic Journal, Vol. 91 (Juni 1981), S. 375-388.

Strasser, H.; Voswinkel, S. (1997): Vertrauen im gesellschaftlichen Wandel, in: Schweer, M. K. W. (Hrsg.): Interpersonales Vertrauen: Theorien und empirische Befunde, Opladen, 1997, S. 217-236.

Sudman, S.; Blair, E. (1998): Marketing Research: A Problem Solving Approach, Boston, 1998.

Sullivan, M. (1990): Measuring Image Spillovers in Umbrella-branded Products, in: Journal of Business, Vol. 63 (1990), Nr. 3, S. 309-329.

Sundaram, D. S.; Mitra, K.; Webster, C. (1998): Word-of-Mouth Communications: A Motivational Analysis, in: Advances in Consumer Research, Vol. 25 (1998), S. 527-531.

Swan, J. E.; Nolan, J. J. (1985): Gaining Customer Trust: A Conceptual Guide for the Salesperson, in: Journal of Personal Selling and Sales Management, Vol. 5 (November 1985), S. 39-48.

Swan, J. E.; Oliver, R. L. (1989): Postpurchase Communications by Consumers, in: Journal of Retailing, Vol. 65 (Winter 1989), S. 516-553.

Swan, J. E.; Trawick, I. F. (1981): Disconfirmation of Expectations and Satisfaction with a Retail Service, in: Journal of Retailing, Vol. 57 (Herbst 1981), Nr. 3, S. 49-67.

Swan, J. E.; Trawick, I. F.; Silva, D. W. (1985): How Industrial Salespeople Gain Customer Trust, in: Industrial Marketing Management, Vol. 14 (1985), S. 203-211.

Swanson, S. R.; Kelley, S. W.; Dorsch, M. J. (1997): Inter-Organizational Ethical Perceptions and Buyer-Seller Relationships, in: Journal of Business-to-Business Marketing, Vol. 4 (1997), Nr. 2, S. 3-27.
Tabachnick, B. G.; Fidell, L. S. (1996): Using multivariate statistics, 3. Auflage, New York, 1996.

Tan, S. J. (1999): Strategies for reducing consumers' risk aversion in Internet shopping, in: Journal of Consumer Marketing, Vol. 16 (1999), Heft 2, S.163-180.

Thibaut, J. W.; Kelley, H. H. (1959): The Social Psychology of Groups, New Brunswick, 1959.

Thibaut, J. W.; Kelley, H. H. (1991): The Social Psychology of Groups, 2. Auflage, New Brunswick, 1991.

Thomas III., J. (1989): National Survey of Recent Changes in Hospital Policies on Pharmaceutical Sales Representatives´ Activities, in: American Journal of Hospital Pharmacy, Vol. 46 (1989), S. 565-569.

Tucker, L.; Lewis, C. (1973): A Reliability Coefficient for Maximum Likelihood Factor Analysis, in: Psychometrika, Vol. 38 (1973), S. 1-10.

Ulrich, V. (2002): Nachfragestruktur und Nachfrageverhalten, in: Schöffski, O.; Fricke, F. - U.; Guminski, W.; Hartmann, W. (Hrsg.): Pharmabetriebslehre, Berlin, 2002, S. 67-82.

Urban, G. L. (2004): The Emerging Era of Customer Advocacy, in: MIT Sloan Management Review, Vol. 35 (Winter 2004), S. 77-82.

VFA (Verband Forschender Arzneimittelhersteller e.V.) (2004a): So sicher sind Arzneimittel - Fakten und Beispiele zur Arzneimittelsicherheit, Berlin, 2004.

VFA (Verband Forschender Arzneimittelhersteller e.V.) (2004b): Die Bildung von Festbetragsgruppen, elektronisch veröffentlicht unter http://www.VFA.de./de/patienten/artikelpa/festbetragszuzahlungen/fbt_p2.html, Zugriff im April 2005.

VFA (Verband Forschender Arzneimittelhersteller e.V.) (2004c): Die Festbetragsfestsetzung, elektronisch veröffentlicht unter http://www.VFA.de./de/patienten/artikelpa/festbetragszuzahlungen/fbt_p3.html, Zugriff im Dezember 2004.

VFA (Verband Forschender Arzneimittelhersteller e.V.) (1998): Innovation - Der Schlüssel zum Erfolg. Innovationskraft der Forschenden Pharmaunternehmen am Standort Deutschland, Bonn, 1998.

VFA (Verband Forschender Arzneimittelhersteller e.V.) (2003): Die Arzneimittelindustrie in Deutschland, Berlin, 2003.

Victor, B; Cullen, J. B. (1988): The Organizational Bases of Ethical Work Climates, in: Administrative Science Quarterly, Vol. 33 (1988), Nr. 1, S. 101-125.

v. Weizsäcker, C. C. (1980): Barriers to Entry - A Theoretical Treatment, Berlin, 1980.

Wang, G. (2002): Attitudinal Correlates of Brand Commitment: An Empirical Study, in: Journal of Relationship Marketing, Vol. 1 (2002), Nr. 2, S. 57-75.

Webley, S. (1988): Company Philosophies and Codes of Business Ethics. A Guide to their Drafting and Use, London, 1988.

Weiber, R. (1992): Diffusion von Telekommunikation: Problem der kritischen Masse, Wiesbaden, 1992.

Weiber, R.; Adler, J. (1995a): Informationsökonomisch begründete Typologisierung von Kaufprozessen, in: Zeitschrift für betriebswirtschaftliche Forschung, 47. Jg. (1995), S. 43-65.

Weiber, R.; Adler, J. (1995b): Positionierung von Kaufprozessen im informationsökonomischen Dreieck: Operationalisierung und verhaltenswissenschaftliche Prüfung, in: Zeitschrift für betriebswirtschaftliche Forschung, 47. Jg. (1995b), S. 99-123.

Weis, H. C. (1995): Verkauf, 4. Auflage, Ludwigshafen.

Weiss, P. A. (1992): Kompetenz von Systemanbietern - Operationalisierung eines theoretischen Konstrukts, 1992, Berlin.

Weitz, B. A.; Jap, S. D. (1995): Relationship Marketing and Distribution Channels, in: Journal of the Academy of Marketing Science, Vol. 23 (1995), Nr. 4, S. 305-320.

Westbrook, R. A. (1987): Product/Consumption-Based Affective Responses and Postpurchase Processes, in: Journal of Marketing Research, Vol. 24 (August 1987), S. 258-270.

Weßling, M. (1992): Unternehmensethik und Unternehmenskultur, Münster, 1992.

Wyer, R. S. (1968): Effects of Task Reinforcement, Social Reinforcement, and Task Difficulty on Perseverance in Achievement-Related Activity, in: Journal of Personality and Social Psychology, Vol. 8 (1968), Nr. 3, S. 269-276.

White, S. S.; Schneider, B. (2000): Climbing the Commitment Ladder - The Role of Expectations Disconfirmation on Customers´ Behavioral Intentions, in: Journal of Service Research, Vol. 2 (2000), Nr. 3, S. 240-253.

Whitener, E. M. (2001): Do ´high commitment´ human resource practices affect employee commitment? A cross-level analysis using hierarchical linear modelling, in: Journal of Management, Vol. 27 (2001), Nr. 5, S. 515-535.

Wiesenthal, H. (1987): Die Ratlosigkeit des Homo Oeconomicus, Einleitung zu Elster, J. (1987): Subversion der Rationalität, Frankfurt a.M., 1987, S. 7-19.

Williamson, O. E. (1987): The Economic Institutions of Capitalism, New York

Williamson, O. E. (1990): Die ökonomischen Institutionen des Kapitalismus: Unternehmen, Märkte, Kooperationen, Tübingen, 1990.

Williamson, O. E. (1993): Calculativeness, Trust, and Economic Organization, in: Journal of Law & Economics, Vol. 36 (April 1993), S. 453-486.

Wilson, G. J. (1990): Training Sales Reps 1990s Style, in: Medical Marketing and Media, Vol. 25 (October 1990), S. 17-28.

Wink, K. (2003): Anwendungsbeobachtungen in der ärztlichen Praxis, Berlin, 2003, elektronisch veröffentlicht unter http://www.gesundheitspolitik.net /04_Arzneimittel/qualitaetundsicherheit/arzneimittelforschung/Anwendungsbeob achtung_200302.pdf.

Wirth, C. (2002): Arzneimittelhaftung, in: Schöffski, O.; Fricke, F. - U.; Guminski, W.; Hartmann, W. (Hrsg.): Pharmabetriebslehre, Berlin, 2002, S. 329-337.

Wittmann, W. (1959): Unternehmen und unvollkommene Information, Köln, 1959.

Zaheer, A.; McEvily, B.; Perrone, V. (1998): Does Trust Matter? Exploring the Effects of Interorganizational and Interpersonal Trust on Performance, in: Organization Science, Vol. 9 (März-April 1998), Nr. 2, S. 141-159.

Zeithaml, V. A.; Berry, L. L.; Parasuraman, A. (1993): The Nature and Determinants of Customer Expectations of Service, in: Journal of the Academy of Marketing Science, Vol. 21 (1993), Nr. 1, S. 1-12.

Zinkhan, G. M.; Joachimsthaler, E. A.; Kinnear, T. C. (1987): Individual Differences and Marketing Decision Support System Usage and Satisfaction, in: Journal of Marketing Research, Vol. 24 (Mai 1987), S. 208-214.

Anhang 1: Fragebogen der empirischen Untersuchung

Nr. des Interviews:
        Universität Potsdam
        Fachbereich Wirtschaftswissenschaften
        Lehrstuhl für Betriebswirtschaftslehre
        mit dem Schwerpunkt Marketing
        Prof. Dr. Ingo Balderjahn

        Dipl.-Kfm. Rüdiger Witzel

Einleitung des Interviews:

Sich dem Arzt vorstellen und ggf. Kopie des Anschreibens vorlegen, das den Anlass der Befragung skizziert.

1. Pharmaspezifische Risikoaversion

Quelle des Messinstruments:
Bao, Y.; Zhou, K. Z.; Su, C. (2003): Face Consciousness and Risk Aversion: Do They Affect Con-sumer Decision Making?, in: Psychology & Marketing, Vol. 20 (2003), Nr. 8, S. 733-755.

Aussagen zur Risikoaversion bezüglich Pharmaka:	lehne stark ab (1) stimme stark zu (9)
risav_1: Ich bin vorsichtig beim Ausprobieren neu zugelassener Präparate.	1 2 3 4 5 6 7 8 9
risav_2: Ich bleibe lieber bei einem Präparat, das ich für gewöhnlich verordne, als ein Präparat auszuprobieren, bei dem ich mich nicht ganz sicher fühle.	1 2 3 4 5 6 7 8 9
risav_3: Ich verordne nie ein Präparat, über das ich nicht Bescheid weiß, um kein Risiko zu laufen, einen Fehler zu begehen.	1 2 3 4 5 6 7 8 9

2. Secure Business Attachment Style und Close Business Attachment Style des Arztes

Quelle des Messinstruments:
Paulssen, M. (2004): Applying Attachment Theory to Business-to-Business Relationships, Discussion Paper No. 39, Department of Business and Economics, Humboldt University Berlin.

Aussagen bezüglich Pharmaunternehmen im Allgemeinen:	lehne stark ab (1) stimme stark zu (9)
attac_1: In meinen geschäftlichen Beziehungen zu den Pharmaunternehmen versuche ich auch eine persönliche Beziehung zu diesen herzustellen.	1 2 3 4 5 6 7 8 9
attas_1: Es fällt mir leicht, mich auf meine Pharmaunternehmen zu verlassen.	1 2 3 4 5 6 7 8 9
attac_2: Ich finde es angenehm, eine persönliche Beziehung zu meinen Pharmaunternehmen zu haben.	1 2 3 4 5 6 7 8 9
attas_2: Ich habe Schwierigkeiten, meinen Pharmaunternehmen ganz zu vertrauen. (Reverse coded)	1 2 3 4 5 6 7 8 9

attas_3: Auf meine Pharmaunternehmen kann ich mich fast immer verlassen.	1 2 3 4 5 6 7 8 9 □--□--□--□--□--□--□--□--□
attac_3: Ich finde es einfach, zu meinen Pharmaunter nehmen auch persönliche Beziehungen zu haben.	1 2 3 4 5 6 7 8 9 □--□--□--□--□--□--□--□--□

An dieser Stelle ziehen Sie bitte nach dem Zufallsprinzip eine von fünf Unternehmenskarten. Den Namen des zufällig ausgewählten Pharmaunternehmens teilen Sie mir bitte nicht mit.

Werden Sie von diesem Pharmaunternehmen betreut?
Schließt diese Betreuung auch Besuche durch den Pharmareferenten ein?
Trifft beides zu, so beziehen sich die folgenden Fragen auf dieses Pharmaunternehmen.

3. Wahrgenommene Erschwinglichkeit:

Quelle des Messinstruments:
Notani, A. S. (1997): Perceptions of affordability: Their role in predicting purchase intent and purchase, in: Journal of Economic Psychology, Vol. 18 (1997), S. 525 - 546.

Denken Sie bitte an die zuletzt zugelassene, erstattungsfähige Produktinnovation dieses Unternehmens, mit der Sie noch keine umfassenden Erfahrungen gesammelt haben, und denken Sie an das Preisniveau dieses Arzneimittels. Beurteilen Sie nun die folgenden Aussagen:

afford_1: Wenn ich es für medizinisch sinnvoll erachte, könnte ich mir das neu zugelassene Präparat dieses Unter nehmens vor dem Hintergrund meiner Budgetsituation problemlos leisten.	sehr unwahr- sehr wahr- scheinlich (1) scheinlich (9) 1 2 3 4 5 6 7 8 9 □--□--□--□--□--□--□--□--□
afford_2: Die Verordnung des neu zugelassenen Präparats die ses Unternehmens ist für mich aus Kostensicht ...	sehr schwierig (1) sehr einfach (9) 1 2 3 4 5 6 7 8 9 □--□--□--□--□--□--□--□--□
afford_3: Mein Budget erlaubt es mir ohne weiteres, das neu zugelassene Präparat dieses Unternehmens meinen Patientinnen mit der relevanten Indikation zu verord nen.	lehne stark ab (1) stimme stark zu (9) 1 2 3 4 5 6 7 8 9 □--□--□--□--□--□--□--□--□

4. Relationship-Commitment des Arztes

Quelle des Messinstruments:
Morgan, R. M.; Hunt, S. D. (1994): The Commitment-Trust Theory of Relationship Marketing, in: Journal of Marketing, Vol. 58 (Juli 1994), S. 20 - 38.

Aussagen zum Relationship-Commitment des Arztes:	lehne stark ab (1) stimme stark zu (9)
coma_1: Ich fühle mich der Beziehung zu diesem Unternehmen sehr verpflichtet.	1 2 3 4 5 6 7 8 9 ☐--☐--☐--☐--☐--☐--☐--☐--☐
coma_2: Die Beziehung zu diesem Unternehmen ist für mich von sehr geringer Bedeutung. (Reverse coded)	1 2 3 4 5 6 7 8 9 ☐--☐--☐--☐--☐--☐--☐--☐--☐
coma_3: Ich bemühe mich darum, die Beziehung zu diesem Unternehmen unbegrenzt fortzuführen.	1 2 3 4 5 6 7 8 9 ☐--☐--☐--☐--☐--☐--☐--☐--☐
coma_4: Die Beziehung zu diesem Unternehmen verdient es, dass ich mich für ihren Erhalt einsetze.	1 2 3 4 5 6 7 8 9 ☐--☐--☐--☐--☐--☐--☐--☐--☐

5. Beziehungszufriedenheit des Arztes

Quelle des Messinstruments:
Ganesan, S. (1994): Determinants of Long-Term Orientation in Buyer-Seller Relationships, in: Journal of Marketing, Vol. 58 (April 1994), S. 1 - 19.

Bitte beschreiben Sie, wie Sie sich bezüglich dieses Unternehmens in den letzten 12 Monaten gefühlt haben, bzw. fühlen:	
Zufrie_1: Anchors: erfreut (1) - unerfreut (9) (Reverse coded)	1 2 3 4 5 6 7 8 9 ☐--☐--☐--☐--☐--☐--☐--☐--☐
Zufrie_2: Anchors: unglücklich (1) - glücklich (9)	1 2 3 4 5 6 7 8 9 ☐--☐--☐--☐--☐--☐--☐--☐--☐
Zufrie_3: Anchors: unzufrieden (1) - zufrieden (9)	1 2 3 4 5 6 7 8 9 ☐--☐--☐--☐--☐--☐--☐--☐--☐

6. Innovationsbereitschaft

Quelle des Messinstruments:
Machleit, K. A.; Allen, C. T.; Madden, T. J. (1993): The Mature Brand and Brand Interest: An Alternative Consequence of Ad-Evoked Affect, in: Journal of Marketing, Vol. 57 (Oktober 1993), S. 72 - 82.

Denken Sie bitte an die zuletzt zugelassene, erstattungsfähige Produktinnovation dieses Unternehmens, mit der Sie noch keine umfassenden Erfahrungen gesammelt haben. Beurteilen Sie nun die folgenden Aussagen:	
Dass ich meinen Patientinnen mit der entsprechenden Indikation das neue Präparat dieses Unternehmens verordnen werde, halte ich für ...	
Innov_1: Anchors: unwahrscheinlich (1) - wahrscheinlich (9)	1 2 3 4 5 6 7 8 9 ☐--☐--☐--☐--☐--☐--☐--☐--☐

Innov_2: Anchors: unsicher (1) - sicher (9)

1 2 3 4 5 6 7 8 9
☐--☐--☐--☐--☐--☐--☐--☐--☐

Innov_3: Anchors: unmöglich (1) - möglich (9)

1 2 3 4 5 6 7 8 9
☐--☐--☐--☐--☐--☐--☐--☐--☐

7. Expertise des Pharmareferenten

Quelle des Messinstruments:
Doney, P. M.; Cannon, J. P. (1997): An Examination of the Nature of Trust in Buyer-Seller Relation-ships, in: Journal of Marketing, Vol. 61 (April 1997), S. 35 - 51.

Aussagen zur Expertise des Pharmareferenten:	lehne stark ab (1) stimme stark zu (9)
expert_1: Der Pharmareferent dieses Unternehmens verfügt über ein großes Produktwissen.	1 2 3 4 5 6 7 8 9 ☐--☐--☐--☐--☐--☐--☐--☐--☐
expert_2: Der Pharmareferent dieses Unternehmens kennt seine Präparate sehr gut.	1 2 3 4 5 6 7 8 9 ☐--☐--☐--☐--☐--☐--☐--☐--☐
expert_3: Der Pharmareferent dieses Unternehmens ist kein Fachmann/ keine Fachfrau. (Reverse Coded)	1 2 3 4 5 6 7 8 9 ☐--☐--☐--☐--☐--☐--☐--☐--☐

8. Ethische Haltung des Pharmaunternehmens

Quelle des Messinstruments:
Kennedy, M. S.; Ferrell, L. K.; Thorne LeClair, D. (2001): Consumers´ trust of salesperson and manufacturer: an empirical study, in: Journal of Business Research, Vol. 51 (2001), S. 73 - 86.

Aussagen zur ethischen Haltung des Unternehmens:	lehne stark ab (1) stimme stark zu (9)
ethik_1: Das Hauptanliegen dieses Unternehmens ist das, was für die Ärzte und Patienten am besten ist.	1 2 3 4 5 6 7 8 9 ☐--☐--☐--☐--☐--☐--☐--☐--☐
ethik_2: Von größter Wichtigkeit für dieses Unternehmen ist das Wohl der Ärzte und Patienten.	1 2 3 4 5 6 7 8 9 ☐--☐--☐--☐--☐--☐--☐--☐--☐
ethik_3: In diesem Unternehmen bemühen sich die Mitarbeiter um das Wohl der Ärzte und Patienten.	1 2 3 4 5 6 7 8 9 ☐--☐--☐--☐--☐--☐--☐--☐--☐
ethik_4: Dieses Unternehmen erwartet von seinen Mitarbeitern das zu tun, was für die Ärzte, die Patienten und die Allgemeinheit richtig ist.	1 2 3 4 5 6 7 8 9 ☐--☐--☐--☐--☐--☐--☐--☐--☐

9. Relationship-Commitment des Pharmaunternehmens

Quelle des Messinstruments:
Morgan, R. M.; Hunt, S. D. (1994): The Commitment-Trust Theory of Relationship Marketing, in: Journal of Marketing, Vol. 58 (Juli 1994), S. 20 - 38.

Aussagen zum Relationship-Commitment des Pharmaunternehmens gegenüber dem Arzt:	lehne stark ab (1) stimme stark zu (9)
com_1: Dieses Unternehmen fühlt sich der Beziehung zu mir als Arzt sehr verpflichtet.	1 2 3 4 5 6 7 8 9 □--□--□--□--□--□--□--□--□
com_2: Die Beziehung zu mir als Arzt ist für dieses Unternehmen von sehr geringer Bedeutung. (Reverse Coded)	1 2 3 4 5 6 7 8 9 □--□--□--□--□--□--□--□--□
com_3: Dieses Unternehmen bemüht sich darum, die Beziehung zu mir als Arzt unbegrenzt fortzuführen.	1 2 3 4 5 6 7 8 9 □--□--□--□--□--□--□--□--□
com_4: Die Beziehung zu mir als Arzt ist aus Sicht dieses Unternehmens so wichtig, dass es sich für deren Erhalt einsetzt.	1 2 3 4 5 6 7 8 9 □--□--□--□--□--□--□--□--□

10. Fürsorglichkeit des Pharmareferenten

Quelle des Messinstruments:
Gremler, D. D.; Gwinner, K. P.; Brown, S. W. (2001): Generating positive word-of-mouth-communication through customer-employee relationships, in: International Journal of Service Industry Management, Vol. 12 (2001), Nr. 1, S. 44 - 59.

Aussagen zur Fürsorglichkeit des Pharmareferenten:	lehne stark ab (1) stimme stark zu (9)
care_1: Dem Pharmareferenten dieses Unternehmens liegen meine Interessen am Herzen.	1 2 3 4 5 6 7 8 9 □--□--□--□--□--□--□--□--□
care_2: Der Pharmareferent dieses Unternehmens interessiert sich für meine Bedürfnisse und Bedenken als Kunde.	1 2 3 4 5 6 7 8 9 □--□--□--□--□--□--□--□--□
care_3: Der Pharmareferent dieses Unternehmens zeigt sein Interesse an meinem Wohlergehen.	1 2 3 4 5 6 7 8 9 □--□--□--□--□--□--□--□--□

11. Vertrauen des Arztes in das Pharmaunternehmen

Quelle des Messinstruments:
Morgan, R. M.; Hunt, S. D. (1994): The Commitment-Trust Theory of Relationship Marketing, in: Journal of Marketing, Vol. 58 (Juli 1994), S. 20 - 38.

Aussagen zum Vertrauen des Arztes in das Unternehmen:	lehne stark ab (1) stimme stark zu (9)
trust_1: Diesem Unternehmen kann man nicht immer vertrauen. (Reverse Coded)	1 2 3 4 5 6 7 8 9 ☐--☐--☐--☐--☐--☐--☐--☐--☐
trust_2: Dieses Unternehmen ist vollkommen ehrlich und aufrichtig.	1 2 3 4 5 6 7 8 9 ☐--☐--☐--☐--☐--☐--☐--☐--☐
trust_3: Dieses Unternehmen ist immer verlässlich.	1 2 3 4 5 6 7 8 9 ☐--☐--☐--☐--☐--☐--☐--☐--☐
trust_4: Ich habe großes Vertrauen in dieses Unternehmen.	1 2 3 4 5 6 7 8 9 ☐--☐--☐--☐--☐--☐--☐--☐--☐

12. Weiterempfehlungsbereitschaft

Quelle des Messinstruments:
Fullerton, G. (2003): When Does Commitment Lead to Loyalty?, in: Journal of Service Research,
Vol. 5 (Mai 2003), Nr. 4, S. 333 - 344.

Aussagen zur Weiterempfehlungsbereitschaft:	lehne stark ab (1) stimme stark zu (9)
wom_1: Ich sage positive Dinge über dieses Unternehmen.	1 2 3 4 5 6 7 8 9 ☐--☐--☐--☐--☐--☐--☐--☐--☐
wom_2: Ich empfehle Präparate dieses Unternehmens, wenn mich Kollegen um Rat fragen.	1 2 3 4 5 6 7 8 9 ☐--☐--☐--☐--☐--☐--☐--☐--☐
wom_3: Ich ermuntere meine Kollegen, Präparate dieses Unternehmens zu verwenden.	1 2 3 4 5 6 7 8 9 ☐--☐--☐--☐--☐--☐--☐--☐--☐

Anhang 2: Parameter der Kausalmodelle

Tab. A.1: Standardisierte Pfadkoeffizienten des Pharma-Kausalmodells

Modellierter Kausalzusammenhang			Parameter	Signifikanzniveau
Expertise des Pharmareferenten	→	Vertrauen des Arztes in das Pharmaunternehmen	0,192	0,026
Relationship-Commitment des Pharmaunternehmens	→	Vertrauen des Arztes in das Pharmaunternehmen	0,228	0,003
Ethische Haltung des Pharmaunternehmens	→	Vertrauen des Arztes in das Pharmaunternehmen	0,231	0,005
Beziehungszufriedenheit des Arztes	→	Vertrauen des Arztes in das Pharmaunternehmen	0,266	< 0,001
Fürsorglichkeit des Pharmareferenten	→	Vertrauen des Arztes in das Pharmaunternehmen	0,007	0,935 (n.s.)
Secure Business Attachment Style des Arztes	→	Vertrauen des Arztes in das Pharmaunternehmen	0,208	0,004
Vertrauen des Arztes in das Pharmaunternehmen	→	Relationship-Commitment des Arztes	0,286	< 0,001
Beziehungszufriedenheit des Arztes	→	Relationship-Commitment des Arztes	0,320	< 0,001
Ethische Haltung des Pharmaunternehmens	→	Relationship-Commitment des Arztes	0,289	< 0,001
Close Business Attachment Style des Arztes	→	Relationship-Commitment des Arztes	0,165	0,005
Relationship-Commitment des Arztes	→	Weiterempfehlungsbereitschaft	0,567	< 0,001
Wahrgenommene Erschwinglichkeit	→	Innovationsbereitschaft	0,456	< 0,001
Vertrauen des Arztes in das Pharmaunternehmen	→	Innovationsbereitschaft	0,102	0,265 (n.s.)
Vertrauen des Arztes in das Pharmaunternehmen	→	Weiterempfehlungsbereitschaft	0,236	0,015
Relationship-Commitment des Arztes	→	Innovationsbereitschaft	0,391	< 0,001
Pharmaspezifische Risikoaversion	→	Innovationsbereitschaft	0,040	0,506 (n.s.)

Tab. A.2: Standardisierte Pfadkoeffizienten des vereinfachten Pharma-Kausalmodells

Modellierter Kausalzusammenhang			Parameter	Signifikanzniveau
Vertrauen des Arztes in das Pharmaunternehmen	→	Relationship-Commitment des Arztes	0,737	< 0,001
Relationship-Commitment des Arztes	→	Weiterempfehlungsbereitschaft	0,563	< 0,001
Wahrgenommene Erschwinglichkeit	→	Innovationsbereitschaft	0,460	< 0,001
Vertrauen des Arztes in das Pharmaunternehmen	→	Weiterempfehlungsbereitschaft	0,237	0,016
Relationship-Commitment des Arztes	→	Innovationsbereitschaft	0,397	< 0,001
Vertrauen des Arztes in das Pharmaunternehmen	→	Innovationsbereitschaft	0,100	0,302 (n.s.)
Pharmaspezifische Risikoaversion	→	Innovationsbereitschaft	0,040	0,507 (n.s.)

Tab. A.3: Standardisierte Pfadkoeffizienten des respezifizierten Pharma-Kausalmodells

Modellierter Kausalzusammenhang			Parameter	Signifikanzniveau
Expertise des Pharmareferenten	→	Vertrauen des Arztes in das Pharmaunternehmen	0,195	0,012
Relationship-Commitment des Pharmaunternehmens	→	Vertrauen des Arztes in das Pharmaunternehmen	0,230	0,002
Ethische Haltung des Pharmaunternehmens	→	Vertrauen des Arztes in das Pharmaunternehmen	0,232	0,005
Beziehungszufriedenheit des Arztes	→	Vertrauen des Arztes in das Pharmaunternehmen	0,266	< 0,001
Secure Business Attachment Style des Arztes	→	Vertrauen des Arztes in das Pharmaunternehmen	0,208	0,004
Vertrauen des Arztes in das Pharmaunternehmen	→	Relationship-Commitment des Arztes	0,288	< 0,001
Beziehungszufriedenheit des Arztes	→	Relationship-Commitment des Arztes	0,320	< 0,001
Ethische Haltung des Pharmaunternehmens	→	Relationship-Commitment des Arztes	0,289	< 0,001
Close Business Attachment Style des Arztes	→	Relationship-Commitment des Arztes	0,164	0,005
Relationship-Commitment des Arztes	→	Innovationsbereitschaft	0,464	< 0,001
Relationship-Commitment des Arztes	→	Weiterempfehlungsbereitschaft	0,569	< 0,001
Wahrgenommene Erschwinglichkeit	→	Innovationsbereitschaft	0,467	< 0,001
Vertrauen des Arztes in das Pharmaunternehmen	→	Weiterempfehlungsbereitschaft	0,233	0,017

Tab. A.4: Korrelationskoeffizienten der exogenen Modellkonstrukte des Pharma-Kausalmodells

Korrelierende exogene Modellkonstrukte			Korrelationskoeffizient	Signifikanzniveau
Pharmaspezifische Risikoaversion	<>	Close Business Attachment Style des Arztes	-0,098	n.s.
Pharmaspezifische Risikoaversion	<>	Secure Business Attachment Style des Arztes	-0,078	n.s.
Wahrgenommene Erschwinglichkeit	<>	Pharmaspezifische Risikoaversion	-0,056	n.s.
Pharmaspezifische Risikoaversion	<>	Fürsorglichkeit des Pharmareferenten	-0,024	n.s.
Pharmaspezifische Risikoaversion	<>	Relationship-Commitment des Pharmaunternehmens	0,010	n.s.
Pharmaspezifische Risikoaversion	<>	Beziehungszufriedenheit des Arztes	0,021	n.s.
Relationship-Commitment des Pharmaunternehmens	<>	Secure Business Attachment Style des Arztes	0,051	n.s.
Pharmaspezifische Risikoaversion	<>	Ethische Haltung des Pharmaunternehmens	0,094	n.s.
Wahrgenommene Erschwinglichkeit	<>	Close Business Attachment Style des Arztes	0,120	n.s.
Pharmaspezifische Risikoaversion	<>	Expertise des Pharmareferenten	0,121	n.s.
Beziehungszufriedenheit des Arztes	<>	Close Business Attachment Style des Arztes	0,147	n.s.
Relationship-Commitment des Pharmaunternehmens	<>	Close Business Attachment Style des Arztes	0,149	n.s.
Fürsorglichkeit des Pharmareferenten	<>	Secure Business Attachment Style des Arztes	0,175	n.s.
Wahrgenommene Erschwinglichkeit	<>	Fürsorglichkeit des Pharmareferenten	0,186	0,048
Wahrgenommene Erschwinglichkeit	<>	Expertise des Pharmareferenten	0,211	0,027
Secure Business Attachment Style des Arztes	<>	Close Business Attachment Style des Arztes	0,213	0,047
Wahrgenommene Erschwinglichkeit	<>	Relationship-Commitment des Pharmaunternehmens	0,220	0,020
Fürsorglichkeit des Pharmareferenten	<>	Close Business Attachment Style des Arztes	0,237	0,016
Expertise des Pharmareferenten	<>	Close Business Attachment Style des Arztes	0,250	0,012
Ethische Haltung des Pharmaunternehmens	<>	Secure Business Attachment Style des Arztes	0,252	0,018

Tab. A.4: Korrelationskoeffizienten der exogenen Modellkonstrukte des Pharma-Kausalmodells (Fortsetzung)

Korrelierende exogene Modellkonstrukte			Korrelations-koeffizient	Signifikanz-niveau
Wahrgenommene Erschwinglichkeit	<>	Secure Business Attachment Style des Arztes	0,257	0,015
Beziehungszufriedenheit des Arztes	<>	Secure Business Attachment Style des Arztes	0,292	0,007
Wahrgenommene Erschwinglichkeit	<>	Ethische Haltung des Pharmaunternehmens	0,320	< 0,001
Relationship-Commitment des Pharmaunternehmens	<>	Expertise des Pharmareferenten	0,348	< 0,001
Ethische Haltung des Pharmaunternehmens	<>	Close Business Attachment Style des Arztes	0,374	< 0,001
Expertise des Pharmareferenten	<>	Secure Business Attachment Style des Arztes	0,388	< 0,001
Wahrgenommene Erschwinglichkeit	<>	Beziehungszufriedenheit des Arztes	0,430	< 0,001
Relationship-Commitment des Pharmaunternehmens	<>	Beziehungszufriedenheit des Arztes	0,447	< 0,001
Fürsorglichkeit des Pharmareferenten	<>	Beziehungszufriedenheit des Arztes	0,483	< 0,001
Relationship-Commitment des Pharmaunternehmens	<>	Fürsorglichkeit des Pharmareferenten	0,514	< 0,001
Ethische Haltung des Pharmaunternehmens	<>	Expertise des Pharmareferenten	0,530	< 0,001
Ethische Haltung des Pharmaunternehmens	<>	Fürsorglichkeit des Pharmareferenten	0,537	< 0,001
Ethische Haltung des Pharmaunternehmens	<>	Beziehungszufriedenheit des Arztes	0,543	< 0,001
Expertise des Pharmareferenten	<>	Beziehungszufriedenheit des Arztes	0,544	< 0,001
Relationship-Commitment des Pharmaunternehmens	<>	Ethische Haltung des Pharmaunternehmens	0,582	< 0,001
Fürsorglichkeit des Pharmareferenten	<>	Expertise des Pharmareferenten	0,602	< 0,001

Anhang 3: Stichproben-Kovarianzmatrix

	attac_1	attac_2	attac_3	attas_1	attas_2	attas_3	risav_3	risav_2	risav_1	afford_3	afford_2
attac_1	4,964										
attac_2	3,643	4,172									
attac_3	3,039	3,262	4,238								
attas_1	,700	,423	,565	5,250							
attas_2	,953	,771	,910	2,818	4,393						
attas_3	,645	,558	,875	2,738	3,253	5,950					
risav_3	-,082	-,246	-,391	-,624	-,319	,164	4,317				
risav_2	-,404	-,508	-,732	-,620	-,306	,164	3,902	4,368			
risav_1	-,283	-,483	-,542	-,775	-,303	,091	3,681	3,571	4,00		
afford_3	,304	,046	,505	1,046	,442	1,198	-,115	,104	-,143	5,667	
afford_2	,675	,507	,856	1,219	,601	1,250	-,276	-,053	-,304	4,617	5,444
afford_1	,714	,414	,793	1,279	,589	1,238	-,313	-,042	-,374	4,641	4,855
coma_4	1,625	1,698	1,969	1,307	,820	1,537	,244	-,077	-,047	1,626	1,737
coma_1	1,445	1,614	1,893	1,151	,644	1,609	,330	,044	,033	1,512	1,712
coma_2	1,610	1,694	1,965	1,491	1,162	1,952	,271	-,012	,010	1,679	1,906
coma_3	1,669	1,806	2,082	1,296	,887	1,604	,146	,000	-,147	1,429	1,545
wom_3	1,028	1,204	1,149	,823	,424	,911	,374	,029	,077	1,239	,978
wom_2	1,210	1,145	1,181	1,020	,723	1,092	,347	,090	,127	1,299	1,078
wom_1	1,077	1,328	1,203	,619	,451	,413	,662	,203	,390	1,446	1,237
innov_3	,817	,828	,976	2,074	,795	1,364	,116	,032	-,053	3,319	3,516
innov_2	,890	1,017	,970	1,846	,944	1,608	,147	-,063	-,136	3,305	3,421
innov_1	,671	,762	,860	1,974	,761	1,498	,361	,208	,052	3,685	3,772
trust_4	,967	1,113	1,112	1,216	,803	1,191	,277	,007	,119	1,538	1,718
trust_3	,852	,908	1,035	1,385	1,352	1,481	,114	-,093	,075	1,406	1,603
trust_2	,848	1,064	1,096	1,576	1,336	1,672	,280	,024	,088	1,612	1,771
trust_1	,845	,925	,979	1,404	1,118	1,454	,182	,040	,041	1,598	1,729
ethik_4	1,380	1,476	1,386	,864	1,072	1,045	,570	,274	,356	,548	1,146
com_4	,017	,293	,429	,051	,342	,121	,196	-,092	-,063	1,011	,825
care_1	,555	1,056	1,313	,613	,706	,460	,067	-,198	-,187	,612	,675
care_2	,356	,669	,754	,624	,507	,444	,095	-,031	-,077	,417	,509
care_3	,662	,986	1,230	,947	,559	,384	-,163	-,314	-,261	,877	1,062
expert_1	,617	,762	,863	1,087	,940	1,446	,484	,182	,206	,178	,599
expert_2	,573	,750	,806	,873	,887	1,361	,502	,213	,412	,698	1,014
expert_3	,732	,991	1,110	1,351	1,210	1,517	,562	,379	,292	,851	1,339
ethik_1	1,331	1,383	1,282	,791	1,231	1,337	,782	,477	,613	1,570	1,945
ethik_2	1,438	1,466	1,375	,364	,846	,738	,477	,199	,319	,998	1,327
ethik_3	1,129	1,321	1,464	,434	1,017	,838	,207	-,094	-,020	1,148	1,459
com_1	,308	,775	,807	-,214	,296	,400	,279	-,033	,149	,906	1,042
com_2	,424	,648	,877	,002	,318	,485	,104	-,169	,009	1,125	1,158
com_3	,507	,667	,768	-,165	,178	,047	,127	-,244	-,078	,975	,940
zufrie_1	,686	,645	,732	1,141	,748	1,165	,154	-,110	-,197	1,860	1,857
zufrie_2	,532	,452	,559	1,258	,726	1,194	,314	,033	-,138	1,903	1,944
zufrie_3	,466	,414	,606	1,118	,732	1,132	,223	-,040	-,076	1,810	1,763

Anhang 3: Stichproben-Kovarianzmatrix (Fortsetzung)

	afford_1	coma_4	coma_1	coma_2	coma_3	wom_3	wom_2	wom_1	innov_3	innov_2	innov_1
afford_1	4,939										
coma_4	1,755	6,027									
coma_1	1,742	5,376	5,626								
coma_2	1,909	5,333	5,104	5,502							
coma_3	1,613	5,045	4,900	4,948	5,200						
wom_3	1,066	3,177	3,025	2,991	2,875	3,693					
wom_2	1,096	3,396	3,182	3,137	3,038	3,314	3,965				
wom_1	1,195	3,112	3,052	2,969	2,741	3,308	3,090	4,101			
innov_3	3,290	3,673	3,661	3,561	3,384	2,265	2,700	2,257	6,202		
innov_2	3,238	3,531	3,563	3,521	3,191	2,172	2,525	2,130	5,814	5,957	
innov_1	3,576	3,685	3,747	3,630	3,368	2,320	2,703	2,302	6,342	6,252	6,953
trust_4	1,511	3,006	2,776	3,015	2,793	2,161	2,059	2,567	2,544	2,466	2,695
trust_3	1,380	2,863	2,655	2,921	2,669	1,955	2,038	2,204	2,319	2,196	2,368
trust_2	1,502	3,184	2,928	3,168	2,968	2,136	2,192	2,344	2,600	2,544	2,696
trust_1	1,538	3,149	2,894	3,165	2,808	2,031	1,986	2,181	2,548	2,470	2,643
ethik_4	1,012	2,894	2,528	2,754	2,710	1,660	1,750	1,828	1,808	1,657	1,739
com_4	,821	2,308	1,845	2,091	1,844	1,650	1,740	1,895	1,385	1,254	1,360
care_1	,711	2,773	2,441	2,657	2,558	2,000	1,933	2,059	1,579	1,508	1,610
care_2	,557	2,244	2,096	2,306	2,263	1,830	1,881	1,883	1,384	1,268	1,426
care_3	1,072	2,483	2,431	2,575	2,522	1,736	1,715	1,877	1,869	1,732	1,910
expert_1	,463	2,150	2,195	2,371	1,994	1,765	1,532	1,952	1,237	1,237	1,286
expert_2	,821	1,978	2,052	2,263	1,931	1,499	1,306	1,717	1,495	1,492	1,555
expert_3	1,094	2,422	2,484	2,593	2,221	1,517	1,486	1,859	2,201	2,084	2,213
ethik_1	1,856	3,473	3,057	3,319	3,163	2,253	2,298	2,516	2,489	2,428	2,616
ethik_2	1,244	3,566	3,136	3,263	3,081	2,193	2,243	2,367	2,312	2,258	2,359
ethik_3	1,322	3,267	2,881	3,184	2,974	2,017	2,001	2,026	2,106	2,095	2,193
com_1	,943	2,810	2,401	2,660	2,393	1,551	1,521	1,723	1,770	1,834	1,861
com_2	1,169	2,711	2,301	2,528	2,281	1,498	1,600	1,647	1,658	1,608	1,669
com_3	,989	2,661	2,080	2,326	2,148	1,551	1,601	1,761	1,425	1,377	1,358
zufrie_1	1,769	3,239	2,971	3,122	2,790	2,034	1,878	2,253	2,527	2,433	2,742
zufrie_2	1,848	3,196	2,837	3,043	2,783	2,023	2,014	2,220	2,618	2,506	2,808
zufrie_3	1,757	3,131	2,821	3,010	2,704	2,072	1,945	2,274	2,458	2,380	2,599

Anhang 3: Stichproben-Kovarianzmatrix (Fortsetzung)

	trust_4	trust_3	trust_2	trust_1	ethik_4	com_4	care_1	care_2	care_3	expert_1	expert_2
trust_4	3,631										
trust_3	2,943	3,389									
trust_2	3,240	3,144	3,776								
trust_1	3,191	3,017	3,288	3,591							
ethik_4	1,923	1,948	2,168	2,050	4,295						
com_4	2,129	2,022	2,112	2,023	1,654	4,774					
care_1	1,900	2,088	1,984	1,951	1,859	2,394	4,326				
care_2	1,730	1,842	1,640	1,594	1,450	2,071	3,583	3,948			
care_3	1,772	1,848	1,776	1,657	1,557	1,918	3,546	3,609	3,926		
expert_1	1,691	1,915	1,896	1,936	1,511	1,274	2,236	1,970	1,908	3,522	
expert_2	1,602	1,789	1,904	1,868	1,641	1,168	2,097	1,747	1,847	2,877	3,073
expert_3	1,814	1,907	2,032	2,036	1,767	1,408	2,103	1,837	1,953	2,907	2,743
ethik_1	2,465	2,547	2,592	2,655	3,596	2,250	2,368	1,910	1,960	1,997	2,011
ethik_2	2,279	2,167	2,328	2,399	3,523	2,281	2,468	1,994	2,004	1,715	1,674
ethik_3	2,163	2,175	2,296	2,311	3,118	2,387	2,323	1,857	1,877	1,671	1,555
com_1	2,286	2,097	2,152	2,195	1,933	4,102	2,649	2,147	2,239	1,222	1,183
com_2	2,183	2,022	2,168	2,067	1,827	4,194	2,327	1,794	1,889	1,080	1,146
com_3	2,103	1,897	2,080	2,021	1,762	4,499	2,345	1,906	1,871	1,251	1,207
zufrie_1	2,348	2,310	2,336	2,375	1,587	1,828	1,804	1,720	1,812	1,807	1,695
zufrie_2	2,282	2,217	2,312	2,253	1,642	1,824	1,842	1,708	1,814	1,655	1,603
zufrie_3	2,169	2,192	2,160	2,149	1,605	1,704	1,838	1,638	1,706	1,810	1,717

Anhang 3: Stichproben-Kovarianzmatrix (Fortsetzung)

	expert_3	ethik_1	ethik_2	ethik_3	com_1	com_2	com_3	zufrie_1	zufrie_2	zufrie_3
expert_3	3,537									
ethik_1	2,101	4,925								
ethik_2	1,798	4,273	4,591							
ethik_3	1,717	3,721	3,779	3,790						
com_1	1,409	2,575	2,646	2,656	4,903					
com_2	1,270	2,370	2,407	2,510	4,272	4,601				
com_3	1,385	2,407	2,423	2,488	4,404	4,440	5,070			
zufrie_1	1,905	2,178	2,108	2,104	1,965	1,771	1,858	4,073		
zufrie_2	1,861	2,175	2,010	1,956	1,861	1,780	1,803	3,694	3,894	
zufrie_3	1,859	2,232	2,065	2,015	1,763	1,715	1,722	3,714	3,592	3,817